Alexander Zipko
Die Philosophie der Perestroika

Alexander Zipko

Die Philosophie der Perestroika

Die Grundlagen der Reformpolitik Michail Gorbatschows

Aus dem Englischen von Bernd Rullkötter

Wilhelm Heyne Verlag
München

Umschlaggestaltung: Adolf Bachmann, Reischach
Satz: Kort Satz GmbH, München
Druck und Bindung: RMO Druck, München

Printed in Germany 1990

ISBN 3-453-03989-0

Inhalt

An den Leser

Ich mußte dieses Buch zweimal schreiben. Zunächst verfaßte ich eine Darstellung des Wandels, der sich in unserer Einstellung zum Sozialismus, in unserer Weltanschauung und in unserer Sicht der nachrevolutionären Geschichte vollzogen hat. Anscheinend war ein solcher nüchterner Bericht genau das, was der Verlag von mir erwartete: die Schilderung der Perestroika-Philosophie und der Änderungen, denen die Grundlagen unseres Denkens ausgesetzt sind. Ich legte diesen Weg rechtschaffen dreihundert Schreibmaschinenseiten lang zurück. Dann las ich das Ganze noch einmal durch.

Alles schien vorhanden zu sein und zu stimmen. Ich hatte über unsere neue Einstellung zu allgemeinen menschlichen Werten geschrieben, darüber, daß die Perestroika die biblische Moral und die Gewissensfreiheit wiederhergestellt, daß der XXVII. Parteitag die Gesetze des Marktes anerkannt und die Ware-Geld-Beziehung sowie Genossenschaften und im kleinen Rahmen private Produktion und wirtschaftliche Initiative wieder eingeführt hat. Außerdem hatte ich beschrieben, wie wir mit den Rückständen des ideologischen Konservatismus kämpfen, der einst unsere Hände, Füße und sogar unseren Geist fesselte.

Aber als Autor wie als Leser fand ich den Text langweilig und ermüdend. Sobald man anfängt, die Perestroika zu sezieren und einen ihrer Bestandteile nach dem anderen zu betrachten – etwa die Idee der Vielfalt von Lebens- und Eigentumsformen, die Idee des Eigenwerts des menschlichen Lebens, des Vertrauens in das Individuum und den ungehinderten Dialog –, scheint sich das lebendige Gewebe des intellektuellen Prozesses aufzulösen. Das Gesamtbild des gegenwärtigen Wandels verblaßt, und der Gedanke verliert seine Überzeugungskraft.

Nach all diesen Mühen, die sich als vergeblich erwiesen, hielt ich nach einer anderen Möglichkeit Ausschau, die Vorgänge in unserer Gesellschaft zu beschreiben. Es mußte doch irgendeine umfassende Idee, irgendein umfassendes Thema geben, das die ganze emotionale und intellektuelle Botschaft unserer gegenwärtigen moralischen Revolution in sich einschloß.

Der Leser hat wahrscheinlich bereits erraten, welches Thema mir einfiel. – Richtig, ich kam schließlich zu der Überzeugung, daß die Wandlungen in unserer Gesellschaft der Absage an den Stalinismus und an dessen moralisches, politisches und wirtschaftliches Erbe zu verdanken sind. Mir wurde klar, daß die Ablehnung des Stalinismus – in der ersten Fassung dieses Buches nur ein Nebenthema – einen tiefen Einblick in die Ursachen, Motive und eigentlichen Ziele der aufkeimenden moralischen Revolution liefern konnte. Mit diesen Überlegungen begann ich die Arbeit an dem neuen Text, den ich nun dem ausländischen Leser zur Beurteilung vorlege.

Die Änderung meines Blickwinkels gegenüber der Perestroika-Philosophie half mir sofort, eine Reihe von Hindernissen zu überwinden, die meine schriftstellerische Arbeit bisher gehemmt hatten. Während ich zuvor eher ein Zeuge und Protokollführer der Wandlungen war, konnte ich nun aktiv an ihnen teilnehmen und meine eigenen Ansichten über die politischen und ideologischen Quellen des Stalinismus erläutern. Wichtiger war jedoch, daß ich meine Meinung zu den aktuellen, manchmal sehr heftigen Auseinandersetzungen über die Ursachen der stalinistischen Greuel äußern konnte, ebenso meine Gedanken über die katastrophalen linksradikalen Auswüchse der dreißiger Jahre – besonders die Schrecken der Zwangskollektivierung – und über die Gründe dessen, was ich hier als eine russische Apokalypse bezeichne. Dadurch war ich in der Lage, die neue Version des Buches in journalistischem Stil zu schreiben, was mir besonders entgegenkommt, und die moralische Atmosphäre Ende 1988, Anfang 1989 in dem von der Perestroika geprägten Rußland treffender zu schildern.

Eine Verbindung zwischen der Perestroika-Philosophie und der Stalinismuskritik herzustellen ist in der Tat von jedem Standpunkt aus gerechtfertigt, vor allem, wenn man die Kernfragen betrachtet. Warum konnte die 1956 von Chruschtschow eingeleitete »Perestroika« keine neue Vision des Sozialismus und seiner Umsetzung hervorbringen? – Aus einem einfachen Grund: weil seine Kritik an den Verbrechen Stalins sich nicht zu einer Kritik an den philosophischen und wirtschaftlichen Grundlagen des politischen Regimes entwickelte, das Stalin aufgebaut hatte. Die Kritik an der Person Stalins in der zweiten Hälfte der fünfziger und Anfang der sechziger Jahre war unproduktiv, da sie unüberwindliche Hindernisse für die Ursachenforschung aufrichtete. Als Beispiel hierfür mag der Umstand dienen, daß man die Kritik am Personenkult Stalins und an den Repressionen der dreißiger Jahre auf dem XXII. Parteitag fortsetzte, während man gleichzeitig in dem neuen, dritten Programm der KPdSU die Idee der beschleunigten russischen Entwicklung in Richtung Kommunismus befürwortete, die Stalin selbst im Jahre 1939 formuliert hatte.

Einerseits verurteilte Chruschtschow Stalin als Person, als Organisator und Anstifter der Repressionen, andererseits verteidigte und praktizierte er Stalins Vorstellung vom Sozialismus und von den Wegen seiner Verwirklichung. – Es waren die gleichen Ideen, die zu Stalins Zwangskollektivierung geführt hatten. In theoretischer Hinsicht war Chruschtschow weniger ein Leninist als ein Stalinist, ein dogmatischer Marxist, der die Überzeugung vertrat, daß der Kapitalismus einem frühen und unvermeidlichen wirtschaftlichen Zusammenbruch entgegengehe, daß die landwirtschaftliche ebenso wie die industrielle Arbeit völlig zu vergesellschaften sei und daß der Markt sowie die Ware-Geld-Beziehung abgeschafft werden müßten. In ihrer Einstellung zum Sozialismus unterschieden sich Leonid Breschnew und Michail Suslow nicht im geringsten von dem Vorgänger, den sie gestürzt hatten. Bis zur Plenarsitzung des Zentralkomitees der KPdSU im April 1985 wiederholte unsere offizielle Sozialwissenschaft im Grunde die in Stalins Arbeit *Ökonomische Probleme des Sozialismus in der UdSSR* (1952) vertretenen Ideen.

Die neue, von Michail Gorbatschow eingeleitete Perestroika richtete sich von Anfang an gegen die ideologischen Grundlagen des Stalinismus, vor allem gegen Uniformität, Zwangskollektivierung und die Unterordnung des Lebens unter einen theoretischen Plan. Sie wies den Gedanken eines warenlosen, totalen Sozialismus als eine Illusion des 20. Jahrhunderts zurück und bekräftigte den Vorrang der Praxis, die das höchste Kriterium für die Wahrheit sei. Aus diesem Grunde hatten die Umgestaltungen, die im April 1985 in unserem Lande begannen, im wesentlichen den Charakter einer moralischen Revolution, die eine fundamentale Neuorientierung in Wertfragen ankündigte.

Man muß jedoch zugeben, daß niemand in den Frühphasen unserer gegenwärtigen Perestroika erkannte, wie mächtig Stalins ideologisches Erbe war und wie schwierig es sein würde, es zu überwinden. Wir standen kurz davor, Chruschtschows Fehler zu wiederholen, wenn auch mit umgekehrten Vorzeichen. Während man sich auf dem XX. Parteitag auf die moralische Verurteilung der Stalinschen Repressionen beschränkte und sich nicht die Mühe machte, den wirtschaftlichen und politischen Charakter des Stalinismus zu analysieren, begannen wir mit der Ablehnung des Stalinismus als Wirtschaftsdoktrin, verzichteten jedoch darauf, den Stalinismus als politische Methode zur Lösung gesellschaftlicher Probleme ernsthaft zu kritisieren und unsere gesamte Geschichte seit Lenin einer kritischen Analyse zu unterziehen. Erst im Februar 1988, also knapp drei Jahre nach jener Wende vom März 1985, war in Michail Gorbatschows Bericht vor dem ZK-Plenum der KPdSU die Rede von »Stalins Verunstaltungen des Sozialismus« und von der Tatsache, daß Stalins politische Praxis kriminellen Charakter hatte. Aber in den Jahren 1985 und 1986 vertraten viele die Auffassung, es habe keinen Sinn, in der Vergangenheit zu wühlen oder den Schlaf der Toten zu stören, denn die Wahrheit über die Vergangenheit könne nicht hilfreich sein. Vielmehr sei es nötig, sich auf die Zukunft und auf dringende Wirtschaftsprobleme zu konzentrieren. Man begriff noch nicht, daß der Entzug des Menschenrechts, seine eigene nationale Geschichte zu kennen, also der Entzug des Rechtes auf historische Wahrheit, der den Stalinismus kennzeichnete, eng mit Stalins gewaltsamer Entfremdung der arbeitenden Menschen von den Produktionsmitteln und vom politischen Entscheidungsprozeß verknüpft war. Man begriff noch nicht, daß eine rationelle und leistungsfähige Wirtschaft niemals auf Halbwahrheiten oder eindeutigem Betrug aufgebaut werden kann.

Die Kontroverse, die sich um den Film *Die Reue* des georgischen Regisseurs Tengis Abuladse entspann, war bezeichnend. Der Film versucht, den menschenverachtenden Charakter des Stalinismus als gesellschaftliches Phänomen, als Ausdruck moralischer Korruption und grenzenloser Tyrannei aufzudecken. Im Jahre 1984 gedreht, wurde er, auf Drängen der künstlerischen Gemeinschaft, erst Anfang 1987 einem breiten Publikum gezeigt.

Alles in allem ist die moralische Revolution an diesem Punkt unserer Geschichte auf zahlreiche ernste Hindernisse gestoßen. Viele hofften allzu lange, die ideologische und moralische Krise, welche die Nation in den späten sechziger Jahren heimsuchte, könne mit ›wenigen Opfern‹ überwunden werden, indem man sich darauf beschränkte, die Bestechlichkeit und Mißwirtschaft der Breschnew-Zeit, der sogenannten Periode der Stagnation, zu entlarven. Im Frühjahr 1985 hegte man dann vor allem den Wunsch, sich der Schande der siebziger Jahre zu entledigen, die Schmeichelei, Kriecherei und Lobhudelei anzuprangern, die Schurken beim Namen zu nennen sowie die Veruntreuer und all jene zu bestrafen, welche die Würde ehrlicher Menschen beleidigt und das Recht auf ein ehrliches, gewissenhaftes Leben in Zweifel gezogen hatten. Die Begeisterung und die Freude waren groß, als die *Prawda* im November 1985 Leserbriefe über den korrumpierenden Einfluß des früheren politischen Stils und über die Gefahren von Schmeichelei und Kriecherei veröffentlichte. Damals wirkten die Appelle, die moralische Atmosphäre unserer Gesellschaft von »allen fremden und oberflächlichen Dingen« zu reinigen und »schädliche Erscheinungen wie Schmeichelei, Kriecherei, Unterwürfigkeit etc. auszurotten« (*Prawda,* 20. November 1985), sehr kühn.

Aber sehr bald wurde unsere Gesellschaft dessen überdrüssig, die Entartungen der siebziger Jahre bloßzustellen und einzelne Verbrechen und Vergehen zu kritisieren. Neue Entlarvungen gesetzlichen Mißbrauchs hatten den bekannten Tatsachen nichts mehr hinzuzufügen, und die Verurteilung als solche führte nicht mehr zu moralischer Befriedigung. Die Ursachen mußten aufgedeckt werden.

Ich bin zutiefst davon überzeugt, daß der Durchbruch, welcher der Perestroika frischen Schwung verlieh und dem gesunden Menschenverstand einen leichteren Sieg ermöglichte, zustande kam, als unsere Gesellschaft und die Intelligenzija das Recht durchsetzten, in der Geschichte nach den Ursachen der Krise zu forschen, und als man begriff, daß Breschnews Stagnation ein Rückfall in den Stalinismus und zugleich seine Fortsetzung gewesen war. Der geistige Durchbruch ereignete sich, als deutlich wurde, daß den Bauern nicht eher ein Gefühl sozialer Würde und politischen Nutzens – ganz zu schweigen von einem Gefühl wirtschaftlicher Unabhängigkeit – zurückgegeben werden konnte, bis nicht Stalins Zwangskollektivierung verurteilt und öffentlich erklärt wurde, daß man den Bauern das Land gegen ihren Willen genommen hatte. Der geistige Durchbruch ereignete sich, als klar wurde, daß Rußland nicht zu einem gesunden moralischen und kulturellen Leben zurückkehren konnte, ehe nicht ein Urteil über die Stalinisten gefällt wurde, deren vulgäre Klassenmentalität die Völker unseres Landes, besonders die Russen, um ihre Tradition, die hervorragenden Leistungen der russischen Literatur, der Philosophie und des religiösen Denkens gebracht hatte.

Durch die Aufdeckung neuer, tieferer Schichten des Stalinismus entwarfen wir Schritt um Schritt eine neue und menschlichere Vision unserer künftigen Geschichte und entwickelten die Philosophie der Perestroika. Alle Perioden der russischen Geschichte erschienen in einem engen Zusammenhang, und wir sahen ein, daß wir, wenn wir die Ereignisse von 1917 ignorierten, nichts Sinnvolles über die heutigen Geschehnisse sagen, geschweige denn begreifen konnten, was wir für die Zukunft anstreben sollten.

Zum erstenmal seit Dutzenden von Jahren ist die Geschichte wieder in unser Bewußtsein vorgedrungen; sie hat uns das verlorene Gefühl für Zeit und Kontinuität zurückgegeben, und sie verleiht uns die nötige moralische Kraft für eine nüchterne Beurteilung der Gegenwart und der Zukunft. Es hat sich herausgestellt, daß die Perestroika auf tätige Reue nicht verzichten kann und daß sie die Voraussetzung dafür bildet, daß wir die letzten Reste des Stalinismus in unseren Herzen und in unserem Leben beseitigen und dem Volk das unabhängige Urteilsvermögen zurückgeben, das der Großinquisitor ihm raubte, und daß wir uns von den letzten Resten der Sklaverei befreien.

Das Ergebnis der gegenwärtigen moralischen Revolution ist weitgehend unserem oft spontanen Protest gegen die früheren Versuche, die Geschichte der Vergessenheit zu überlassen, zu verdanken. Es war ein Protest gegen die Wurzeln unserer moralischen Sklaverei, gegen den Widerwillen, die Vergangenheit kennenzulernen, über sie nachzudenken und von ihr zu lernen. Nun wissen wir, daß der verführerisch bequeme Satz »Laßt das Vergangene ruhen« von denen geäußert wird, die unsere Gedanken kontrollieren und die Menschen des Rechtes berauben wollen, aus ihrer Geschichte zu lernen. Der Mensch lernt hauptsächlich aus seiner nationalen Geschichte, denn sie ist das einzige, womit er sich identifizieren kann; sie ist seine eigene Geschichte und die Lebenserfahrung seiner Eltern und Vorfahren.

Wir begannen, unsere Krankheit zu heilen, indem wir Millionen Menschen veranlaßten, über das nachzudenken, was in den letzten siebzig Jahren mit uns geschehen ist, was Rußland durchgemacht, was es erreicht und was es verloren hat. Man kann nur durch Gespräche, durch die unabhängige Beurteilung der eigenen Person, der Zeit und der Welt zur Wahrheit gelangen.

In den vier Jahren seit April 1985 haben wir die Überzeugung gewonnen, daß die Welt in Bewegung gerät und sich ändert, sobald man die Dinge laut beim Namen nennt. Ein Mensch ändert sich, wenn er seine Angst überwindet, den Schritt nach vorn wagt und sich selbst als freie und denkende Persönlichkeit sieht. Die Wahrheit gibt ihm den Schlüssel zum sozialen und öffentlichen Leben (Lügen haben noch nie jemanden zu einem sozialen Wesen gemacht). Wer die zuvor bedrohliche Kluft zwischen Wort und Tat, zwischen Theorie und Leben überspringt, gewinnt sein geistiges Gleichgewicht zurück. Die Möglichkeit, Böses und Absurditäten beim Namen zu nennen, birgt einen gewaltigen Anreiz zu moralischem Fortschritt. Die offensichtlich zunehmende moralische Gesundheit des Volkes und der Gesellschaft ist unbezahlbar. Deshalb drängen wir so sehr darauf, die Wahrheit zu erfahren und Dinge auszusprechen, die vor 1985 niemand zu sagen gewagt hätte.

Heute sprechen wir vieles laut und deutlich aus, um unsere frühere Furcht vor einem unabhängigen politischen Urteil zu überwinden, um unsere Willenskraft zu stärken und uns den Rückweg zu unserem einstigen Schweigen und unserer moralischen Passivität abzuschneiden. Es hat noch nie lange gedauert, die Wahrheit zu erfahren und Lügen und Illusion abzuschütteln. Die Menschen beeilen sich, weil sie sich der beschämenden Vergangenheit so rasch wie möglich entledigen wollen; sie beeilen sich, weil sie noch zu Lebzeiten anders sein möchten. Der Ausgangspunkt unserer Perestroika und unserer moralischen Revolution war die Scham, die viele über ihr politisches Verhalten in der Vergangenheit, über ihre Gedankenlosigkeit, ihre erniedrigende Kriecherei und ihre Duldung von Dingen empfanden, die sie hätten verdammen müssen. Man sollte im Gedächtnis behalten, daß »Scham bereits eine Art Revolution ist«. Um sich ihrer Sünden zu entledigen, so Marx, müßten die Menschen über sie sprechen und sie beim Namen nennen.

Gewiß, auch die neue Betrachtungsweise der Perestroika, für die ich mich entschloß, enthält eine gewisse Einseitigkeit. Unsere Probleme beschränken sich nicht auf den Kampf gegen den Stalinismus oder auf die einfache Ablehnung unserer Lebensweise vor 1985. Immer häufiger müssen wir die Grenzen des bereits zur Gewohnheit gewordenen Paradigmas »Stalinismus – Antistalinismus« überschreiten. Doch ich glaube, daß es keine andere Möglichkeit gibt, die Perestroika als einen geschlossenen moralischen Prozeß zu beschreiben. Die Motivation dazu und die Garantie, daß der gesellschaftliche Wandel unumkehrbar ist, beruhen auf dem Streben des moralisch gesunden Teils unserer Gesellschaft, die Reste des Stalinschen Erbes so bald wie möglich abzuschütteln.

So seltsam es klingen mag: Je kürzer der Weg zum vollständigen Sieg des gesunden Menschenverstandes ist, desto weniger Menschen sind bereit, die volle Wahrheit über unsere Vergangenheit zu erfahren und unsere Sozialgeschichte realistisch zu betrachten. Es ist die Zeit gekommen, da die moralische Verurteilung des Stalinismus als Verbrechen unser Verständnis von der Gesellschaft, in der wir leben, nicht mehr vorantreibt und uns nicht mehr hilft zu verstehen, was mit uns geschehen und wer für unsere Schwierigkeiten verantwortlich ist. Im Gegenteil, die Verurteilung des Stalinismus ist zu einem wichtigen Hindernis auf dem Weg zur Wahrheit geworden. Dieses Paradoxon war die Haupttriebfeder bei meiner Arbeit an diesem Text, den ich nun endlich dem Leserurteil vorlegen möchte. Mein Buch hat also weniger mit unserer bisherigen Demaskierung des Stalinismus zu tun als mit dem noch vor uns liegenden Weg.

1. KAPITEL

Die Suche nach der Wahrheit

1. Bereiche, die sich dem Denken verschließen

Noch vor kurzem glaubten viele von uns, darunter auch ich, nachdem wir nun die ganze Wahrheit über Stalin und seine Epoche gesagt und die Verbrechen und Übel beim Namen genannt hatten, werde dem Fortschritt des gesellschaftlichen Denkens nichts mehr im Wege stehen. Wir meinten, wir würden endlich die Wiedergeburt der so lange verlorenen Fähigkeit zu philosophischer Analyse und unabhängigerer Betrachtung der Geschichte, unserer Welt und unseres Schicksals erleben. Wenn wir mutig genug waren, die falschen Götzen zu stürzen, würden wir, das war unsere Ansicht, auch mutig genug sein, falsche Ansprüche zu entlarven.

Es stimmt, daß der gesunde Menschenverstand sich zunächst ohne die geringste Mühe durchsetzte. Ein paar Tage des XXVII. Parteitags der KPdSU und dann des ZK-Plenums im Januar 1978 genügten, um das im Laufe von mehr als fünfzig Jahren errichtete Bollwerk des ideologischen Konservatismus zu zerstören. Damals waren wir fast geneigt zu sagen: »Unsere Perestroika ist die erste Revolution in der Geschichte, die keine neuen Mythen hervorbringt. Im Gegenteil, sie lehrt die Menschen Realismus und gibt ihnen die Möglichkeit, die Welt so zu sehen, wie sie ist.«

Aber heute begreife ich, daß solche optimistischen Einschätzungen verfrüht waren. Wir haben den einstigen ideologischen Konservatismus tatsächlich durchbrochen, doch neben der Wahrheit sind auch Halbwahrheiten und sogar eindeutige Lügen durch die Bresche gedrungen.

Die kühne, fast revolutionäre Kritik der Vergangenheit, welche die mit Stalin verknüpften politischen und historischen Mythen zurückwies, hat als solche nicht immer unsere Fähigkeit gestärkt, nachzudenken und zu begreifen, wer wir sind, was mit uns geschah und was wir als nächstes tun müssen. Natürlich ist allein schon die Möglichkeit, sich über den Staatschef wie über einen gewöhnlichen Sterblichen eine Meinung zu bilden und ein Verbrechen und eine Absurdität beim Namen zu nennen, in Rußland ein enormer Fortschritt. Nach einem halben Jahrhundert des Schweigens wäre es ein Frevel, wenn wir die geistigen und moralischen Leistungen der Perestroika unterschätzten.

Aber in vielen Fällen hat die Entlarvung leicht zu durchschauender politischer Mythen zur Festigung und Popularisierung anderer Mythen geführt, die plausibler und deshalb gefährlicher sind. Und nicht selten hat die emotionale und ehrliche Kritik an der Vergangenheit nur das Interesse an ihrer Analyse verringert und die Gedanken gelähmt.

Ist es nicht widersinnig, daß einige unserer Autoren versuchen, uns weiszumachen, wir, die Russen, seien dazu bestimmt, eine »einzigartige« Wirtschaft aufzubauen und die Welt durch unsere Widerstandsfähigkeit zu erstaunen? Daß es unsere Aufgabe sei, den »Ideologen der Selbstverleugnung« zu folgen, statt einen normalen Lebensstandard zu genießen und gute Krankenhäuser und Computer zu besitzen?*

Ist es nicht widersinnig, daß in einigen ernstzunehmenden Zeitschriften erklärt wird, Stalin – genau der Stalin, der die besten Züge des russischen Bauerntums, der die russische Lebensweise mit

---

* Diese Ansichten über die nachrevolutionäre russische Geschichte werden beispielsweise von dem Schriftsteller Alexei Prochanow in seinen Reden und publizistischen Artikeln vertreten. So hat er am 6. Mai 1987 auf dem Plenum des Schriftstellerverbandes zu beweisen versucht, daß die Entwicklung unseres Landes nicht an den universellen Werten der modernen Zivilisation gemessen werden könne, weil wir eigene Fortschrittskriterien hätten. Die Nachahmung des Westens beraube uns unserer Souveränität, lasse einen Minderwertigkeitskomplex aufkommen und bringe dieser einzigartigen Gesellschaft, die den Sozialismus gewählt habe, triviale, auf Äußerlichkeiten gerichtete Lebensweisen nahe, die uns angesichts des nicht aufholbaren Vorsprungs des Westens von vornherein zur Depression verurteilten. Als Alternative propagiert er »originelle, souveräne, auf den Idealen der sozialistischen Gesellschaft beruhende« Wege. Er glaubt, dieses Programm werde »dem Volk Mühen abverlangen, die mit den einst für unsere Kernkraft- und Raumfahrtprogramme erforderlichen zu vergleichen sind«. Deshalb sei es möglich, daß wir in Zukunft wieder ›Denker‹ benötigten, »die für die Idee des staatlichen Stoizismus, der staatlichen Selbstverleugnung eintreten«. (*Literaturnaja gaseta* [Literaturzeitung], Mai 1987)

all ihren Traditionen zerstört hat – sei nichts anderes als ein heimlicher Slawophiler gewesen und habe die Interessen der patriarchalischen russischen Bauernschaft vertreten?

Mir scheint, daß viele von denen, die über Stalin und die dreißiger Jahre schreiben, jeden Bezug zur Realität und zum gesunden Menschenverstand verloren haben. Sonst wäre es unmöglich, auf die zur Zeit modische Idee zu verfallen, Stalins konterrevolutionärer Staatsstreich Ende der zwanziger Jahre sei der Thermidor* unserer Revolution gewesen, die im Oktober 1917 geborene Geschichte und Philosophie sei dann im Jahre 1929 gestorben, und man habe den großen Wandel jener Jahre als Rückkehr zum vorrevolutionären Rußland zu verstehen.

Ich meine, daß zum Beispiel der heute bei den Publizisten sehr beliebte Mythos, Stalins linksradikale Extreme, darunter auch die Kollektivierung, seien bäuerlichen Ursprungs gewesen, eben deshalb genährt worden ist, um von der Frage nach den dogmatischen Ursachen unseres gescheiterten sozialistischen Aufbaus und nach der Verantwortung der Parteiintellektuellen und der Arbeiterklasse abzulenken.

Paradoxerweise ist es unter der Perestroika sogar noch schwieriger geworden als zuvor, den Marxismus von einigen typischen Irrtümern des im 19. Jahrhundert verbreiteten sozialistischen Gedankenguts zu befreien.

Wenn wir vor einigen Jahren schrieben, Marx habe die völlige Beseitigung des privaten Kleinbauerntums, die Verwandlung von Bauern in Landwirtschaftsarbeiter und die Schaffung von Agrargroßbetrieben befürwortet, so hatten wir, im Einklang mit den Ansichten jener Zeit, allen Grund dazu, diese prognostischen Ideen mit den konkreten Ergebnissen ihrer Umsetzung zu vergleichen und über die praktische Anwendbarkeit derartiger Ideen für die Zukunft nachzudenken.

Gewiß gab es einige Einwände gegen solche Vergleiche von sozialistischer Theorie und Praxis, aber sie waren im allgemeinen leicht zu widerlegen. Zum Beispiel erklärten manche Philosophen, es sei noch nicht an der Zeit, die *Kritik des Gothaer Programms* streng zu prüfen, in der Marx die Idee eines reinen, waren- und marktlosen, auf dem Eigentum des gesamten Volkes basierenden Sozialismus vertreten hatte. Diese Philosophen behaupteten, es sei noch zu früh,

---

* »Hitzemonat« der Französischen Revolution (19. Juli bis 17. August)

irgendwelche Schlußfolgerungen zu ziehen, da sich die theoretische Voraussage von Marx auf einen längeren Zeitraum als unsere sozialistische Aufbauphase seit Oktober 1917 beziehe.

Ein solcher Einwand konnte jedoch die kritische Auseinandersetzung mit der Geschichte und der praktischen Bedeutung des Marxismus nicht unterbinden. Es stimmt, daß die Erfahrung, die wir beim Aufbau des Sozialismus und des Kommunismus gewonnen haben, weder vollständig noch universell ist. Es stimmt, daß nur eine künftige globale Erfahrung mit der Entwicklung des Sozialismus uns das Recht geben wird, ein umfassendes Urteil zu fällen. Aber siebzig Jahre des Lebens und der Arbeit unter nichtkapitalistischen Bedingungen sowie eine fast fünfzigjährige sozialistische Aufbautätigkeit in verschiedenen Regionen der Welt sind gleichwohl eine greifbare historische Tatsache, deren kognitive Bedeutung schwerlich überbetont werden kann. Außerdem hat unsere Erfahrung jeder künftigen Erfahrung gegenüber den Vorzug, daß sie bereits existiert. Die heutige Erfahrung ist unter dem Aspekt der allgemeinen Überprüfbarkeit natürlich viel repräsentativer, da sie uns mehr darüber verraten kann, wie richtig oder falsch einige der Ideen sind. Dagegen kann die Hoffnung auf künftige Entwicklungen niemals Bestandteil einer wissenschaftlichen Debatte sein.

Der Vergleich von marxistischer Theorie und Praxis galt deshalb noch vor einigen Jahren als notwendig und normal. Wenn wir den Aussagen der gegenwärtigen kritischen Publizistik trauen, sind wir heute dagegen des Rechtes enthoben, den Marxismus vor dem Hintergrund unserer sozialistischen Geschichte zu beurteilen. Auch haben wir kein Recht, den wissenschaftlichen Sozialismus mit dem realen zu vergleichen, wenn wir dem Autor des Artikels *Welcher Weg führt zur Kirche?* (*Nowy mir*, Nr. 11, 1987) folgen, daß der von Stalin geschaffene Sozialismus weder etwas mit Marx' noch mit Trotzkis Sozialismus zu tun hatte, sondern daß Stalins Sozialismus aus dem erhitzten Bewußtsein eines patriarchalischen Bauern hervorging.

Dieses Verbot gilt wahrscheinlich nicht nur für unser Land, sondern für den gesamten sozialistischen Block, da der Sozialismus sich auch dort im Einklang mit Stalins Muster für eine neue Gesellschaft entwickelte. Der Erneuerungsprozeß wirtschaftlicher und politischer Strukturen, der von der Sowjetunion auf andere sozialistische Länder übergreift, hat gerade erst begonnen. Zudem gibt es immer noch einige Parteien in der internationalen kommunistischen Bewegung, die der Ansicht sind, daß die unter Stalin errichtete Kommandowirtschaft sowie die totale Vergesellschaftung der Produktionsmittel das Wesen des wissenschaftlichen Sozialismus sehr brauchbar widerspiegeln.

Heute sind wir natürlich stark versucht, die Erinnerung an Stalin und seine politischen Praktiken und Ideen einfach aus der Geschichte des Marxismus und der internationalen kommunistischen Bewegung zu tilgen. Wir sind stark versucht, seinen Sieg über seine Gegner im Politbüro der KPdSU (Bolschewiki) mit dem Thermidor zu vergleichen oder ihn als konterrevolutionären Staatsstreich, als völligen Bruch mit der Ideologie und den Idealen des revolutionären russischen Proletariats hinzustellen. Sowie man dieser Versuchung nachgibt, sind alle Probleme sofort gelöst: Stalin wird verurteilt, der Glaube an das Ideal bleibt erhalten, und die »Reinheit« der Theorie ist wiederhergestellt.

I. Kljamkin, der Autor des oben erwähnten Artikels *Welcher Weg führt zur Kirche?*, muß von dieser Argumentation geleitet worden sein, als er die verschiedenen Formen des Bolschewismus der zwanziger Jahre als Ganzes dem Stalinismus gegenüberstellte und darauf beharrte, daß der von Stalin aufgebaute Sozialismus sich von den strategischen Wirtschaftsplänen sowohl des linken wie des rechten Flügels unterschieden habe. Um Stalins »patriarchalisch-bäuerliche« Linkspolitik völlig von der revolutionären Arbeiterklassenbewegung zu trennen, denkt I. Kljamkin die Wirtschaftsstrategien des linken wie des rechten Flügels zusammen und versucht zu beweisen, daß Trotzki und Bucharin genau die gleiche Haltung Stalin gegenüber vertraten: »Wenn man ganz plötzlich in den Dokumenten der dreißiger Jahre entdeckt, daß die beiden Adjektive mit der gegensätzlichen Bedeutung ›rechts‹ und ›links‹ zu dem einen Wort ›rechts-trotzkistisch‹, das heißt ›rechts-linksgerichtet‹, zusammengefaßt wurden, so betrachte man dies nicht als spezifisches Ergebnis politischer Genialität oder, umgekehrt, politischer Naivität. Die ›Rechts-Linken‹ sind nicht die linguistische Frucht von Stalins Phantasie, sondern eine unbestreitbare Tatsache, denn die früheren ›Linken‹ wurden zu ›Rechten‹, was ihre Einstellung zu dem politischen Regime betraf, das sich nach der Kollektivierung herausbildete und festigte. Weder die ersteren noch die letzteren meinten, daß der in den dreißiger Jahren aufgebaute Sozialismus diesen Namen verdiene, und zwar deshalb, weil er von ihren Vorstellungen der neuen Gesellschaft abwich.«

Der Wunsch, einer solchen Interpretation zuzustimmen, ist psychologisch verständlich. Es ist schwer, sich mit dem Gedanken abzufinden, daß es inhärente Gründe für das Scheitern der Bewegung gibt, der man sein Leben gewidmet hat; daß die Ursachen des Scheiterns in der revolutionären Bewegung *per se*, in ihren eigenen Irrtümern und Fehleinschätzungen, liegen. Es ist soviel bequemer, ihre Feinde oder irgendwelche äußeren, zufälligen Umstände für das Geschehen verantwortlich zu machen. Dieser psychologische Selbstschutzmechanismus trug in den zwanziger Jahren zu der Gewohnheit bei, stets nach »Vernichtern« und »Saboteuren« Ausschau zu halten. Ich glaube, daß diese Tradition unseres politischen Denkens das »Thermidor-Phänomen« geschaffen hat.

Sinaida Nemzowa, eine Parteiveteranin, die alle Greuel der stalinistischen Konzentrationslager durchlebte, versucht beispielsweise, uns in einem Interview in der Zeitschrift *Ogonjok* zu überzeugen, daß die Repressionen von 1937/38 von den Weißgardisten und Gendarmen, die sich in Moskau und Leningrad in den NKWD-Apparat eingeschlichen hätten, organisiert worden seien. Der Journalist O. Lasebnikow schreibt, Stalin sei von Anfang an ein Spitzel und Agent der zaristischen Geheimpolizei gewesen (*Sowetskaja kultura,* 16. Juni 1988), und laut dem Philosophieprofessor A. Butenko ist das politische System zur Zeit des Personenkults nicht als Herrschaft der Arbeiterklasse und ihrer Verbündeten zu bezeichnen. Es sei frevelhaft zu behaupten, daß eine Regierung der Arbeiterklasse zu solchen Taten habe imstande sein können. Viel zutreffender sei die Aussage, daß die sowjetische Geschichte eine Machtergreifung durch Stalin und seine Spießgesellen erlebt habe; ihre Klassenvorherrschaft mit all ihren Entartungen, Entstellungen und bonapartistischen Schiebereien sei durch die gegensätzlichen Interessen von Arbeitern, Bauern und Angestellten ermöglicht worden. (*Moscow News,* Nr. 43, 1987)

Die Versuchung, den Stalinismus von unserem sozialistischen Aufbauwerk zu trennen, ist tatsächlich sehr stark, aber wir sollten trotzdem die Folgen einer solchen Trennung berücksichtigen und die historischen Fakten im Auge behalten. Wenn wir zum Beispiel I. Kljamkin beipflichten, daß der linke und der rechte Flügel, Trotzki und Bucharin, im wesentlichen den gleichen Standpunkt zum Sozialismus und zu den Methoden des sozialistischen Aufbaus eingenommen haben, bringen wir uns um die Möglichkeit, den Kern des ideologischen Kampfes der zwanziger Jahre zu verstehen, die inhärenten revolutionären Quellen des Stalinismus zu bestimmen und Einblick in die Bedeutung der globalen Alternative zu erhalten, die sich der neuen, im Oktober 1917 entstandenen Regierung fortwährend stellte. Die Behauptung, daß alle Katzen der Revolution in der Nacht des Stalinschen Alptraums grau gewesen seien, trägt nichts zum Verständnis unseres historischen Geschicks bei. Ganz zu schweigen von der Tatsache, daß wir absolut keinen Grund zu der Annahme haben, Trotzki habe die Neue Ökonomische Politik (NÖP) unterstützt oder Lenins Idee des Sozialismus als eines Systems zivilisierter Genossenschaftsmitglieder geteilt. Im Gegenteil, sowohl Trotzki als auch Sinowjew und Kamenew, die Führer der übrigen linken Opposition, taten mit ihren Mitte der zwanziger Jahre geschriebenen Arbeiten ihr Bestes, um die Partei zur Abschaffung privater bäuerlicher Familienbetriebe zu bewegen. Der Antagonismus zwischen Trotzki und Bucharin, was ihre Haltung zur NÖP und zu den Methoden des sozialistischen Aufbaus betraf, konnte nie überwunden werden.

Außerdem liegt auf der Hand, daß die »Thermidor-Version« jedes Interesse der Forschung und der Öffentlichkeit an den Voraussetzungen des Stalinismus drastisch mindert, und zwar in erster Linie an den dogmatischen Voraussetzungen. Je empörter wir über die Sünden dieses »Verräters der revolutionären Sache« sind, desto weniger denken wir über die Revolution selbst, die ihr innewohnenden objektiven Widersprüche, die Inkonsequenz des linken Radikalismus, die Dialektik der revolutionären Gewalt etc. nach. Es ist kein Zufall, daß die meisten Autoren, die über den Stalinismus schreiben (wahrscheinlich mit Ausnahme W. Seljunins, A. Nuikins und L. Saraskinas), diese schwierigen und völlig vergessenen Probleme unserer Revolution lieber ignorieren. Das Gespräch, das Juri Trifonow in seinem Roman *Starik* (dt. *Der Alte*) begann, wurde leider nicht weitergeführt. Die Dialektik der Revolution, die Umsetzung gesellschaftlichen Wissens in den historischen Prozeß, der Übergang von Theorie zu Praxis, die Dialektik der Dezentralisierung, die Vergesellschaftung der Produktionsmittel, das heißt die tiefgehenden Widersprüche des 1917 von uns eingeleiteten Prozesses, sind nicht gründlich und fundiert genug analysiert worden.

Dies allein schon verhindert die Entwicklung einer realistischen Philosophie, der Philosophie der Perestroika. Es handelt sich um ein Paradoxon der Glasnost, das für unsere gegenwärtige geistige Situation kennzeichnend ist. Die der Kritik verschlossenen Bereiche haben sich verringert, ohne daß sich der Bereich freien philosophischen Denkens meßbar erweitert hätte. Es gibt so etwas wie eine unsichtbare Linie, die von der großen Mehrheit der Schriftsteller, Publizisten und Soziologen, die sich den dreißiger Jahren widmen, nicht überschritten werden kann. Diese unsichtbare Linie trennt die sekundären Ursachen der damaligen Tragödien und des Scheiterns unserer Revolution von ihren primären Ursachen, mit deren Betrachtung wir noch nicht begonnen haben.

Die meisten komplexen historischen Prozesse sind bisher als isolierte Erscheinungen untersucht worden. Entsprechend hat man auch keine Anstalten gemacht, die Alternative von 1929, also die Möglichkeiten, die die damalige Industrialisierung bot, mit der zentralen Entwicklung Rußlands oder mit dem Wesen der sozialwirtschaftlichen und politischen Entscheidung in Einklang zu bringen, die die revolutionären Arbeiter und Bauern im Oktober 1917 getroffen hatten. Der Gedanke der Kolchoswirtschaft wird sehr selten mit der sehr ähnlichen Idee der *prodraswjorstka* (Getreideablieferungspflicht in den ersten Jahren nach der Revolution) oder mit der Ideologie und Praxis des Kriegskommunismus verknüpft.

Wir haben alle Fehleinschätzungen und Schnitzer Stalins identifiziert. Wir haben alles über seine Verbrechen und den Schaden gesagt, den sein politisches Abenteurertum dem Volk zufügte. Aber wir haben noch nichts über die Fehleinschätzungen und Irrtümer gesagt, für die er nicht persönlich verantwortlich zu machen ist. Wir sind stumm geblieben, was die Tragödien und Fehler der revolutionären Bewegung der Arbeiterklasse angeht. Wir haben einen Schleier über die Verblendungen der Epoche, die Regierungsstrukturen und die Prinzipien der innerparteilichen Organisation gezogen, die Stalin für seine egoistischen Zwecke nutzte. Wir haben nichts über die moralischen und geistigen Bedingungen gesagt, die die Aufpeitschung von Groll, Haß und Mißtrauen begünstigten. Wir haben bisher nicht eingestehen wollen, daß eine Gesellschaft, welche die Schrecken eines Bürgerkriegs durchgemacht hat, noch lange danach krank bleibt und sich lange nicht von dem Schock erholen kann.

Stalins Verbrechen einfach nur dem großen Kreis anderer sinnloser Grausamkeiten und dem Terror aller anderen großen Revolutionen zuzuordnen hilft uns natürlich nicht, der Wahrheit näherzukommen. Ein solches Vorgehen würde den Verlust historischer Details und damit der Wahrheit zur Folge haben. Andererseits gibt es keinen Grund, Stalins Schöpfung – die dreißiger Jahre – von der allgemeinen Logik unserer revolutionären Entwicklung auszunehmen – genausowenig wie es einen Grund gibt, den Terror von 1937 und den Terror von 1929 zu unterscheiden.

Unsere Publizisten scheinen vergessen zu haben, daß Stalin nicht nur sein Reich aufbaute und seine Autokratie festigte. Er veränderte auch die Gesellschaftsstruktur und den Lebensstil der Menschen, indem er den Sozialismus gemäß den theoretischen Vorschriften aufbaute. Stalin tat sein Bestes, um den Vormarsch Rußlands zum Kommunismus zu beschleunigen, denn er war zutiefst von dessen Realisierbarkeit und Notwendigkeit überzeugt. Man erinnere sich nur an das, was er an der Schwelle des Todes sagte. Seine Arbeit *Ökonomische Probleme des Sozialismus in der UdSSR* zeigt, daß Stalin sich noch in seinen letzten Tagen allen Versuchen widersetzte, die Bedeutung des revolutionären Kampfes gegen den, wie er glaubte, sterbenden Kapitalismus herunterzuspielen. »Um die Unvermeidlichkeit der Kriege zu beseitigen«, lehrte er, »muß der Imperialismus vernichtet werden.«[1] Stalin blieb der Sprecher des kompromißlosen marxistischen Widerstandes gegen den Markt, gegen die Ware-Geld-Beziehung, gegen alles, was den Stempel des Kapitalismus trug und seiner Meinung nach das rasche Fortschreiten zu einer kommunistischen Wirtschaft behinderte, die von Überlegungen des Profits und der Erzeugerautonomie frei sein würde. Zum Beispiel hielt er sogar ein Zugeständnis an den Genossenschaftsbesitz für unannehmbar, das darin bestand, den Kolchosen Agrargerät, Traktoren und Mähdrescher zu verkaufen, denn dies »würde nicht zur Annäherung an den Kommunismus, sondern im Gegenteil dazu führen, daß man sich von ihm entfernt«.[2]

Bei der Lektüre von Stalins Schrift *Ökonomische Probleme des Sozialismus in der UdSSR* hatte ich das Gefühl, er setze immer noch die ein Vierteljahrhundert zuvor gegen Bucharin begonnene Polemik fort. Er argumentierte gegen die Idee des letzteren, den Sozialismus mit der Ware-Geld-Beziehung in Einklang zu bringen, was Stalin für opportunistisch hielt. Man lese den Abschnitt über die NÖP und die Marktbeziehungen in seiner Rede »Über die rechte Abweichung in der KPdSU (B)« auf der gemeinsamen Plenarsitzung des Zentralkomitees und der Zentralen Kontrollkommission im April 1929. Fast fünfundzwanzig Jahre später wiederholte er in seiner letzten theoretischen Arbeit, die ein paar Monate vor seinem Tod erschien, dieselben Ideen und verlangte nicht weniger leidenschaftlich eine rasche Beseitigung des noch verbliebenen Warenumlaufs, des seiner Meinung nach wichtigsten Hindernisses für die Entwicklung der Produktivkräfte, welche die materiellen und technischen Voraussetzungen für den Aufbau des Kommunismus liefern werde.

Warum sollten wir uns selbst belügen? Warum sollten wir Mythen über Stalin und seine Sache nähren? Sowohl er wie seine Aktivitäten wurden von der revolutionären Bewegung hervorgebracht, die lange vor Stalins Machtantritt Gestalt angenommen hatte. Am Anfang war das Wort, das heißt die Theorie, der Drang, den Kommunismus in Rußland zu errichten. Deshalb sollten wir diese Theorie, den wissenschaftlichen Sozialismus, einfach an Stalins eigenen Ideen einer kollektivistischen Gesellschaft messen und seine Taten erst dann mit den Sozialismusvorstellungen von Marx, Engels und Lenin vergleichen.

Womit beginnt eine verantwortungsbewußte Kommission, um die Ursachen von Rissen in einem neuerrichteten Gebäude zu ermitteln? Natürlich mit der Überprüfung des Bauplans. Erst wenn sie sich überzeugt hat, daß der Plan keinen Fehler enthält, macht sie sich daran, die Qualität des Materials und die Ausführung der Arbeit zu überprüfen.

Genau dies tat Lenin, als er die Ursachen der politischen und wirtschaftlichen Krise untersuchte, die Anfang 1921 in der neugegründeten Sowjetrepublik ausbrach. Er tadelte weder die Bauern für ihren Wunsch, ihr Land zu behalten und ihre Erzeugnisse zu besitzen, noch verurteilte er die Arbeiter für die Forderung, daß ihre Arbeit bezahlt werde. Lenin kehrte im Geiste zu den Ursprüngen zurück, daß heißt zu der Wirtschaftsphilosophie des Kriegskommunismus, die das Land in die Krise geführt hatte. Er erkannte die Mängel des ursprünglichen sozialistischen Aufbauplans, der sich vor allem auf den Enthusiasmus und das Klassenbewußtsein der Beteiligten stützte. Und er erkannte die Mängel seiner eigenen Absicht, den Produktionsprozeß und die Bereiche des Alltagslebens zu vergesellschaften.

Wie hingegen argumentieren und handeln sowjetische Publizisten und Soziologen, wenn sie die Hintergründe der Katastrophe von 1929 und die sich anschließenden Tragödien der dreißiger Jahre erforschen? Sie zäumen das Pferd von hinten auf, denn sie lassen das Problem des sozialistischen Aufbauplans völlig außer acht. Es existiert für sie einfach nicht. Sie sprechen nur von schlechten Planvollstreckern, die ihrem Auftrag angeblich nicht gerecht werden wollten und konnten.

Dies ist schwerlich ein verantwortungsbewußter Umgang mit dem Thema. Natürlich sind unser Kummer und unsere Empörung über die russische Apokalypse, über die Tragödie der dreißiger Jahre, gerechtfertigt. Wir sollten nicht vergessen, daß Rußland vor nur hundert Jahren noch ein Land von Sklaven war, daß die Sklaverei unsere nationale Psyche jahrhundertelang beherrschte und daß wir sie, offen gesagt, immer noch nicht völlig beseitigt haben. In diesem Zusammenhang haben L. Ionin und I. Kljamkin uns zu Recht an die historischen Wurzeln unserer Gesellschaft erinnert. Noch heute sind viele Sowjetbürger entsetzt über Redefreiheit und unabhängiges Urteilsvermögen. Aber während wir uns anschicken, die Gipfel der Zivilisation zu erklimmen, während wir bereit sind, unsere Gesellschaft zu verbessern und zu verstehen, was mit ihr geschehen ist, sollten wir nicht davor zurückschrecken, die Ereignisse von Anfang an, vom »Wort«, von unseren theoretischen Grundlagen her zu analysieren. Und zwar deshalb, weil der Sozialismus die einzige Gesellschaftsform der Menschheitsgeschichte ist, die bewußt aufgebaut wurde, und zwar mit Hilfe eines theoretischen Plans.

Wie nie zuvor ist die Genauigkeit der Berechnungen in diesem Fall von entscheidender Bedeutung. Die Menschen sollten fähig und bereit sein, Einblick in die Doktrin zu erhalten, der sie das Schicksal ihres Landes und ihrer Kinder anvertraut haben. In diesem Fall ist es viel wichtiger, den Plan zu kennen als den Prozentsatz von Arbeitern und Bauern, die der Partei Ende der zwanziger Jahre angehörten, oder die Zahl der Bauern, die zur Zeit von Stalins Großem Wandel kein Pferd besaßen. Weshalb also verwenden unsere Publizisten Hunderte von Seiten auf den mangelnden Eifer der russischen Bauern bei der Errichtung des sozialistischen Gebäudes, ohne jedoch das Interesse des Lesers an »dem Wort« an sich, das heißt an dem ursprünglichen Plan, zu fördern?

Ich habe in diesem Zusammenhang zahlreiche Artikel gelesen, insbesondere von O. Lazis, L. Ionin, I. Kljamkin, L. Gordon, J. W. Klopow und W. Koschinow. In diesen Schriften gibt es eine Fülle von interessanten Ideen und Überlegungen, von historischen Materialien und Zeugnissen. Doch leider erwähnt keiner der Autoren die Ausgangspunkte und Pläne unseres sozialistischen Aufbaus, die dogmatischen Ursachen der Verzerrungen des Sozialismus. Dabei begreifen sie allem Anschein nach, daß es sich hierbei nicht um philosophische Trivialitäten handelt. Es sind die Ideen, die, sobald die herrschende Kommunistische Partei sie übernommen hat, zu einer enormen materiellen Kraft werden und das Leben und Schicksal von Abermillionen Menschen bestimmen. Nie zuvor hat die Menschheit einen so hohen Preis für ihren Hang zu Illusionen bezahlt wie im 20. Jahrhundert; dies gilt vor allem für die Länder, die den Sozialismus aufbauten.

Gewiß, es ist unmöglich, Fehler bei der Prophezeiung der Zukunft zu vermeiden, besonders wenn man Aussagen über die künftige Entwicklung des sozialistischen Aufbaus macht. Ein Theoretiker kann nur das mit Sicherheit wissen, was bereits geschehen ist. Sein Wissen ist also stets unvollständig; er kann nicht über die möglichen menschlichen Erfahrungen der Zukunft unterrichtet sein. Gleichwohl ist es die Aufgabe des Theoretikers, Urteile über die Zukunft zu fällen und die Folgewirkungen der wirtschaftlichen und politischen Prozesse abzuschätzen, die sich in der Praxis erst ansatzweise abzuzeichnen beginnen.

Trotz dieser Wissenslücke muß der Theoretiker das Risiko eingehen und den Rahmen des bereits Existierenden überschreiten, er muß ein Zukunftsmodell entwickeln, dem er das Leben und die Produktion unterordnet. Denn die Ungeduld der Massen beschleunigt die Ereignisse häufig, wie unsere Revolution gezeigt hat. Die Situation, in der »es nicht mehr möglich ist, wie früher zu leben«, eilt manchmal dem präzisen Wissen um die neue Lebensweise voraus. In solch einem Fall müssen wir, wie Lenin schrieb, zunächst handeln und dann abwarten, was geschieht. Lenin machte nie ein Hehl aus folgendem: »Auch wir haben uns im Oktober 1917 ins Gefecht gestürzt und dann solche Einzelheiten der Entwicklung (vom Standpunkt der Weltgeschichte aus sind das zweifellos Einzelheiten) zu sehen bekommen wie den Brester Frieden oder die NÖP usw.«[3]

2. Kann es eine Wirtschaft ohne Handel geben?

Da wir dies alles wissen und sogar begonnen haben, eine in der Geschichte beispiellose sozialistische Gesellschaft aufzubauen, sollten wir unser Hauptaugenmerk darauf richten, Fehler in der Theorie des Sozialismus zu vermeiden, unsere Kenntnis von der Zukunft zu vertiefen und neue »Einzelheiten der Entwicklung« zu finden.

Zur Zeit bietet sich uns eine einzigartige Chance. Der Mörtel unserer früheren Propaganda ist abgebröckelt, was nicht nur die Hauptelemente des Bauwerks enthüllt, sondern uns auch die Möglichkeit gibt, das Fundament eines im Kampf errichteten Sozialismus zu untersuchen. Und inzwischen ist deutlich geworden, daß sich die Konstruktionsmängel nicht auf Stalins Abweichungen vom ursprünglichen Entwurf des Sozialismus beschränken (wahrscheinlich sollten wir sagen, daß er die Werte des Marxismus pervertiert sowie die Idee und die Ziele der sozialistischen Gesellschaftsveränderung mißdeutet hat). Sie haben auch mit der Abweichung des theoretischen Denkens von der Realität zu tun, mit seiner Arroganz und der Unterschätzung der komplexen und fundamentalen Bedeutung der Gesellschaftsstrukturen, die von einer Warengesellschaft geschaffen werden. Zum Beispiel ist es allgemein üblich geworden, den entstellten, kasernenhofartigen, isolierten Sozialismus der dreißiger Jahre zu kritisieren. Doch die Kritik vermeidet sorgsam eine Auseinandersetzung mit den strukturellen Ursachen hierfür. Und sie schreckt vor der entscheidenden Frage zurück, ob es möglich ist, einen nicht kasernenhofartigen, demokratischen Sozialismus auf einer waren- und marktlosen Grundlage aufzubauen.

Dies ist die Preisfrage – sie betrifft alle, die über die Zukunft nachdenken, und alle, die versuchen, die Vergangenheit zu verstehen. Warum hat die Ablehnung des Marktes und der Geld-Ware-Beziehungen in allen Ländern, Khomeinis Iran eingeschlossen, ausnahmslos zu Autokratie, Verletzung der Menschenrechte und der Würde des einzelnen sowie zu einem grenzenlosen Machtzuwachs für die Regierung und den bürokratischen Apparat geführt? Warum steht sogar der Terror dem Handel hilflos gegenüber? Warum haben alle bekannten historischen Versuche, auch unsere, den freien Warenaustausch und die wirtschaftliche Autonomie der Produzenten abzuschaffen, mit einem Fehlschlag geendet, der letztlich einen Rückzug erforderlich machte?

Marx war sich dieser schwierigen Frage nicht bewußt, da es zu seiner Zeit noch keine entsprechende historische Erfahrung gab. Deshalb machte er nie den Versuch, bis zu den Wurzeln der Widersprüche vorzudringen, die den von ihm vorgeschlagenen Methoden zur Bekämpfung der Übel des Kapitalismus innewohnen. Doch Lenin erkannte dieses Problem in seinen letzten Lebensjahren, als er untersuchte, weshalb die Wirtschaftsstrategie des Kommunismus gescheitert war.

Der oben beschriebene Mangel an begrifflichem Denken kennzeichnet auch die sowjetischen Veröffentlichungen, in denen Stalins Politik der Zwangskollektivierung kritisiert wird. Die zu diesem

Thema schreibenden Autoren (mit Ausnahme von G. Schmeljow und W. Baschmatschnikow, deren Beiträge in der Zeitschrift *Oktjabr* erschienen) unterstützen unabsichtlich den Trugschluß, das Problem sei auf die Frage zurückzuführen, ob Kolchosen mit kavalleristischen oder nichtkavalleristischen Methoden aufzubauen seien. Als wenn unser Schicksal ganz anders verlaufen wäre, wenn Stalin Engels gefolgt wäre und dem einzelnen Bauern die Möglichkeit gegeben hätte, »auf seiner kleinen Parzelle nachzudenken«.

Aber heute, angesichts all unserer Erfahrungen – und nicht nur unserer – mit der sozialistischen Umgestaltung in der Landwirtschaft, wird deutlich, daß dieses Dilemma die wahre Tiefe des Problems nicht wiedergibt, an dessen fachmännischer Lösung wir seit dem ZK-Plenum vom Juni 1988 arbeiten. Man sollte sich nicht der Illusion hingeben, daß man zur Verbesserung der Lage nur zu Engels' Schriften über die kollektive Landwirtschaft zurückzukehren und streng gemäß seinen Vorschriften zu handeln brauche.

Der Kern des Problems, der uns zwingt, die Wahrheit zu suchen und uns mit der konkreten Realität auseinanderzusetzen, sieht ganz anders aus: Sollten wir in der Landwirtschaft um jeden Preis Produktionsgenossenschaften anstreben? Ist es wirklich ein entscheidender Fortschritt, wenn wir den Bauern in einen Arbeiter verwandeln, der in einer großen nationalen Fabrik einem einheitlichen Plan folgt? War die Arbeitsorganisation der Bauern – die Verbindung von Lebensweise, Produktion und Familie zu einer Einheit – wirklich ein Anachronismus? In welchem Maße war der Plan einer zentralen Landwirtschaftsorganisation wissenschaftlich begründet? Ist die Verstaatlichung des Bodens wirklich in allen Fällen nötig?

Neben dem Problem der Kollektivierung gibt es Dutzende von anderen »schwierigen Fragen«, die sich bei der Betrachtung von Stalins Epoche stellen, ohne daß sie direkt mit seiner Persönlichkeit zu tun haben. Ich werde nur ein paar von ihnen aufzählen, um dem Leser eine bessere Vorstellung von den unerforschten Bereichen zu geben, an die bis heute weder unsere Wissenschaftler noch unsere Publizisten zu rühren gewagt haben:

Können verläßliche Garantien für die Freiheit des Individuums und für die Demokratie existieren, wenn alle Gesellschaftsmitglieder Angestellte des proletarischen Staates sind und keine unabhängigen Einkommensquellen besitzen? Wäre es möglich gewesen, die Gewaltmaßnahmen gegen die Bauernschaft zu vermeiden, wo doch vergesellschaftete Arbeit und Kolchoswirtschaft laut marxistischer

Theorie eine ökonomische Notwendigkeit sind? Hat die Lehre von der revolutionären Avantgarde innerhalb der Gesellschaft nicht neue Formen sozialer Ungleichheit erzeugt? Sind die »reinen«, direkten Methoden zur Verknüpfung der Interessen des Individuums mit den Interessen der Gesellschaft stets wirksamer als die »unreinen«, indirekten? Gibt uns die Entwicklung der Menschheit im 20. Jahrhundert Grund zu glauben, daß ideologischer Pluralismus, religiöses Bewußtsein und die Vielfalt von Gesellschafts- und Wirtschaftsformen völlig abgeschafft werden können? Ist es im allgemeinen sinnvoll, alle traditionellen Mechanismen der menschlichen Lebensgestaltung und -förderung, darunter auch die patriarchalischen, beseitigen zu wollen?

Es sind in der Tat schwierige Fragen, die man nicht sofort beantworten kann. Aber wir sollten weder ihre Diskussion auf morgen verschieben, noch weiterhin die Interessen unseres Staates, unseres Volkes, unserer Kinder opfern, um die Illusion zu nähren, daß die Arbeiterklasse, wie L. Kamenew behauptete, »sich nicht irren kann«. Wir sagen heute oft, die Geschichte habe uns eine letzte Chance gegeben und wir hätten nur noch sehr wenig Zeit, unsere Fehler zu korrigieren. Warum fehlt uns unter diesen Umständen immer noch der Mut, die entscheidenden Fehler herauszuarbeiten und uns selbst mit der fundamentalen Wahrheit zu konfrontieren?

Meiner Ansicht nach sollte unsere Annäherung an diese fundamentale Wahrheit damit beginnen, die bereits bekannte und durchaus nicht schreckliche Erkenntnis zu bekräftigen, daß Stalins Argumentation und seine Haltung zum Sozialismus insgesamt recht typisch für die Marxisten jener Zeit waren. Wir müssen wenigstens den Mut aufbringen, den wir bereits vor dreißig Jahren, nach dem XX. Parteitag der KPdSU, hatten. Das heißt, wir müssen anfangen, uns ernsthaft mit den philosophischen und sozialen Ideen und Denkschemata auseinanderzusetzen, die dem politischen und wirtschaftlichen Handeln zu Beginn der dreißiger Jahre zugrunde lagen.

Es ist heute bereits problematisch geworden zu sagen, daß Stalins Persönlichkeit durch eine marxistische Umgebung geprägt wurde, daß er das theoretische Erbe der Klassiker seinen Fähigkeiten und seiner Herkunft entsprechend meisterte und in seinen Schriften und Reden die Grenzen marxistischer Gemeinplätze im allgemeinen nicht überschritt.

Wann, wie und warum war es möglich, den Marxismus zu verunstalten und ihn in die Formen der stalinistischen Epoche zu gießen?

Wo liegen die dem Marxismus inhärenten Ursachen für solche Verunstaltungen?

Natürlich ist es leichter, über Stalins kleinbürgerliche Degeneration und die patriarchalischen Wurzeln seines Bewußtseins zu schreiben, als sich schwierige Fragen zu stellen und sie zu beantworten. Aber mittlerweile ist es unmöglich geworden, sich diesen Fragen zu entziehen. Sie werden ganz automatisch auftauchen, sobald auch der gewöhnliche Leser Zugang zu den Schriften der Revolutionsführer erhält.

Dann wird der Mythos, daß der Stalinismus weder rechts noch links einzuordnen sei, sondern eine dritte Interpretation der sozialistischen Ziele darstelle, sofort in sich zusammenbrechen. Es genügt zum Beispiel, die Kritik an Bucharins ökonomischen Ideen in G. Sinowjews Korreferat auf dem XIV. Parteitag der KPdSU (Bolschewiki) mit Stalins Angriffen auf den »rechten Flügel« während des gemeinsamen Plenums des Zentralkomitees und der Zentralen Kontrollkommission (April 1929) zu vergleichen, um den gleichen linksextremen Kurs, die gleiche linksextreme Revision von Lenins politischem Testament zu erkennen.

Dieser Kurs ist im wesentlichen durch Angriffe auf die wichtigsten Elemente der NÖP, auf den Handel und den freien Warenaustausch gekennzeichnet. Dabei hingen die Parteiführer, zum Beispiel der erwähnte Sinowjew, die Stalin den Stab des Radikalismus überreichten, den linken Dogmen noch überzeugter an als der Urheber des Großen Wandels von 1929.

Nein, Stalin war nur einer der Vertreter des kompromißlosen kommunistischen Widerstandes gegen das »Alte«, und er teilte lediglich die Ungeduld, die das Politbüro nach Lenins Tod beherrschte. Stalins Theorie und seine Methoden zur Kontrolle des Marktes und des freien Handels blieben sogar weit hinter dem Korreferat der Leningrader Opposition zurück. Deshalb sind wir schwerlich berechtigt, Stalin den Lorbeerkranz des linksextremsten aller linken Führer unserer Revolution aufzusetzen, wie I. Kljamkin es tut. Stalin war in jeder Hinsicht nur ein Schüler, allerdings unstreitig ein gelehriger Schüler.

Stalin bewahrte die Kontinuität all unserer linksoppositionellen Richtungen. Er teilte G. Sinowjews Ablehnung des Marktes und des freien Handels, während sein etatistisches und technokratisches Empfinden, seine mechanistische Einstellung zum Gesellschaftsleben und der Glaube, daß die Stärke und die Fortschritte des Sozialismus von der Macht seiner Verwaltungsorganisation abhingen, ihn Trotzki und allen Ideologen des Trotzkismus nahebrachten. Allerdings konnten die Ideologen des Trotzkismus von dem mächtigen administrativen Sozialismus nur träumen, den Stalin dann tatsächlich aufzubauen verstand. Forderte J. Preobraschenski, der Haupttheoretiker und das Hirn der trotzkistischen Opposition, nicht die Verbindung von politischer und ökonomischer Macht, die uneingeschränkte Verfügungsgewalt der administrativen Gremien, die Errichtung von riesigen Getreidefabriken, wie Stalin sie später auf Leichen aufbaute? Warum sollte ich mich selbst belügen und den Leser zu überzeugen versuchen, daß Trotzki und seine Waffenbrüder von einem anderen, nichtstalinistischen Sozialismus träumten?

Entscheidend ist jedoch, daß Stalin, Kljamkins Beteuerungen zum Trotz, im Jahre 1929 nicht mit der linken Opposition brach. Im Gegenteil, er kehrte zu ihren Ideen und Vorstellungen über den Aufbau des Sozialismus in Rußland zurück. 1929 kam es zu keinem Staatsstreich nach Art des Thermidor oder zu einer Entwürdigung unseres revolutionären Geistes. Unsere Tragödie bestand darin, daß Stalin versuchte, die revolutionäre Welle in Rußland künstlich, mit Zwangsmethoden, fortzusetzen. Im Einklang mit den Rezepten der linken Opposition bemühte er sich, das politische Klima der Bürgerkriegsepoche, die Atmosphäre kompromißloser Ablehnung all dessen wiederzubeleben, was mit Privateigentum und der Ware-Geld-Beziehung zu tun hatte.

Hinsichtlich der Schlüsselfrage aller russischen Revolutionen, der Einstellung zur Bauernschaft, war Stalin ein typischer Linker, ein typischer Bauernhasser. Ich glaube, daß hierin das verborgene Wesen des Stalinismus und der Herrschaft Stalins als einer Spielart des russischen Linksextremismus zu suchen ist: in der Feindschaft den Bauern und der ländlichen Lebensweise gegenüber.

Von den Führern des linken Flügels übernahm Stalin auch die Methoden zur politischen Diskreditierung des einzelnen Hofbesitzers und, vor allem, der Mittelbauern. Im Jahre 1925 sprach sich nur Sinowjew offen gegen Lenins Idee des Volksbündnisses aus. Er sagte, daß »die Mittelbauern nun als kleinbürgerlich bezeichnet werden können und sollen«. Wer dies nicht einsehe, idealisiere den Mittelbauern auf unverschämte Weise. Und Sinowjew drängte auf dem XIV. Parteitag der KPdSU (Bolschewiki) auch, »in unserer Einstellung zum Bauern viel mehr Entschlossenheit zu zeigen als bisher«.

Dies tat Stalin dann, um die Abweichler Bucharin, Rykow und Tomski einzuschüchtern, die über ihre Schwäche für die Bauern »gestolpert« waren. Es warf ihnen vor, den Besitztrieb des Mittelbauern herunterzuspielen, der ihn zu den reichen Dorfbewohnern, den Kulaken, hinziehe. Seiner Ansicht nach begriffen sie nicht, daß »die Bauern, solange sie einen Einzelhof betrieben und in den freien Handel verwickelt waren, indirekt und fortlaufend in ihrer Mitte Kapitalisten hervorbrachten – und nicht anders konnten«.

Mir ist unverständlich, wie es einigen sowjetischen Publizisten gelungen ist, etwas typisch Russisches, Patriarchalisches und Nationales an Stalins Sozialismusvorstellungen zu entdecken. Alles, was er in den späten zwanziger und in den dreißiger Jahren schrieb, erinnert sehr stark an unsere sozialistischen, bauernfeindlichen Gefühle, an die Ungeduld der Linken und die Voreingenommenheit der Bürgerkriegsepoche sowie an die später auch von Trotzki, Sinowjew und Kamenew gezeigte Ungeduld. Nicht einmal Stalins These vom möglichen Sieg des Sozialismus in einem einzigen Land scheint mir irgend etwas Unerwartetes zu enthalten. Man denke nur daran, daß die Partei bereits Mitte 1918 den direkten Übergang vom kapitalistischen zum kommunistischen Rußland einleitete. Ich bezweifle, daß irgend jemand dem damaligen Politbüro den riskanten Vorwurf machen wird, es habe einen Hang zum Nationalismus oder zum patriarchalischen Konservatismus gehabt.

Zudem kann ich an Stalins Weltanschauung nichts entdecken, was ihn von den europäischen Marxisten der zwanziger Jahre unterschieden hätte. Zum Beispiel hatte Karl Kautsky, der Gegenpol zu Stalin und zur linken, revolutionären Politik Rußlands, ein Konzept, das mit Stalins Idee vom Wesen des Sozialismus nahezu übereinstimmte. Obwohl Kautsky sich nachdrücklich gegen Stalins Zwangskollektivierung wandte, glaubte auch er an die Machbarkeit einer markt- und warenlosen – und damit, wie er meinte, echten – sozialistischen Produktionsweise.

In *Der Bolschewismus in der Sackgasse,* einem Buch, das der Stalinismuskritik gewidmet war, schrieb Kautsky, die Sozialisierung bedeute für die Funktion eines Betriebs: »Er soll nicht mehr, wie in kapitalistischer Hand, der Gewinnung von Profit dienen, sondern der möglichst besten Deckung des Bedarfs der Konsumenten und der Wohlfahrt seiner Arbeiter. Seine Ergebnisse brauchen nicht mehr die Kapitalisten zu befriedigen, wohl aber die Konsumenten und die Arbeiter.«[4]

Man vergleiche diese Aussage Karl Kautskys mit Stalins Schriften über den Sozialismus, etwa mit *Zu Fragen der Agrarpolitik in der UdSSR* (1929) oder besonders mit *Ökonomische Probleme des Sozialismus in der UdSSR* (1952), und man wird sofort merken, daß die beiden Autoren die gleichen Vorstellungen von den letztlichen Zielen des künftigen Systems hatten. Was die Substanz des Marxismus anging, so gab es im Grunde keinen Unterschied zwischen einem marxistischen Stalin und einem marxistischen Kautsky.

In seinem fundamentalen Wirtschaftsgesetz des Sozialismus wiederholt Stalin fast Wort für Wort Kautskys Ansicht über den Zweck der kollektivistischen Produktion. Dies läuft, wie unsere Sozialwissenschaft seit Stalin immer wieder betont hat, auf die Maxime hinaus: »Sicherung der maximalen Befriedigung der ständig wachsenden materiellen und kulturellen Bedürfnisse der gesamten Gesellschaft – das ist das Ziel der sozialistischen Produktion; ununterbrochenes Wachstum und stetige Vervollkommnung der sozialistischen Produktion auf der Basis der höchstentwickelten Technik.«[5]

Auch Kautskys These, daß die Arbeiter im Gegensatz zu den Kapitalisten mit minimalen Profiten zufrieden seien oder überhaupt ohne jeden Profit auskommen könnten, wurde von Stalin zu einem der Grundgesetze der sozialistischen Wirtschaft erhoben. Dieses »Gesetz« betonte er besonders in der Kollektivierungszeit, als die Leistung der vergesellschafteten Landwirtschaft drastisch zurückging. »Große Getreidefabriken eignen sich nicht für kapitalistische Länder«, schrieb er damals. »In kapitalistischen Ländern können große Getreidefabriken nicht organisiert werden, denn dort existiert privater Grundbesitz, und die Organisation solch großer Getreidefabriken würde den Kauf einer recht erheblichen Zahl von Grundstücken oder die Zahlung einer absoluten Grundrente erfordern, was der Produktion eine schwere Last aufbürden würde. In unserem Land existieren weder eine absolute Grundrente noch der Verkauf oder Kauf von Boden, denn in unserem Land gibt es keinen privaten Grundbesitz, und dies schafft zwangsläufig günstige Voraussetzungen für die Entwicklung großer Getreidefabriken. In kapitalistischen Ländern haben umfassende Landwirtschaftsbetriebe den Zweck, maximalen Profit zu erzielen. In unserem Land dagegen benötigen die großen Getreidefabriken für ihre Entwicklung weder den maximalen Profit noch die Durchschnittsprofitrate; sie können sich auf ein Minimum an Profit beschränken oder manchmal sogar ganz auf ihn verzichten, was wiederum günstige Voraussetzungen für die Entwicklung großer Getreidefabriken schafft.«

Auch der oben erwähnte J. Preobraschenski, eine internationale Autorität auf dem Gebiet der Theorie des Sozialismus und der Planwirtschaft, erklärte, daß der Sozialismus über einen langen Zeitraum hinweg mit einem minimalen Profit zufriedengestellt werden könne. Zum Beispiel schrieb er in seinem Hauptwerk (*Das Grundgesetz der sozialistischen Akkumulation*), während der Kapitalismus seiner ganzen Struktur nach keine Periode von Verlusten, also eine Periode der – vom kapitalistischen Standpunkt aus – »verschwendeten« Arbeit ertragen könne, sei ein solches Ergebnis kennzeichnend für die kriegskommunistische Wirtschaft. J. Preobraschenski behauptete: »Während die kapitalistische Wirtschaft vom Streben nach maximalem Profit motiviert wird, war für die Periode des Kriegskommunismus das Bemühen um den größtmöglichen Ertrag, selbst bei größten Verlusten, typisch.«

Falls Preobraschenskis Werke neu herausgegeben werden sollten, dürfte allen klarwerden, daß Stalin dessen Ideen bis in die kleinsten Einzelheiten wiederholte. Sogar die Idee der beschleunigten Industrialisierung stammt von Preobraschenski. Er schrieb: »Diese Periode so rasch wie möglich zu überwinden, so bald wie möglich den Moment zu erreichen, in dem das sozialistische System all seine natürlichen Vorteile dem Kapitalismus gegenüber ausweisen wird – dies ist die Frage von Leben und Tod für den sozialistischen Staat.«

Stalins Einstellung zum Sozialismus und dessen Hauptzielen konnte sich nicht maßgeblich von den Ideen anderer damaliger Marxisten unterscheiden, da sich alle auf dieselben sozialen und philosophischen Lehren stützten. Dies wurde kürzlich überzeugend in dem Interview einer Krakauer Zeitschrift mit Adam Schaff aufgezeigt, einem hervorragenden polnischen Philosophen und Veteranen der polnischen Arbeiterbewegung. Dieser Gelehrte meint, das Wesen des Stalinismus sei lange vor dem Zeitpunkt zum Ausdruck gekommen, als Stalin zum allmächtigen Herrscher Rußlands wurde. Es sei in der Auffassung vieler damaliger Marxisten enthalten, die der Autor wie folgt wiedergibt: »Es ist im Grunde nicht wichtig, was das Volk denkt. Wichtig ist, was es zu denken hat.« Laut Schaff wurde diese philosophische Substanz des Stalinismus am deutlichsten von dem ungarischen Kommunisten Georg Lukács in seinem weltberühmten Buch *Geschichte und Klassenbewußtsein* (1923) ausgedrückt. Schaff fährt fort, daß natürlich nur die Partei des Proletariats gewußt habe, was das Volk denken müsse, denn nur diese Partei habe die Wahrheiten des Marxismus gekannt.

Die Unterscheidung von wissenschaftlichem Bewußtsein (»was das Volk zu denken hat«) und alltäglichem Bewußtsein (»was es denkt«) oder die Gegenüberstellung der »fortschrittlichen« Ideologie der Arbeiterklasse mit der »rückständigen« Weltanschauung der Bauernmassen führt natürlich noch nicht automatisch zu Mißbrauch oder Repression. Alles hängt vom Gerechtigkeitssinn der Gesellschaft und von den moralischen und geistigen Maßstäben derjenigen ab, die den Lauf der Ereignisse beeinflussen können. Aber die Überzeugung einiger, alles besser zu wissen, all das zu begreifen, was das Begriffsvermögen anderer übersteigt, kann bereits Grund genug sein, jede Gewalttat zu rechtfertigen, besonders unter extremen politischen Umständen.

Durch die Erhöhung des theoretischen Bewußtseins, des Bewußtseins der revolutionären Avantgarde, steigerten die damaligen Marxisten auch ganz beiläufig die Macht der revolutionären Führer über das gewöhnliche Volk ins Unermeßliche. Sie erhöhten jene, die im Namen der historischen Gesetze sprachen. Vor dem Hintergrund einer so unkritischen Haltung gegenüber allem, was im Namen des Marxismus – der Wissenschaft von den Gesetzen der Gesellschaftsentwicklung – gesagt wurde, nahm sowohl die subjektive, willkürliche Bedrohung all dessen, was von den theoretischen Zukunftsvoraussagen abwich, als auch die Gefahr politischer Tyrannei drastisch zu.

In dieser Hinsicht sind die Jahrzehnte stürmischer Unruhen am bedenklichsten, denn eine Atmosphäre der Massenhysterie schafft weder die geistigen noch die politischen Voraussetzungen für eine kritische Überprüfung der Zukunftsbilder. In solchen Zeiten sind Zweifler dazu verurteilt, als Konterrevolutionäre, als Gegner des Fortschritts und der proletarischen Weltrevolution behandelt zu werden.

Schaffs Überzeugung leuchtet ein, daß die Ursachen von Stalins Geringschätzung für die wirklichen Gedanken und Gefühle der Menschen noch tiefer verwurzelt sind, und zwar in der Hegelschen Erkenntnislehre, auf die die Unterscheidung zwischen der »Klasse an sich« und der »Klasse für sich« zurückgeht. Unsere jetzige Gewohnheit, die wahren, fundamentalen Interessen einer Klasse den sogenannten falschen, empirischen Interessen einiger ihrer Vertreter gegenüberzustellen, leitet sich unzweifelhaft von Hegels Glauben her, daß das, was die Menschen über sich selbst denken, zu vernachlässigen sei, da sie noch nicht die Fähigkeit besäßen, ihre wahren, grundlegenden Interessen zu erkennen.

Die Dichotomie »Klasse an sich – Klasse für sich« war ihrerseits von der latenten Möglichkeit einer Tyrannei über diese Klasse durchdrungen. Wo findet man die Kriterien, um wahre Gedanken von falschen, echte Interessen von vermeintlichen zu unterscheiden? Welchen Grund hatte Stalin zum Beispiel zu der Annahme, daß die industrielle Agrarwirtschaft den wahren Interessen der Bauern entspreche, während ihre Liebe zu ihrem eigenen Stück Land nur ihre trügerischen, vermeintlichen Interessen widerspiegele?

Stalin rief, wie Trotzki, dazu auf, der »großen historischen Herausforderung« zu begegnen und eine Gesellschaft ohne Bauern aufzubauen. Aber die Konstruktion eines solchen großen Ziels ist bloß eine Möglichkeit, ein hypothetisches Phänomen.

Die sogenannten »trügerischen« Interessen haben trotz ihrer unvermeidlichen Beschränkungen (wirkliche Dinge werden stets von dem beschränkt, was existiert) den offenkundigen Vorteil, daß sie real sind. Wir gehen ein großes Risiko ein, wenn wir sie als den Interessen unterlegen einstufen, die die Menschen unserer Ansicht nach verwirklichen sollten. Diese Haltung ist vertretbar, wenn Theoretiker und Politiker sich nicht irren, sondern die wahren, fundamentalen Interessen der Arbeiter und Bauern finden und formulieren (wie wir wissen, sind diese Klassen nicht fähig, eine wissenschaftliche Ideologie zu entwickeln). Und wenn dies nicht der Fall ist? Wenn die Theoretiker einen Fehler machen?

Angenommen, es gibt keine absolut verläßlichen Kriterien zur Unterscheidung von echten und vermeintlichen Klasseninteressen – wie sollen wir dann die Schurken, die den Glauben der Menschen an die Möglichkeit eines glücklicheren Lebens ausbeuten, von denen unterscheiden, die sich das Leid der ins Elend Geratenen aufbürden wollen?

Stalin war, wie Schaff schreibt, im Gegensatz zu Lukács immerhin so geschickt, seine »goldene Regel« nie laut auszusprechen. Seine Schriften – mit Ausnahme seiner These von der Verschärfung des Klassenkampfes während der Entwicklung des Sozialismus – widersprachen nie dem Marxismus-Leninismus. Dies ist die Meinung vieler Marxisten in den sozialistischen Ländern, und es ist die Meinung derjenigen, die Stalin zuhörten und sich an seine Epoche erinnern. Wenigstens ist niemand von ihnen bereit, Stalins Großen

Wandel mit dem Thermidor der Französischen Revolution zu vergleichen.

D. Satonski, ein korrespondierendes Mitglied der Ukrainischen Akademie der Wissenschaften und der Sohn des berühmten ukrainischen Kommunistenführers W. P. Satonski (eines Opfers der Repressionen von 1937), schreibt: »Was Napoleon, der Erste Konsul und spätere Kaiser, den Franzosen anbot, hatte keine Ähnlichkeit mit dem Reich der Vernunft, von dem die Aufklärer geträumt hatten. Dagegen schien die Version des Sozialismus, die Stalin uns präsentierte, auf den ersten Blick sehr viel mit den Entwürfen von Marx, Engels und Lenin gemeinsam zu haben. Unsere Verwirrung nahm vor allem deshalb zu, weil es sich praktisch nur um skizzenhafte Pläne handelte. Lenin hatte natürlich eine allgemeine theoretische Vorstellung vom Sozialismus, doch wir mußten ihn in einem isolierten Land aufbauen, und damit nicht genug, das Land war Rußland.«

Satonski fährt fort: »Was Stalin betrifft, so versuchte er ›dem Buchstaben treu zu bleiben‹. Er verstand seine Arbeit. Die Konzeption der Partei als des ›Ordens der Schwertträger‹, die Reduzierung der Rolle gewöhnlicher Menschen auf die Funktion ›bloßer Rädchen‹ und die These von der Verschärfung des Klassenkampfes beim Aufstieg zu den Höhen des Sozialismus – dies sind Stalins einzige offensichtliche Abweichungen vom Geist des Marxismus. Jedenfalls sind es die einzigen Beispiele, auf die man bei der Lektüre über seine Revision des wissenschaftlichen Kommunismus stößt.« (*Nedelja*, Nr. 28, 1988)

3. Das Reich der marxistischen Grundwahrheiten

Es ist schwierig zu beweisen, daß nach 1929 von Stalins marxistischen Ansichten und seiner Hingabe an die Ideale der sozialistischen Revolution nur die »marxistische Phraseologie« und die »theoretische Gewandung« übriggeblieben sind. Insgesamt ist es unmöglich, Stalins Ideen und Konzepte von ihrer politischen und wirtschaftlichen Substanz zu trennen. Der philosophische und sozialwirtschaftliche Gehalt von Ideen wird stets in hohem Maße von den ideologischen Mitteln zu ihrer Verwirklichung und, vor allem, von der geistigen Atmosphäre, der sozialpsychologischen Umgebung ihrer Existenz und Reproduktion bestimmt. Stalin glaubte fest an objektive, unvermeidliche Gesetze der historischen Entwicklung, an den bevorstehenden Zusammenbruch der kapitalistischen Produktionsweise und an die Realisierbarkeit aller theoretischen, von den Klassikern entwickelten Vorhersagen der kommunistischen Zukunft. Er war ein unerschütterlicher Atheist, der sich nicht das geringste aus den moralischen Werten des Christentums machte. Und Stalin war ein Todfeind des Privateigentums.

Der grundsätzliche Unterschied zwischen dem traditionellen russischen Konservatismus und dem heutigen, gegen die Perestroika gerichteten Konservatismus, der Glasnost und eine radikale Wirtschaftsreform ablehnt, liegt in der Einstellung zu Religion, Privateigentum und Bauernschaft. Deshalb kann der Stalinismus auch kaum als Renaissance der russischen patriarchalischen Tradition betrachtet werden.

Der russische patriarchalische Konservatismus weist einige Fehler auf. Aber wenigstens war er, im Gegensatz zu unserer marxistischen Dogmatik, nicht von dem stets wiederholten Versuch besessen, eine Gesellschaft nach den Prinzipien von Robert Owens utopischer Kommune aufzubauen und nebenher das kulturelle Erbe der Weltzivilisation niederzureißen. Auch dies ist eine Form des Konservatismus: das Beharren auf einem Zustand der Zerstückelung, der Auflösung und Zerstörung.

Unser heutiger Konservatismus setzt sich dagegen für eine seltsame Immobilität ein. Er verlangt, die frühere Trennung beizubehalten, die das Genossenschaftswesen, die Familienarbeit und den Markt untergräbt. Er sieht freudig einer Serie von Krisen entgegen, aber nur in dem Maße, wie sie die Interessen der Konservativen nicht berühren, nämlich ihre Macht und die Kontrolle über das Leben und die Gedanken anderer Menschen.

Die jetzige Situation ist gerade deshalb so kompliziert, weil sich in den Werken und Parolen unserer Konservativen kaum etwas finden läßt, was den herkömmlichen Vorstellungen des Marxismus oder sogar Marx' Texten widerspräche. Dies gilt gleichermaßen für Stalins Werke und Parolen, denn er legte Wert darauf, seine Aussagen mit den Klassikern in Einklang zu bringen, und wenn er von ihren Grundsätzen abwich, erklärte er stets die Gründe dafür.

Zum Beispiel war sich Stalin der Worte Engels' sehr wohl bewußt, daß die Kommunisten sich mit »dem Kleinbauern« verbünden und »alles nur irgend Zulässige tun« müßten, um ihm, »falls er diesen Entschluß [zum Übergang in die Genossenschaft] noch nicht fassen kann, eine verlängerte Bedenkzeit auf seiner Parzelle zu ermöglichen«. Er zitierte diesen Satz aus Engels' Werk *Die Bauernfrage in Frankreich und Deutschland* in seinem Bericht *Zu Fragen der Agrarpolitik in der UdSSR*. Aber er glaubte, daß man den Bauern in Rußland, anders als in Europa, keine »verlängerte Bedenkzeit« zu gewähren brauche, weil die russischen Kommunisten es mit einem völlig anderen Bauerntyp zu tun hätten. Stalins Argumente für eine beschleunigte Industrialisierung haben übrigens starke Ähnlichkeit mit der heute von manchen Publizisten vorgetragenen Meinung, daß sich die patriarchalischen russischen Bauern mit der Kolchoswirtschaft hätten »abfinden« müssen.

»Wie ist diese auf den ersten Blick übertrieben scheinende Vorsicht von Engels zu erklären? Wovon ging er dabei aus?« fragte Stalin und bediente sich wie üblich einer rhetorischen Frage, die er dann selbst beantwortete: »Offensichtlich ging er von dem Bestehen des Privateigentums an Grund und Boden aus, von der Tatsache, daß der Bauer seine ›Parzelle‹ besitzt, von der er sich nur schwer trennen kann. So ist die Bauernschaft im Westen ... Kann man sagen, daß wir in der UdSSR in der gleichen Lage sind? Nein, das kann man nicht sagen. Man kann das nicht, weil wir kein Privateigentum an Grund und Boden haben, das den Bauern an seine individuelle Wirtschaft fesselt. Man kann es nicht, weil bei uns der Boden nationalisiert ist, was den Übergang des Einzelbauern auf die Bahnen des Kollektivismus erleichtert.«[6]

Wir sollten heute, wenn wir uns um die Wahrheit bemühen, wenigstens anerkennen, daß es diese These vom Stumpfsinn des Landlebens und von der Unvereinbarkeit des Sozialismus mit den bäuerlichen Kleinbetrieben (das heißt mit der Bewirtschaftung des eigenen Bodens durch den Bauern) war, die Stalins Argumenten für die Kollektivierung zugrunde lag. Wäre es ihm nicht gelungen, die landwirtschaftliche Expropriation mit marxistischen Ideen zu begründen, hätte er die Partei schwerlich für sich gewinnen können. Stalins Rede über die Rechtsabweichung in der KPdSU (Bolschewiki) auf der gemeinsamen Plenarsitzung des Zentralkomitees und des Zentralen Kontrollrats im April 1929 stützte sich auf eine marxistische Interpretation der Bauernschaft als der letzten kapitalistischen Klasse.

Mir ist unbegreiflich, weshalb sich viele sowjetische Sozialwissenschaftler und Publizisten so sehr sträuben, das marxistische Vermächtnis unserer Revolution und unseres Sozialismus anzuerkennen. Sie versuchen immer noch, ihren Lesern weiszumachen, daß alles, was vorgefallen ist, nichts mit dem ursprünglichen, wahren Marxismus zu tun habe. Ich bin sicher, daß diejenigen, die versuchen, eine unüberwindliche Mauer zwischen Marx und dem stalinistischen Sozialismus unserer Revolution zu errichten, weder das theoretische Vermächtnis der Gründerväter des wissenschaftlichen Sozialismus noch die Geschichte unserer Partei kennen. Es war Marx, der die Idee begründete, man könne den Sozialismus auf der Grundlage der russischen Gemeinde aufbauen – vorausgesetzt natürlich, daß das siegreiche Proletariat in den entwickelten kapitalistischen Ländern der Revolution in Rußland rechtzeitig politische und technologische Hilfe leisten würde!

In seinen letzten Lebensjahren forderte Marx seine Anhänger im Gegensatz zu allem, was er vorher über die Voraussetzungen der sozialistischen Revolution geschrieben hatte, auf, sich nicht vor dem Wort »archaisch« zu fürchten. Wer schrieb Vera Sassulitsch, seine Forschungen hätten ihn davon überzeugt, daß die »Dorfgemeinde der Stützpunkt der sozialen Wiedergeburt Rußlands ist«?[7] War es nicht Marx? Wenn es Marx war, worin bestanden dann die angeblichen Unterschiede zwischen ihm und den russischen Bolschewiki? Denn auch die letzteren hofften bei der Erstürmung des Winterpalais vor allem auf die politische und sonstige Hilfe, die sie nach dem bevorstehenden und, wie ihnen schien, raschen Sieg der proletarischen Revolution im Westen erhalten würden.

Noch absurder sind die in letzter Zeit immer häufiger unternommenen Versuche, die Verfasser des *Kommunistischen Manifests* als Eiferer des Privateigentums und der Ware-Geld-Beziehung darzustellen, die den Enteignungsabsichten der Bolschewiki, also auch Stalins, feindlich gesinnt gewesen seien. Gerade Karl Marx und Friedrich Engels verknüpften den Begriff des Kommunismus eng mit der Abschaffung des Privateigentums. Und kein anderer als Karl Marx verband den historischen und wirtschaftlichen Fortschritt der Menschheit mit der Ablösung des kapitalistischen Eigentums durch »die modernste Form des archaischen Typus«, das heißt durch kommunistisches Eigentum.[8]

Nein, was ihre Einstellung zum Eigentum, zur Verstaatlichung und Vergesellschaftung der Produktionsmittel sowie die Kampagne gegen den Markt und die Ware-Geld-Beziehung betraf, so waren die Bolschewiki, und mit ihnen Stalin, sehr konsequente und orthodoxe Marxisten. Dies ist beim besten Willen nicht zu leugnen. Die Bolschewiki haben die Idee, den gesamten Boden zu verstaatlichen, ihn zum Eigentum des ganzen Volkes zu machen, von Karl Marx übernommen. In dieser Hinsicht waren sie orthodoxer als Georgi Plechanow und seine Menschewiki, die eher dazu neigten, Ackerland der Selbstverwaltung zu unterstellen.

Stalin versuchte, das Sozialismusmodell zu verwirklichen, das sich unter dem Kriegskommunismus herausgebildet hatte. Und die Wirtschaftsstrategie des Kriegskommunismus war direkt von Marx' Lehren über die Produktionsgenossenschaften und die allgemeinen Kooperativgesellschaften nationalen Maßstabs beeinflußt worden. Diese Lehren schließen die Existenz kleiner Privatbetriebe und den freien Produktaustausch – kurz, den Handel – aus.

In der *Kritik des Gothaer Programms* meinte Marx: »Innerhalb der genossenschaftlichen, auf Gemeingut an den Produktionsmitteln gegründeten Gesellschaft tauschen die Produzenten ihre Produkte nicht aus; ebensowenig erscheint die hier auf Produkte verwandte Arbeit *als Wert* dieser Produkte.«[9] Marx schwebte eine Produktion nach dem Muster einer großen Fabrik vor, in der alles dem eisernen Willen des Direktors untergeordnet ist; in diesem System sollten die Betriebe keinen Handel miteinander treiben, sondern einander einfach nur die benötigten Produkte liefern. Deshalb kann man die Konzeption des Sozialismus, die Lenin in seinem Buch *Staat und Revolution* beschreibt, als Wiedergabe von Marx' Lehre über die kollektivistische Gesellschaft betrachten. Lenin sprach »von der Umwandlung *aller* Bürger in Arbeiter und Angestellte *eines* großen ›Syndikats‹, nämlich des ganzes Staates, und der völligen Unterordnung der gesamten Arbeit dieses ganzen Syndikats unter den wahrhaft demokratischen Staat«.[10]

Sogar unsere Praxis, die frühere Gewaltenteilung aufzuheben, entspricht den Idealen der Klassiker des Marxismus. Die frühmarxistischen Autoren hielten es nämlich für einen der Vorteile der Pariser Kommune, daß in ihrer politischen Gestaltung die Funktionen von Exekutive und Legislative miteinander verschmolzen.

Wenn wir die theoretischen Hintergründe für die Praktiken der dreißiger Jahre untersuchten, könnten wir ein klareres Bild von den Ereignissen in unserem Land erhalten. Gleichzeitig würden wir die Voraussetzungen für eine Selbstprüfung des Marxismus und seine schöpferische Entwicklung schaffen. Eine Theorie wird erst dann lebendig, wenn sie an der Praxis, an den Ergebnissen ihrer praktischen Umsetzung, gemessen werden kann. Deshalb sollte sie sich, wenn sie gedeihen und reifen will, im Spiegel der historischen Praxis betrachten.

Unsere bewegte Geschichte lehrt uns, daß es nicht immer genügt, uns einfach auf Marx zu berufen. Selbst wenn ein Zitat gerechtfertigt ist, reicht es als Argument nicht immer aus. Wir sollten nicht vergessen, daß Stalins – und Trotzkis – Glaube an die Notwendigkeit, das Kleingewerbe und die Isolation des individuellen Arbeiters aufzuheben, im Marxismus wurzelte. Deshalb meine ich, daß in diesem Disput über die Ursprünge unseres real existierenden Sozialismus der Standpunkt der Wahrheit der einzig mögliche ist. Zumindest gestattet er dem Forscher, eine wissenschaftliche, materialistische Haltung dem Marxismus und unseren sozialistischen Praktiken gegenüber einzunehmen.

Wir können und sollten uns fragen: Welche Elemente des Marxismus sind erhärtet worden, so daß wir uns an sie halten können? Welche Aspekte der Marxschen Lehre galten nur für seine eigene Epoche, das 19. Jahrhundert? In welchen Punkten irrten Marx und Engels sich?

Wir haben keine Angst mehr vor diesen Fragen, denn es waren die Gründerväter des Marxismus selbst, die uns, ihren kommunistischen Nachfolgern, eine rationale Einstellung zum wissenschaftlichen Sozialismus hinterließen. Die Gründerväter sahen sich selbst als Gelehrte, nicht mehr und nicht weniger. Wir dagegen machten sie zu Propheten, die über Jahrhunderte hinweg in die Zukunft sehen können. Sie selbst hielten ihre Ansichten über die Unterschiede zwischen der künftigen nichtkapitalistischen und der damals existierenden Gesellschaft nur für »exakte Schlußfolgerungen aus den historischen Tatsachen und Entwicklungsprozessen«, die außerhalb ihres Kontextes »theoretisch und praktisch ohne Wert« seien.[11]

Wir werden »die Sklaverei niemals aus unserem System herauspressen«, wenn wir nicht gesunde Zweifel entwickeln, und zwar auch an den Schlußfolgerungen des Marxismus. Die Frage nach den Fehlern, die von den Gründervätern des Marxismus begangen wurden, ist gerechtfertigt, denn sie waren menschliche Wesen und hatten wie alle wahren Revolutionäre sehr starke Vorlieben. Man erinnere sich nur an Engels' Idee, daß Eltern von der Pflicht, ihre Kinder zu unterstützen und zu erziehen, befreit werden sollten, oder an seine Gedanken über die Abschaffung von Familienwohnsitzen oder an seine Erklärung, daß es in der künftigen Gesellschaft weder Schubkarrenschieber noch Architekten geben werde!

Wir sind heute dringend auf Marx' Materialismus, seine Dialektik, seine geistige Flexibilität und seine Fähigkeit, in konkreten historischen Begriffen zu denken, sowie auf seine kritische Einstellung zur Realität angewiesen. Aber es ist schwierig, der These zuzustimmen, daß alle Wahrheiten des Sozialismus längst entdeckt, alle Pläne längst entwickelt worden seien, daß es keine Notwendigkeit gebe, »das Rad von neuem zu erfinden«, und daß sich unsere Aufgabe auf die ehrliche und vollständige Umsetzung der Ideen der Klassiker beschränke. Ich bin zutiefst davon überzeugt, daß diese Position mit Hingabe an den Marxismus nichts zu tun hat, gar nicht zu reden von einer wissenschaftlichen, verantwortungsbewußten Haltung der Zukunft unseres Landes gegenüber.

Die Mitte des 19. Jahrhunderts entwickelte Theorie von einer kommunistischen Gesellschaft kann am Ende des 20. Jahrhunderts nicht unverändert übernommen werden. Was in unserem politischen Alltagsleben als »Loyalität dem Marxismus gegenüber« gilt, ist häufig nichts anderes als Kriecherei und könnte sogar eine weitere Ausdrucksform unserer traditionellen Trägheit sein.

Unsere frühere Überzeugung, daß jedes Wort von Marx die endgültige Wahrheit enthalte, kann heute nicht mehr nützlich sein. Man braucht sich nur vorzustellen, was aus unserem Land werden würde, wenn wir zum drittenmal – nach dem Kriegskommunismus und Stalins Ansturm gegen den Markt – versuchten, unsere Wirtschaft am Marxschen Muster zu orientieren, das heißt, uns auf den direkten Produktaustausch zu verlassen und eine absolute, umfassende Planung von oben her durchzusetzen.

Wer sich immer noch am Glauben festklammert, während ihm der Boden unter den Füßen wegrutscht, beweist nur seinen Infantilismus, seine emotionale und geistige Unterentwicklung. Natürlich ist es leichter, zu glauben, zu träumen und zu hassen, als zu argumentieren, zu zweifeln und zu analysieren. Es ist leichter, dogmatische Illusionen als die aus ihnen resultierende Denkweise aufzugeben, ganz zu schweigen von den Dogmen, von denen die politische Karriere, der Lebensstandard und die Annehmlichkeiten eines Menschen abhängen mögen.

Dies alles nötigt uns heute, die marxistische Lehre von den wirtschaftlichen Grundlagen der künftigen Gesellschaft sowie den Zusammenhang zwischen den theoretischen Voraussagen und den konkreten Ergebnissen ihrer praktischen Umsetzung ernsthaft und offen zu überprüfen. Dies ist von großer Bedeutung nicht nur für den Versuch, uns aller Sozialismusbegriffe zu entledigen, die seit langem unseren Fortschritt gehemmt haben, sondern auch für den Versuch, die geistige Atmosphäre in der Partei und in der Gesellschaft zu verbessern. Wir müssen wieder aktive theoretische Studien fördern, den Marxismus der reinen Parolen überwinden und das Interesse an unabhängigem Denken stärken. Das auf Stalin geworfene Licht sollte gleichzeitig helfen, unsere Sorge um uns selbst zu fördern. Diese Sorge ist erforderlich, denn da unsere ursprünglichen Denkstrukturen denen Stalins ähneln und in denselben Wahrheiten wurzeln, sind wir nicht völlig vor dem Sturz in den Abgrund von Gewalt und Verbrechen gefeit, den Koba* – ein Revolutionär, der im Untergrund gegen Zarismus und Kapitalismus kämpfte – durchmachte. Niemand wird mich davon überzeugen können, daß es diesem Mann vorherbestimmt war, der schlimmste Verbrecher der Geschichte zu werden.

Der Historiker M. Hefter warnt uns in einem seiner Artikel: »Wir sollten uns nicht vor unserer geistigen Verwandtschaft mit Stalin fürchten; wir müssen sie sehen und erkennen, um alles zu beseitigen, was noch von Stalin in uns ist.« Er hat meiner Ansicht nach recht, denn »wenn wir dies nicht begreifen, könnten wir noch heute ›per Zufall‹ gefährlich werden. Gefährlich für uns selbst und deshalb auch für andere, denn die geistige Lähmung der Vergangenheit läßt die schlimmsten Vorurteile, begleitet von all ihren kriecherischen Lügen, wieder aufleben, und sie hält, was wahrscheinlich am gefährlichsten ist, das historische Bewußtsein von der Politik fern«. (*Rabotschi klass i sowremenny mir* [Die Arbeiterklasse und die moderne Welt], Nr. 1, 1987)

Dies sind keine grundlosen Befürchtungen. Unsere Sozialwissenschaftler sind es nicht mehr gewohnt, den moralischen Inhalt und die sozialpolitischen Wirkungen ihrer Ideen zu berücksichtigen. Wir sind gemeinhin zu der festen Überzeugung gelangt, daß wir dem Teufel unsere Seele verkaufen und uns über Gut und Böse erheben müssen, bevor wir den Tempel der Sozialwissenschaft betreten dürfen. Viele Menschen sind sich auch heute noch sicher, daß sie die historischen Gesetze über alles zu lieben hätten und daß diese Gesetze und menschliche Güte unvereinbar seien.

Solche Überzeugungen leben sogar in den philosophischen und historischen Zeitschriften weiter, die in der Perestroika-Zeit heraus-

---

* Spitzname Stalins.

kommen. Wir sind immer noch nicht besser als Stalin, denn wir zeigen uns gleichgültig gegenüber dem Tod uns fremder Menschen, was für einen normalen Menschen nicht typisch ist. In der Zeitschrift *Nowy mir* (Neue Welt) wird behauptet, es könne in Rußland ohne »ein Massaker« weder einen wirtschaftlichen noch einen technischen Fortschritt geben; deshalb sollten wir diese Geschichte der »Massaker« lieben und verstehen.

Während die Autoren dieser Zeitschrift den Lesern einzureden versuchen, daß die Kollektivierung und der massenhafte Hungertod in den frühen dreißiger Jahren die Strafe für die Dummheit und Faulheit der Bauern gewesen seien, bemüht sich das Journal *Nasch sowremennik* (Unser Zeitgenosse) nachzuweisen, daß die Parteiintellektuellen ihr Schicksal verdient hätten – und wiederum wird weniger von Repressionen als von Strafe gesprochen. In beiden Fällen haben wir es, wie bei Stalin, mit einer fatalistischen Einschätzung des historischen Gesetzes zu tun, das als Vorsehung, als nicht zu beeinflussende Naturgewalt erscheint. Beide Beispiele sind typisch für die Überzeugung, daß Klasse und Moral nicht in Einklang zu bringen seien, daß es gewisse Klassen und Gesellschaftsschichten gebe, die im Recht seien, während die Angehörigen einiger anderer Klassen noch nicht einmal als Menschen zu betrachten seien.

Gewiß, auch unter der Perestroika müssen wir uns an die marxistischen Grundwahrheiten erinnern und daran denken, daß Stalins Abenteurertum und Personenkult, wie der Historiker L. Owruzki in einer populären Zeitung schrieb, »aus dem Mangel an politischer Kultur unter den zahlenmäßig dominierenden Bauernmassen und aus ihrer Psychologie des kleinbürgerlichen Revoluzzertums hervorgingen, das im wesentlichen ständig zwischen extremem Anarchismus und der leidenschaftlichen Sehnsucht nach ›einer starken Hand‹ hin und her schwankt«. (*Sowetskaja kultura,* 4. Februar 1988)

Aber bringt es uns heute noch viel ein, diese Grundwahrheiten mechanisch zu wiederholen? Wird diese Art der Analyse unser Denken bereichern und die Entwicklung unserer Gesellschaft voranbringen? Wird sie dazu beitragen, die Deformationen abzubauen? Was ist der politische und praktische Zweck all dieser Abhandlungen über die politische und gesellschaftliche Minderwertigkeit der Bauernschaft, über die kleinbürgerliche Regeneration der Partei, über den Linksextremismus und das Abenteurertum eines patriarchalischen Bauern?

Und die wichtigste Frage von allen: Können wir den Stalinismus überwinden, wenn wir seine Behauptung akzeptieren, daß die Bauern die größte Gefahr für den Sozialismus dargestellt hätten? Wenn wir dieser These zustimmen und konsequent sein wollen, sollten wir anerkennen, daß Stalin im Recht war, wenn er versuchte, eine Klasse auszulöschen, die angeblich dem Aufbau einer neuen Gesellschaft in Rußland im Wege stand.

Wenn alles Unglück unserer Revolution auf unsere bäuerliche Herkunft, unsere bäuerliche Denk- und Lebensweise zurückzuführen ist, sollten wir konsequent sein und die noch verbliebenen ländlichen Wurzeln in uns selbst ausreißen; wir sollten unsere bäuerlichen Traditionen vernichten und das Werk vollenden, indem wir alle Bauern zu Agrararbeitern machen und riesige Getreidefabriken bauen. Rational betrachtet, kann uns die voreingenommene und einseitige Analyse so komplizierter Erscheinungen wie der linken Fehlschläge unserer Revolution nicht den geringsten Nutzen bringen.

Manche Publizisten leiten ihre politischen Beschuldigungen gegenüber den früheren Einzelbauern – den Grundbesitzern – von ihrem Glauben an die absolute politische Stabilität und an den wirtschaftlichen Realismus der Arbeiterklasse her. Weshalb also sollte es Nina Andrejewa, der Verfasserin des berüchtigten Anti-Perestroika-Manifests, verwehrt sein, aus derselben Quelle ihren Haß auf die Intelligenzija, die Nachfahren der russischen Liberalen und Sozialdemokraten, zu schöpfen?* Michail Hefter hat recht: Stalin mit seiner brutalen Auffassung vom Klassendenken ist noch nicht tot, sondern er lebt in uns weiter. Wir wiederholen immer noch mechanisch die sogenannten marxistischen Grundwahrheiten, ohne die mittlerweile beträchtliche Erfahrung mit ihrer praktischen Anwendung zu berücksichtigen.

Vielen Menschen dürfte es widerstreben, der Wahrheit über Stalin auf den Grund zu gehen, weil sie Angst haben, die Wahrheit über sich selbst zu erfahren. Sie haben Angst vor der Erkenntnis dessen, was sie wirklich sind, wenn sie ihre ideologische Vergangenheit nicht überwinden können.

Inzwischen haben Hunderte von Menschen aus den Bereichen

---

* Der Brief der Chemiedozentin Nina Andrejewa erschien am 13. März 1988 unter dem Titel »Ich kann meine Prinzipien nicht preisgeben« in der Zeitung *Sowetskaja Rossija.* Es handelte sich um eine offene Revolte der linken Dogmatiker gegen die Perestroika (dt. *Neues Deutschland*, 2./3. April 1988).

Kultur und Wissenschaft öffentlich ihre Ablehnung gegenüber Nina Andrejewas Anti-Perestroika-Manifest geäußert. Aber man vergesse bitte nicht, daß jedermann ihre politischen Ansichten kritisiert, ohne ernsthaft auf deren ideologische Quellen einzugehen, nämlich auf die von ihr beschworene Interpretation des Klassenkampfes und des Klassendenkens. Nina Andrejewa sagte nichts Neues. Sie erinnerte die Gesellschaft einfach nur an die philosophischen und politischen Wahrheiten, die den Menschen seit Jahrzehnten eingetrichtert worden sind. Ihr Brief ist ein Muster unserer traditionellen Trennung zwischen öffentlichem und individuellem Interesse, zwischen Zukunft, Gegenwart und Vergangenheit, zwischen Bewußtsein und Naturkräften, wissenschaftlichem Denken und alltäglichem oder religiösem Denken, Kollektivismus und Individualismus, politischen und wirtschaftlichen Methoden, Klassenethik und menschlicher Moral. Zudem haben wir es mit der Tradition der Dogmatik zu tun, welche die soziale und politische Integrität der industriellen Arbeiterklasse und ihres Zentrums den sozialen und politischen Mängeln aller anderen nichtproletarischen Klassen, vor allem der Bauernschaft und der Intelligenzija, gegenüberstellt.

Die Abneigung, über diese Prinzipien mit den Verteidigern des Stalinismus zu diskutieren, führte letztlich zu einer kampflosen Kapitulation. Dies ist der Weg zur Halbwahrheit, die schlimmer ist als eine Lüge. Wenn man zum Beispiel akzeptiert, daß das »Kolchossystem«, das heißt die landwirtschaftliche Arbeitsorganisation, mit seinen Befehlen und ständigen Instruktionen mehr oder weniger den Interessen der Bauern entspreche und daß »keine Kollektivierung *per se* schlecht war, sondern nur die pervertierten Methoden ihrer Durchführung«, dann bringt man sich selbst um die Möglichkeit, die gegenwärtigen Landwirtschaftsreformen zu konkretisieren: nämlich die Notwendigkeit, einen Familienpachtvertrag sowie Vertragsformen der Arbeitsorganisation einzuführen und die wirtschaftliche Unabhängigkeit der Bauern wiederherzustellen. Wenn die Kolchosen in der Form, wie sie von ihren Schöpfern ausgearbeitet wurde, im Grunde den Interessen der Bauern entsprechen, wozu brauchen wir dann die Agrarrevolution, die vom Zentralkomitee der KPdSU auf seinem Plenum im Juli 1988 umrissen wurde?

Es genügt, einem einzigen der stalinistischen Dogmen zuzustimmen, um die Sache der Reformen zu untergraben. Jeder Gegner der Perestroika wird uns in die Ecke treiben und zu Boden schlagen. Besonders schwierig ist es, einen Befürworter der Perestroika zu begreifen, der das Dogma der Stalin-Zeit akzeptiert, die bürgerliche Kultur sei unbedingt »wegzuwerfen«. Wie kann man in diesem Fall das Recht des Volkes und des Individuums verteidigen, die nationale Kultur mit all ihrem Reichtum und ohne Einschränkungen zu genießen? Und welche Einwände kann man dann jenen gegenüber erheben, die glauben, daß die »proletarische Hälfte« der Kultur genüge, um eine geistig abgerundete, zu selbständigem Denken fähige Persönlichkeit hervorzubringen?

Meiner Meinung nach ist es unmöglich, die Herrschaft des Gesetzes zu begründen, wenn wir an der alten Überzeugung festhalten, daß es Klassen und Menschen gebe, die nicht imstande seien, ihre wahren Interessen zu erkennen, und die zu ihrem Glück gezwungen werden müßten. Es ist unmöglich, unseren Dienstleistungsbereich zu aktivieren und ein normales, unbeschwertes Leben zu führen, wenn wir an unserer früheren Feindschaft dem Handwerker gegenüber festhalten, wenn wir die Gesellschaft mit dem Gespenst des Kleinbürgertums erschrecken und eine »reine«, proletarische Kultur als realisierbar ansehen. Es ist unmöglich, über schöpferische Freiheit, über die Freiheit der Rede und des Denkens zu verfügen und Intellektuelle vor den Angriffen solcher »Kritiker« wie Nina Andrejewa in Schutz zu nehmen, wenn man gleichzeitig meint, daß die Kultur der Vergangenheit weggeworfen werden müsse.

Insgesamt dürfte es unmöglich sein, etwas Lohnendes zu schaffen, solange wir überzeugt sind, daß die Menschheit nur durch die Zerstörung des Alten glücklich werden könne. Die Herrschaft des Gesetzes ist auch ein Teil des bürgerlichen kulturellen Erbes; die bürgerliche Kultur hat den Begriff der Gewissensfreiheit geprägt. Wenn Kultur Kultur ist, das heißt der Mechanismus zur Kontrolle der dunklen Instinkte des Menschen und der Kräfte der Zerstörung, dann braucht die Menschheit eine starke, ganzheitliche Kultur. Wir sollten sie nicht schwächen.

2. KAPITEL

Die Wechselfälle des »reinen Sozialismus«

1. Die Toten klammern sich an die Lebenden

Es mag paradox klingen, aber eine genauere Betrachtung wird zeigen, daß die Gegner und die Befürworter des Stalinismus in der Beurteilung zentraler Fragen im Grunde einer Meinung sind. Ihr Ausgangspunkt, ihr gesellschaftlicher Denkansatz, ist der gleiche. Beide glauben, die Entwicklung zum Sozialismus hin sei ein Prozeß, in dessen Verlauf alle fremden Elemente sozusagen »abbrechen« würden. Beide glauben insbesondere, Sozialismus bedeute, die vielen Produktionsformen abzuschaffen, die vor der Revolution existierten, und vor allem die kleinbäuerliche Produktion zu beseitigen. Außerdem meinen sie, es sei unmöglich, die Planwirtschaft des Sozialismus ohne Diktat von oben und ohne Unterordnung der gesamten Wirtschaftstätigkeit unter zentrale Verwaltungsgremien zu stärken; das Einsickern der kleinbürgerlichen Ideologie in eine sozialistische Gesellschaft könne nur durch konsequente Proletarisierung verhindert werden; und die Verordnung des Atheismus sei dem Volk fraglos von Nutzen.

Da die Gegner des Stalinismus diese Postulate akzeptiert haben, können sie sich ideologisch nicht von seinen Befürwortern lösen und übrigens auch keine aktive und offensive Position in der Debatte über die Zukunft des Landes beziehen. Immerhin scheinen die Anhänger der Perestroika im Kampf gegen den Konservatismus einen wichtigen Vorteil zu haben: Sie können sich auf die Erfahrung sozialistischer Umgestaltungen in der sozialistischen Geschichte stützen, denn die früheren linearen und mechanistischen Vorstellungen über die Aufbaustadien und Übergangsperioden des Sozialismus sind seit langem widerlegt. Die stalinistischen Definitionen des Sozialismus haben ihre Glaubwürdigkeit verloren. Die sozialistischen Länder, die die größte Vitalität bewiesen haben, arbeiteten eben nicht auf den »Abbruch« der alten Strukturen hin; sie verzichteten auf alle Versuche, die Probleme der Übergangsperiode beschleunigt zu lösen und die unterschiedlichen Traditionsformen zu beseitigen. Sie sind offen für neue Ideen und haben einen hohen Lebensstandard. Dagegen haben alle Versuche, sich nur einer einzigen Produktionsform und der kommunistischen »Reinheit« des Sozialismus anzunähern, in der Regel zu einem Absinken des Lebensstandards wie der Produktion geführt und letztlich die große Krise heraufbeschworen.

Wer genug Mut hat, über das Schicksal der neuen Gesellschaft in unserem Land zu schreiben, darf diese überaus bedeutende Lektion der Geschichte über den Aufbau des Sozialismus nie aus den Augen verlieren. Heutzutage, im achten Jahrzehnt der Geschichte des real existierenden Sozialismus, haben wir kein Recht, Stalin zu verurteilen, ohne auch die Prinzipien, von denen er geleitet wurde, zu kritisieren. Wir haben kein Recht, uns auf eine Verdammung des Stalinismus und seiner Verbrechen zu beschränken und gleichzeitig die ihnen zugrundeliegende Ideologie zu ignorieren.

Aber die meisten Autoren, die Stalin verurteilen, wagen nicht, sich der doppelten Aufgabe zuzuwenden, nämlich Stalin moralisch und politisch offen zu verdammen und zugleich die Philosophie seiner Epoche zu überwinden. So bleibt ihnen nichts anderes übrig, als die dreißiger Jahre vom ideologischen Standpunkt und vom Niveau des gesellschaftlichen Wissens jener Zeit aus zu kritisieren. Aber wir haben seitdem große Fortschritte gemacht. Ob es uns gefällt oder nicht, ihre Analyse wirft uns auf die engstirnigen Vorstellungen von den Zielen des Sozialismus zurück, die für alle nach Lenins Tod um die Macht kämpfenden Parteiführer gleichermaßen typisch waren.

Sie alle machten sich der primitivsten Anwendung der Soziologie schuldig; sie setzten die menschliche Gesellschaft mit einer kunstvollen Maschine gleich, überschätzten die Bedeutung der Technologie und mißachteten den menschlichen Faktor. Sie glaubten, der Fortschritt der Gesellschaft sei nur durch größere Uniformität und die totale Verdrängung jeglicher Spontaneität aus der Wirtschaft und dem menschlichen Leben zu erreichen. Insgesamt begingen all diese Parteiführer, mit Bucharin als einziger Ausnahme, den Irrtum, die Fülle und Vielgestaltigkeit des menschlichen Lebens zu unterschätzen.

Damals konnten und wollten die meisten Kommunisten nicht alle Konsequenzen der revolutionären Erneuerung des Lebens sehen. Nur wenige waren bereit, über die Konsequenzen nachzudenken, die damit verbunden waren, daß all jene, die nicht mit den Revolutionären übereinstimmten, von jeder aktiven sozialen Teilnahme ausgeschlossen wurden. Insbesondere die vorrevolutionäre Intelligenzija hatte keine Möglichkeit, ihrer beruflichen Tätigkeit nachzugehen. Nach Lenins Tod durchschauten die am Machtkampf beteiligten Revolutionsführer im allgemeinen nicht, welche negativen Folgen es haben würde, die Wirtschaft der Politik unterzuordnen und gleichzeitig die Kader nach ihrer Klassenzugehörigkeit auszuwählen. Sie sahen die möglichen Konsequenzen einer Situation nicht voraus, in der der Parteiapparat allmächtig war, da sie selbst nach absoluter Macht strebten. Zudem überschätzten sie die Rolle von Verboten bei der Lösung wirtschaftlicher und gesellschaftlicher Probleme. Es war eine Zeit, da man das Gesetz und die Traditionen der Gerechtigkeit verachtete. Die zwanziger und dreißiger Jahre waren eine Epoche, in der man die primitivsten Vorstellungen von der Rolle der Religion in der menschlichen Geschichte und von den Möglichkeiten und Methoden hatte, die religiöse, idealistische Philosophie durch eine wissenschaftliche, materialistische Philosophie zu ersetzen.

All diese Vorstellungen spiegeln sich in den Parteidokumenten jener Zeit wider, auch in denen, die eine weithin realistische und wissenschaftliche Grundlage hatten, etwa in den Beschlüssen des XV. Kongresses der Allrussischen Kommunistischen Partei (Bolschewiki) vom Dezember 1927. Die heutigen Kritiker des Stalinismus machen diese Beschlüsse zu einer Art Ausgangspunkt, da sie glauben, daß alle Schwierigkeiten nach der Aufgabe der Beschlüsse begonnen hätten, besonders nach der Entscheidung, das Tempo der Industrialisierung und Kollektivierung zu erhöhen. Aber ist es gerechtfertigt, diese Ereignisse zum Ausgangspunkt zu machen? Ist es gerechtfertigt, etwas als absolute Wahrheit auszugeben, obwohl es einer profunden Analyse und des Vergleichs mit früheren Erfahrungen bedarf? Durch die Behauptung, daß die Beschlüsse des XV. Parteikongresses alle nötigen Voraussetzungen für den Aufbau einer dauerhaften humanen, sozialistischen Gesellschaft in der UdSSR enthalten hätten, engen wir unser Denken ein und haben keine Möglichkeit, die Ziele und Probleme der russischen Revolution aus einem weiteren Blickwinkel heraus zu betrachten als die damals direkt Beteiligten.

Eine wichtige Frage ist offensichtlich, wie rasch wir die Zerstörung der alten Lebensweise, ihrer Prinzipien und Produktionsformen hätten einleiten sollen. – Dies ist der Kern der Auseinandersetzungen zwischen den Befürwortern und den Gegnern des Stalinismus. Aber man muß auch fragen, wie nützlich die Ablehnung gewisser Elemente des kapitalistischen Erbes war, welche Grenzen der Veränderung der alten Gesellschaft gesetzt waren und ob manche Neuerungen im Prinzip hätten akzeptiert werden sollen. Denn wenn die Vorstellungen von den Zielen der sozialistischen Umwandlung fehlerhaft, unrealistisch und unvereinbar mit den Erhaltungsgesetzen der Gesellschaft waren, hat es keinen Sinn, sich über das Tempo und die Methoden zu streiten, mit denen man auf diese Ziele hinarbeitete.

Gleichgültig, wie man an ein falsch formuliertes Problem herangeht, ob man es durch eine stürmische Attacke oder durch eine langwierige Belagerung löst, das Ergebnis wird stets das gleiche sein. In jedem Fall führt das Streben nach einem Ziel, das den objektiven Gesetzen der Gesellschaftsorganisation und des menschlichen Charakters widerspricht, zu Selbstzerstörung und einer Verschwendung von Mühe, Energie, natürlichen und materiellen Ressourcen sowie zu sinnlosem menschlichem Leid. Die stürmische Attacke ist vielleicht vorzuziehen, denn sie enthüllt sehr rasch, daß die Maximalisten vom Wunschdenken geleitet werden, und sie zeigt sowohl der an den Experimenten beteiligten Führung wie der übrigen Menschheit, was nicht getan und welche Ziele nicht verfolgt werden sollten. Leider lernen Nationen nur selten aus ihren Fehlern.

Ich meine daher, daß die gegenwärtige Kontroverse um die stalinistische Durchsetzung der Kolchoswirtschaft ausgemachter Unsinn ist. Mir scheint ganz einfach, daß die »Kolchoswirtschaft« (einschließlich der »Sowchoswirtschaft«), das heißt die staatlich kontrollierte Agrarproduktion in Rußland, genauso utopisch ist wie die warenlose Wirtschaft.

Da die Kritiker des Stalinismus die Realitäten des heutigen Sozialismus gewöhnlich außer acht lassen, bleibt ihnen kaum etwas anderes übrig, als zur Sozialphilosophie der zwanziger Jahre zurückzukehren. Dies lenkt uns von der Analyse der strukturellen Voraussetzungen ab, die zu Stalins unbeschränkter Macht und seiner abenteuerlichen Politik führten. Es stärkt auch die Illusionen jener vergangenen Zeiten, als behauptet wurde, man könne das Land vor dem Abgleiten in die Tyrannei und in eine Orgie der Selbstzerstörung bewahren, ohne das politische System, das sich während des Bürgerkriegs unter Wiederherstellung der Rechtsstaatlichkeit entwickelt hatte, radikal zu ändern. Damals sagte man, diesen schrecklichen Aussichten könne allein durch eine stärkere Einbeziehung der alten Parteigarde und durch die Erhöhung der Zahl der im Zentralkomitee arbeitenden Personen entgegengewirkt werden.

Infolgedessen lehnen unsere zeitgenössischen Intellektuellen nicht nur die Sozialphilosophie ab, die wir geschaffen haben, sondern auch die russische, nichtmarxistische Soziologie mit ihrer Fülle von Vorstellungen über den Charakter und die Widersprüche der revolutionären Macht sowie über die Rolle der Wissenschaft für die Entwicklung der Gesellschaft.

Ein gründlicher Forscher mag entdecken – und dies ist bezeichnend –, daß die vorrevolutionäre russische Philosophie einen besseren Einblick in die Ursprünge des Stalinismus bietet als manche Dogmen der zwanziger und dreißiger Jahre. Dostojewski und viele andere russische Philosophen verwiesen auf die Gefahren, denen eine Gesellschaft ausgesetzt ist, die ihr ganzes Leben der Sozialwissenschaft unterordnet. Auch Bakunin warnte, daß eine demokratische sozialistische Republik, besonders in Rußland, einen neuen Typ »militärisch-bürokratischer Zentralisierung« hervorbringen könne. Er schrieb: »In keiner anderen Situation kann der Despotismus der Regierung schrecklicher und mächtiger sein, als wenn er sich auf die angebliche Repräsentation des angeblichen Volkswillens stützt ... Besonders schrecklich ist der Despotismus der aufgeklärten und deshalb privilegierten Minderheit, die behauptet, die Interessen des Volkes besser zu verstehen als das Volk selbst.« Zuerst würden die Vertreter dieser Minderheit versuchen, das Leben künftiger Generationen in das »Prokrustesbett« ihrer Ideale zu zwängen, und dann würden diese zwanzig oder dreißig aufgeklärten Wissenschaftler »einander die Kehle durchschneiden«.

Bakunin fährt fort: »Von den Pedanten versklavt zu werden – welch ein Schicksal für die Menschheit! Wenn sie freie Hand haben, werden sie genauso mit der menschlichen Gesellschaft experimentieren, wie sie nun zum Nutzen der Wissenschaft mit Kaninchen,

Katzen und Hunden experimentieren … Wehe der Menschheit, wenn das Denken je zur Quelle und zum einzigen Leitprinzip des Lebens wird, wenn die Wissenschaften und die Wissenschaftler am Ruder der öffentlichen Verwaltung stünden. Der Lebensquell würde austrocknen, und die menschliche Gesellschaft würde sich in eine stumme und sklavische Herde verwandeln. Die Verwaltung des Lebens durch die Wissenschaft könnte nur erreichen, daß die gesamte Menschheit törichter würde.«

Der Philosoph P. L. Lawrow, einer der Ideologen der Narodniki, sprach eine ähnliche Warnung aus. Allerdings lieferte er, verglichen mit dem ungestümen Bakunin, der eine persönliche Feindschaft gegenüber Marx und dessen Philosophie hegte, eine ausgewogenere Einschätzung.

Lawrow schrieb, an die revolutionäre russische Intelligenzija gewandt: »Die Geschichte beweist und die Psychologie überzeugt uns, daß jede unbeschränkte Gewalt und jede Diktatur selbst die Besten korrumpiert. Sogar geniale Menschen, die dem Volk durch ihre Verfügungen Gutes tun wollen, können sich dieser Tatsache nicht entziehen. Jede Diktatur muß sich mit Zwangsmitteln und ihr blind gehorchenden Instrumenten umgeben; jede Diktatur muß gewaltsamen Druck nicht nur auf die Reaktionäre ausüben, sondern einfach auf alle Menschen, die ihre Methoden nicht billigen; jede mit Gewalt errichtete Diktatur muß mehr Zeit, Mühe und Energie auf den Kampf um die Macht mit ihren Feinden verwenden als auf die Durchführung jedes diese Macht nutzenden Programms. Daß eine Partei die gewaltsam errichtete Diktatur freiwillig aufgeben, daß die Diktatur nur als ›Ausgangspunkt der Revolution‹ dienen werde, ist ein Traum, der nur bis zur konkreten Gründung der Diktatur aufrechterhalten werden kann. Durch den Kampf der Partei um die Macht und durch das Wechselspiel offener und geheimer Intrigen entsteht mit jeder Minute ein neues Erfordernis zur Erhaltung der Macht, und es zeigt sich immer wieder, daß es unmöglich ist, die Macht aufzugeben. Die Diktatur kann den Händen des Diktators nur durch eine neue Revolution entrissen werden.«

Von allem anderen abgesehen, hilft diese Analyse, die psychologischen Ursprünge des Stalinismus viel treffender zu identifizieren, als dies in unseren publizistischen Artikeln der Fall ist, in denen ständig wiederholt wird, der Stalinismus sei nichts als eine kleinbürgerliche Reaktion auf die Oktoberrevolution gewesen. Diese Behauptung geht auf Trotzki zurück, und sie ist leicht zu durchschauen, denn das Etikett der Kleinbürgerlichkeit war in einer kommunistischen Umgebung ein effektives Mittel, sich eines politischen Gegners zu entledigen. Aber Trotzki konnte, wenn man seine Mentalität und seine gesellschaftlichen Grundsätze bedenkt, ohnehin keine andere Erklärung für seine Niederlage finden. Für ihn reduzierten sich alle Probleme des gesellschaftlichen Lebens auf die Wechselwirkungen zwischen den Klassen. Im nachrevolutionären Rußland war damit die Wechselwirkung zwischen dem »wahren« und fortgeschrittenen Bewußtsein des Proletariats einerseits und dem »verfälschten« Bewußtsein der überwiegenden reaktionären Bauernmassen andererseits gemeint.

Trotzki machte die Relikte der Vergangenheit und der spießbürgerlichen Ideologie für dieses »verfälschte« Bewußtsein verantwortlich: »Eine Weltanschauung zu Fleisch und Blut werden zu lassen, ihr alle Aspekte des eigenen Bewußtseins unterzuordnen und ihr die Welt der eigenen Emotionen anzupassen – das ist etwas, wozu nicht jeder oder, besser gesagt, nur wenige imstande sind. Die Arbeitermasse benutzt dafür ihren Klasseninstinkt, der in Krisenzeiten ein hohes geistiges Niveau erreicht. Doch gibt es in der Partei und im Staat einen großen Anteil von Revolutionären, die sich, obwohl sie überwiegend aus der Masse hervorgegangen sind, seit langem von ihr getrennt haben und sie infolge ihrer Position ablehnen. *Der Klasseninstinkt ist bereits von ihnen gewichen.* Andererseits fehlen ihnen die theoretische Sicherheit und der Überblick, die es ihnen ermöglichen würden, sich dem Prozeß als Ganzem zu widmen. In ihrer Psyche sind noch viele Lücken, durch die – in einer veränderten Situation – ungehindert fremde und feindliche ideologische Einflüsse eindringen können. Zu Zeiten des Kampfes im Untergrund, der Rebellionen und des Bürgerkriegs waren solche Elemente die Soldaten der Partei. Nur eine einzige Saite hallte in ihrem Bewußtsein wider, und ihre Frequenz entsprach jener der Stimmgabel der Partei. Aber nachdem die Spannung abgeklungen war und die Nomaden der Revolution sich seßhaft gemacht hatten, erwachten die spießbürgerlichen Eigenschaften in ihnen und entwickelten sich.«

Heute wissen wir nur zu gut, daß die Gefahren, welche die sozialistische Revolution bedrohen, viel zahlreicher sind, als die Führer der linken Oppositionsparteien zunächst annahmen. Die neue Gesellschaft hat nicht nur spießbürgerliche Strömungen begünstigt, sondern auch zu Hungersnot, Verlust der Heimatliebe, mangelndem Arbeitsinteresse, Apathie, Gleichgültigkeit, Mißwirtschaft, Trägheit, Scheinheiligkeit, Doppelmoral und zur Verkümmerung so elementarer gesellschaftlicher Gefühle wie Anteilnahme, Solidarität und Mitleid geführt. Heute wissen wir, was es kostet, wenn die herrschende Kommunistische Partei das Recht beansprucht, ausnahmslos alle Lebensbereiche und alle Aspekte der gesellschaftlichen Existenz zu kontrollieren. Diese Form unbeschränkter Macht untergräbt den Wirtschaftssinn der Bevölkerung, erzeugt eine allgemeine Apathie und fördert Verantwortungslosigkeit. Sie entzieht die Parteiführer der Kontrolle des Volkes und ermöglicht die Feudalisierung der Gesellschaft und den Verfall der herrschenden Gremien. In allen sozialistischen Ländern beruhte die Auswahl der Kader auf den starren Prinzipien der Klassenzugehörigkeit, die vorschreiben, daß alle Kader der Partei angehören und proletarischer Herkunft sind. Dies führte letztlich zu einem Wahlverzicht in der Politik. Dadurch wurde die Führung zunehmend inkompetent, und die sozialistischen Grundlagen der neuen Macht gerieten ins Wanken.

Was kann denn eigentlich mit so raffinierten Mitteln wie der Theorie vom Überleben des Kleinbürgertums erreicht werden? So gut wie nichts. Die Anhänger dieser Theorie hatten keine andere Wahl, als Erfindungsgabe und Leidenschaft zu den Übeln der kleinbürgerlichen Ideologie zu erklären und den patriarchalischen bäuerlichen Kollektivismus zu verurteilen, den die Klassiker des Marxismus bereits entlarvt hatten. Nun können sie nur die Reihe der Sünden verlängern, die das Kleinbürgertum – insbesondere der Einzelbauer – gegenüber dem Fortschritt der Vernunft und der Demokratie begangen haben. Viele heutige Gegner des Stalinismus beschränken ihre Kritik auf die Verurteilung von Unschuldigen, und sie nehmen Stalins Verbrechen ohne hinreichenden Grund in das »Sündenregister« der Bauern auf. Dadurch wird das Volk konditioniert, sich vor dem Überleben der »kleinbürgerlichen Ideologie« zu fürchten – womit sich der Kreis unserer Analyse schließt. Ob es uns gefällt oder nicht, wir sind wieder dort, wo wir unsere Bewegung in den späten zwanziger Jahren begannen, als die ersten Aufrufe, die Reinheit des »revolutionären Bewußtseins« zu erhalten, laut wurden.

Unterdessen haben wir nicht beweisen können, daß es ein Verbrechen ist, die Kollektivierung gewaltsam durchzusetzen, die fleißigen und zivilisierten Bauern auszulöschen und die nationale Intelligenzija zu vernichten, die ihr Volk in Zeiten der Not nicht im Stich ließ. Es ist uns nicht gelungen, den kriminellen Charakter der Repressionen gegen die Partei und den Staatsapparat in der zweiten Hälfte der dreißiger Jahre nachzuweisen, und es ist uns nicht gelungen, die niederträchtige stalinistische Ideologie zu verurteilen, weil wir bei unserer Auseinandersetzung mit dem Stalinismus das Hauptproblem ausgelassen haben. Es ist uns nicht gelungen, die Prinzipien und politischen Auffassungen kritisch zu beleuchten, mit denen Stalin seine Innenpolitik rechtfertigte. Dabei geht es um die zentrale Frage, wie die Stabilität der politischen Führung nach einer siegreichen Revolution bewahrt werden kann – und danach, welcher Preis dafür bezahlt werden muß. Das wirkliche Problem ist, ob es gerechtfertigt war, präventiv Gewalt gegen potentielle Machtrivalen einzusetzen, und welche Maßnahmen überhaupt gegen jene gerechtfertigt waren, die sich weigerten, ihr Denken der Mehrheit des von Stalin organisierten Politbüros anzupassen.

2. Der Mechanismus, der das Mitgefühl zerstört

Um alles, was geschehen ist, verstehen zu können, muß man zunächst das politische Denken untersuchen, das diejenigen charakterisierte, die nach Lenins Tod um die Parteiführung kämpften. Anders ist es unmöglich zu begreifen, wie die Partei moralisch entwaffnet werden und ein Sadist die Möglichkeit bekommen konnte, Millionen von Menschen ungestraft auszurotten. Auch ist sonst nicht zu verstehen, wie der Mechanismus funktionierte, der jegliches Mitgefühl auslöschte.

Die Forderungen nach Repressionen gegen die Führer der verschiedenen Oppositionsbewegungen waren schon lange vor dem Sieg des »Allermächtigsten« erhoben worden. Schon 1924 verlangte Kamenew, die Führer der trotzkistischen Opposition zu liquidieren – eine Forderung, die durchaus dem Zeitgeist entsprach. Denken wir daran, daß der anarchistische Seemann Schelesnjakow, der Chef der Wache der Verfassunggebenden Versammlung, nur ein paar Jahre zuvor die blutrünstigen Reden seiner Führer in die Umgangssprache der Massen übersetzt hatte. Er sagte, daß man für das Wohl des russischen Volkes den Tod von einer Million Menschen ohne weiteres in Kauf nehmen könne. Und der kommunistische Ökonom Kritzman schrieb ein Buch mit dem Titel *Die heroische Periode der großen russischen Revolution*, in dem er ein Loblied auf die revolutionäre Gewalt sang. Er schlug vor, das moralische Niveau der Revolution an der Zahl der Opfer und der gesellschaftlichen Zerstörung, die sich im Lauf ihrer Geschichte vollzogen habe, sowie an der Beseitigung der nichtproletarischen Klassen zu messen. Er schrieb zum Beispiel: »Diese unerbittliche Klassenexklusivität, die soziale Vernichtung der Ausbeuterklasse, war die Quelle eines gewaltigen moralischen Aufschwungs, die Quelle eines leidenschaftlichen Enthusiasmus des Proletariats und aller Ausgebeuteten.« Und davor: »Das Brandmal der Zugehörigkeit zur Ausbeuterklasse führte nur in Konzentrationslager und Gefängnisse und bestenfalls in die Löcher, die die Proletarier bei ihrer Übersiedlung in bessere Häuser verlassen hatten.«[1]

Dies erklärt, weshalb viele Mitglieder der bolschewistischen Alten Garde bereit waren, Stalins Verbrechen zu dulden. Natürlich versucht niemand, den Tyrannen freizusprechen, aber die größte Schuld hat das Prinzip, das da heißt: »Im Namen des Volkswohls.« Die Wurzel all unserer Tragödien liegt in der Überzeugung, daß das Glück künftiger Generationen den Terror und die Gewalttaten, die an der gegenwärtigen Generation verübt werden, rechtfertige.

Dies ist keine neue Erkenntnis. In den Jahren des Bürgerkriegs wurde Volkskommissar A. W. Lunatscharski von dem Schriftsteller Wladimir Korolenko gewarnt, es sei ein Irrtum zu glauben, daß Hinrichtungen durch ein Erschießungskommando »im Namen des Volkswohls« zulässig seien: »Ich meine, daß nicht alle Mittel durch das Volkswohl gerechtfertigt werden können, und ich habe nicht den geringsten Zweifel, daß die administrativen Hinrichtungen, die systematisch geworden waren und sich auch im zweiten Jahr fortsetzten, nicht zu diesen Mitteln gehören.« (*Nowy mir,* Nr. 10, 1988)

In den sechziger Jahren gab der Dichter Naum Korschawin denselben Gedanken in *Kleine Tanja* Ausdruck. Er fragt seine Heldin: »Wie konntest du solches Leid zulassen?« Sie bleibt stumm, und er fährt fort:

»Wie konnte es geschehen, deinen Taten zum Trotz?
In welch verdammtem Jahr oder Monat
War der Weg dem Feind geöffnet …
Die schlaue kleine Wendung ›Im Namen des‹,
Sie bedeutet, daß alles erlaubt ist,
Wenn es, theoretisch, zum Guten führt.
Das Böse im Namen des Guten!

Wer dachte sich solchen Unsinn aus!
Selbst am schwärzesten Tag!
Selbst im blutigsten Kampf!
Wenn das Böse ermutigt wird,
Triumphiert es auf Erden –
Nicht im Namen von etwas,
Sondern als solches.«

Die Tragödie des Jahres 1937 besteht darin, daß die Henker und die Opfer dieselben Maßstäbe hatten und unter derselben Krankheit litten: dem Hunger nach Macht und dem Streben, das Fundament der siegreichen Revolution mit Blut zu zementieren. Man ist wie gelähmt, wenn man das Buch *Porträts und Pamphlete* von Karl Radek, Trotzkis Waffengefährten, liest. Radek forderte die Teilnahme von Kindern an den Verhandlungen gegen die »Experten«, die bürgerlichen Intellektuellen, die in sowjetischen Fabriken arbeiteten. Er war überglücklich darüber, daß sich die Kinder, wie ihre Eltern, dafür aussprachen, die Hinrichtungen durch Erschießungskommandos fortzusetzen. »Man versuche nicht, die Kinder von solchen Ereignissen und den Saboteurprozessen fernzuhalten«, rief dieser Pädagoge der jungen Generation. »Als den Saboteuren Gnade gewährt wurde, verursachte dies einen Sturm der Empörung unter den Kindern, die ich kenne. Wie war es möglich, daß jene, die ihr Land verraten hatten und eine Hungersnot unter den Arbeitern und Bauern anzetteln wollten, nicht von Erschießungskommandos hingerichtet wurden?« – Wie war es möglich, ein Loblied auf Gewalt und Tod zu singen! Wie war es möglich, so zu denken und Kinder mit Haß zu erfüllen!

Es ist keine Frage, daß das moralische Niveau unter den vielen Opfern Stalins genauso katastrophal niedrig war wie das des Henkers selbst. Doch dies kann seine Verbrechen und die Vergeltungsmaßnahmen von 1937 und 1938 nicht rechtfertigen. Gleichwohl ist diese Tatsache allein schon sehr aufschlußreich, denn sie läßt die wahren Ursachen für die Orgie der Selbstzerstörung erkennen, die das Land in den dreißiger Jahren durchmachte. Es konnte kein gutes Ende nehmen, und Medwedew – der Journalist, der Sophia Radek interviewte – verurteilte ihren Vater völlig zu Recht. Manche von Karl Bernhardowitsch Radeks Gedanken sind einfach monströs. Es ist höchst unwahrscheinlich, daß es in der Geschichte der Menschheit ein anderes Land gab, in dem Kinder bewußt dazu aufgerufen wurden, brutal zu sein und ihrer Empörung darüber Ausdruck zu geben, daß gewisse Personen der Hinrichtung entgingen. (Vgl. dazu F. Medwedew, *Sophia Radek über ihren Vater und sich selbst, Ogonjok,* Nr. 52, 1988)

Heute versuchen wir, viele Dinge neu zu bewerten und den Stalinismus, diese schreckliche Manifestation der tiefgreifenden Widersprüche revolutionärer Gewalt, umfassender zu beurteilen. Welche der Ereignisse, die uns heimsuchten, sind auf die Dialektik des Fortschritts und welche auf den sadistischen Charakter verwerflicher und verbitterter Menschen zurückzuführen? Ich finde keine anderen Worte, um Stalins oder Radeks Einstellung zu beschreiben. Aber es wäre falsch, die Erinnerungen von Radeks Tochter zu übergehen, denn sie erklärt, daß nicht nur ihr Vater und Stalin dieser Denkweise verhaftet waren, sondern auch viele Schriftsteller jener Zeit. Sie verziehen die Massenerschießungen nicht nur, nein, sie waren überglücklich über die Massenerschießungen. Eine Art allgemeiner Wahnsinn war ausgebrochen.

Die Analyse der Revolutionsdialektik sollte mit einem schärferen Blick auf die Überzeugung beginnen, daß die Interessen der Revolution ausschlaggebend sind, daß sie ihre eigenen Gesetze und Vorschriften hervorbringt und daß die Interessen einer künftigen klassenlosen Gesellschaft höchste Priorität haben.

An dieser Stelle sollte man sich ins Gedächtnis rufen, daß die russischen Sozialdemokraten die Interessen der Revolution und ihre Verteidigung schon lange vor der Stalin-Zeit über die traditionellen Vorstellungen von Recht, Demokratie und Moral stellten. Zum Beispiel schrieb Plechanow, der Gründervater der russischen Sozialdemokratie: »Jedes gegebene demokratische Prinzip darf nicht für sich allein und abstrakt betrachtet werden, sondern nur im Rahmen seiner Beziehung zu dem, was als Grundprinzip der Demokratie bezeichnet werden kann: *Salus populi suprema lex.* In die Sprache des Revolutionärs übersetzt, bedeutet dies, daß der Erfolg der Revolution das höchste Gesetz darstellt. Wenn es für den Erfolg der Revolution notwendig ist, die Anwendung dieses oder jenes demokratischen Prinzips zeitweilig einzuschränken, dann wäre es verbrecherisch, vor einer solchen Einschränkung zurückzuschrecken.«

Mithin wurden bereits zu Beginn des Jahrhunderts eine besondere revolutionäre Gerechtigkeit und Moral proklamiert, die den Erfolg der Revolution über alles stellten. Trotzki ging noch einen Schritt weiter und stellte den Erfolg der Revolution nicht nur über die Souveränität der Volksmehrheit, sondern auch über die Prinzipien der allgemeinen menschlichen Moral oder der normativen Moral, wie er sie nannte. Vom Glauben an den Vorrang des revolutionären Erfolgs geleitet, erklärte er die Unterdrückung politischer Gegner, die sich nicht aus dem Ringen um die Macht zurückziehen wollten, für legitim und rechtfertigte die präventive Verteidigung des bestehenden politischen Regimes.

Im Jahre 1918 wandte Trotzki diese Prinzipien zum erstenmal an. Er sprach über die Frage der Unterdrückung von Mitgliedern einer nach der Macht strebenden »Koalitionspartei« (wie wir sie heute nennen würden) und erläuterte die Motive, die ihn veranlaßten, auf der Hinrichtung der Führer der linken Sozialrevolutionäre zu beharren. Ungeachtet der Appelle Clara Zetkins und anderer europäischer Kommunisten, den Sozialrevolutionären Gnade zu gewähren, sagte er: »Die Frage dieser Repressionen in der revolutionären Epoche nahm einen ganz besonderen Charakter an, der nicht von humanistischen Platitüden durchbrochen werden konnte. Der direkt um die Macht geführte Kampf und der Kampf um Leben und Tod – genau darum geht es in der Revolution. Welche Rolle spielt unter diesen Umständen die Inhaftierung von Menschen, die hoffen, in den nächsten Wochen die Macht zu ergreifen und jene, die am Ruder sind, ins Gefängnis zu stecken oder zu eliminieren? Vom Standpunkt des sogenannten absoluten Wertes des Individuums aus muß die Revolution, zusammen mit jedem Krieg und übrigens auch der Menschheitsgeschichte als Ganzem, ›verurteilt‹ werden. Doch damit die Idee der Person real wird und damit der halbverachtete Begriff ›der Masse‹ aufhört, die Antithese zu dem philosophisch privilegierten Begriff der ›Person‹ zu sein, ist es notwendig, daß die Masse selbst den Hebel der Revolution oder, genauer gesagt, die Kräfte der Revolutionen nutzt, um sich auf ein neues historisches Niveau zu erheben. Ich weiß nicht, ob dieser Weg vom Standpunkt der normativen Philosophie aus gut oder schlecht ist, und ich muß zugeben, daran nicht interessiert zu sein. Aber ich weiß sehr gut, daß dies der einzige Weg ist, den die Menschheit bis zum heutigen Tag kennt.«

Heute mag es schwer zu verstehen sein, daß dieser neue Schritt Trotzkis dem sozialen Bewußtsein die Billigung von Vergeltungsmaßnahmen gegen besiegte politische Gegner näherbrachte und daß Vergeltungsmaßnahmen danach für absolut gerechtfertigt gehalten wurden. Doch wenn Vergeltungsmaßnahmen gegen Kinder, die das Unglück hatten, als Thronerben geboren worden zu sein, gerechtfertigt waren, weshalb dann nicht auch gegen frühere Gefährten im Kampf gegen den Zarismus, die später eine Gefahr für die Revolution darstellten? Wenn Sozialrevolutionäre, die ihre eigene Vorstellung von der Oktoberrevolution hatten, unterdrückt werden konnten, weshalb dann nicht auch bolschewistische Revolutionäre, die ihre eigenen Vorstellungen vom Aufbau des Sozialismus hatten? Wie läßt sich beweisen, daß die unbegrenzte Macht Trotzkis oder Sinowjews mehr oder weniger gerechtfertigt war als Stalins unbegrenzte Macht? Die Revolution hatte den früheren Erbfolgemechanismus zerstört und schuf nun einen neuen und demokratischeren. Ist dies vielleicht die Wurzel all unserer Tragödien?

Dies sind keine einfachen Probleme für einen Historiker. Zweifellos fällt es ihm viel leichter, solchen Problemen den Rücken zu kehren und sich statt dessen mit dem Zahlenverhältnis zwischen Arbeitern und Bauern zu beschäftigen, die der Partei in den verschiedenen Stadien der Revolution angehörten. Wenn er jedoch nicht über die entscheidenden Fragen der Revolution nachdenkt, das heißt über ihre inneren Widersprüche und ihre Dramatik, dann sollte er nicht so tun, als suche er nach den Wurzeln der »russischen Apokalypse«.

Es mag stimmen, daß wir noch nicht reif genug sind, den Bürgerkrieg als die Tragödie eines Volkes zu betrachten, das keinen anderen und weniger blutigen Weg zur Überwindung seiner inneren Konflikte finden konnte, das keine andere Wahl hatte, sich von einem nicht mehr erträglichen Leben zu befreien, und dann einen schrecklichen Preis für seine Aktionen bezahlen mußte. Wenn dies zutrifft, sollten wir nicht so tun, als seien wir anders und dächten anders als jene, welche die Orgie der Selbstzerstörung in den dreißiger Jahren billigten.

Ich möchte in aller Offenheit feststellen, daß die Haltung eines Menschen zur Tragödie des Bürgerkriegs zeigt, wie zivilisiert er wirklich ist. Der Schlächter des Klassenkampfes und des Bürgerkriegs ist genauso abstoßend wie der Schlächter der Stalinschen Repressionen – hier gibt es nichts zu feiern und nichts zu bewundern. Die Tatsache, daß eine Klasse voller Begeisterung die andere ausrottete und daß Bruder gegen Bruder kämpfte, kann nicht als Beispiel für moralisches Verhalten dienen. Die wahre Tragödie besteht darin, daß jede der gegnerischen Parteien glaubte, recht zu haben und ihre eigene heilige Wahrheit zu verteidigen. Es ist kein Zufall, daß der Roman, den Leo Tolstoi über die Revolution und die Revolutionäre zu schreiben beabsichtigte, den Titel *Niemand hat schuld* tragen sollte.

Im Grunde geht es nicht um den Kampf von Klassen oder politischen Parteien, wie die Beteiligten meinten, sondern um den Kampf zwischen unterschiedlichen Stadien ein und desselben Volkes, zwischen seiner Vergangenheit und seiner Zukunft. Das alte Regime in Rußland verkörperte nicht nur die Macht des Zaren und der Grundbesitzer, sondern auch die Vergangenheit der Menschen des Landes. Der Terror des Stalinismus ist nicht zu rechtfertigen, genausowenig wie der Terror des Bürgerkriegs, der ihm vorausging. Jede Art von Terror ist mehr als die Brutalität, die man glaubt, einem bewaffneten Feind gegenüber irgendwie rechtfertigen zu können. Terror ist mehr als »Auge um Auge, Zahn um Zahn«. Der rote Terror, den Stalin und Sinowjew in St. Petersburg entfesselten, bedeutete, daß es zu Massenerschießungen von Geiseln kam, daß man das Prinzip der kollektiven Verantwortlichkeit einer Klasse oder sozialen Gruppe einführte und unterschiedslos alle niedermetzelte, die nicht dem Proletariat angehörten. Offiziere der zaristischen Armee wurden einfach deshalb ermordet, weil sie Offiziere waren, und Priester wurden ermordet, weil sie Priester waren. Frühere, noch halbwüchsige Studenten der Militärakademie wurden ermordet, weil sie sich mit ihren Schirmmützen auf den Straßen zeigten.

Wenn wir den von Stalin in den Jahren 1937 und 1938 organisierten Terror verurteilen, dann ist es unmöglich, den Terror von 1918 und 1919 zu rechtfertigen. Sowohl während des Bürgerkriegs als auch in der Konsolidierungsphase seiner Macht wurde Stalin von denselben Prinzipien und dem starken Glauben geleitet, daß die Stärkung der revolutionären Macht über alle Erwägungen normativer Moral erhaben sei. Wenn es möglich war, die Sozialrevolutionäre hinzurichten, die sich Übergriffe auf die Macht der Bolschewiki geleistet hatten, weshalb war es dann nicht auch möglich, die Revolutionäre der bolschewistischen Minderheit hinzurichten, die sich Übergriffe auf die Macht der bolschewistischen Mehrheit leisteten?

Terror ist stets Wahnsinn, er ist wie ein zerbrochener Damm, er ist die Bestie im Menschen, die freigesetzt worden ist. Moral kann nicht bloß als eine Funktion der Revolution definiert werden. Im Gegenteil, eine Revolution ist nur gerechtfertigt, wenn sie für die Moral einsteht und die Interessen der Menschheit verteidigt.

All unsere Nöte rühren von unserem Unvermögen her, die Gebote der menschlichen Moral mit den Geboten des Klassenkampfes zu verbinden. Viele machten den Fehler, sich dem Trugschluß »Wo gehobelt wird, da fallen Späne« hinzugeben. Sie machten den Fehler zu glauben, daß es auf menschliches Leid nicht ankomme und das alte Gebot »Du sollst nicht töten« ignoriert werden könne, wenn das Schicksal der Revolution und der menschlichen Geschichte auf dem Spiel stünden. Man verurteilte Menschen zum Tode, die ihr Pferd nicht der Roten Armee übergeben wollten. Andere wurden erschossen, weil sie Verwandte von Priestern waren. Jene, welche die Urteile verhängten, begriffen nur selten, daß auch die Verurteilten ein Teil unseres Landes und ein Teil unserer russischen Geschichte waren. In einem künftigen irdischen Paradies kann es keine Gerechtigkeit geben, wenn es ohne Rücksicht auf das Unglück und Leid der Verwandten von Priestern geschaffen wird.

Viele waren bereit, Kommissaren wie Schingonzew (dem Helden von J. Trifonows Roman *Der Alte*) ihr Ohr zu leihen, die die Botschaft verkündeten: »Die Republik hat nur deshalb gesiegt, weil sie keine Gnade kannte. Ich muß sofort alles unterschreiben. Was macht es für einen Unterschied, ob achtzehn Menschen bei Bytschin oder einhundertfünfzig bei Braslawski! Die Leute entsetzen sich über Zahlen. Als ob es auf Arithmetik ankäme.«[2] Der Widerspruch zwischen Moral und »Weltrevolution« wurde mit dem einfachen Satz überwunden: »Es gibt keine Moral, sondern nur die Interessen des kommunistischen Aufbaus.« Wir schinden uns im Namen des »großen Ergebnisses« zu Tode, dachten die Revolutionäre, weshalb also sollten wir irgendeinen anderen verschonen?

Wenn niemand mit Kommissar Schingonzew übereingestimmt hätte, wäre Stalins Linksradikalismus der dreißiger Jahre unmöglich gewesen. Auch die Architekten der vollständigen Kollektivierung waren nicht an Zahlen interessiert; ihnen war gleichgültig, ob drei oder fünfzehn Prozent der Kulaken enteignet wurden. Deshalb ist es nur allzu logisch, daß im Jahre 1937 niemand über die gewaltige Zahl von Spionen und Volksfeinden, die in der Parteiführung entlarvt wurden, erstaunt war. Es kam nicht auf die Zahl der Menschen an, die unterdrückt wurden, sondern nur darauf, die Einheit der Partei und die Entwicklung des Sozialismus um jeden Preis zu stärken. In der Geschichte gibt es keinen niedrigen oder hohen Preis. Daher ist es kein Wunder, daß viele Menschen sogar heute noch, fünf Jahrzehnte später, den Ideen Kommissar Schingonzews anhängen. Sie sind einfach nicht fähig, anders zu denken. Ihrer Meinung nach bestand keine Alternative zu Stalin.

P. Petrow, Verfasser von etlichen Büchern und Artikeln über die Geschichte der KPdSU, fragt: »Wie sollte Leid vermieden werden, da doch die Weltbourgeoisie buchstäblich über unser Land herfiel?« (*Literaturnaja gaseta,* 19. August 1987) Dies ist der Denkstil einiger Vertreter der zeitgenössischen sozialistischen Intelligenzija. Unlängst schrieb Professor A. S. Schelesnow: »Man muß begreifen, daß es infolge der kapitalistischen Belagerung und der fortwährenden feindlichen Aktionen gegen die UdSSR sowie später infolge der außerordentlichen Gefahr einer faschistischen Invasion keine Alternative geben konnte. Die Diktatur des Proletariats schließt, um Lenins eigene Worte zu benutzen, einen puddingweichen Staat aus ... Wie jeder Mensch konnte auch Stalin Fehler nicht vermeiden.« (*Sobessednik,* Nr. 29, 1987)

Wir wollen die soziologische Absurdität solcher Aussagen nicht weiter untersuchen. Niemals in der Geschichte hat es zur gesellschaftlichen Einheit beigetragen, wenn die Zahl der Menschen, denen die Regierung Unrecht zufügte, auf denen sie herumtrampelte und die sie beseitigte, ins Unermeßliche stieg. Wir sind keine Ausnahme von dieser Regel, was wohl keines Beweises bedarf.

Wir wollen vielmehr versuchen, der Moral solcher Aussagen auf den Grund zu gehen – wenn das Wort Moral in diesem Zusammenhang überhaupt angemessen ist. Aufschlußreich ist in erster Linie, daß sie dem Versuch gegenübergestellt werden, ein moralisches Urteil über die Ereignisse unserer historischen Entwicklung zu fällen. In ihnen wird behauptet, daß der Begriff des Verbrechens nicht auf den Führer eines Landes, das im Aufbau des Sozialismus begriffen ist, und schon gar nicht auf die sich dort abspielenden politischen Ereignisse angewandt werden dürfe. Den heutigen Kommissaren des Typs Schingonzew zufolge dürfen wir nur von »Fehlern« sprechen; außerdem könne es ohne eine Alternative auch kein Verbrechen geben. Ihnen fehlt das Gefühl für den einzigartigen Wert jedes Menschen und für dessen unverbrüchliches Recht auf das eine, ihm geschenkte Leben. Ihrer Logik nach hängt das Recht auf Leben von den Umständen im Lande und den historischen Gesetzen der Zeit ab.

Entscheidend sind der gesellschaftliche Status und seine Einordnung innerhalb der gegenwärtigen Prioritäten. Wenn du zum Beispiel ein fleißiger und wohlhabender Bauer bist, der sein Land durch die Revolution erhielt, dann dürfen deine Kinder und du sich als vollwertige Bürger mit allen Rechten auf Heim und Boden fühlen, doch nur so lange, wie die Zeit der Restauration dauert. Du kannst friedlich den Boden bearbeiten, doch sobald sich die Prioritäten ändern, verlierst du, mein lieber »Eigentümer«, all deine Rechte. Dann bist du nicht mehr ein fleißiger Landwirt, sondern ein Kulak, ein Vertreter der letzten Eigentümerklasse, die das letzte Hindernis für die progressive Entwicklung des Landes darstellt. Und es spielt keine Rolle, welche Einstellung du vertrittst und ob du die sowjetischen Gesetze befolgt hast oder wie viele Kinder du dein eigen nennst. Entscheidend ist nur, daß deine frühere wirtschaftliche Situation nicht im Einklang mit den neuen Prioritäten steht. Deshalb müssen deine Kinder und du vom Weg in die Zukunft abtreten, damit ihr euch nicht in das Leben der reinen proletarischen Klassen einmischt.

Ich wünschte, Andrej Platonow, der diese widernatürliche Logik in seinem Roman *Die Baugrube* beschrieb, hätte sich geirrt! Aber nein, er hatte recht. Nach Lenins Tod kam der Voluntarismus besonders deutlich in der Festlegung der sogenannten gegenwärtigen Prioritäten zum Ausdruck. Jede neue Gruppe, die sich gegen die Neue Ökonomische Politik wandte, führte eine neue Interpretation der gegenwärtigen Prioritäten ein, die darauf abzielte, der Bauernschaft die Menschenrechte zu verweigern.

Und wer schließlich meint, daß der Begriff des Verbrechens auf diese historischen Ereignisse nicht anwendbar sei, schränkt die Zahl der Menschen, die einem moralischen Urteil unterworfen sind, erheblich ein. Wer dies glaubt, hält es nicht für notwendig, sich über die moralische Rechtschaffenheit der politischen Führer oder über die Frage Gedanken zu machen, ob diese von dem Prinzip »Du sollst nicht töten« geleitet wurden. Sogar die Vertreter der eigenen kommunistischen Partei, von den Vertretern all der anderen besiegten Parteien gar nicht zu reden, wurden aus dem engen Kreis der Unantastbaren hinausgestoßen, wenn sie in jenen tragischen Augenblicken des Übergangs von einer Serie politischer Prioritäten zur anderen der Minderheit angehörten. In der Regel setzte man diese früheren Waffengefährten administrativen Vergeltungsmaßnahmen der strengsten und planmäßigsten Art aus.

Dies ist im Bewußtsein des Volkes haften geblieben, weshalb viele immer noch von der Berechtigung der Vergeltungsmaßnahmen gegen frühere Abweichler überzeugt sind. Allerdings wird heute niemand mehr die Rolle etwa Trotzkis und Bucharins bei der Vorbereitung und Verteidigung der Oktoberrevolution in Zweifel ziehen.

Hier liegt meines Erachtens der Schlüssel zu dem Rätsel dieser erzrevolutionären Denkweise. Je stärker das Leben, das Verhalten und die Ansichten eines Menschen zu den Interessen der Weltrevolution in Beziehung gesetzt werden, desto weniger Aussicht hat er, als Mensch und Person mit einem Recht auf Leben behandelt zu werden. Dabei ist es gleichgültig, welcher Sinn diesen »übermenschlichen« Interessen innewohnt und wie die konkreten Vorstellungen von einem universellen Paradies aussehen.

Noch eine Einzelheit fällt ins Auge, über die hier gründlich nachgedacht werden muß. Ein früherer Landbesitzer oder ein General der zaristischen Armee konnte auf Gnade hoffen, doch ein früheres Mitglied der Russischen Kommunistischen Partei war von vornherein verloren. Ein früherer Fabrikbesitzer, der nicht ins Ausland geflohen war, hatte viel mehr Rechte als ein früherer Rotarmist, der nun ein Stück Land bestellte und dadurch als »rechts« galt. Der erstere hatte wenigstens noch die Möglichkeit, an seinem Geburtsort zu wohnen und im Land umherzureisen. Der enteignete Kulak dagegen konnte sich dieser Rechte nicht sehr lange erfreuen. Aber dies sind geringfügige Details. Der Kern des erzrevolutionären Denkens ist die absolute Verachtung all derer, in dessen Namen der Revolutionär den Erfolg anstrebt. Er ist nicht imstande, über die Interessen und das Glück lebendiger Menschen nachzudenken oder sich in deren Lage zu versetzen. Die historische Notwendigkeit ist für ihn etwas Vages, das unabhängig von denen existiert, die heute leben oder morgen leben werden. Ein Erzrevolutionär dient nicht dem Volk, sondern einem mystischen Gesetz der Geschichte. Er würde niemals einräumen, daß »es auf Arithmetik ankommt« und daß alle Versuche, den Fortschritt auf Leid aufzubauen, fehlgeschlagen sind.

Eine objektive Bewertung von Stalins Aktionen ist nur möglich, wenn man von der unmißverständlichen Ablehnung jeglicher Gewalt und von der Voraussetzung ausgeht, daß niemand das Recht hat, das Leben eines anderen einzuschränken. Darüber braucht nicht diskutiert zu werden. Die Schwierigkeit ist nur, daß viele von denen, die den Stalinismus verurteilen, nicht zu allgemeinen, prinzipiellen Schlußfolgerungen, sondern nur zu spezifischen Schlußfolgerungen aus der Gesamtheit der Geschehnisse bereit sind. Die Schwierigkeit ist, daß jene, die Humanität und den gesunden Menschenverstand verteidigen, überraschend wankelmütig sind. Vielleicht klingt dies zu kategorisch, aber ich bin zutiefst davon überzeugt, daß viele unserer heutigen Autoren sich unlogisch verhalten, wenn sie über unsere Revolution und über die dreißiger Jahre schreiben. Es ist unlogisch, die Idee der Narodniki von einem »sozialistischen Instinkt der russischen Bauernschaft« zu verteidigen und im selben Atemzug zu behaupten, es gebe keine Garantien gegen eine Rückkehr des Stalinismus, bevor wir nicht den russischen bäuerlichen Kollektivismus überwunden hätten. Es ist unlogisch, nach der Entwicklung eines demokratischen und zivilisierten Individualismus zu rufen und den Menschen im selben Atemzug die Tatsache zum Vorwurf zu machen, daß sie die Verbrechen verurteilen und ihre Seele von der Schändlichkeit des Stalinismus läutern wollen. Es ist unlogisch, in Begeisterung über die Arbeiter und Bauern auszubrechen, deren innerer Elan die Idee einer proletarischen Weltrevolution aufkommen ließ, und gleichzeitig nachweisen zu wollen, daß dieselben Menschen nicht ohne einen »Schlächter« auskommen konnten, der ihre Probleme lösen und sie zwingen mußte, Weizen anzubauen und Stahl herzustellen.

Einerseits wächst die Erkenntnis, daß die Partei und viele ihrer Ideologen eine nihilistische Einstellung zur bürgerlichen Kultur, insbesondere zur juristischen Kultur und zu den Rechtsanwälten hatten und daß dies eine der Ursachen für die Sünden der Partei in Form der stalinistischen Repressionen war. Doch andererseits wiederholen einige Autoren immer noch mechanisch die These, es sei nötig, die bürgerliche Kultur »zurückzuweisen«.

3. Bauernfeindliche Hysterie

Untersuchen wir zunächst die verschiedenen Behauptungen über den »bourgeoisen Charakter« der Bauernschaft, etwa die Behauptung, daß die Bauernschaft unter allen historischen Umständen notwendig »kleinbürgerlich« sein müsse. Diese Haltung – sie ist uns noch heute ein Pfahl im Fleische – entspringt den Elementen stalinistischen Denkens, die uns allen eigen sind. Wir hegen weiterhin bauernfeindliche Gefühle und Mißtrauen gegen alles, was aus individueller ländlicher Arbeit hervorgeht. Diese Haltung läßt die Grenze zwischen den Kritikern und den Apologeten des Stalinismus verschwimmen. Stalins These, daß »die Kulaken eine Gefahr für das Land darstellten«, wird immer noch von heutigen Gegnern der Perestroika verwendet, um die willkürlichen und brutalen Aktionen Stalins gegen die Landbevölkerung zu rechtfertigen.

Eine andere, ähnliche These besagt, daß die Partei in einem Land mit überwiegend bäuerlicher Bevölkerung der Gefahr ausgesetzt sei, daß ihre Mitglieder zur bürgerlichen Ideologie überliefen. Diese These wird selbst von vielen Kritikern des Stalinismus immer noch akzeptiert. Das totale Mißtrauen den individuellen Bauern gegenüber ist nicht deshalb verkehrt, weil es kennzeichnend für den Stalinismus und für Stalin war, sondern weil es unnatürlich ist und dem gesunden Menschenverstand widerspricht. Es ist das illusorische Verlangen nach einer anderen Welt, in der die groben und ungebildeten Bauern in idyllischer Glückseligkeit leben. Dieses stalinistische Mißtrauen entspringt einem Hirngespinst des Sozialismus, das auf die Zeit zurückgeht, in der man den Fortschritt mit wachsender Uniformität und einer vereinfachten Klassenstruktur in Verbindung brachte. Es war eine Zeit, in der alle ein historisches Wunder und einen Gesellschaftszustand erwarteten, der den Triumph totaler und idealer Gleichheit bringen würde. Die Ablehnung des Bauern, den man als Kleinfabrikanten und Individualisten betrachtete, gründete sich auf den Glauben an einen reinen, warenlosen Sozialismus. Nach dem Anbrechen dieser Periode, so glaubte man, würden alle Elemente der Übergangszeit absterben, und die auf Gemeineigentum an den Produktionsmitteln basierende Massenproduktion würde alle anderen Formen des Eigentums und der Arbeitsorganisation beherrschen und verdrängen.

Es handelt sich um ein Beispiel des gesellschaftlichen Primitivismus und der gesellschaftlichen Intoleranz: um den naiven Wunsch, alles zu beseitigen, was nicht dem Ideal des verstädterten Menschen entsprach. Der Schriftsteller Karpinski bemerkte zu Recht, der Stalinismus stütze sich auf den Glauben, daß die Bauernschaft ihrer Identität nach »kleinbürgerlich« sei. Dieser dogmatische Glaube ist eng mit Stalins Hauptthesen verknüpft, etwa mit seiner Aussage, daß sich der Klassenkampf im Laufe der erfolgreichen sozialistischen Entwicklung unweigerlich verschärfen werde, mit seinem Beharren auf dem »bourgeoisen Charakter« des Marktes und des Wertgesetzes sowie mit seiner Überzeugung, daß eine staatliche Struktur einer kollektiven überlegen sei und daß Klasseninteressen den Vorrang vor allgemeinen menschlichen Werten hätten.

Heute begreifen wir, daß eine vom Klassenstandpunkt ausgehende Betrachtungsweise in hohem Maße einseitig ist. Sie legt starken Nachdruck auf diejenigen menschlichen Eigenschaften, die für die Ziele der Revolution genutzt werden können, und sie drängt zwangsläufig jene Eigenschaften zurück, die für eine schöpferische Arbeit benötigt werden. Dieser Betrachtungsweise zufolge ist der revolutionäre Kampf wichtiger als tüchtiges und intelligentes Arbeiten.

Unter den Bedingungen der Revolution wurde ein Mensch in erster Linie nach seiner sozialen Herkunft und nach seinem sozialen Engagement für das Ideal eines Reiches der Arbeiter und Bauern beurteilt. Sein Wert wurde von seinem Gefühl kommunistischer Gleichheit und seiner Entschlossenheit bestimmt, einem hehren Ziel zu dienen. Manchmal genügten Äußerlichkeiten wie Kleidung oder sogar nur eine Mütze, um einen dem Tode geweihten Menschen von einem anderen zu unterscheiden, dem ein Leben in der glücklichen Zukunft beschieden war. Dadurch ging das Interesse an den Strukturen der menschlichen Persönlichkeit und an den vielgestaltigen Problemen der menschlichen Existenz – etwa Sünde und Gewissen, Leben und Tod, Liebe und Haß, Schuld und Sühne – verloren.

Man stelle sich die gräßliche Spannung vor, die durch eine vom Klassenstandpunkt ausgehende Betrachtungsweise erzeugt wurde, wonach achtzig Prozent der Bevölkerung als Hindernis auf dem Weg zum Ideal einzustufen waren. Dies mußte zur Folge gehabt haben, daß die Parteiführer in den zwanziger Jahren den Eindruck hatten, in einer belagerten Festung zu sitzen. Sie waren weniger über die Umzingelung durch kapitalistische Nationen beunruhigt als über die Tatsache, daß sie sich plötzlich in der Welt der NÖP, der Märkte, der Waren und der Bauern wiederfanden. Sie sahen ein, daß die überwiegende gesellschaftliche Mehrheit keine neue Ordnung akzeptieren konnte und wollte. Stalin war kein naiver Mensch, und er glaubte nicht an die Märchen vom »sozialistischen Instinkt« der russischen Bauern. Im Gegensatz zu manchen heutigen Freunden des Fortschritts und der Demokratie unterschätzte er – ungeachtet seines Hasses – die geistigen Fähigkeiten der Landbewohner keineswegs. Er wußte, daß die Bauern sich niemals freiwillig dem Joch der Produktionsgenossenschaften beugen würden. Deshalb bestand er darauf, Kolchosen und Sowchosen auf dem Lande »einzupflanzen«. Die Bolschewiki des späten Oktober 1917, die meinten, das revolutionäre Weltproletariat werde sich ihnen unverzüglich anschließen, unterschieden sich sehr deutlich von den Bolschewiki des Jahres 1929, die sich mit Menschen mit ganz anderen Überzeugungen konfrontiert sahen.

Es ist erstaunlich, daß die Menschen schon vor Jeschows Terror bereit waren, blind an die Schuld derjenigen zu glauben, die einst als wahre Kommunisten gegolten hatten. Es ist verblüffend, daß die Menschen den Tod einerseits gelassen hinnahmen, wie in den Tagen des Bürgerkriegs, andererseits jedoch bereit waren, alles zu tun, damit der Kelch an ihnen vorbeiging. Was dachte Blücher in dem Moment, als er Tuchatschewskis Todesurteil unterzeichnete? Hatte Bucharin eine Vorahnung seines eigenen gewaltsamen Todes, als er eine Patrouille zu Trotzkis Wohnung führte, um dessen Vertreibung aus Moskau zu überwachen? Dies alles bezieht sich auf die Psyche der Menschen an der Spitze, die in dem berühmten grauen Gebäude an der Uferstraße wohnten. Aber was war mit den Menschen an der Basis?

Sie lebten in Kommunalwohnungen – ähnlich denen der vorrevolutionären russischen Armen –, in denen keine Schmach verborgen bleiben konnte. Gewiß, die dort lebenden Menschen standen einander meist näher als die Bewohner moderner Wohngebäude. Aber nicht jeder kann sich über einen langen Zeitraum hinweg mit einer überfüllten Wohnung und ständiger Entbehrung abfinden. Man darf nicht vergessen, daß es den Stadtbewohnern in den dreißiger und vierziger Jahren schlechterging als in den zwanziger Jahren (und manchmal sogar schlechter als vor der Revolution). Viel mehr Menschen hatten Zugang zur medizinischen Versorgung, doch die war oft unzureichend; obwohl die Kinder nun in Entbindungsanstalten geboren wurden, war die Säuglingssterblichkeit, verglichen mit den zwanziger Jahren, kaum gesunken (1940 war sie sogar höher als 1926). Laut den Soziologen L. A. Gordon und J. W. Klopow bestand der schärfste Widerspruch der gesellschaftlichen Entwicklung in den dreißiger und vierziger Jahren darin, daß der Lebensstandard sich trotz fragloser und eindrucksvoller Fortschritte auf den Gebieten der Ausbildung, Medizin und Sozialfürsorge nicht erhöhte und daß die Menschen sehr häufig schwere Entbehrungen durch Inflation, Lebensmittelknappheit und eine anhaltende Wohnungsbaukrise hinnehmen mußten.

Unsere russischen Bauern haben genug Sünden und Fehler begangen, aber es ist ungerecht, das Verzeichnis um die Sünden anderer zu erweitern. Ein Bauer wäre niemals auf den verrückten Einfall gekommen, auf dem Lande staatliche Getreidefabriken zu errichten und Standardisierungsmaßnahmen für den Weizenanbau einzuführen. Jemand, der sein ganzes Leben lang Pläne gemacht und Berechnungen aufgestellt hatte und der, im Unterschied zur Intelligenzija, ständig mit den Grundlagen des Lebens und des Bodens verbunden war, wäre niemals auf den Gedanken gekommen, die Welt über Nacht ändern zu wollen. Ein Bauer hätte niemals erwartet, daß ein in staatliche Erlasse gezwängtes Land unablässig, Jahr um Jahr, Frucht bringen würde. Ich kann mich der Meinung, daß der Bauer kein Verständnis für die Naturgesetze hatte, nicht anschließen. Zugegeben, wahrscheinlich hatte er kein Verständnis für die Mechanismen, die die Entwicklung der Warenproduktion kontrollieren. Aber die von Marx entdeckten Marktgesetze umfassen durchaus nicht alle im realen Leben wirkenden Gesetze oder auch nur deren begriffliches Wesen. Es ist viel wichtiger, das Gesetz als objektive Grenze zu verstehen – etwas, das von niemandem, nicht einmal von Gott, verletzt werden kann. Dieses profunde Verständnis des Gesetzes ist, wie ich glaube, charakteristisch für die Bauern. Da sie den Boden bestellen, können sie gar nicht anders, als die Objektivität und Vielgestaltigkeit der Natur zu begreifen. Übrigens ist es dieses Verständnis, das wir in jüngerer Zeit unter der Perestroika – bei dem Versuch, die Lektionen der Vergangenheit neu zu lernen – entwickelt haben.

Aus diesem Grunde hat der Bauer die verschiedenen Neuerungen stets mit Argwohn betrachtet. Dabei handelt es sich weniger um eine Ausdrucksform seines natürlichen Konservatismus, der ihm häufig geschadet hat, sondern um eine Ausdrucksform seines tiefen Glaubens an den objektiven Charakter seiner Arbeit und an den urzeitlichen, irdischen Charakter aller menschlichen Taten. Er kann nicht glauben, daß irgendein Sterblicher fähig ist, im Laufe eines einzigen Tages Staub mit Leben zu erfüllen und Himmel und Erde zu erschaffen. Deshalb haben die Bauern Pseudoagronomen wie den berüchtigten Lyssenko nie ernst genommen.

Der Bauer Ignaschka Sapronow (der Held von Wassili Belows Roman *Vorabende*) machte sich nicht des Linksradikalismus der dreißiger Jahre schuldig. Nur ein sozialistischer Intellektueller wie Stalin, dazu erzogen, die »historischen Regelmäßigkeiten« zu achten, die das Rad der Geschichte unmerklich bewegen, konnte glauben und versprechen, daß eine großangelegte Kochos- und Sowchoswirtschaft »für wunderbares Wachstum sorgen würde« und daß die »Erfahrung« von Kolchosen und Sowchosen die wissenschaftlichen Argumente, die gegen die Errichtung von Getreidefabriken mit 40 000 – 50 000 Hektar Boden sprachen, widerlegen könne. Es war Stalin, der erklärte: »Und wenn die Entwicklung der Kollektiv- und

Sowjetwirtschaften in einem gesteigerten Tempo weitergeht, [so ist kein Grund vorhanden, daran zu zweifeln, daß] unser Land in, sagen wir, drei Jahren zu einem der getreidereichsten Länder, wenn nicht zum getreidereichsten Land der Welt werden wird.«[3]

Die Tatsache, daß Ignaschka beim Bau der Getreidefabriken mithalf, bedeutet nicht, daß er aufrichtig an die Versprechen von Wundern glaubte. Er hatte eine konkrete Aufgabe, und er wußte, im Gegensatz zu den Stadtbewohnern, was diese Fabriken in Wirklichkeit wert waren und wie seine Mitbauern arbeiteten. Er wußte auch, wie verhaßt er jenen Bauern war, weil er sich auf ein teuflisches Geschäft eingelassen hatte, das ihrer Meinung nach nur von Übel sein konnte.

Der russische Bauer hat staatliche Eingriffe in die Landwirtschaft stets abgelehnt – ein weiterer Beweis dafür, daß er den Linksradikalismus und extremen Etatismus nicht eingeleitet haben kann. Zwar trifft es zu, daß der russische Bauer immer eine starke Staatsmacht haben wollte, weil er sich von ihr beschützt fühlte. Die Autoren, welche die asiatischen Produktionsmethoden analysieren, haben in dieser Hinsicht durchaus recht. Es kam immer dann zum Despotismus, wenn die Kleinbauern entzweit waren. Doch dies ist nur eine Seite der Medaille. Genauso wichtig ist, daß wohlhabende und fleißige Bauern nicht geneigt waren, sich einer staatlich kontrollierten Geschäftsorganisation anzuschließen und daß sie von der Ausweitung der Staatsmacht auf ihre Wirtschaft noch weniger hielten. Dies galt über viele Jahrhunderte der russischen Geschichte hinweg; hier und dort haben sich solche Gefühle bis heute erhalten. Es handelt sich um den alten Instinkt, der zur Ablehnung der Stadt und ihrer Macht führt.

Leider schenkten unsere zeitgenössischen Autoren dieser dialektischen Einstellung des Bauern zur Staatsmacht keine Aufmerksamkeit. Allerdings ist es auch heute noch schwierig, eine solche Haltung zu verstehen. Zum Beispiel glaubte der russische Schriftsteller Fjodor Abramow, einiges über das Landleben zu wissen, konnte aber trotzdem nicht begreifen, weshalb seine Mitbauern aus Wercholzy sich weigerten, auf einem Sowchos zu arbeiten, und weshalb ein fähiger Junggeselle ein Verwaltungsamt ablehnte. Wer die Verwaltung unterstützte, stärkte die Macht der Stadt über das Land und half einer ungerechten Sache – dies war die Meinung aller tüchtigen Bauern, die von den Stadtbewohnern nichts Gutes mehr erwarteten.

Die russischen Autoren, die nach der Revolution die Entwicklungen auf dem Lande beschrieben, kannten die Einstellung der Bauern. Zum Beispiel deckt Iwan Sokolow-Mikitow in einem Brief an Konstantin Fedin viele Geheimnisse unserer sozialistischen Geschichte auf. Er schreibt: »Ich weiß nicht, ob Sie es bemerkt haben, aber bis heute konnte kein einziger tüchtiger und ›echter‹ Bauer den Mut aufbringen, sich an die Behörden zu wenden. Überdies kann man einen ›wahren‹ Bauern niemals bewegen, eine Verwaltungsarbeit zu übernehmen. ›Ich werde bei dieser Arbeit keinen Seelenfrieden haben. Ich hätte mehr davon, mein Land zu bestellen!‹ Im ›Zentrum‹ weiß man sehr gut um diese Situation, doch man kann sie nicht ändern. Das war in der Vergangenheit so, und es ist so geblieben. In der Vergangenheit war es nur ein Trunkenbold, ein Schurke oder Taugenichts, der Dorfvorsteher werden wollte, aber auch heute, da die Dinge sich geändert haben, kann Iwan Ossipow einfach nicht zur Annahme eines Postens im Exekutivrat überredet werden. Er weiß nicht, wie er ›es anstellen‹ soll; er sträubt sich mit allen Kräften. Wenn man ihn zu der Arbeit zwänge, würde er zusammenbrechen, schmachten wie ein Gefangener und sich lieber über dem Schreibtisch in seinem Büro aufhängen ... Ich bin von einem Ende unseres Gebiets zum anderen gewandert, und in allen Büros der Exekutivräte sitzen nur junge Leute, die vom Stadtleben geprägt und vom Krieg gehärtet worden sind. Nicht selten sind es ehrliche Menschen, die starke Überzeugungen haben und sich für ihre Arbeit einsetzen, aber es bleibt die Tatsache, daß fast alle von ihnen ›Stadtleute‹ sind.« (A. Streljany, *Zwei Schlüsse, Nowy mir*, Nr. 2, 1987)

Die zentrale Frage in dieser Geschichte der Stalin-Diktatur und des Linksradikalismus der dreißiger Jahre lautet also: »Wer war es, der Ignaschka Sapronow Macht verlieh?« Weshalb sollten wir uns auf den mystischen und schwer faßbaren bäuerlichen Kollektivismus berufen und die wahren Architekten und Praktiker der Greuel mit einem Tarnschleier umgeben? Ja, es stimmt, daß die Soldaten unter der Landbevölkerung rekrutiert wurden. Aber sie waren eben nur einfache Soldaten. Die Offiziere waren meistens Stadtbewohner. Ja, es stimmt, daß diese Soldaten die Bewohner des grauen Gebäudes am Ufer der Moskwa zum Lubjanka-Gefängnis der politischen Staatspolizei geleiteten. Aber man beachte die sehr aufschlußreiche Bemerkung des Schriftstellers Juri Trifonow, daß sie die Situation wie etwas behandelten, das sie nichts anging. Sie waren dort anwesend, doch nur physisch. Ihre Anwesenheit ist natürlich mit einem Mangel an geistiger Entwicklung zu erklären, aber sie waren eben auch gleichgültig einer Sache gegenüber, die nicht von ihnen abhing. Sie hatten das Ganze nicht begonnen, und sie konnten nicht feststellen, wer im Recht war und wer nicht. Das war nicht ihre Sache. Und alle hatten Todesangst.

Die Frage, was zuerst kam – die Furcht oder der Personenkult –, ist genauso sinnlos wie die Frage nach Ei und Henne. Der Führerkult und die Massenpsychose der Anbetung hätten nicht ohne unterbewußte Furcht entstehen können, und der Kult sorgte unvermeidlich dafür, daß der Mensch niedergetrampelt und entwürdigt wurde. Als erste waren diejenigen betroffen, die den Machthabern näher und mit ihnen in ständiger Berührung waren, nämlich die Stadtbewohner. Die Furcht breitete sich vom Zentrum bis zur Peripherie aus, und mit ihr die Psychose von Mißtrauen und Spionagewahn. Die Sitten der Stadt verwilderten in den dreißiger Jahren, während die Bauern auf dem Lande isoliert waren und die Verbindungen zwischen ihnen und der Stadt nur von Aktivisten wie Ignaschka aufrechterhalten wurden.

Damals waren die Menschen verbittert, und jeder, der aggressiv, rachsüchtig oder einfach krank war, konnte seinen Gelüsten freien Lauf lassen. Die Menschen waren krank, weil sie von Haß und Neid verzehrt wurden. Sie haßten jeden, der Talent und eine individuelle Identität hatte, und von den frühen zwanziger Jahren an wurde man politisch bestraft, wenn man natürliche moralische Gefühle gegenüber den Leidenden zum Ausdruck brachte. Mit dem Aufstieg Stalins gingen Mitleid und Humanität unter. Und dies war kein Zufall. Laut dem Schriftsteller Daniil Granin durften die Menschen zur Zeit der »Entkulakisierung« und der Massenvergeltungsmaßnahmen weder ihren eigenen davon betroffenen Verwandten noch den Nachbarn oder den Familien von Opfern helfen. Es war verboten, den Kindern derjenigen, die verhaftet oder in die innere Verbannung geschickt worden waren, Zuflucht zu gewähren. Man zwang die Menschen, strenge Urteile demonstrativ zu billigen. Sogar das Mitleid mit den unschuldigen Opfern der »Säuberungen« war verboten. Alles, was auch nur einen Anflug von Mitgefühl verriet, galt als verdächtig oder sogar verbrecherisch, denn es hieß, solche Gefühle hätten die politische Apathie zur Folge, seien ohne Bezug zur Klassenidentität und ließen die Menschen in Zeiten des Kampfes schwach und schutzlos werden.

Seriöse Wissenschaftler würden natürlich entgegnen, daß es nicht leicht sei, einen Menschen seelisch zu vernichten und daß die Psychose des Mißtrauens unter seelisch gesunden Menschen nur in Maßen um sich gegriffen haben könne. Dies trifft zu, aber man nehme wiederum zur Kenntnis, daß seriöse Wissenschaftler solche Fälle von Massenhypnose in der Regel auf die beschleunigte, oberflächliche Urbanisierung, angeheizt durch rasche Industrialisierung, zurückführen. Wir haben es in diesem Fall mit dem »Schneeballphänomen« zu tun. Während der dreißiger Jahre verursachte die Urbanisierung einen jähen, nicht zu rechtfertigenden Bruch mit der Vergangenheit. In dieser Situation schritt die Vernichtung der alten Traditionen und Einrichtungen viel schneller voran, als sich neue Sitten und Lebensstile entwickeln konnten. Dadurch entstand ein kulturelles und moralisches Vakuum, und das allgemeine Niveau des Alltagslebens sank in mancher Hinsicht.

Es ist nicht immer klar, welche Rolle die umfassende Ablehnung der Regierung spielte. Wer seinen religiösen Glauben aufgibt, wird geistig frei, doch sehr oft büßt er auch seine moralische Stütze ein. In der Vergangenheit war ein sadistischer und neidischer Bauer trotzdem ein gottesfürchtiger Mann. Doch mit einemmal gab es keinen Gott mehr, der Kommunismus war ein ferner Traum, und folglich bestanden keine Hemmungen mehr.

Nicht einmal ein überzeugter Atheist und Marxist sollte überglücklich sein, wenn sein Volk den alten Glauben und die jahrhundertelangen Traditionen einfach aufgibt. Was garantiert denn, daß es seine neuentdeckten marxistischen Überzeugungen nicht genauso mühe- und gedankenlos hinter sich lassen wird? Die Anbetung Stalins war ein Glaubensersatz, wie er für den oberfächlichen Atheisten charakteristisch ist. Er hat seinen Gott aufgegeben, doch ihm sind weder Würde noch persönliche Freiheit zuteil geworden. Er ist auf halber Strecke stehengeblieben und zu einem Götzenanbeter geworden.

Und wieder waren es der Bauer und besonders seine Frau, die sich in einer günstigeren Situation befanden. Es war weit weniger riskant für sie und ihre Kinder, ihre religiösen Bräuche beizubehalten, weshalb es auf dem Lande, verglichen mit der Stadt, weniger Fälle geistiger Kastration gab, die von der ungezügelten Liebe zum Führer aller Nationen gesteuert wurden.

Ich halte einige unserer Schriftsteller für naiv, wenn sie meinen, daß der Bauer, also der Träger des kollektivistischen Geistes, unfähig gewesen sei, die Verbindung zwischen der Gewalt und Brutalität eines Verwalters im Gebietskomitee der Partei und dem »überlegenen Denken«, das heißt dem Stalinismus, zu sehen. Hier handelte es sich nicht um die Bauern des alten China, die den Steuereinnehmer haßten, doch gleichzeitig den höchsten Machthaber verehrten.

Im Frühjahr 1950 fällten Bauern nachts die Apfel- und Pflaumenbäume in ihren Gärten und verfluchten nicht den Steuereinnehmer, der am Morgen erwartet wurde, sondern den »schnurrbärtigen Schurken«, der sie mit seinen unsinnigen Ideen peinigte. Dies kann ich unter Eid beschwören. Und sie opferten ihr Leben im Kampf mit den Deutschen nicht deshalb, weil ihre soziale Minderwertigkeit sie die Absurdität vieler »überlegener Gedanken« nicht erkennen ließ, sondern deshalb, weil der Patriotismus den Bauern im Blut liegt. Es mag heute anders sein, doch in der Vergangenheit gab es eine Art Nabelschnur, die die Bauern mit ihrem Boden und ihrer Heimat verband.

Die Rede ist hier natürlich von typischen russischen Bauern, aber es gab auch keinen Mangel an »Verrätern«, an untypischen Bauern also. Betrachten wir zum Beispiel die Frau, die in Koslowitschs Essay *Gewinne und gib* interviewt wurde. Begriff sie nicht, welche Schuld die Administratoren von Gebietskomitees auf sich luden und welche Verantwortung die Erfinder des unsinnigen Kolchossystems trugen? Man denke über die Worte nach, die sie dem Autor sagte: »Überall war Elend, und das sollte ein Kolchos sein? Bei der Arbeit vergossen wir Schweiß, bis der Boden feucht war, und dann dachten wir: ›Was sollen wir heute abend essen? Womit soll ich meine Kinder ernähren?‹ Auf jenem Kolchos gab es keine Gerechtigkeit. Wir mähten im Frühling, und der Vorsitzende sagte: ›Wenn wir damit fertig sind, werde ich euch zwei Kilo Getreide und drei Kartoffeln für jeden Arbeitstag geben.‹ Im Herbst brachten wir die Ernte ein, und der Vorsitzende sagte: ›Ich werde euch zweihundert Gramm Getreide und dreihundert Gramm Kartoffeln für jeden Arbeitstag geben. Schließlich muß das Land ernährt werden, Genossen.‹ Und ich kehrte zu meiner Hütte zurück, umarmte meine Kinderchen und weinte pausenlos: »Meine guten Kinder, meine goldenen Kinder! Seid ihr nicht das Volk? Warum ist nichts übrig, das für euch gesät werden kann? Ist unser Kolchos kein Teil unseres Landes?«

Wir haben gelitten – nicht wegen des bäuerlichen Kollektivismus, sondern wegen der allgemeinen Geistesverwirrung, die durch die sklavische Bewunderung für den Diktator Stalin und seine Satrapen und durch die Furcht vor ihnen entstand. Wir wollen ganz offen sein und zugeben, daß wir alle Diktatoren, große und kleine, bewunderten. Vor nur ein paar Jahren machten viele junge Kommunisten Molotow, dem letzten lebenden Diktator, ihre Aufwartung; er war einer der Hauptschuldigen am »Erfolg der Kollektivierung, die uns schwindelig werden ließ«. Heute brauchen wir nicht nur die Erinnerung an unsere Geschichte, sondern auch die elementare menschliche Reue über die Sünde der Götzenanbetung.

4. Der Preis teuflischer Ideen

Ich verstehe nicht, weshalb einige unserer Schriftsteller so kritisch gegenüber der Hauptidee von Abuladses Film *Die Reue* sind, der, wie ich meine, den ersten Anstoß zur Austreibung des Stalinismus gab. Meiner Ansicht nach hat Abuladse völlig recht. Wir mußten mit einem intellektuellen Protest gegen die von den Diktatoren verübten Verbrechen und mit dem Versuch beginnen, die Achtung vor den unschuldig Leidenden wiederherzustellen. Dies ist kein kindliches Herangehen an die Geschichte, wie der Schriftsteller Kljamkin glaubt, sondern eine sehr kluge, »erwachsene« Betrachtungsweise. Wenn das Volk – das heißt die Georgier, Russen, Ukrainer, Usbeken, Arbeiter, Bauern und Intellektuellen – diese schreckliche Sünde, die Liebe zum Verbrecher, nicht bereut und wenn es nicht die höchste Scham über die Anbetung solch eines Götzen empfindet, wird es keine Wahrheit geben, die uns helfen kann. Die Wahrheit kann, allgemein gesprochen, nur dann Folgen haben, wenn sie von einer gesunden Seele aufgenommen wird – besonders, wenn es sich um eine gesellschaftliche Wahrheit handelt.

Heute gibt es keine wichtigere Aufgabe für uns, als die Seelen der Menschen moralisch zu stärken. Es geht mir nicht um einen Mangel an Begeisterung oder an Selbstverleugnung. Ich halte die Bereitschaft, sich selbst oder seine Bekannten und Verwandten zu opfern, nicht unbedingt für eine Tugend. Eine nachlässige Einstellung dem Leben gegenüber wird stets nachlässig bleiben, selbst wenn sie sich gegen die eigene Person richtet. Es ist etwas ganz anderes, wenn man sein Leben und seine Annehmlichkeiten für die Bewahrung der menschlichen Würde opfert. Aber auch hier gibt es objektive Grenzen, die zu berücksichtigen sind. Es wäre unvernünftig, wenn wir alle gemeinsam Selbstmord begingen, um gegen menschenunwürdige Lebensverhältnisse zu protestieren. Doch Brutalität sich selbst gegenüber ist gleichwohl auch Brutalität dem Bewußtsein anderer Menschen und der menschlichen Rasse gegenüber. Der Mensch kommt auf diese Welt, um die Menschlichkeit zu bewahren und um die Generationenkette fortzusetzen.

Gewalt in all ihren Formen und Brutalität selbst im Namen humaner Ideale bergen stets Zerstörung in sich und untergraben die geistigen Fundamente des Lebens. Die Erfahrung aller Revolutionen zeigt, daß ihre Siege einen sehr hohen Preis kosteten. Allen muß die Bereitschaft zum Töten und die Überzeugung vorgeworfen werden, daß es nötig sei, im Namen eines großen Ziels über Leichen zu gehen. Wer einen Mörder tötet, begeht eine Todsünde – das ist der Preis der Vergeltung. Andrej Platonow schrieb zu Recht, daß man nichts zusammenfügen könne, ohne seine Seele in Stücke zu reißen. Deshalb waren es in der Regel die wirklichen Schurken und Mörder, die als erste umgebracht wurden. Und dann waren jene an der Reihe, die nur bezichtigt wurden, Schurken und Mörder zu sein. Am Ende waren jene an der Reihe, die sich der Sache der Revolution aus ganzem Herzen verschrieben hatten. Darüber sollten alle nachdenken, die eine »erwachsene« Betrachtungsweise unserer Geschichte und der dreißiger Jahre fordern und einen moralischen Relativismus predigen.

Ich sehe keine besondere Gefahr darin, daß die Menschen heute nicht zu Opfern bereit sind. Für viel gefährlicher halte ich den Mangel an elementarem moralischem Gefühl. Es besteht kein Anlaß, die Menschen in Panik zu versetzen und irrezuführen. Was das Unheil sowie den Linksextremismus und die erzrevolutionäre Haltung der dreißiger Jahre betrifft, so sind deren Ursachen nun entlarvt. Die Diktatur wurde nicht aus dem bäuerlichen Kollektivismus und dem russischen patriarchalischen Leben geboren, sondern sie war die Folge von deren Zerstörung.

Einige Autoren meinen, der Stalinismus lasse sich im wesentlichen auf die Idee der »abzutrennenden« Vergangenheit, insbesondere auf die »Zurückweisung« der bourgeoisen Kultur reduzieren. Sie kommen der Wahrheit recht nahe. Nichts verleiht einem radikalen Politiker größere Freiheit als der theoretisch gerechtfertigte Nihilismus gegenüber allem, was vorher geschaffen wurde. Dieser historische Nihilismus hebt die Notwendigkeit auf, über die Politik der totalen Vernichtung nachzudenken, die ein solcher Politiker betreibt.

Welchen Sinn hat es, sich Gedanken über etwas zu machen, das zum Untergang verurteilt ist? Deshalb löst ein solcher Politiker einen Konflikt zwischen den Generationen, eine geistige Auseinandersetzung zwischen Vätern und Söhnen und eine nihilistische Betrachtung der Vergangenheit, ihrer Errungenschaften und des Volksgedächtnisses aus. Dieser Standpunkt erzeugt Verachtung für die Traditionen der Wirtschaftsphilosophie, für Rationalismus, Gesellschaftsorganisation, konsequentes Denken, Selbstverwaltung und eine frei gewählte Kultur, einschließlich der Religionsfreiheit und ihrer Pflichten.

Die philosophische und politische »Zurückweisung« der bourgeoisen Kultur ist der Grund für den tiefverwurzelten Wunsch, alles zu verbieten. Daraus leitet sich die seit langem bestehende Vorstellung ab, daß alles »Verfälschte« verhindert werden müsse, daß die Vernichtung der Überreste der alten Kultur gleichzeitig einen Schöpfungsakt darstelle und als ein hohes, nützliches Streben anzusehen sei.

Was ist eine negative Einstellung zur Vergangenheit? Sie wird unvermeidlich von der Überzeugung begleitet, daß der reine Sozialismus zu realisieren sei, von dem Glauben, daß die Geschichte sich auf einen idealen, nichtantagonistischen, von allen Übeln der Vergangenheit befreiten Staat zubewege, in dem die Menschen physisch und moralisch vollkommen sein werden. Utopia ist eine Welt, in der alles neu und vom Alten losgelöst sein wird.

Meiner Ansicht nach ist nichts Unlogisches an der Tatsache, daß die Sowjetgesellschaft, obwohl hervorgegangen aus dem Glauben an die Reinheit des Menschen und aus den Ideen genialer Männer, gleichwohl einer Gruppe von machthungrigen Wahnsinnigen ihren Segen gab, die schwersten Verbrechen am Volk zu verüben. Anders ausgedrückt, es war der Glaube an den reinen Menschen, der unser Volk täuschte und zur Politik der Selbstzerstörung führte. Die Hölle, in der unser Volk in den dreißiger Jahren lebte, konnte nur durch etwas Außergewöhnliches gerechtfertigt werden, zum Beispiel durch die Verlockung, etwas absolut Neues zu schaffen. Wenn der Schriftsteller Alexei Prochanow und die Chemiedozentin Nina Andrejewa noch heute glauben, daß unsere Armut, unser mühsames Leben, der Warenmangel in den Geschäften, unsere schlechten Krankenhäuser und Computer ein unvermeidlicher und vernünftiger Preis für unsere »nichttriviale Wirtschaft« seien, weshalb sollten dann diejenigen, die eine ungeheure Leistung vollbrachten, indem sie die jahrhundertelange Herrschaft der Grundeigentümer und Kapitalisten beseitigten, nicht an das Wunder der einzigartigen Wirtschaft und des reinen und vollkommenen Menschen glauben? Dies ist der Fallstrick, den die Geschichte uns gelegt hat. Wir waren zu dem aufrichtigen Glauben gelangt, ein einzigartiges Land und ein erwähltes Volk zu sein, das Wunder wirken und sich den phantastischsten Herausforderungen gewachsen zeigen würde. Stalin nutzte diesen Glauben, diese Arroganz der Menschen, die das Wunder der Revolution vollbracht hatten, geschickt für sich aus.

Es ist schwierig, den Stalinismus zu bekämpfen und zu überwinden, denn er ist seinem ganzen Charakter nach mit den zentralen politischen Motiven verbunden, die die revolutionäre sozialistische Intelligenzija leiteten. Warum fanden sich unsere Intellektuellen, und nicht nur die revolutionär eingestellten, so leicht mit Stalins Gewalttaten gegen die Bauern ab? Warum reagierten sie nicht auf die Greuel der »Entkulakisierung« und auf die Hungersnot der frühen dreißiger Jahre? Warum waren sie so überzeugt davon, daß die Menschen mit ihrem Leben glücklich seien? Wahrscheinlich, weil sie dies alles als den unvermeidlichen Preis ansahen, der für die Reinheit der künftigen Gesellschaft zu zahlen sei, und weil sie aufrichtig glaubten, daß unsere Geschichte die vorherbestimmte Richtung eingeschlagen hatte. Stalin war den Intellektuellen sympathisch, weil er nach Neuem strebte und den Aufbau einer einzigartigen Gesellschaft für möglich hielt, in der es weder Handel noch Bauern, noch Kaufleute gab.

Ich will die Behauptung riskieren, daß Stalin Anfang der dreißiger Jahre den meisten Parteiaktivisten näherstand als Lenin, der sie aufgefordert hatte, Handel zu treiben und Gewinne zu machen. Denn Lenin hatte in seinen letzten Lebensjahren zur großen Enttäuschung der meisten Parteitheoretiker seinen naiven Glauben an den reinen Sozialismus aufgegeben. Es war Lenin, der diese höchst abstrakte Sehnsucht nach dem Neuen, »das so neu sein soll, daß es absolut nichts Altes enthält«, als einen typischen Irrtum des revolutionären Bewußtseins beschrieb.

Stalin dagegen führte die ursprünglichen Ideen zu ihrem logischen Schluß und lehnte jeden Kompromiß ab. Er verlangte einen leidenschaftlichen Klassenkampf, einen Kampf bis zum Ende, um festzustellen, »wer die Oberhand haben wird«. Lenins Kritik an den naiven und romantischen Vorstellungen des reinen Sozialismus fand bei den meisten Parteimitgliedern keinen Anklang, und sie waren auch nicht von der Idee eines »Volksbündnisses« des Proletariats mit der genossenschaftlich organisierten Bauernschaft zu überzeugen. Dadurch läßt sich höchstwahrscheinlich Stalins überraschend müheloser Sieg über den Parteifavoriten Bucharin erklären. Die persönliche Tragödie des letzteren bestand darin, daß er (zusammen mit Rykow, Tomski und Dserschinski) einer der wenigen war, die Lenins Aufforderung, »den Kommunismus mit nichtkommunistischen Händen zu bauen«, Folge leisten wollten.

Aber ist es denn wirklich so seltsam, daß viele ihre reine und glänzende Zukunft damals nur mit »sauberen« Händen errichtet sehen wollten? Noch heute, nachdem sich der Traum von einem reinen, proletarischen Sozialismus, dem Spießbürgertum, Handel und Markt fremd sind, in die Apokalypse der dreißiger Jahre verwandelt hat, sind viele unserer marxistischen Intellektuellen davon überzeugt, daß es in diesem Land keinen demokratischen Sozialismus geben kann, bevor wir nicht alle Reste des bürgerlichen Kollektivismus in uns beseitigt haben.

Es ist nichts Neues an dem Traum vom reinen Menschen und an der Abneigung gegen alle, deren Kraft durch die Bürden des Alltagslebens und seine Plackerei absorbiert wird, die seßhaft geworden sind und nur noch ans Geldverdienen denken. Der Schriftsteller Fjodor Abramow schrieb wiederholt, daß unsere Gewohnheit, den Sowjetbürger, besonders den Bauern, am hehren Ideal der kommunistischen Persönlichkeit zu messen, sehr oft ungerecht sei. Statt sie zu rühmen, demütigen wir jene Menschen bewußt, die dem ganzen Land nützen und beharrlich ihre schwierige Aufgabe erfüllen.

Der russische Philosoph S. N. Bulgakow warnte seinerzeit, daß der Glaube an die Veränderung der Welt und der menschlichen Seele zu »einer spezifischen geistigen Adelshaltung« führen könne, »die dem Mann auf der Straße mit Arroganz begegnet«: »Die Intellektuellen, die sich selbst die Aufgabe gestellt haben, ihrem Volk zu dienen, schwanken ständig und unvermeidlich zwischen zwei Extremen: Volksanbetung und geistiger Arroganz. Der Drang, das Volk anzubeten (sei es in Gestalt des alten Populismus, wie er von Alexander Herzen gelehrt wurde, und des Vertrauens zum sozialistischen Instinkt des russischen Volkes oder in Gestalt des Marxismus, der den gleichen Instinkt nicht der ganzen Nation, sondern nur manchen ihrer Teile zuschreibt), entspringt der inneren Überzeugung der Intellektuellen. Aber diese Überzeugung bringt gleichzeitig ihre Antithese hervor: ein hochmütiges Verhalten dem Volk gegenüber, das als Gegenstand der Rettung betrachtet wird, als sei es minderjährig und »im Sinne der Intellektuellen nicht hinreichend gebildet‹, so daß man ihm helfen müsse, sein »Bewußtsein‹ zu entwickeln.«[4]

Wenn die Gesellschaft und vor allem die Partei und ihre Aktivisten, ob alt oder jung, den weitverbreiteten Glauben an den reinen Menschen nicht geteilt hätten, wäre es Stalin niemals gelungen, seine Zwangskollektivierung durchzuführen und den Bauern, das heißt die russischen Volkstraditionen, so rasch zu vernichten. Je mehr unsere Gesellschaft, besonders die Jugend, mit romantischen Vorstellungen vom Menschen (die übrigens im Einklang mit Rousseaus Ideen stehen) und mit utopischen Zukunftsentwürfen und Sozialismusideen erfüllt wurde, desto besser waren die Bedingungen für Stalins wirtschaftliches Abenteurertum, und desto leichter war es, Gewalt vor diesem unterentwickelten und noch »unreinen« Volk zu rechtfertigen.

Der Glaube an eine neue, harmonische Persönlichkeit, der einen wachsenden Haß auf alles Traditionelle und Nationale nach sich zog, förderte den Linksextremismus, den Mißbrauch der Vernunft und damit die Vergewaltigung der Wirklichkeit. Dieser Glaube beruhte auf politischen Ideen, die von den klügsten Köpfen der Geschichte formuliert worden waren, doch er konnte die Situation nur verschlimmern, denn er verstärkte die bereits unkritische Einstellung gegenüber Stalins Experimenten, die angeblich dem Zweck dienten, eine nichttriviale, »einzigartige« Gesellschaft aufzubauen.

Es ist schwer zu sagen, ob die grundlegende Idee der Aufklärung uns nützte oder schadete – also etwa Rousseaus Vorstellung von der natürlichen Güte des Menschen, seine Meinung, daß wir alle engelgleiche Wesen wie Jesus Christus seien und daß alles Böse von den gesellschaftlichen Umständen, besonders von Privateigentum, Merkantilismus und Handel, herrühre. Rousseaus These stärkte unzweifelhaft den Glauben derjenigen, die vom schöpferischen Potential des Menschen überzeugt waren und sich als erste gegen den mittelalterlichen Obskurantismus und dann gegen die Ideologie der bürgerlichen Werte und des unbedingten Profitstrebens wandten.

Doch vor dem Hintergrund unserer historischen Erfahrungen können wir heute auch die schweren Mängel einer so unkritischen Haltung der menschlichen Natur gegenüber erkennen. Laut Rousseau muß sich der Mensch von dem Sumpf der ungünstigen Bedingungen so weit wie möglich fernhalten, damit er die natürliche

Reinheit seiner Seele bewahren und dem unvermeidlich korrumpierenden Einfluß der Zivilisation widerstehen kann. Übertragen auf die Welt kommunistischer Ideen und Werte, führte diese Überzeugung zwangsläufig zur Herausarbeitung scharfer Gegensätze. Die sozialen Merkmale der Klassen und Schichten, die keinen direkten Kontakt mit dem Markt und dem Vertrieb hatten (nämlich die Arbeiterklasse und die revolutionäre Intelligenzija), wurden den sozialen Merkmalen jener Klassen und Schichten gegenübergestellt, die direkt in das Marktgeschehen eingebunden waren (nämlich Bourgeoisie, Handwerker, Kaufleute, Bauern etc.).

Diese Gegenüberstellung förderte die radikale Ablehnung von Markt, Geld und Handel. Robespierre, der natürlich ein Rousseau-Anhänger war, kämpfte genauso heftig gegen Profitdenken und freien Handel wie die Kommunisten, die, ebenfalls vom Glauben an den reinen Menschen inspiriert, zwischen 1918 und 1920 gegen die kleinen Spekulanten kämpften.

Es ist schwer zu erklären, weshalb die rousseauistische – nicht die marxistische – Sicht der menschlichen Natur so viele Anhänger unter den Kommunisten fand, und nicht nur in diesem Lande. Marx und Engels, die mit den Ideen der Aufklärung aufgewachsen waren, blieben doch stets Dialektiker. Im Gegensatz zu Rousseau idealisierten sie den Menschen nicht, sondern sahen ihn angesichts seiner unvereinbaren Launen, Leidenschaften und Wünsche als ein widersprüchliches Wesen. Sie machten kein Geheimnis aus dem, was mit bloßem Auge zu erkennen ist: daß jeder Mensch zahlreichen animalischen Impulsen gehorcht. Laut Engels geht der Mensch aus dem Tierreich hervor und wird deshalb nie imstande sein, seine primitiven Instinkte völlig zu verdrängen. Es gebe nur quantitative Unterschiede zwischen seinen tierischen und seinen menschlichen Eigenschaften.

Diese Betrachtungsweise begünstigte, wie das Christentum mit seinem Begriff der Erbsünde, eine rationale Bewertung der menschlichen Natur und betonte die dringende Notwendigkeit einer moralischen Erziehung. Sie forderte die Menschen auf, die Leistungen der Zivilisation hinsichtlich der Kontrolle des natürlichen Egoismus des Menschen anzuerkennen.

Wir hingegen ignorierten die widersprüchliche Natur des Menschen und brachten uns dadurch um die Möglichkeit, die Fragen der Arbeitsorganisation und -motivation angemessen zu beantworten. Wir brachten uns um die Möglichkeit, den Charakter jeder Regierung zu durchschauen. Die Idealisierung der menschlichen Natur festigte das moralische Klima in der Gesellschaft nicht, sondern trug zu seiner Verschlechterung bei, denn sie schwächte die natürlichen Kontrollmechanismen und gestattete es Demagogen und Heuchlern, die einfachen biblischen Wahrheiten zu verfälschen und jene zu verhöhnen, die an das Gewissen appellierten und sich auf Anstand und Höflichkeit beriefen. Zum Beispiel erklärte der Schriftsteller G. Markow zu Beginn der sechziger Jahre in der *Literaturnaja gaseta*: »Die sozialistischen Werte zu diskreditieren, sie im Vergleich mit den allgemeinen menschlichen Werten – im alten, begrenzten Sinne dieses Wortes – herabzusetzen heißt, in die Unterschätzung des Menschen abzugleiten.«

Man sollte im Gedächtnis behalten, daß nicht nur die Stalin-Zeit, sondern auch die Jahre der Stagnation eine sehr »hohe« Einschätzung der menschlichen Natur erlebten. Die Rache der Stalinisten kam Ende der sechziger Jahre in der Philosophie durch zügellose Attacken auf allgemeine menschliche Werte und durch Angriffe auf diejenigen zum Ausdruck, die in ihren Arbeiten über ethische Fragen den Primat des Gewissens und des Guten verkündeten. Es ist kein Zufall, daß der Angriff auf die Perestroika unter dem Vorwand, »seine Prinzipien nicht preisgeben« zu können, wiederum von Angriffen auf die »Scholastik der ethischen Kategorien« begleitet wurde.

Die pseudokommunistische Interpretation des Rousseauismus verengte das Verständnis lebenswichtiger sozialer Fragen ganz entscheidend und förderte die Illusion, daß sämtliche menschlichen Probleme mit Hilfe von zwei Patentrezepten – größere Sozialisierung und verstärkte ideologische Einwirkung auf die Massen – zu lösen seien. Daher rührt unser immer noch beharrlicher Glaube, daß die vorsozialistische Gesellschaft viele »überflüssige Elemente« besessen habe, auf die unsere Gesellschaft mühelos verzichten könne. Der Markt, der Wettbewerb, die Herrschaft des Gesetzes, das Prinzip der Gewaltenteilung und das religiöse Empfinden – sie alle wurden als überflüssige Elemente eingestuft. Rousseaus nihilistische Einstellung zur Zivilisation findet ihre Parallele in unserer Theorie vom »Wegwerfen der bourgeoisen Kultur«.

Das gleiche gilt im Grunde auch für die Ideale der fortschrittlichen westlichen Denker. Das Festhalten an idealisierten Vorstellungen vom Menschen und von der neuen Gesellschaft brachte Rigorismus und Maximalismus hervor und beraubt uns alle der

Möglichkeit und des Wunsches, in flexiblen, alternativen Begriffen zu denken. Daher rührt unsere Sehnsucht nach absurd einfachen Lösungen.

Es bereitet immer noch große Mühe, das stalinistische Denken, die Ideologie des »Wegwerfens der Vergangenheit« zu überwinden, denn sie stützt sich auf Ideale, die sehr tief in unserem Bewußtsein verwurzelt sind: auf die Ideale der Aufklärung und den Traum von einem reinen Menschen und einem reinen Sozialismus. Damals hing sehr viel von dem Glauben an das unbegrenzte Potential des Wissens und der Wissenschaft und an die unbeschränkten Fähigkeiten des Menschen ab. Das Denken des Stalinismus gleicht dem eines Menschen, der glaubt, unbegrenzte Ansprüche an diese Welt stellen zu können, und der überzeugt ist, jeder Herausforderung gewachsen zu sein, auch der, Welt, Natur, Raum und Zeit zu erobern.

Der Glaube an die unbegrenzten Möglichkeiten des menschlichen Wissens erklärt auch das Vertrauen darauf, den Zufall völlig ausschalten zu können; das Vertrauen darauf, daß der Staat alle wirtschaftlichen Beziehungen und jegliche Form der Arbeit durch Planung zu kontrollieren vermag.

Alle, die heute über das Verhältnis Stalins zur Wissenschaft schreiben, machen den Leser darauf aufmerksam, wie mühelos er von einer wahnsinnigen und von vornherein unrealisierbaren Idee begeistert werden konnte. Dies enthüllt nicht nur Stalins mangelndes Fachwissen und Inkompetenz, sondern auch seinen Mangel an gesunder Skepsis und den Glauben an die unbegrenzten Möglichkeiten der Wissenschaft.

Aber wir müssen Stalin gegenüber fair sein. Man konnte schwerlich erwarten, daß ein Politiker, ein Berufsrevolutionär, der keine Gelegenheit zu methodischer täglicher Forschung hatte, den relativen Charakter jeglichen Wissens erkennen und das Bedürfnis entwickeln würde, auch noch die plausibelste Wahrheit zu verifizieren. Nur ein wahrer Gelehrter, der sein Wissen sammelt und vertieft und in den komplizierten Charakter der Gesellschaft vordringt, kann um den sich allmählich vor ihm eröffnenden Abgrund seiner eigenen Ignoranz wissen. Andererseits wird ein Forscher, der mit der Heftigkeit sozialer Widersprüche vertraut ist und eine gründliche Kenntnis der nationalen Geschichte besitzt und weiß, wie fragwürdig sein Fachwissen sein kann, nie zu einem radikalen Politiker oder einem echten Revolutionär taugen und folglich nie aktiv an der Veränderung der Welt beteiligt sein.

Ich meine, daß Marx niemals imstande gewesen wäre, die Massen beim Sturm auf die Barrikaden oder beim Angriff auf die alte Welt anzuführen. Er fürchtete viel zu sehr, daß sich der Angriff auf die alte Welt, wie er über die ersten Tage der Pariser Kommune schrieb, in »die Erstürmung des Himmels« verwandeln könne. Noch in seinen letzten Tagen zweifelte er, ob seine Forschung über die Selbstzerstörung des Kapitals überzeugend und präzise genug sei, und er kehrte in seiner Arbeit immer wieder zu diesem Problem zurück. Es ist auch kein Zufall, daß Plechanow letztlich zu einem typischen Reformer wurde. Es wäre naiv zu glauben, daß er weniger mutig oder weniger aufgeschlossen für das Leid der Arbeiterklasse und der Unterdrückten gewesen sei als Lenin und seine Anhänger, die im Oktober 1917 die Macht übernahmen. Nur sind dies die verschlungenen Wege der Geschichte. Jeder hat seine eigene Aufgabe.

Nach Lenins Tod wurde der sozialistische Aufbau von mutigen und aktiven Menschen geleitet. Sie verabscheuten Wissenschaftler, die nicht an Wunder glaubten und sie an die Komplexität und an die Grenzen wissenschaftlicher Forschung erinnerten. In der Epoche der allgemeinen Begeisterung, als Märchen wahr werden sollten, hatte der »Lyssenkoismus« viel höhere Erfolgschancen, denn er wurde den grenzenlosen Ansprüchen einer in Allmachtsphantasien schwelgenden Epoche gerecht. Dies erklärt, weshalb es zu der Tragödie von Lyssenkos Widersacher Wawilow kam. Denn damals war man überzeugt, daß die Diktatur des Proletariats unvereinbar mit der Freiheit des Wissenschaftlers, der Wissenschaft und der Meinungsäußerung sei.

Man sollte nicht vergessen, daß Lyssenko nicht nur Stalins, sondern auch Chruschtschows Günstling war – aus demselben Grunde. Er versprach ein Wunder: die Rettung unserer nichttrivialen, krisengeschüttelten Landwirtschaft mit Hilfe von nichttrivialen Methoden. Der Lyssenkoismus gedieh auch in anderen Bereichen. Zum Beispiel berichtet Lew Rasgon in seinen Memoiren von den überaus erfolgreichen Leitern des Nationalen Instituts für Experimentelle Medizin. Ihre wissenschaftlichen Ideen kamen den Hoffnungen und dem Ehrgeiz der Parteiführer derart entgegen, daß sie rasch von einer enormen Welle der Patronage nach oben getragen wurden. Ihre Theorien bezauberten zuerst Gorki und dann Stalin selbst.

Diese Ärzte glaubten ernsthaft, sie würden sehr bald einen »besonderen Faktor« im menschlichen Organismus entdecken und beeinflussen können, wodurch sich rasch jede Krankheit – darunter die unangenehmste von allen: das Alter – beseitigen ließe. Es war ein äußerst verlockendes Ziel, das in absolutem Einklang mit dem Geist der Epoche stand: Man wollte nicht nur Raum und Zeit besiegen, sondern überhaupt alles Unbekannte und Widerspenstige kontrollieren. Rasgon zieht in seiner Darstellung den Schluß: »Dies entsprach ganz und gar Stalins Ambitionen, denn er konnte sich nicht mit der Existenz von Dingen abfinden, die seiner Macht entzogen waren.«

Meiner Ansicht nach hat der Stalinismus als Ideologie nicht nur mit der Geschichte Rußlands und des Sozialismus zu tun. Vielmehr ist er ein Teil der europäischen Geschichte und in mancher Hinsicht das Ergebnis der expansionistischen Kultur Europas. Deshalb sind sogar die Irrtümer und Tragödien unserer Revolution von überragender Bedeutung für die Menschheit, denn sie enthüllen den wahren Kern vieler einst attraktiver gesellschaftlicher Ideen. Sie machen den Abgrund der geistigen Entwürdigung sichtbar, in den der Glaube an einen »reinen Menschen« und eine »reine Gesellschaft« führen kann.

Die universelle Bedeutung unserer sozialistischen Aufbauerfahrung wurde sofort offenkundig. Im Januar 1918, unmittelbar nach dem Kriegskommunismus, forderte Bucharin in seiner Rede vor der Verfassunggebenden Versammlung, die besten Ideale der Menschheit »sofort« und »jetzt gleich« Realität werden zu lassen. Sogar unsere liberalen Intellektuellen, die sich im allgemeinen weigerten, die Oktoberrevolution zu akzeptieren, es jedoch für ihre Pflicht hielten, das Schicksal ihres Heimatlandes zu teilen, hatten keinen Zweifel an der universellen Bedeutung der revolutionären Lektionen. Professor A. Isgojew schrieb im Januar 1922: »Was immer die Ergebnisse der gegenwärtigen Revolution für das russische Volk sein mögen, sie spielt eine große und universelle Rolle, denn sie gab der Menschheit eine Möglichkeit, die Grundideen, die das europäische revolutionäre Denken seit mehr als einem Jahrhundert inspiriert haben, auf dem Boden Rußlands zu erproben. Es gibt nur eine einzige sichere Methode zu ihrer Erprobung: den Versuch, sie in die Praxis umzusetzen. Vor 1917 konnten alle ausländischen und russischen Revolutionäre von Sozialismus und Kommunismus nur reden. Die russischen Bolschewiki waren mutig genug, mit der Umsetzung dieser Ideen in die Praxis zu beginnen.«[5]

Aber heißt dies, daß man alle Lehren vom reinen Menschen, von der Herrschaft des Bewußtseins und der Harmonie nur mit Hilfe von Stalins Praktiken, mit Hilfe der unnötigen Perversionen und Verluste des Stalinismus erproben konnte? Hätten wir auf keine andere Weise erkennen können, daß Naturgewalten nicht immer von Unheil sind, daß ein Bauer nicht in einen Arbeiter verwandelt werden, daß der Kampf gegen die Ausbeutung nicht zu einem Kampf gegen Initiative und Erfindergeist entarten sollte und, zu guter Letzt, daß nicht alles Neue unbedingt besser ist als das Alte?

3. KAPITEL

Das Rußland der Träumer

1. Das Rätsel der Geschichte liegt in der Herrschaft des Zufalls

Was ist dem Menschen lieber: die Wahrheit oder eine beschwichtigende Lüge? Das Leben ist voller Täuschungen. Aber das ist nur die halbe Wahrheit, und nicht einmal die wichtigere Hälfte. Wir müssen einsehen, daß wir uns sehr oft nach Selbstbetrug sehnen und uns hartnäckig weigern, der Realität ins Auge zu blicken. Wir konzentrieren unsere Aufmerksamkeit auf die Aspekte des Lebens, die uns Trost bieten.

Es gibt zahlreiche Gründe dafür, daß die Menschen die Wahrheit über sich selbst nicht erfahren wollen. Niemand möchte sich eingestehen, daß er schwach ist, falsche Götzen angebetet und sich für die falsche Sache eingesetzt hat. Man muß sehr stark und mutig sein, um die eigenen Illusionen zu überwinden und die ganze Wahrheit über sein Land, seine Vorfahren und ihre politische Gesinnung auszusprechen. Doch früher oder später kommt der Tag, an dem das Streben nach Wahrheit den Sieg davonträgt.

Die meisten Menschen meiner Generation (und ich bin unter den im Jahre 1941 Geborenen noch keinem einzigen begeisterten Stalinisten begegnet), die in ihrer Jugend von den Enthüllungen über die Greuel der Stalin-Zeit niedergeschmettert wurden, haben sich seither mit der Frage gequält, ob es möglich war, die russische Apokalypse zu vermeiden.

Zunächst stellte ich mir diese Frage auch, doch als ich an der Moskauer Universität die russische Philosophie des frühen 20. Jahrhunderts studierte, wurde mir klar, daß die Frage umformuliert werden sollte: War es möglich, die linksextremen Sprünge und Experimente zu verhindern, die so charakteristisch für unsere Geschichte seit 1917 sind? Schließlich ist der extreme Radikalismus das Wesen des stalinistischen Denkens. Gab es eine Alternative zur Zwangskollektivierung, zu Stalins totalem Staatssozialismus und seinen politischen Maßnahmen, die den Lebensstil des russischen Volkes zerstörten?

Theoretisch betrachtet gibt es, wie ich glaube, in der Geschichte im allgemeinen und in der Geschichte Rußlands im besonderen kein unvermeidliches Ereignis. Gewiß, die vorhandene historische Tendenz setzt sich früher oder später durch; das ungerechte zaristische Regime mußte früher oder später untergehen. Aber wann und in welcher Form? Sehr viel hing vom Zufall, von unkalkulierbaren Dingen ab. Der russische Philosoph Alexander Herzen schrieb im Jahre 1850: »Die Geschichte improvisiert, sie wiederholt sich selten; sie bedient sich aller möglichen unerwarteten Zufälle, klopft zugleich an tausend Tore, die sich auftun werden ... wer weiß.«[1]

Dies ist eine wohl typische russische Geschichtsbetrachtung, die auf der verborgenen Hoffnung beruht, daß wir ein anderes Schicksal hätten haben können, das uns jedoch zufällig entwischt ist. Die russischen Intellektuellen lehnen den Fatalismus aus tiefster Seele ab. Trotzdem ist es schwierig, Herzen zu widersprechen, wenn er erklärt: »Die Zukunft ist noch nicht, sie kommt erst zustande aus der Zusammenwirkung von tausend Umständen, notwendigen und zufälligen, und aus dem menschlichen Willen, der unerwartete dramatische Schlußszenen und coups de théâtre dazutut.«[2]

Die Überzeugung, daß eine Entwicklung das Ergebnis eines unberechenbaren Kampfes zwischen Naturkräften und Willen ist, daß die Natur ihre Absichten nur ganz allgemein andeutet und dem menschlichen Willen und den Ereignissen alle Einzelheiten überläßt, war kennzeichnend für Hegel und später für seine Jünger Karl Marx und Friedrich Engels. Interessanterweise erwähnen die eingefleischten Materialisten Marx und Engels, wann immer sie über den Zufall schreiben, auch den »Willen«, der absolut immateriell und unberechenbar sei, sowie die ewige Wechselwirkung zwischen Materie und Geist und zwischen wirtschaftlichen Faktoren und menschlicher Psyche.

Wenn es stimmt, daß jedem Menschen zunächst mehrere Spielarten des Lebens geboten werden – jedenfalls viel mehr, als er in der ihm zugemessenen Zeitspanne verwirklichen kann –; wenn es stimmt, daß wir unsere geistigen und physischen Möglichkeiten nicht ausschöpfen, weshalb sollten wir dann glauben, daß die Geschichte, so wie sie ablief, die einzig denkbare war? Es wäre sinnvoller anzuerkennen, wie es Friedrich Engels in seiner *Dialektik der Natur* tat, daß eine einseitige Evolution die Möglichkeit der Evolution in viele andere Richtungen ausschloß.

Das Rätsel und die Tragödie der menschlichen Geschichte liegen in der großen Macht des Zufalls, der in den Lauf der Ereignisse eingreifen und ihn drastisch ändern kann. Es gibt historische Ereignisse, die ganz und gar zufällig waren und sich durch keine Notwendigkeit begründen lassen. Aber sie haben einen meßbaren Einfluß auf alles Folgende gehabt. Wie und wann hätte der Zweite Weltkrieg geendet, wenn der Anschlag auf Hitler im Juli 1944 erfolgreich gewesen wäre, das heißt wenn die Tischplatte seinen Körper nicht gegen die Explosion abgeschirmt hätte? Es ist offenkundig, daß, wenn Hitler getötet worden wäre, der Krieg früher hätte enden können und sich die Nachkriegsgeschichte Europas ganz anders entwikkelt hätte.

Wie hätte die Geschichte Rußlands und der Februarrevolution von 1917 ausgesehen, wenn Lenins phantastischer revolutionärer Wille und seine Forderung nach einem militärischen Aufstand gegen die Provisorische Regierung nicht über die gemäßigteren und versöhnlicheren Ansichten der meisten Zentralkomiteemitglieder gesiegt hätten? Trotzki zögerte, Sinowjew, Kamenew und Rykow waren entschieden gegen die Machtergreifung und drängten auf ein Bündnis mit den Menschewiki und den Sozialrevolutionären, um die Ergebnisse der Februarrevolution zu sichern. Selbst Stalin hielt dem revolutionären Druck von unten nach besten Kräften stand, besonders in den ersten Monaten nach dem Sturz der zaristischen Autokratie.

Wir brauchen nicht einmal zu rätseln, was geschehen wäre, wenn Lenin den Widerstand der Mehrheit im Zentralkomitee nicht überwunden oder wenn er den Mut verloren hätte. Es hätte in Rußland einfach keine Oktoberrevolution mit all ihren Konsequenzen gegeben. Ich bin zutiefst davon überzeugt und sehe mich durch die Revolutionen in Deutschland und Ungarn bestärkt, daß es unmöglich war, im damaligen Europa eine proletarische Revolution zu vermeiden. Aber nichts deutet auf die schicksalhafte Unvermeidlichkeit des bolschewistischen Sieges in Rußland hin. Nur ein paar Monate zuvor, im Februar 1917, wurden die Bolschewiki lediglich von einer unbedeutenden Minderheit der Bevölkerung unterstützt. In diesem speziellen Fall hing, wie Lenin schrieb, alles von der Kunst und dem politischen Flair der Parteiführung ab, von ihrem Vermögen, politischen Nutzen aus der Unzufriedenheit der arbeitenden Massen mit der absurden Politik der Provisorischen Regierung zu ziehen. Am Vorabend der Oktoberrevolution sagte Lenin, daß letztlich alles auf den Tag der Aktion ankomme: »Eine Verzögerung wird die Geschichte den Revolutionären nicht verzeihen, die heute siegen können (und heute bestimmt siegen werden), während sie morgen Gefahr laufen, vieles, ja alles zu verlieren.«[3]

Ein Augenzeuge der Oktoberrevolution, der amerikanische Journalist Albert Rhys Williams, betonte in seinem Buch *Journey into Revolution* den entscheidenden Einfluß, den Lenins Beharrlichkeit und politischer Wille in diesem historischen Moment der russischen Geschichte auf die Taktik und die Entschlüsse der Bolschewiki ausübten. Rhys Williams meinte, daß die Oktoberrevolution ohne den Mut und die Voraussicht Lenins, der nicht davor zurückschreckte, seine Differenzen mit dem Zentralkomitee dem Urteil der Partei zu unterwerfen, vielleicht nie stattgefunden hätte.[4]

Zugegeben, wenn eine Persönlichkeit und ein Führer wie Lenin aus irgendeinem Grund dem Spiel der politischen Kräfte entzogen wird, bleibt die Notwendigkeit der Führung bestehen, und man wird mit der Zeit einen mehr oder weniger geeigneten Ersatz finden. Aber historische Entscheidungen lassen nicht auf sich warten. Die Elemente und Faktoren, die die kritische Masse für eine Explosion bilden können, treffen vielleicht nur für den Bruchteil eines Moments zusammen. Es dauert sehr lange, manchmal Jahrzehnte, bis die Bedingungen reifen, die eine Revolution, einen Umsturz der etablierten Strukturen, begünstigen. Doch dann sind sie der Revolution nur für einen sehr kurzen Augenblick gewogen. Und wenn es in solchen Momenten niemanden gibt, der begreift, daß widersprüchliche Elemente für einen Sekundenbruchteil miteinander im Einklang stehen (daß zum Beispiel die Bauern, die vom privaten Grundbesitz träumen, bereit sind, die gegen das Privateigentum kämpfenden Arbeiter und die sozialistisch gesinnten Intellektuellen zu unterstützen), wenn es niemanden gibt, der die Explosion auslösen kann, dann ist die Gelegenheit verpaßt, und die Ereignisse entwickeln sich in eine andere Richtung. Der sozialpsychologische Druck wird sich verringern, die bestehenden Kräfte werden sich neu formieren, und neue politische Kombinationen werden sich herausbilden. Das Leben geht rasch voran, besonders in Zeiten der Revolution.

Ich betrachte den Zufall als etwas Mystisches, als das Geheimnis der Geschichte, denn die Menschen, die fähig sind, den Lauf der Ereignisse in die erforderliche Richtung zu lenken, zögern sehr häufig, wenn Entscheidungen geboten sind, und zeigen überraschende Beharrlichkeit und Willenskraft, wenn sie absolut keine Erfolgschancen haben.

Alles wäre in der Geschichte ganz einfach, wenn die Menschen, wie Holbach es 1770 in *System der Natur* ausdrückte, nach Selbsterhaltung strebten und über »Selbstliebe« verfügten, wenn jeder auf das Nützliche hinarbeitete und Abscheu vor allem Schädlichen empfände.[5] Aber in jeder komplizierten, historisch bedeutungsvollen Situation werden die Menschen nicht nur von ihrem Intellekt geleitet. Ihr ganzes Wesen ist in den Entscheidungsprozeß einbezogen. Fjodor Dostojewski schrieb in *Aufzeichnungen aus dem Untergrund*: »Die menschliche Natur jedoch handelt stets als Ganzes, mit allem, was in ihr ist, bewußt und unbewußt, und wenn sie auch flunkert, so lebt sie doch.«[6]

Wie läßt es sich erklären, daß Trotzki im Jahre 1924 und 1925 passiv blieb, als er noch eine Chance hatte, durch ein Bündnis mit G. Sinowjew und L. Kamenew, die ihm ideologisch nahestanden, an die Macht zu kommen?* Statt dessen ging er dieses Bündnis im Jahre 1926 ein, nach dem XIV. Parteitag der KPdSU (Bolschewiki), als Stalin bereits die Mehrheit im Politbüro besaß.

Ich könnte zahlreiche weitere Argumente anführen, die einer fatalistischen Geschichtsbetrachtung widersprechen und uns zu dem Glauben berechtigen, daß nicht alle Ereignisse in unserer Geschichte unvermeidlich waren und daß wir eine Möglichkeit hatten, Stalins Genozid an seinem eigenen Volk zu verhindern. Aber das Hauptargument hat meiner Ansicht nach mit der Natur des Menschen zu tun, denn er ist ein geistiges Wesen mit der Freiheit zu eigenen Entscheidungen. Wenn wir die Willensfreiheit anerkennen, müssen wir auch den vielfältigen Charakter des menschlichen Verhaltens und der menschlichen Geschichte anerkennen.

---

* In seinem Artikel »Über Stalin und den Stalinismus« berichtet der sowjetische Historiker Roy Medwedew, daß Trotzki zur Zeit des Kampfes zwischen Kamenew und Sinowjew einerseits und Stalin und Bucharin andererseits manchmal mit einem französischen Roman in Politbürositzungen kam und, in die Lektüre vertieft, die Diskussionen ignorierte.

Es ist aufschlußreich, daß die Oktoberrevolution in jüngeren offiziellen Dokumenten der KPdSU nicht als etwas Unvermeidliches bezeichnet wird. Heute benutzen wir immer häufiger das Wort »Entscheidung«, um diesen Wendepunkt der russischen Geschichte zu beschreiben. Ich meine, daß diese Denkweise den Geschehnissen von 1917 nicht nur in philosophischer, sondern auch in praktischer Hinsicht näherkommt. Die Ereignisse der dreißiger Jahre wurden im wesentlichen von den Entscheidungen ausgelöst, welche die künftigen Sieger des Bürgerkriegs im Jahre 1917 getroffen hatten. Deshalb müssen wir die Ursachen für die Tragödien der dreißiger Jahre bei den Menschen (und ihren Ideen) suchen, die ihre Entscheidung bereits im Jahre 1917 fällten und schließlich die Kontrolle über die Ereignisse verloren. Nur eine solche Analyse der Quellen des Stalinismus kann uns zur Wahrheit führen.

2. Wer war für die linksextremen Entwicklungen verantwortlich?

W. Loginow, ein populärer sowjetischer Historiker, sagte jüngst in einer Fernsehsendung: »Das Geheimnis des Stalinismus liegt in den Gesichtern.« Er kommentierte einen Wochenschaustreifen aus den dreißiger Jahren über die Masseneintritte in die Partei und wies sein Publikum auf die Gesichter hin, die für diese neue, bereits stalinistische Garde charakteristisch waren. Die Gesichter – breit, schlicht und, offen gesagt, bar jeden Gedankens – seien schwerlich dazu angetan, Sympathien zu wecken. Man denke an andere Gesichter, man vergleiche das Äußere der stalinistischen mit dem der leninistischen Garden, man erinnere sich an die russischen Intellektuellen, die Lenins Sarg im Januar 1924 folgten, und das Bild des Feindes werde unwillkürlich Gestalt annehmen. Das Publikum begann dem Historiker zu glauben, daß all unser Unglück von dem Wandel der Gesichter herrühre und daß diese politisch unwissenden, ungebildeten Menschen, die Anfang der dreißiger Jahre in die Partei geströmt waren, an allen Greueln des Stalinismus schuld seien.

Aber wir sollten einer solchen Interpretation unserer Geschichte keinen Glauben schenken. Der überwiegende Teil der Bevölkerung hat sich nicht verändert, und der ursprüngliche russische Bauer ist nicht von einem anderen Typus abgelöst worden. Es ist nur ganz einfach so, daß die weniger zahlreichen, doch gleichermaßen typischen russischen Bauern – klug, sparsam, zuverlässig, bereit zur Kooperation und zum Handel mit Europa – ermordet worden waren, bevor der Reporter Zeit hatte, sie filmen zu lassen. Diese russischen Bauern verschwanden während der »Entkulakisierung« in den riesigen Gefilden des schneebedeckten Sibirien. Unsere Publizisten und Historiker, die gern die soziale Minderwertigkeit des russischen Bauern unterstreichen, neigen dazu, diesen Sachverhalt zu vergessen.

Was das Gesicht des typischen russischen Dorfbewohners betrifft, so haben W. Loginow und andere Autoren, die sich über die patriarchalische, analphabetische und unkultiviertere Landbevölkerung äußern, im allgemeinen recht. Dieser Gesichtstypus, der einen Mangel an Unabhängigkeit und Selbstachtung enthüllt, hat sich leider erhalten. Solche Menschen sind nicht dazu ausgebildet worden, ohne fremde Hilfe nachzudenken und selbständige Entscheidungen zu fällen. Man erinnere sich an die abgezehrten, fast hoffnungslosen Gesichter der Bewohner eines Städtchens bei Krasnojarsk. Diese Menschen flehten Michail Gorbatschow, als er ihre Stadt im November 1987 besuchte, geradezu an, ihnen zu helfen und ihren Lebensstandard zu heben. Hier zeigt sich, daß manche Menschen immer noch keine geistige Unabhängigkeit besitzen, daß sie ewig an einen gütigen Zaren glauben, der für Gerechtigkeit sorgen und den Elenden helfen wird. Aber woher sollten Selbstachtung und geistige Ausbildung kommen? Schließlich hatten diese Menschen sechs Jahrzehnte lang keine Verantwortung zu tragen, schließlich hat das Virus des »allgemeinen Ausbildungsmangels«, wie der angesehene sowjetische Chirurg N. Amossow in der *Literaturnaja gaseta* schrieb, unsere Gesellschaft seit langem verseucht.

Diese Beobachtung wird nicht nur dazu mißbraucht, die Tatsachen zu verzerren und die Wahrheit über die Gesichter der Bauern auf eine bestimmte Weise zu interpretieren. Vielmehr soll sie die Leser und Zuschauer davon überzeugen, daß es die früheren Bauern gewesen seien, die die linksextremen »Sprünge in die Zukunft« provoziert hätten, und daß folglich unser ganzes Unglück durch die politische Instabilität und den charakteristischen Anarchismus des Einzelbauern verursacht worden sei. Diese Irreführung soll meine sowjetischen Mitbürger davon überzeugen, daß sie nicht anders hätten handeln können und daß sie nur ihren wohlverdienten Lohn empfangen hätten. Ihnen wird eingeschärft, es habe keinen Sinn, sich über das selbst gewählte Schicksal zu beklagen; alle Greuel und

Brutalitäten der Stalin-Zeit seien im russischen Patriarchat verwurzelt, und die Geschichte Rußlands habe Stalins Herrschaft unvermeidlich gemacht.

Wir werden irregeführt, weil man unsere Aufmerksamkeit von dem wahren Thema und dem Urheber unseres sozialistischen Schicksals ablenken und das imaginäre Thema unseres historischen Dramas herausstellen will: die Bauern, deren einzige Schuld darin besteht, daß sie zahlreich und bärtig sind. Die Bauern aller Nationalitäten, die dieses Land bewohnen, sind für nichts, was sich hier in den dreißiger Jahren ereignete, verantwortlich zu machen. Es war nicht ihre Schuld, es war ihr großes Unglück. Sie wählten Stalin nicht zu ihrem Führer, und sie hielten, um der Wahrheit die Ehre zu geben, nie sehr viel von diesem Tyrannen und Unterdrücker.

Sobald man die Geschichte so darstellt, wie sie ist, das heißt als eine Kette von Entscheidungen und Aktionen eigensüchtiger Menschen, fügt sich alles zusammen und wird klar. Es waren die Altbolschewiki, welche sich bei der Auswahl der Personen, die sie in den revolutionären Kampf einbezogen, nicht vorsichtig genug verhielten. Sie übersahen Stalins kriminelle Neigungen. Der Jungbolschewik Josef Dschugaschwili begann die Raubzüge zur »Expropriation kapitalistischen Eigentums« nicht aus eigenem Antrieb.*

Es war die Alte Garde, die das Land auf einen Entwicklungspfad brachte, der, allen Voraussagen und Erwartungen zum Trotz, zur Selbstvernichtung des Volkes und der Partei führte. Es war die Alte Garde, die den politischen Apparat, das Instrument absoluter Allmacht, schuf, den Stalin später für seine egoistischen Zwecke nutzte, um jene zu ermorden, die seinen bestialischen Charakter durchschauten und ihm intellektuell überlegen waren. Die Alte Garde verzichtete darauf, das System zu reformieren, welches der totalitären Diktatur den Weg bereitete; sie verzichtete darauf, zur Legalität zurückzukehren.

Und schließlich war es niemand anders als die Alte Garde, die Stalin freiwillig, noch vor Lenins Tod, die enorme, durch die Revolution geschaffene Macht übereignete und das Land später, nach

---

* Roy Medwedew schreibt: »Am bekanntesten war der bewaffnete Überfall auf das Schatzamt von Tiflis, der 300 000 Rubel in die bolschewistische Kasse brachte. Diese ›Expropriation‹ wurde von einer militanten Gruppe durchgeführt, der auch Kamo (S. S. Ter-Petrosjan) angehörte, aber Stalin und A. B. Krassin, der Leiter der ›militärisch-technischen Gruppe unter dem Zentralkomitee‹, hatten aktiv an der Vorbereitung und Planung teilgenommen.« (*Snamja,* Nr. 1, 1981, S. 160)

1924, ungeduldig drängte, die »linken Sprünge« zu vollziehen, welche mit einer nationalen Tragödie endeten. Dies war der Sachverhalt, der nicht wegdiskutiert werden kann.

Doch niemand von denen, die unsere Revolution anführten und aktiv an der Entwicklung der Parteipolitik teilnahmen, hätte den künftigen Kurs der Ereignisse vorhersehen können. Es waren Menschen, die das Übel ausrotten wollten, das heißt die russische Ordnung, welche die Proteste der Arbeiterklasse und die Revolution hervorgerufen hatte. Sie glaubten, es könne kein größeres Übel geben als das von der europäischen Bourgeoisie entfesselte Massaker. Sie waren nicht bereit, sich dem neuen, von ihrer eigenen Bewegung geborenen Übel zu widersetzen. Erst später nahmen sie die tragischen Aspekte ihrer Revolution wahr. Mithin handelte es sich um unbewußte Irrtümer der Altbolschewiki. Jedenfalls sollten wir versuchen, zwischen den Fehlern eines Revolutionärs, der die Konsequenzen seiner Entscheidungen nicht abzusehen vermochte, und den Verbrechen eines Extremisten zu unterscheiden, der den politischen Kampf nutzte, um seine Aggressivität und seine Ambitionen auszuleben.

Es hat keinen Sinn, die Ereignisse dadurch erklären zu wollen, daß man auf die Schwäche einiger Individuen oder auf die Schwierigkeit verweist, die sekundären und tertiären Folgen der Revolution und ihr tragisches Ende vorherzusehen. Meiner Ansicht nach waren in erster Linie unsere Gesellschaftsstrukturen für diese Folgen verantwortlich. Dies ist das fundamentale Übel des menschlichen Lebens: Viele Jahre und die Bemühungen Tausender begabter und geschickter Menschen sind nötig, um etwas Bedeutendes hervorzubringen, während der schreckliche Einfallsreichtum einer einzigen mittelmäßigen Person, die gierig nach der Macht gegriffen hat, ausreicht, um alles zu zerstören, was so mühevoll geschaffen wurde.

Der Stalinismus ist eine entsetzliche Lektion für unser Volk, für die ganze Menschheit: Wir alle müssen lernen, denen zu mißtrauen, die unüberlegt voranstürmen und den Menschen einfache Lösungen und sofortige Ergebnisse versprechen; wir müssen lernen, uns vor denen in acht zu nehmen, die glauben, daß das menschliche Leben durch Zerstörung verbessert werden könne. Und damit wir lernen, wachsam zu sein, sollten wir den Stalinismus als Spielart des Linksextremismus gründlich und ernsthaft untersuchen.

Der Stalinismus bildete sich im Rahmen des linken sozialen Denkens heraus. Deshalb sollten wir zunächst den Charakter des linken Radikalismus und seine Programme untersuchen; wir sollten seine Schwächen identifizieren, die, wie wir heute wissen, unter ungünstigen Umständen zu totaler Vernichtung führen können. Es liegt auf der Hand, daß die Diskussion des Stalinismus und der Stalinherrschaft mit den Prinzipien der Parteiorganisation, mit den Regeln und Überzeugungen beginnen sollte, die direkt oder indirekt zur Entwicklung dieser Prinzipien beitrugen.

Treue zum Zarismus, patriarchalische Gefühle, Analphabetismus und Mangel an Kultur unter den bärtigen Bauern halfen letztlich, Stalins Diktatur zu festigen. Aber dies war nur der Boden; der Same stammte aus einem anderen, linken Feld. Die Bauern allein wären niemals fähig gewesen, die Ereignisse der dreißiger Jahre zu verursachen. Patriarchalische Gefühle und Ungebildetheit genügen nicht, um Revolutionen zu inspirieren. Sie können höchstens einen Aufruhr oder Plündereien auslösen. Unter anderen Umständen könnten sie den Glauben an den Zaren oder an Gott, an das Privateigentum oder an eine ewige Ordnung und an die russische orthodoxe Kirche nähren. Aber sie können niemals die Quelle revolutionärer, struktureller Umwandlungen oder die Kraft sein, die das Leben der Menschen zerrüttet. Wir haben nicht das geringste Recht, die Schuld am Stalinismus auf den bärtigen Bauern abzuwälzen. Er hatte nichts damit zu tun.

Unsere »großen Sprünge« wurden nicht von den früheren Bauern, sondern vom revolutionären Proletariat und von der sozialistischen Intelligenzija ausgelöst, die beide städtischer Herkunft waren. Lange bevor Stalin 1929 den Sieg errang, noch in den Jahren des Kriegskommunismus, versuchten diese beiden Gruppen, sich dem revolutionären Enthusiasmus anzuschließen und Rußland aus dem Kapitalismus unmittelbar in den Sozialismus zu führen. Benutzen wir unseren gesunden Menschenverstand und Intellekt: Ein Bauer oder Dorfbewohner war einfach unfähig zu solchen utopistischen Vorstellungen, nur der Intellektuelle war dazu in der Lage. Man benötigt eine entwickelte Phantasie und viel Muße, um sich solchen Träumen hinzugeben. Der Bauer verfügt über keines von beiden. Er rackert sich sein ganzes Leben hindurch ab, um im Schweiße seines Angesichts sein täglich Brot zu verdienen und auch die unpraktischen städtischen Träumer zu versorgen.

Im Gegensatz zu den Bauern waren die Arbeiter in allen Stadien unserer Revolution viel stärker von diesem Virus verseucht als die

Bauern – was verständlich ist, denn ein Arbeiter hat nichts zu verlieren als seine Ketten.

Man vergesse nicht, daß die Bauern das radikale Agrarprogramm der Bolschewiki nie unterstützten, also die Idee, die Landwirtschaft im nationalen Rahmen, auf vergesellschaftetem Boden und gemäß einem einzigen Plan zu organisieren. Wenn die russischen Bauern wirklich angeborene sozialistische Instinkte besessen hätten, wären sie in Scharen zur bolschewistischen Fraktion der Russischen Sozialdemokratischen Arbeiterpartei übergelaufen, die sich die Parole »Gemeinsame Arbeit auf gemeinsamem Boden« auf ihr Banner geschrieben hatte. Aber das war natürlich weder vor noch nach dem Oktober 1917 der Fall. Stalin mußte die Kolchosen und Sowchosen mit Gewalt durchsetzen.

Man sollte bedenken, daß es nicht die Bauern, sondern die Arbeiter von Petersburg waren, die Trotzkis linksradikale Talente und seine Theorien leidenschaftlich bewunderten. Zweimal, während der Revolution von 1905 und der Revolution von 1917, teilten sie die Träume dieses radikalsten Führers der russischen Sozialdemokratie, das heißt, sie unterstützten seine Theorie der permanenten Revolution und der ständigen Umwälzung. Es dürfte kein Zufall gewesen sein, daß den linken Oppositionsbewegungen sehr wenige frühere Bauern angehörten.

Die Arbeiterklasse setzte sich aktiv für die radikalste aller linken Ideen unserer Revolution ein. Ich meine die Politik der »Kombedy«*, die unter ihrer direkten Aufsicht durchgeführt wurde. Dieses phantastischste aller phantastischen Programme unserer Revolution – unmittelbarer Übergang von einem kapitalistischen zu einem kommunistischen Rußland, Schaffung eines einheitlichen Systems von Produktions- und Verbrauchskommunen, die miteinander konkurrieren sollten, Abschaffung des Marktes und der Geldwirtschaft zugunsten des Tauschhandels – wurde von der Partei im Jahre 1919 unter dem Druck der revolutionär gesinnten Arbeiter und der sozialistischen Intelligenzija übernommen. Und schließlich stellten das neue, wachsende sozialistische Proletariat und die neue, wachsende sozialistische Bürokratie in der zweiten Hälfte der zwanziger Jahre die militantesten Gegner der Neuen Ökonomischen Politik (NÖP).

Die überwältigende Mehrheit der KPdSU (Bolschewiki) meinte

---

* Abkürzung von *komitety bednoty:* »Komitees der Dorfarmut«

schon sehr früh, ein Reich des reinen Sozialismus, frei von Kulaken oder Einzelbauern, aufbauen zu können. Und in seinem Politischen Bericht auf dem XIV. Parteitag der KPdSU (Bolschewiki) im Dezember 1925 erklärte Stalin, die Partei sei bereit, die Kulaken zu beseitigen: »Würde man die Kommunisten fragen, worauf die Partei besser vorbereitet sei, ob darauf, den Kulaken auszuziehen, oder darauf, das nicht zu tun, wohl aber ein Bündnis mit den Mittelbauern einzugehen, dann, glaube ich, würden von 100 Kommunisten 99 sagen, daß die Partei am besten auf die Losung vorbereitet ist: Schlagt den Kulaken! Laßt das nur zu, und im Handumdrehen werden sie den Kulaken ausziehen.«[7]

Genau das geschah dann auch. Deshalb sollten wir die Wahrheit sagen und nicht den Haß auf Unschuldige schüren.

Es gibt eine Tatsache aus der russischen Geschichte des frühen 20. Jahrhunderts, mit der sogar Schulkinder vertraut sind, doch die Kritiker des russischen patriarchalischen Systems und der Unterentwicklung neigen dazu, sie zu vergessen. Der Vorfall ereignete sich im Oktober 1917. Als die russischen Bauern tatsächlich die Wahl hatten, entschieden sie sich natürlich für das Dekret, das die Verteilung des Bodens der Grundeigentümer unter den Bauern vorsah, die dadurch ihre eigenen Grundstücke um mehrere Desjatinen (1 Desjatine = 1,09 ha) vergrößern konnten. Die Bauern stimmten damals für die von den Sozialrevolutionären verlangte Umverteilung des Landes, für privaten Ackerbau und eine bürgerliche Entwicklung.

Man kann den Bauern natürlich vorwerfen, daß sie, wie die Marxisten es ausdrückten, an ein »reaktionäres Utopia« glaubten, daß sie es für möglich hielten, kleine Familienhöfe unter dem Kapitalismus zu bewahren. Und man könnte zu Recht sagen, daß den Bauern sowohl das Wissen wie die politische Kultur fehlten, um die Vorteile der Kollektivwirtschaft zu erkennen. Aber das Land bleibt das Land, und die Bauern bleiben die Bauern. Sie waren durchaus bereit, auf Kosten anderer reich zu werden und die Grundeigentümer zu berauben. In der großen Mehrheit aller Fälle hatten unsere russischen Bauern wahrscheinlich gute Gründe für ihr Verhalten. Aber sie hätten sich so etwas wie Stalins Kolchosen nicht einmal in ihren schlimmsten Alpträumen vorstellen können.

Die Landbevölkerung sollte jedoch niemals mit jener Wahl in Verbindung gebracht werden, die das städtische revolutionäre Proletariat und die sozialistische Intelligenzija trafen. Der entscheidende Widerspruch der Oktoberrevolution besteht darin, daß es zwar nur eine einzige Revolution im Lande gab, die Alternativen jedoch unterschiedlich waren. In den städtischen Gebieten entschied man sich hauptsächlich für den Sozialismus, während die Menschen in den Landgebieten, das heißt im größten Teil des nationalen Territoriums, den Kapitalismus und das Privateigentum bevorzugten.

Dies ist ein offenes Geheimnis, wie die Lektüre von Lenins Werken in der Bürgerkriegsperiode enthüllt. In jener Anfangsphase der Revolution widmete Lenin dem grundlegend bürgerlichen Charakter der Umwälzung besondere Aufmerksamkeit; er betonte, daß es eine bürgerliche Revolution sein werde, »solange wir mit den Bauern in ihrer Gesamtheit marschieren«. Von diesem Standpunkt aus begannen die Kombedy die Verbreitung der sozialistischen Revolution in den Landgebieten. Lenin erklärte, daß im Mittelpunkt der neuen Politik, also der Verlagerung des Klassenkampfes von der Stadt auf das Land, in erster Linie der proletarische Staat selbst stehe.

Eigentlich hätte es keine Überraschung sein sollen, daß sich die russischen Bauern den kollektiven landwirtschaftlichen Organisationen nicht freiwillig anschlossen. Im Gegenteil, es wäre ein Wunder gewesen, wenn ein Bauer es aus eigenem Antrieb, ohne Zwang, vorgezogen hätte, in eine Kollektivwirtschaft einzutreten und sein eigenes Grundstück – von dem die Bauern seit Jahrhunderten geträumt hatten – aufzugeben. Würde irgendein normaler Mensch, von einem patriarchalischen Konservativen gar nicht zu reden, zugunsten von etwas Unbekanntem auf seinen gewohnten Besitz verzichten? Nur ein armer Bauer, der nichts zu verlieren hat, oder ein verantwortungsloser junger Mensch könnte einen so unbedachten Schritt tun. Schließlich entschieden sich nicht einmal die Industriearbeiter, von den Bauern gar nicht zu reden, aus eigenem Antrieb für den Sozialismus.

Wir haben unser Bewußtsein mit abgedroschenen Propagandaklischees betäubt und uns daran gewöhnt, ein Loblied auf die geistig und politisch vollkommene Arbeiterklasse, die dem bösartigen Kleinbürgertum gegenübergestellt wird, zu singen. Dabei scheinen wir die Wahrheit über das Proletariat vergessen zu haben.

Wie Lenin, der Schöpfer der bolschewistischen Fraktion in der Sozialdemokratischen Partei, es selbst ausdrückte, mußten die Arbeiter ermutigt werden, die sozialdemokratische Ideologie zu akzeptieren. Sie könnten, so Lenin, weder wissenschaftliche Vorstellungen von der Realität entwickeln, noch das Wesen und die Ziele einer sozialistischen Umwandlung des gesellschaftlichen Lebens erfassen. Lenin führte diese These in *Was tun?* aus: »Die Geschichte aller Länder zeugt davon, daß die Arbeiterklasse aus eigenen Kräften nur ein trade-unionistisches Bewußtsein herauszuarbeiten vermag, das heißt die Überzeugung von der Notwendigkeit, sich in Verbänden zusammenzuschließen, einen Kampf gegen die Unternehmer zu führen, der Führung diese oder jene für die Arbeiter notwendigen Gesetze abzutrotzen u. a. m. Die Lehre des Sozialismus ist hingegen aus philosophischen, historischen und ökonomischen Theorien herausgewachsen, die von den gebildeten Vertretern der besitzenden Klassen, der Intelligenz, ausgearbeitet wurden. Auch die Begründer des modernen wissenschaftlichen Sozialismus, Marx und Engels, gehörten ihrer sozialen Stellung nach der bürgerlichen Intelligenz an. Ebenso entstand auch in Rußland die theoretische Lehre der Sozialdemokratie ganz unabhängig von dem spontanen Anwachsen der Arbeiterbewegung, entstand als natürliches und unvermeidliches Ergebnis der Ideenentwicklung der revolutionär-sozialistischen Intelligenz.«[8]

Die Grundwahrheit unserer Revolutionen (im Jahre 1905 sowie im Februar und Oktober 1917) ist, daß sie von der Intelligenzija organisiert und unter ihrer direkten Anleitung durchgeführt wurden. Wie der zuvor erwähnte amerikanische Autor Albert Rhys Williams schreibt, waren alle wichtigen Parteien mit Ausnahme der Konstitutionellen Demokraten (»Kadetten«) und besonders der Sozialdemokratischen Partei (Menschewiki wie Bolschewiki) aktiv daran beteiligt, die Arbeiter des Bezirks Wyborg, dieses rauchgeschwängerten und bebenden Herzens der Revolution, auf die kommenden Wandlungen vorzubereiten. Uneigennützige und leidenschaftliche Propagandisten hatten alle legalen und illegalen Mittel genutzt, um den Samen des Sozialismus auf diesem fruchtbaren Boden zu säen. (Nadeschda Krupskaja, Lenins Ehefrau, war eine von ihnen. Sie unterrichtete von neuem an einer Abendschule für Arbeiter im Petrograder Bezirk.) Niedrige Löhne, lange Arbeitszeiten, winzige Verschläge statt anständiger Behausungen, Polizeispitzel, die in alles ihre Nase steckten, Steigerung des Arbeitstempos, Geldstrafen und schließlich der wachsende Haß auf den Krieg taten ein übriges.[9]

Wenn die sowjetischen Publizisten, die sich über die kleinbürgerlichen Wurzeln von Stalins Linksextremismus äußern, sich nun jene Menschen, die sie für alles verantwortlich machen, nur einen Moment lang plastisch vorstellen könnten, würden sie sich eines anderen besinnen. Wozu braucht ein Bauer industriellen Ackerbau im großen Maßstab? Sogar ein armer Bauer, ein früheres Mitglied der Kombedy, der jederzeit bereit war, seinen wohlhabenden Nachbarn zu berauben, dachte eher an die Chance, sich ein Pferd zu beschaffen, wofür ihm bisher das Geld gefehlt hatte, als an die Möglichkeit der kollektiven Landwirtschaft. Neid allein führt niemals zu kollektiver Arbeitsorganisation.

Was das städtische Kleinbürgertum angeht, die russischen Krämer, Handwerker und Händler, die während der NÖP-Zeit reich geworden waren, so kam für sie ohnehin kein sozialer Radikalismus in Frage. Ihnen gefror das Blut, wenn die Kollektivierung oder eine mögliche Beschleunigung des sozialistischen Wandels nur erwähnt wurden. Nichts erschreckte sie mehr als die Rückkehr zu den Methoden des Kriegskommunismus. Für sie war Stalins Angriff auf die NÖP so etwas wie das Jüngste Gericht.

Nicht einmal die Gefühle und Erwartungen der überwiegenden Mehrheit der Arbeiterklasse waren so »rot«, wie allgemein angenommen wird. Gewiß, die Arbeiterklasse Rußlands und vor allem Petrograds war die Lokomotive unserer Revolution, die kompromißlose Gegnerin des kapitalistischen Systems und des Privateigentums. Aber wie sah die Vorstellung eines Arbeiters vom Sozialismus aus? Es wäre nicht schwer, nachzuweisen, daß sie nicht mit der Vorstellung von Karl Marx und den sozialistischen Intellektuellen übereinstimmte. Das Proletariat nahm die Parole der Oktoberrevolution: »Die Fabriken den Arbeitern!« ganz wörtlich. Es interpretierte sie als Enteignung des kapitalistischen Besitzes zu seinen Gunsten. Es meinte, der Betrieb werde in den Besitz des Kollektivs übergehen, wie wir heute sagen würden. Zur Zeit der Vergesellschaftung mußten Lenin und die Parteiführung anarcho-syndikalistische Gefühle und das Bestreben der Arbeiter überwinden, die Unternehmen zu ihrem kollektiven Eigentum zu machen.

Welchen Schluß können wir daraus ziehen? Nur einen: daß allein die sozialistische Intelligenzija – die gesellschaftliche Schicht, die einen wissenschaftlichen, abstrakten Begriff von der Zukunft hatte und überzeugt war, daß weder Familienhöfe noch Gruppenbesitz mit dem modernen technischen Fortschritt vereinbar seien – die Quelle linker Forderungen sowie des Ehrgeizes war, den Übergang zu einem System, das über die Erwartungen der Arbeiter und Bauern hinausging, zu beschleunigen. Unmittelbar nach dem Oktober 1917 wurde deutlich, daß in Rußland nichts anderes als eine Revolution der Intellektuellen denkbar war. J. W. Kljutschnikow, ein politischer Emigrant und einer der Autoren von *Smena wech,* fragte bereits im Jahre 1921: »Könnte irgendeine Revolution in Rußland etwas anderes sein als eine Revolution der Intellektuellen? Die russische Intelligenzija ist dazu verurteilt, in jeder Revolution die Hauptrolle zu spielen, nicht wahr? Wir, die Intellektuellen, stellten die große revolutionäre Kraft unter jenen Kräften dar, die auf unsere Heimat drückten und sie schließlich infolge des Krieges explodieren ließen. Der große historische Prozeß, der im März 1917 begann, ließ also einfach nur Gerechtigkeit uns gegenüber walten.«

Die Menschen können nicht nach etwas streben, das sie sich nicht vorzustellen vermögen. Doch diejenigen, die sich intellektuell und emotional ein Bild von einer anderen Welt als der gegenwärtig existierenden machten, wurden sofort zu Urhebern des Radikalismus. Deshalb unterstreiche ich, daß die Menschen, die eine theoretische Kenntnis von der Zukunft besitzen, stets die Haupturheber des Linksextremismus gewesen sind.

Die Ansicht, daß es notwendig und unvermeidlich ist, die Arbeit im nationalen Rahmen vollständig und sofort zu vergesellschaften, führt natürlich noch nicht zu linksradikaler Ungeduld, geschweige denn zu Gewalt. Alles hängt von der Klugheit, dem gesunden Menschenverstand und dem Verantwortungsbewußtsein derjenigen ab, die es auf sich nehmen, die Volkswirtschaft neu zu organisieren. Doch dem Marxismus fehlte es an Erfahrung, was die Methoden zur Vergesellschaftung der Produktion betraf. Deshalb war er den Gefahren des Experimentierens ausgesetzt.

3. Der erste Ansturm auf den Markt

Da die Haupturheber und -organisatoren der sozialistischen Revolution in Rußland die Intellektuellen waren, also Menschen, die wissenschaftlicher Arbeit nachgingen und wissenschaftlicher Erkenntnis höchste Priorität einräumten, war zumindest der erste Versuch, den reinen Kommunismus zu verwirklichen, meiner Ansicht nach unvermeidlich. Damit meine ich die sogenannte Politik des Kriegskommunismus. Wir sollten berücksichtigen, daß die Bolschewiki, darunter damals auch Lenin, inbrünstig daran glaubten, die marxistische Lehre des Sozialismus in einer Gesellschaft, die absolut frei von Handel, Marktwirtschaft und kleiner Privatproduktion war, in reiner Form verwirklichen zu können. In den Jahren vor der Revolution und während des Bürgerkriegs stimmten Lenins ursprüngliche Sozialismusideen völlig mit Marx' Vision der ersten Phase der kommunistischen Gesellschaft überein, wie er sie in seiner *Kritik des Gothaer Programms* beschrieb.

Lenin leitete den Ansturm der Partei auf die alte Welt; er plante eine sozialistische Gesellschaft, die völlig frei von allen Überbleibseln früherer Gesellschaftsformationen sein würde. Etwas anderes war einfach nicht denkbar. Marx (und nach ihm Lenin in *Staat und Revolution*) interpretierte den Sozialismus als die Negation des Marktes, des Geldes und der Klassen, als Fertigungsorganisation (einschließlich der Landwirtschaft) im nationalen Maßstab, und zwar nach einem einheitlichen Plan und unter direkter Führung der zentralen Gesellschaftsgremien.

Deshalb sind die Versuche der sowjetischen historischen Wissenschaft ungerechtfertigt, das während des Bürgerkriegs eingerichtete Kommandosystem der Fertigungsplanung – und überhaupt das gesamte Wirtschaftssystem des Kriegskommunismus – allein mit extremen Umständen zu erklären. Dies alles war von vornherein nicht anders vorgesehen. Der Sozialismus wurde in erster Linie als strikte Planung aller materiellen Ressourcen mit Hilfe einer Befehlshierarchie, als Beseitigung der wirtschaftlichen Autonomie von Betrieben, der Warenzirkulation und des Wertgesetzes interpretiert.

Viele Parteimitglieder waren damals und später, in den zwanziger Jahren, überzeugt, daß die Wirtschaft des Kriegskommunismus die allgemeinen Regeln des sozialistischen Aufbaus widerspiegele. Ihrer Meinung nach handelte es sich um die praktische Realisierung des Marxismus, nicht um eine Abweichung davon. Diese Vorstellung zieht sich durch die Werke L. Kritzmans, eines Ökonomen und Parteitheoretikers, der dieser These ein ganzes Buch widmete. Er schrieb unter anderem: »Die gewaltsame Unterdrückung aller kapitalistischen und Marktverhältnisse – alles dies machte jeden offenen Widerstand unmöglich und führte dazu, daß die immanenten (inneren) Tendenzen der proletarischen Revolution frei zutage traten; die Folge davon war, daß in den Jahren 1918 bis 1920 eine ganz eigenartige proletarische Naturalwirtschaft zu entstehen begann.« Dies sei »der Blick auf die Zukunft, der Durchbruch der Zukunft in die Gegenwart«. Und weiter: »In Wirklichkeit war der sogenannte ›Kriegskommunismus‹ der erste gewaltige Versuch einer proletarischen Naturalwirtschaft, ein Versuch der ersten Schritte des Übergangs zum Sozialismus.«[10]

Damals, zwischen 1918 und 1920, zweifelte niemand in der bolschewistischen Partei daran, daß die »proletarische Naturalwirtschaft« Sozialismus *par excellence* sei und daß es keine andere Möglichkeit für die Zukunft gebe, als die freie Warenzirkulation sowie alle Erscheinungsformen der wirtschaftlichen Autonomie früherer Kapitalisten, Händler, Handwerker und besonders Bauern zu unterdrücken. Diese historische Wahrheit wird auch durch die heutigen Versuche einiger sowjetischer Historiker verzerrt, die Organisation der Kombedy und die Beschlagnahme der Getreideüberschüsse als erzwungene Maßnahme darzustellen, die ausschließlich durch die Folgen des Bürgerkriegs und die wirtschaftliche Zerrüttung des Landes bewirkt worden sei. Die Realität war viel komplizierter.

Die Beschlagnahme der Getreideüberschüsse (unter aktiver Beteiligung der Kombedy) verschaffte nicht nur der Stadt und der Armee dringend benötigtes Brot, sondern sie hatte auch den Zweck, die Grundlagen für eine kollektivistische Lebensweise zu legen. Zudem galten die Kombedy als notwendiges Mittel, den sozialistischen Charakter der Oktoberrevolution zu festigen, und als Schritt zur Überführung der gesamten gesellschaftlichen Produktion in den Gemeinbesitz. Der ideelle, strategische Ursprung der Kombedy ist an der Einschätzung Lenins zu ermessen. Er betrachtete ihre Schaffung unter den Bedingungen des Bürgerkriegs als ein politisches Ereignis, das »unvergleichlich tiefere und größere Bedeutung [als die Oktoberrevolution] hat«.[11]

Seine Logik war einfach und konsequent: Im Oktober 1917 habe man zusammen mit der Bauernschaft als Ganzem die Macht übernommen. Dies sei eine bürgerliche Revolution gewesen, weil »eine Revolution der gesamten Bauernschaft noch eine bürgerliche Revolution ist«,[12] da sich der Klassenkampf in den ländlichen Bezirken noch nicht entwickelt habe. Dieser Logik entsprechend bildeten sich die Kombedy heraus, damit die Arbeiterklasse ermutigt werde, mit den armen Bauern und allen anderen Ausgebeuteten gegen den Kapitalismus, dem man auch die Kulaken hinzurechnete, gemeinsame Sache zu machen. Dann erst, so Lenin, könne die Revolution zu einer sozialistischen, von einer städtischen zu einer ländlichen Revolution werden. Damals versuchte niemand zu verbergen, daß die ärmsten Bauern »von oben« veranlaßt worden waren, gewaltsamen

Druck auf die wohlhabenderen Bauern auszuüben, wobei der sozialistische Staat die Rolle des Organisators übernahm.

Man vergesellschaftete jedoch nicht nur den Boden, sondern auch die landwirtschaftliche Produktion, da man meinte, der proletarische Staat habe ein Anrecht auf alles, was im Rahmen der Staatsbetriebe produziert werde, also auch auf die von den Bauern erzeugten Lebensmittel. Diese Auffassung kam in dem Gesetz über das Getreidemonopol zum Ausdruck. Am 27. Juni 1918 definierte Lenin das Getreidemonopol auf der 4. Konferenz der Gewerkschaften und Fabrikkomitees in Moskau: »Es bedeutet, daß sämtliche Getreideüberschüsse dem Staat gehören; es bedeutet, daß jedes Pud Getreide ... vom Staat eingezogen werden muß. Wie soll das gemacht werden? Der Staat muß die Preise festsetzen, jedes überschüssige Pud Getreide muß gefunden und eingebracht werden.«[13]

Zur damaligen Zeit sah die Partei keinen anderen Weg als den der Gewalt, um die Interessen der Bauern und aller kleinen Hersteller im allgemeinen mit den Interessen des Proletariats und dem Fortschreiten des Sozialismus in Einklang zu bringen. Damit nicht genug, man glaubte sogar, daß diese Gewalt letztlich den Interessen der Bauernschaft entspreche. Lenin appellierte an die Dorfbewohner: »Wenn du, Bauer, dem Staat eine Anleihe gewährst und Getreide ablieferst, dann kann der Arbeiter die Industrie wiederherstellen. Ein anderes Verfahren zur Wiederherstellung der Industrie in einem Land, das durch vier Jahre imperialistischen Krieges und zwei Jahre des Bürgerkriegs zerrüttet ist – ein anderes Verfahren gibt es nicht!«[14] Der Kampf gegen die Spekulanten und den freien Getreidehandel schien der Partei gleichermaßen notwendig zu sein. Ausgehend von der Überzeugung, daß das »kleinbürgerliche Element« gefährlicher sei als viele alte Konterrevolutionäre, glaubten die Bolschewiki, daß der Kampf gegen die »Kleinbourgeoisie ..., ihre Gepflogenheiten, ihre Sitten, ihre ökonomische Stellung« Vorrang haben müsse.[15] »Wenn er [der Werktätige] nicht begreift, was Kapitalismus ist, wenn er nicht versteht, daß Kleinbauernschaft und Kleingewerbe unvermeidlich und unbedingt diesen Kapitalismus ständig hervorbringen, wenn er das nicht versteht, so ist sein Kommunismus keinen roten Heller wert, mag er sich auch hundertmal als Kommunist bezeichnen und den radikalsten Kommunismus zur Schau tragen.«[16]

Um die bolschewistischen Aktionen in diesem Anfangsstadium der Revolution korrekt beurteilen zu können, muß man sich daran erinnern, daß die Bolschewiki zutiefst von der marxistischen Annahme überzeugt waren, daß es unmöglich sei, die Armut in den russischen Landgebieten zu beseitigen, wenn isolierte kleine Höfe beibehalten würden. Deshalb machten sie es sich von Beginn an zur Aufgabe, »daß die bisher isoliert voneinander betriebene Landwirtschaft zur gesellschaftlichen Wirtschaft wird und die Form einer gesamtstaatlichen Großproduktion annimmt, bei der das ganze werktätige Volk, bei allgemeiner und gleicher Arbeitspflicht, in den gleichen und gerechten Genuß der Arbeitsprodukte kommt«.[17]

Bemerkenswerterweise bevorzugte Lenin die Frühschriften von Marx und Engels, wenn er bei den Klassikern Rat hinsichtlich der Arbeitsorganisation der künftigen Gesellschaft suchte. Dies ist wahrscheinlich auf die Tatsache zurückzuführen, daß die Gründerväter des Marxismus in der Anfangsphase ihrer theoretischen Arbeit größtes Gewicht auf moralische und ideologische Arbeitsanreize, auf Klassenbewußtsein, auf das kollektivistische Gefühl des freien Menschen und auf den sozialistischen Eifer legten. Eine solche Ansicht vom Menschen entsprach der Romantik, die für das erste Stadium unserer Revolution charakteristisch war. Ein klassenbewußter Proletarier war für Lenin damals ein »reiner Mensch«, der das moralische, humane Wesen des neuen Systems verkörperte, von dem alle europäischen Humanisten geträumt hatten.

Nach der damals akzeptierten Theorie zur Lösung wirtschaftlicher Probleme hing der Fortschritt des Sozialismus direkt von der Verbreitung der Merkmale, die für die Avantgarde der Arbeiterklasse kennzeichnend waren, sowie vom Wachsen des revolutionären Bewußtseins der Gesellschaft ab. Entwicklung oder Fortschritt wurden als Manifestation der außergewöhnlichen gesellschaftlichen Eigenschaften der Arbeiterklasse betrachtet. Einerseits bringe die Avantgarde der Arbeiterklasse durch ihr Beispiel und ihre Uneigennützigkeit auch die übrige Arbeiterklasse voran; sie helfe anderen Arbeitern, die Stagnation und Routine eingewurzelter Gewohnheiten zu überwinden. Andererseits würden die Organisation und Disziplin der Arbeiterklasse, ihre Fähigkeit, ökonomische Probleme auf der neuen, nichtmarktwirtschaftlichen Basis intelligent zu lösen, auch einen positiven Einfluß auf die nichtproletarischen Schichten ausüben. Lenin schrieb: »Es gibt noch viele unaufgeklärte, unwissende Menschen, die durchaus für jede beliebige Form des freien Handels sind, die aber, wenn sie bei dem Sieg über Ausbeuter Disziplin, Selbstaufopferung sehen, nicht kämpfen können; sie sind nicht für uns, aber sie sind unfähig, gegen uns aufzutreten.«[18]

Ungeachtet der Romantik, des Radikalismus und der Extreme, die für die Bolschewiki in dieser stürmischen Zeit charakteristisch waren, gingen sie nicht über den Rahmen von Marx' allgemeinsten Vorstellungen über die erste Phase der kommunistischen Gesellschaft hinaus. Mehr noch: Wie heute besonders klar ist, taten sie ihr Bestes, um die Sowjetrepublik an Marx' Ideal auszurichten, um seiner Theorie und seinen Anleitungen uneingeschränkt zu folgen.

Wie bekannt ist, waren es doktrinäre Gründe, die Lenin in seiner Debatte mit Georgi Plechanow bewogen, auf der Verstaatlichung des Bodens zu bestehen und dieses Ziel in das Agrarprogramm der Partei aufnehmen zu lassen.*

Folglich war es kein Zufall, daß das Land in einem der ersten Dekrete der neuen Arbeiterregierung zum nationalen Besitz erklärt wurde. Stalin unterstrich ebenfalls, daß die Praxis der Bodenverstaatlichung in Rußland im Einklang mit den grundlegenden Ideen des Marxismus stehe. In seiner Rede auf der Konferenz marxistischer Agrarwissenschaftler sagte er am 27. Dezember 1929: »Bei der Nationalisierung des Bodens gingen wir unter anderem von den theoretischen Voraussetzungen aus, wie sie im dritten Band des ›Kapitals‹, in dem bekannten Buch von Marx' ›Theorien über den Mehrwert‹ und in Lenins Werken zur Agrarfrage entwickelt sind, die eine überaus reiche Schatzkammer für das theoretische Denken darstellen. Ich meine die Theorie der Grundrente im allgemeinen, die Theorie der absoluten Grundrente im besonderen. Es ist heute klar, daß die theoretischen Sätze dieser Werke durch die Praxis unseres sozialistischen Aufbaus in Stadt und Land glänzend bestätigt worden sind.«[19]

Lenin wurde von den gleichen dogmatischen Erwägungen geleitet, als er sich dem Anarcho-Syndikalismus und den Versuchen wi-

---

* Plechanow war dagegen der Ansicht, daß die Marxsche Verstaatlichung des Bodens unter den spezifischen Bedingungen Rußlands nicht zu den allgemein erwarteten Ergebnissen führen werde. Vielmehr werde sie eine sogar noch stärkere despotische Überwachung der Bauernschaft begünstigen. Er erklärte in Stockholm auf dem IV. (Vereinigungs-)Parteitag der Russischen Sozialdemokratischen Arbeiterpartei von 1906: »Die Agrargeschichte Rußlands ähnelt eher der Geschichte Indiens, Chinas, Ägyptens und anderer orientalischer Despotismen als jener Westeuropas ... Wie der Zufall es wollte, sicherte sich der Staat in Rußland den Boden samt der darauf lebenden Bauern, wodurch der russische Despotismus gefördert wurde. Um den Despotismus zu beseitigen, müssen wir seine wirtschaftliche Grundlage zerstören. Unter russischen Bedingungen würde die Vergesellschaftung des Bodens, das heißt eine staatliche Arbeitsorganisation in der Landwirtschaft, von den Bauern als Wiedereinführung der Leibeigenschaft interpretiert werden.«

dersetzte, die Arbeiter zu Eigentümern der von der Bourgeoisie konfiszierten Betriebe zu machen. In seinem »Entwurf des Programms der KPR (B)«, der unter aktiver Beteiligung der kommunistischen Linken entstand, schrieb er: »Die Verwirklichung des Kommunismus, die unbedingt die größtmögliche und strengste Zentralisierung der Arbeit in gesamtstaatlichem Maßstab erforderlich macht, setzt eben damit die Überwindung der berufsmäßigen und lokalen Isoliertheit und Zersplitterung der Arbeiter voraus.«[20] Es sei eher offener Anarcho-Syndikalismus als Kommunismus, wenn man dem nationalen Zentrum das Recht nähme, die Arbeit aller Betriebe jedweder Industrie in allen Teilen des Landes zu beaufsichtigen.

Lenins Ablehnung von Markt und Warenzirkulation in diesem anfänglichen revolutionären Stadium beweist vor allem, wie sehr er den Grundsätzen des Marxismus verpflichtet war. Wir können nur hinzufügen, daß in dem im Februar 1919 von Lenin verfaßten Programmentwurf die Notwendigkeit betont wurde, »durch eine Reihe allmählicher, aber energischer Maßnahmen den privaten Handel völlig zu beseitigen und einen geregelten und planmäßigen Produktenaustausch zwischen den Produktions- und Konsumkommunen des einheitlichen wirtschaftlichen Ganzen, zu dem die Sowjetrepublik werden soll, zu organisieren«.[21] Über den herkömmlichen Hang der Bauern zu individueller Arbeit und individuellem Handel äußerte Lenin sich folgendermaßen: »Die Aufgabe besteht darin, wie man in der praktischen Arbeit an den Bauern herantreten soll, wie man die Dorfarmut und den Mittelbauern organisieren soll, um auf Schritt und Tritt anzukämpfen gegen ihren Hang zum alten, ihrer Versuchung, zum freien Handel zurückzukehren, ihr ständiges Bestreben, ›frei‹ zu wirtschaften.«[22]

In Lenins ursprünglichen Sozialismusideen kamen strikter Monismus sowie die kompromißlose Ablehnung jeglicher Zugeständnisse an eine wirtschaftliche Entwicklungsstrategie zum Ausdruck. Später, in seinem politischen Testament, sprach Lenin selbst von »dem ganz abstrakten Streben nach einem Neuen, das schon so neu sein muß, daß kein Quentchen der alten Zeit daran enthalten ist«.[23]

In jenen Tagen hegte man die Hoffnung, die menschliche Natur, die Motivation des Menschen zur Arbeit, alle Strukturen der Produktion und des Alltagslebens etc. völlig umgestalten zu können. Dieser politische und wirtschaftliche Radikalismus ist auf die Tatsache zurückzuführen, daß Lenin damals theoretischen Lehren und den Schlußfolgerungen der marxistischen politischen Ökonomie den Vorzug vor konkreten Argumenten und Realitäten gab.

Zum Beispiel läßt sich Lenins eindeutig negative Einschätzung des Einzelbauern als eines »halben Arbeiters und eines halben Schiebers« direkt von Karl Marx herleiten. Seine Hauptargumente in der Debatte mit den Gegnern der Getreideablieferungspflicht waren aus *Das Kapital* entliehen. Lenin sagte am 19. Mai 1919 auf dem I. Gesamtrussischen Kongreß für außerschulische Bildung: »Ich behaupte, wer Marx gelesen hat, besonders das erste Kapitel des ›Kapitals‹, wer wenigstens die populäre Darlegung der Marxschen Gedanken durch Kautsky: ›Karl Marx' ökonomische Lehren‹ gelesen hat, der muß zu dem Schluß kommen, daß im Augenblick der Revolution des Proletariats gegen die Bourgeoisie, da das durch den vierjährigen imperialistischen Krieg zerrüttete Land hungert, die Freiheit des Getreidehandels in Wirklichkeit Freiheit für die Kapitalisten, Freiheit für die Wiederherstellung der Macht des Kapitals bedeutet.«[24]

Lenin neigte in der Bürgerkriegszeit zu universellen historischen Zielsetzungen, die von dem Streben durchdrungen waren, den Verlauf der Geschichte zu beschleunigen, den Übergang der Menschheit in eine neue Gesellschaft voranzutreiben. Die eingeleiteten sozialistischen Umwandlungen wurden ausschließlich in allgemeinen Begriffen interpretiert – etwa als Beginn des Wandels vom Kommunismus zum Kapitalismus. Dies führte unvermeidlich zu einer logischen Kluft zwischen dem theoretischen Bild der Realität und der tatsächlichen Entwicklung. Ein individuelles Ereignis oder ein wirtschaftliches Phänomen wurde nach seinem Platz in der Menschheitsgeschichte, nicht nach seiner Rolle für die Gegenwart bewertet. Infolgedessen wurde das konkrete Geschehen recht häufig durch eine Abstraktion ersetzt. Der Forscher war nicht mehr an den realen Ereignissen interessiert und begriff nicht, was wirklich geschah.

Die Nachteile dieser Abstrahierung spezifischer Ereignisse kommen am augenscheinlichsten in Lenins negativer Einstellung zum Getreidehandel zum Ausdruck. Man sollte glauben, daß Lenin unter den Bedingungen einer Hungersnot genau die entgegengesetzten Schlüsse zog als unter den Bedingungen des Bürgerkriegs. Die historische Erfahrung lehrt uns, daß die Bauern in einem hungernden Land mit allen Mitteln ermuntert werden sollten, mehr Getreide zu erzeugen. Mit anderen Worten, es ist unbedingt geboten, ihnen Anreize zu besserer Arbeit und erhöhter Produktion zu geben. Dies ist, wie einem der gesunde Menschenverstand sagt, nicht nur in wirtschaftlicher, sondern auch in politischer Hinsicht vorteilhaft. Je mehr Bauern mit der neuen Regierung zufrieden sind, desto breiter ist deren soziale Basis und desto weniger Blut wird in einem Bürgerkrieg vergossen.

Aber Lenin nahm, wie oben ausgeführt, genau den entgegengesetzten Standpunkt ein. Er wurde nicht von der Logik des Augenblicks, sondern von der Logik der historischen Bewegung geleitet. Deshalb konnte er den Brückenkopf, der dem Kapitalismus abgerungen worden war, nicht aufgeben, denn er glaubte, daß jedes Zugeständnis oder gar ein Kompromiß die globale Offensive, die bereits gegen das alte System begonnen hatte, sofort hemmen würde. Er argumentierte folgendermaßen: Da individuelle Arbeit und freier Handel der historischen Erfahrung zufolge zum Kapitalismus führen, wird es in Rußland zur Wiederherstellung des Kapitalismus kommen, sobald wir die freie Kleinproduktion zulassen.

Eine solche Wahrnehmung der Realität durch die Brille der politischen Ökonomie hatte noch eine andere Auswirkung: Man ordnete die gegenwärtigen, kurzfristigen Interessen der Menschen denen einer angestrebten Zukunft unter. Laut Lenin war die Gegenwart in erster Linie der Acker für die künftig erwartete Ernte.

Eine Prüfung von Lenins Werken aus der Bürgerkriegsperiode und eine Analyse seiner Ansichten über den Fortschritt und über die Ziele der Oktoberrevolution zeigen, daß sein Charakter und seine orthodoxe Haltung ihn hinderten, die Idee des reinen Sozialismus aufzugeben, bevor er nicht versucht hatte, sie zu realisieren, und bevor er nicht seinen ursprünglichen Plan eines russischen Übergangs zum Kommunismus nach einem zuvor ausgearbeiteten Muster umfassend erprobt hatte. Der Sieg der Bolschewiki im Oktober 1917 war daher auch für ihn nur ein Schritt auf dem Weg, das Ideal des reinen, warenlosen und nichtbäuerlichen Sozialismus zu verwirklichen.

In der Anfangsphase unserer Revolution teilte Lenin mit den anderen Parteiführern äußerst radikale und in vieler Hinsicht utopische Ansichten über die Möglichkeit einer kollektivistischen Umwandlung des gesellschaftlichen Lebens und über das Tempo und die Tiefe dieses Prozesses. Er sah noch nicht ein, daß eine Interpretation der Realität durch die politische Ökonomie zu kurz greift. Er hatte kein Gespür für die Grenzen der Formbarkeit gesellschaftlichen Lebens und für die drohenden Folgen des Wunsches, der Hegelschen Logik von der Überwindung der Widersprüche die Logik der historischen Entwicklung unterzuordnen.

Etwas anderes ist, daß die Hartnäckigkeit, mit der wir nach Lenins Tod eine Übereinstimmung zwischen Marxscher Theorie und russischer Realität anstrebten, nicht unvermeidlich war. Denn die Hauptführer der russischen Revolution, Lenin und Trotzki, erkannten schon bald, daß ihre ursprünglichen Pläne utopisch und unrealisierbar waren.

4. Die philosophische Bedeutung der Neuen Ökonomischen Politik (NÖP)

Es ist bezeichnend, daß Leo Trotzki trotz seiner Hingabe an den Linksradikalismus im Jahre 1920 als erster begriff, daß die Idee eines völligen Verzichts auf Warenzirkulation und materielle Anreize im gesellschaftlichen Leben undurchführbar war. Er erkannte die Gefahren der durch den Kriegskommunismus begründeten, sich auf Zwangsmaßnahmen stützenden Wirtschaftspolitik sehr deutlich, als er schrieb:

»Die heutige Politik der ausgleichenden Requisitionen gemäß der Lebensmittelnorm, der gegenseitigen Bürgschaft bei der Zwangsablieferung und der ausgleichenden Verteilung der Industrieprodukte führt zum Niedergang der Landwirtschaft, zur Zersplitterung des Industrieproletariats und droht das wirtschaftliche Leben des Landes gänzlich zu untergraben.« Trotzki fuhr fort: »Die Lebensmittelvorräte drohen zu versiegen, wogegen keine Vervollkommnung des Requisitionsapparates etwas ausrichten kann. Gegen diese Tendenzen des wirtschaftlichen Niedergangs zu kämpfen ist mit folgenden Methoden möglich: 1. Die Erfassung der Überschüsse ist durch eine festzulegende prozentuale Besteuerung zu ersetzen (eine Art progressive Natural-Einkommenssteuer) mit der Berechnung, daß größere Anbauflächen und ihre bessere Bearbeitung immer noch vorteilhaft bleiben. 2. Herstellung eines entsprechenden Verhältnisses zwischen der Versorgung der Bauern mit Industrieerzeugnissen und der Quantität des von ihnen abgelieferten Getreides nicht nur nach Dorfgemeinden und Dörfern, sondern auch nach Bauernhöfen.«[25]

Anfang 1920 war Lenin immer noch entschieden gegen diese Idee einer progressiven Besteuerung. Er verließ sich weiterhin auf Zwangsmaßnahmen und hoffte auf einen Durchbruch in der Wirtschaft, der durch die heroische Arbeit des klassenbewußten Teils des Proletariats erreicht werden sollte. Lenin glaubte also immer noch, durch revolutionären Enthusiasmus Wunder bewirken zu können.*

Nur ein paar Monate zuvor hatte Lenin erklärt, daß das Schicksal der sozialistischen Revolution in Rußland von der Möglichkeit abhänge, die Praxis kommunistischer »Subbotniks« auszuweiten: »Daher muß jeder Kommunist, jeder, der den Prinzipien des Kommunismus treu sein will, alle seine Bemühungen, seine ganze Aufmerksamkeit darauf richten, zum Verständnis dieser Erscheinung und ihrer praktischen Anwendung beizutragen.«[27]

Allerdings war Lenin, der sehr großen Wert auf gewisse theoretische Postulate legte, auch bereit, diese Postulate zu kritisieren und zu ersetzen, sobald er sah, daß sie fehlerhaft waren. Er war bereit, sich völlig von einer früher vertretenen Ansicht zu lösen, wenn er eingesehen hatte, daß sie falsch war.

Gewiß, er erkannte viel später als Trotzki, daß die wirtschaftliche Strategie des Kriegskommunismus das Land in eine ökonomische und politische Sackgasse führte. Erst Ende Dezember 1920 begriff Lenin, daß es notwendig war, »Stoßarbeitern« wirtschaftliche Anreize zu bieten.** Aber seine Analyse der Mängel in der Strategie des Kriegskommunismus befähigte ihn zu wichtigen theoretischen Schlüssen – die Trotzki nicht gezogen hatte.

Trotzki seinerseits betrachtete die Einführung der progressiven Naturalsteuer anstelle der *prodraswjorstka* (Getreideablieferungs-

---

* Trotzki erinnerte sich: »Im Herbst 1919, als die Zahl der kranken Lokomotiven 60 Prozent betrug, galt es als feststehend, daß dieser Prozentsatz im Frühling 1920 die Zahl 75 erreichen würde. Dies versicherten die besten Fachleute ... Ingenieur Lomonossow, in jenen Monaten der faktische Leiter des Transportwesens, demonstrierte vor der Regierung das Diagramm der Lokomotivenseuche. Den mathematischen Punkt im Verlauf des Jahres 1920 bezeichnend, erklärte er: ›Hier tritt der Tod ein.‹ ›Was muß man also tun?‹ fragte Lenin. ›Es gibt keine Wunder‹, antwortete Lomonossow. ›Wunder können auch die Bolschewiki nicht vollbringen.‹ Wir sahen uns an. Es herrschte eine um so niedergedrücktere Stimmung, als niemand von uns die Technik des Transports oder die Technik solch düsterer Berechnungen kannte. ›Wir wollen dennoch versuchen, ein Wunder zu tun‹, sagte Lenin trocken mit zusammengebissenen Zähnen.«[26]

** Am 30. Dezember 1920 erklärte Lenin in seiner Rede »Über die Gewerkschaften, die gegenwärtige Lage und die Fehler Trotzkis«, daß gute Arbeit durch wirtschaftliche Anreize stimuliert werden müsse: »Vorrangigkeit ist Bevorzugung, aber Bevorzugung ohne Konsum ist nichts. Wenn man mich so bevorzugen wird, daß ich ein achtel Pfund Brot erhalte, dann danke ich ergebenst für eine solche Bevorzugung. Bevorzugung wegen Vorrangigkeit ist Bevorzugung auch im Konsum. Sonst ist die Vorrangigkeit ein schöner Traum, ein blauer Dunst. Wir aber sind immerhin Materialisten. Und auch die Arbeiter sind Materialisten. Wenn man von Vorrangigkeit redet, dann muß man auch Brot und Kleidung und Fleisch geben.«[28]

pflicht) als taktische Maßnahme. Als das Zentralkomitee ihm die Unterstützung verweigerte, gab er nicht auf, sondern versuchte, das Problem mit anderen Mitteln zu lösen, die seinem ursprünglichen Plan im Grunde ganz und gar widersprachen, nämlich durch konsequente und starre Anwendung der Prinzipien des Kriegskommunismus und durch ein straffes Diktat der Zentralorgane hinsichtlich der Produktion und Verteilung: »Da nun der Übergang zur Methode des freien Marktes abgelehnt war, verlangte ich eine geregelte, systematische Durchführung der ›Kriegsmethoden‹, um reale Erfolge in der Wirtschaft zu erreichen. Ich sah im System des Kriegskommunismus, der alle vorhandenen Mittel mindestens im Prinzip nationalisierte und nach den Bedürfnissen des Staates verteilte, keinen Platz für eine selbständige Rolle der Gewerkschaften. Stützte sich die Industrie auf die staatliche Versorgung der Arbeiter mit den nötigen Produkten, so mußten die Gewerkschaften in das System der staatlichen Verwaltung der Industrie und der Verteilung der Produkte eingefügt werden.«[29]

Als sich dann die wirtschaftlichen Maßnahmen des Kriegskommunismus als unhaltbar erwiesen hatten, versuchte Leo Trotzki nicht einmal, irgendwelche philosophischen Schlüsse daraus zu ziehen.*

Bis an sein Lebensende hielt er an dem Konzept der sozialistischen Entwicklung fest, das sich während des Kriegskommunismus herausgebildet hatte, das heißt an der Theorie des unverminderten Kampfes und der unverminderten Ersetzung der alten durch neue Produktionsmethoden. Für ihn stand in der Politik das sozialistische Proletariat gegen die begüterten Bauern, in der Wirtschaft stand der Produktumsatz gegen die Konsumgüterproduktion, und in der Philosophie stand Bewußtsein gegen Spontaneität. Er bekräftigte weiterhin die Theorie des offenen bewaffneten Kampfes zwischen Proletariat und Bourgeoisie im weltweiten Maßstab. Trotzki

---

* Trotzki schrieb später: »Die Wintermonate 1919/20 verbrachte ich im Ural, wo ich die wirtschaftlichen Arbeiten leitete; Lenin wandte sich telegraphisch an mich mit dem Vorschlag: die Leitung des Transportwesens zu übernehmen und zu versuchen, es durch außerordentliche Maßnahmen zu heben …

Vom Ural brachte ich einen bedeutenden Vorrat wirtschaftlicher Erfahrungen mit, die in der Schlußfolgerung gipfelten: Man muß auf den Kriegskommunismus verzichten. Bei der praktischen Arbeit war mir vollkommen klargeworden, daß die Methoden des Kriegskommunismus, die uns durch die ganze Situation des Bürgerkrieges aufgezwungen worden waren, sich erschöpft hatten und daß man zur Hebung der Wirtschaft um jeden Preis das Element des persönlichen Interessiertseins einführen, das heißt bis zu einem gewissen Grade den Innenmarkt wiederherstellen müsse.«[30]

ignorierte alles außer dem Kampf der gesellschaftlich antagonistischen Kräfte, bestand auf der absoluten Unvereinbarkeit der neuen und der alten Strukturen und lehnte alles ab, was nicht sozialistisch war. Trotzkis im Jahre 1930 veröffentlichtes Werk *Die permanente Revolution* zeigt, daß er unfähig war, sich von der messianischen Interpretation des Marxismus zu lösen, wie sie für die »Sturm und Drang«-Periode charakteristisch war. Er beharrte auf der Meinung, daß der Marxismus nur durch die permanente Revolution und den ewigen Kampf um die »Neuorganisierung« der gesellschaftlichen Strukturen umgesetzt werden könne.

Trotzki vermochte die normative und dogmatische Betrachtung des Sozialismus nicht zu überwinden; er ignorierte die Widersprüche, die während der ersten erfolglosen Versuche, den direkten Übergang von einem kapitalistischen zu einem kommunistischen Rußland zu vollziehen, offenkundig geworden waren.

Was in der Anwendung der Theorie auf das wirkliche Leben möglich und praktikabel war, entging ihm. Dies mag erklären, weshalb Trotzki den letzten Werken Lenins nicht genug Bedeutung zumaß und weshalb er die philosophischen und wirtschaftlichen Überlegungen mißachtete, die über den orthodoxen Marxismus hinausgingen. Man darf nicht vergessen, daß Trotzkis Kampf gegen die Mehrheit des Politbüros in den zwanziger Jahren gleichzeitig der Kampf gegen die Neue Ökonomische Politik war.

Im Gegensatz zu Trotzki analysierte Lenin die Krise der Wirtschaftsstrategie des Kriegskommunismus grundsätzlich. Er gelangte zu der Einsicht, daß die Entwicklungstheorie, die dem Kriegskommunismus zugrunde lag, nämlich die Idee eines direkten Übergangs vom Kapitalismus zum Kommunismus sowie der Bewegung der Revolution »in einer geraden Linie«, unhaltbar war. Lenin sah die Unrichtigkeit der Erwartung ein, daß eigensüchtige Interessen und privater Vorteil im Laufe einer sozialistischen Umwandlung beseitigt werden würden.

So entstand das Konzept einer gesellschaftlichen Entwicklung, das Lenin in seinem Artikel *»Die große Initiative«* (Juni 1919) erläuterte. Damals verband er, wie erwähnt, den Aufbau des Kommunismus und die Formung eines neuen Menschen mit der Forderung, daß die Gewohnheit, nur für sich selbst zu arbeiten, völlig überwunden werden müsse. Die Fähigkeit zu unbezahlter Arbeit im Interesse der Gesellschaft und im Interesse aller arbeitenden Menschen müsse sich mit der Fähigkeit vereinen, sich Sorgen um den Schutz aller Produkte zu machen, »die nicht den Arbeitenden persönlich und nicht den ihnen ›Nahestehenden‹ zugute kommen, sondern ›Fernstehenden‹«.[31]

Lenins Artikel *Über das Genossenschaftswesen*, den er im Januar 1923 diktierte, zeigte jedoch, daß er am Ende seines Lebens zu dem ursprünglichen Problem der Verbindung von privaten und gesellschaftlichen Interessen zurückkehrte. Was er 1919 noch als selbstverständlich beschrieben hatte, bezeichnete er im Jahre 1923 als Stolperstein und als ungelöstes Problem. Es ist aufschlußreich, daß Lenin eine Antwort auf die Frage, die sich aus der Krise des Kriegskommunismus ergeben hatte, nicht bei den marxistischen Klassikern, sondern in den Schriften der alten Genossenschaftler zu finden suchte.

Man muß unbedingt im Gedächtnis behalten, daß die Bolschewiki vor der Oktoberrevolution – und besonders während des Kriegskommunismus – eine negative Haltung zu Fouriers und Owens Theorien eines kooperativen Sozialismus vertraten, die eine flexible Regelung zwischen individuellen und Gruppen- oder Gesellschaftsinteressen vorsahen. Die Bolschewiki lehnten auch die Idee eines Gleichgewichts zwischen der Planwirtschaft und den unabhängigen Genossenschaftlern ab. Ihre Sympathien, wie übrigens auch die von Marx und Engels, galten den Gegnern der Lehren Fouriers, die meinten, daß sich die gesellschaftlichen Strukturen an der Fabrikorganisation zu orientieren hätten und daß die Produktion zentral gesteuert werden solle.

Der Artikel *Über das Genossenschaftswesen* begann mit einer Neubewertung des Traums der »alten Genossenschaftler« und dem Eingeständnis, daß es diesen bestimmt sei, die Schranken des Sozialismus zu entfernen. Dies ist ein deutlicher Hinweis darauf, daß sich Lenins Sozialismusidee zu wandeln begann. Dabei sind der Wandel in Lenins Haltung zum Genossenschaftswesen und sein Eingeständnis, daß dessen wirtschaftliche Prinzipien nicht unvereinbar mit dem Sozialismus seien, weniger entscheidend als seine tiefergehende und detailliertere Analyse der Grundannahmen über Mechanismus und Charakter der sozialistischen Entwicklung. Überaus bedeutungsvoll ist hier das Zugeständnis, daß ein reiner Sozialismus, der völlig unabhängig von den alten wirtschaftlichen und sozialen Mechanismen ist, nicht zu verwirklichen sei und daß man stets nach Wegen Ausschau halten müsse, individualistische und kollektivistische Elemente zweckmäßig miteinander zu verbinden.

In einer späteren Rede, die im Oktober 1921 auf der VII. Moskauer Gouvernements-Parteikonferenz gehalten wurde, erklärte Lenin, daß sich die Wirtschaftstätigkeit während der Zeit des Kriegskommunismus auf das Prinzip der absoluten Negation alles Vorhergehenden gestützt habe: »Unsere wirtschaftliche Aufbauarbeit ... betrachteten wir unter einem einzigen Gesichtswinkel. Es wurde damals angenommen, der Übergang zum Sozialismus ließe sich unmittelbar verwirklichen, ohne eine vorhergehende Periode, welche die alte Wirtschaft an die sozialistische Wirtschaft anpassen würde. Wir nahmen an, wir seien, nachdem wir die staatliche Produktion und die staatliche Verteilung ins Leben gerufen hatten, dadurch unmittelbar in ein, verglichen mit dem vorhergehenden, anderes ökonomisches System der Produktion und Verteilung eingetreten. Wir nahmen an, die beiden Systeme – das System der staatlichen Produktion und Verteilung und das System der Produktion und Verteilung auf der Grundlage des Privathandels – würden unter solchen Verhältnissen in den Kampf gegeneinander treten, daß wir die staatliche Produktion und Verteilung ausbauen werden, indem wir sie dem feindlichen System Schritt für Schritt abringen.«[32]

Dieser Auszug aus Lenins Rede ist sehr wichtig, wenn man sowohl die philosophische Stoßrichtung des ursprünglichen Sozialismusmodells als auch die philosophischen Ideen der Neuen Ökonomischen Politik verstehen will. Der Unterschied zwischen ihnen bestand hauptsächlich in der verschiedenartigen Interpretation der sozialen Widersprüche und der Möglichkeiten ihrer Überwindung.

Das ursprüngliche Modell des reinen, warenlosen Sozialismus, das keinerlei Spuren des alten Systems mehr enthalten sollte, stützte sich auf den Gedanken, daß der Kampf absolut und seine Bestandteile im wesentlichen antagonistisch seien. Die Entstehung und Entwicklung eines neuen Systems wurde als Prozeß interpretiert, in dessen Verlauf die besiegten Elemente allmählich von den siegreichen Elementen des Widerspruchs zerstört und ersetzt wurden. Der Sprung vom Kapitalismus in den Sozialismus sollte durch eine radikale Ablehnung der alten Gesellschaftsstruktur und all ihrer Ausformungen vollzogen werden. Man war allgemein der Auffassung, daß das neue sozialistische System ohne die Zerstörung und völlige Ablehnung aller Überreste der Vergangenheit nicht zur Reife gelangen könne. Diese Überzeugung führte dann auch zu einer Reduzierung der großen Vielfalt wirtschaftlicher Strukturen auf eine einzige

Variante eines »reinen« Sozialismus. Während der Zeit des Kriegskommunismus wurden die Außenpolitik wie die Wirtschaftsstrategie dieser Überzeugung entsprechend formuliert. Die Bolschewiki glaubten fest daran, daß sich die Welt des Kapitalismus in eine Welt des Sozialismus verwandeln werde, und sie stellten sich die Entwicklung der proletarischen Weltrevolution als eine Kette von Oktoberrevolutionen in allen Ländern vor.

Die anfängliche normative Methode bei der Definition der wesentlichen Züge des Sozialismus hatte eine Situation geschaffen, in der das Leben gemäß dieser Theorie interpretiert wurde. Wann immer das Leben in Konflikt mit der Theorie geriet, was unter dem militärischen Kommunismus häufig der Fall war, führte die Lösung nicht unbedingt zu besseren Lebensverhältnissen.

Im ersten Stadium der Revolution schien es, daß diese starre Unterordnung des Lebens unter die Theorie gerechtfertigt war, denn man meinte, daß die Interessen der Zukunft Vorrang vor allen aktuellen Interessen hätten. Aber in einem späteren Stadium erkannte Lenin, daß eine solche Interpretation des Konflikts zwischen Theorie und Praxis irrig war. Da das ursprüngliche Sozialismusmodell nicht auf der Praxis und der Erfahrung der kollektivistischen Gesellschaftsumwandlung gründete, spiegelte es weniger die Interessen der Zukunft als die der Vergangenheit wider.

Diese Sicht der Übergangsperiode als eine Zeit der Auseinandersetzung zwischen zwei feindlichen Systemen brachte eine bestimmte Haltung gegenüber der entstehenden Gesellschaft hervor. Damals betrachtete man den Sozialismus lediglich als eine Durchgangsphase, in der die sich herausbildende kommunistische Gesellschaft neben den noch überlebenen Elementen der kapitalistischen und der patriarchalischen Lebensweise existierte. Daher wurde dem Sozialismus keine eigene gesellschaftliche Qualität zugemessen.

Lenin erarbeitete ein neues Sozialismuskonzept, nachdem er die Irrtümer der alten Theorien über die Entwicklung des Sozialismus kritisch analysiert hatte. Für ihn und für die Partei ließen die wirtschaftliche und politische Krise des Frühjahrs 1921 sowie die Hungersnot eine neue Realität deutlich werden – eine Realität, die ganz zu Beginn der kommunistischen Umwandlungen überhaupt nicht berücksichtigt worden war. Das entscheidende Problem war für ihn nun, ob die bestehende soziale Struktur den Wandel und den blutigen Kampf zwischen zwei Systemen mit unterschiedlichen Produktions- und Verteilungsverfahren überleben konnte.

Nach der Weltanschauung des 19. Jahrhunderts, die von den russischen Revolutionären geteilt wurde, bestand keine Gefahr einer gesellschaftlichen Selbstzerstörung, wenn die sozialen Grundmechanismen untergraben wurden. Der anfängliche Glaube an die Unzerstörbarkeit gesellschaftlichen Lebens bewirkte, daß man nicht allzu gründlich über den Preis an Menschenleben nachdachte, der im Entscheidungskampf gegen die Vergangenheit zu bezahlen war.

Aber die sozialwirtschaftliche und politische Krise des Frühjahrs 1921 zeigte, daß die Erhaltung der Gesellschaftsstrukturen keineswegs garantiert werden konnte. Nachdem ein gewisser kritischer Punkt erreicht worden war, führten die Umgestaltung des Lebens und die kollektivistischen Umwälzungen nicht zu persönlicher Weiterentwicklung und Fortschritt, sondern zu menschlicher Entwürdigung und einer Zerstörung der Produktionsbasis. Wie sich herausstellte, gab es eine Grenze, jenseits derer die Menschen nicht mehr mit den Neuerungen und der ständigen intellektuellen und moralischen Spannung leben konnten, die nötig waren, um den Kampf gegen die alte Welt aufrechtzuerhalten. Lenin sagte auf dem X. Parteitag der KPR (B): »Bei uns aber ... befinden sich (nach dem siebenjährigen Krieg) die Arbeiter ... wie auch die Masse der Bauern geradezu in einem Zustand der Erschöpfung.«[33]

Lenin hatte entdeckt, daß es in Wirklichkeit weit ernstere Gefahren gab als die Ausbrüche kleinbürgerlicher Gefühle und die Akzeptanz kleinbürgerlicher Werte beim Proletariat – etwas, was er zwischen 1918 und 1920 noch als Hauptbedrohung für die Sache der Revolution angesehen hatte* –: nämlich beispielsweise die Hungersnot, den Verlust des Arbeitswillens und der Menschlichkeit, den Verfall der Sitten und Plündereien. Die tiefgreifende wirtschaftliche und gesellschaftliche Krise, die das Land gepackt hielt, sowie die Gefahr millionenfacher Tode infolge von Hungersnot, wirtschaftlicher Zerrüttung und sich ausbreitender Seuchen schufen einen Aus-

* Man muß im Gedächtnis behalten, daß Lenin, wie alle anderen Parteiführer auch, im Jahre 1918 den wesentlichen Sinn der sozialistischen Umwandlung und überhaupt den Sinn des Fortschritts in der Ablehnung und Überwindung des kleinbürgerlichen Individualismus sah. Er schrieb damals: »Der Kampf für die Verwurzelung der Idee der *sowjetischen* staatlichen Kontrolle und Rechnungsführung in den Massen, für die Verwirklichung dieser Idee, für den Bruch mit der verfluchten Vergangenheit, die gelehrt hat, den Erwerb von Brot und Kleidung als eine ›Privat‹sache, den Kauf und Verkauf als ein Geschäft, das ›nur mich angeht‹, zu betrachten – dieser Kampf ist eben der gewaltige Kampf der sozialistischen Bewußtheit gegen das bürgerlich-anarchistische Element, ein Kampf von weltgeschichtlicher Bedeutung.«[34]

nahmezustand, der dazu beitrug, daß Lenin eine neue, realistischere Einschätzung der Ziele und Möglichkeiten der Oktoberrevolution entwickelte. Er überschritt die Grenzen des orthodoxen Marxismus und begann, nach neuen Lösungen zu suchen.

Zuerst kam es zu einer neuen Beurteilung der Werte. Nun war klar, daß man im Namen einer beschleunigten historischen Entwicklung zu einer kollektivistischen, von eigensüchtigen Interessen freien Gesellschaft kein Menschenleben opfern durfte. Das menschliche Leben selbst, nicht die langerwartete Gleichheit, war jetzt der fundamentale Wert. Diese Vorstellung, die von der Perestroika wieder aufgenommen wurde, wird von Lenin in seinen letzten Werken mit aller Deutlichkeit vertreten. In seiner Rede vor dem Plenum des Moskauer Sowjets am 12. November 1922 sprach Lenin über die vom Bürgerkrieg verursachte Zerstörung und die ihm zugrunde liegende Überzeugung: »Ihretwegen erlitten wir alle möglichen Verluste, büßten wir Werte aller Art ein und in unerhört großem Ausmaß den höchsten Wert – das menschliche Leben.«[35]

Die Neubestimmung der Werte änderte Lenins Ansicht über den Grundcharakter der Gesellschaft und seine ursprüngliche Einschätzung der sozialistischen Entwicklung. In den ersten Stadien der Revolution wollte Lenin den Übergang der Menschheit in eine qualitativ neue Phase beschleunigen, um der »verfluchten Vergangenheit« so bald wie möglich ein Ende zu setzen. Damals war seine Philosophie überwiegend eschatologisch, was erklärt, weshalb er die Produktionsprobleme in vielen Fällen außer acht ließ und statt dessen spezifische Fragen der gesellschaftlichen Organisation analysierte. Aber seit Ende 1920 – der März 1921 markiert einen Umbruch in seinem Denken – war für Lenin die Erhaltung des Lebens und seiner wichtigsten Voraussetzungen der entscheidende Wert.

Das neue Element in Lenins Sozialismusauffassung bestand darin, daß er nun versuchte, die kommunistische Entwicklung und das Streben nach völliger Gleichheit, menschlicher Würde und Freiheit mit der Erhaltung zentraler Gesellschaftsbedingungen zu verbinden, das heißt zum Beispiel mit dem Wunsch der Menschen zu arbeiten, die Produktion zu verbessern und ihren Lebensstandard anzuheben. Nun wurde das Konzept der sozialen Ordnung mit mehr Inhalt gefüllt, denn an die Seite der dynamischen Betrachtungsweise, die den Wandel, die Umgestaltung und den Übergang der Gesellschaft in eine neue Phase betonte, trat eine sachliche Betrachtungsweise, die den Vorrang der vitalen Bedürfnisse des Menschen unterstrich.

Diese neue Betrachtungsweise stellte die Produktion uneingeschränkt in den Vordergrund, was es nötig machte, alle anderen Interessen – auch die einer siegreichen Weltrevolution – den Interessen der Produktionsentwicklung, einer adäquaten Lebensmittelversorgung und des allgemeinen Wohlergehens der Bevölkerung unterzuordnen. Während des Bürgerkriegs meinte Lenin, daß eine Senkung des Lebensstandards vertretbar sei, wenn dies zu einer raschen Zerstörung des alten Systems führe. Später jedoch widersetzte er sich energisch jedem Versuch, den sozialen Fortschritt von der Verbesserung der Bevölkerungswohlfahrt zu trennen, und erklärte: »Gute Ernten sind die Rettung des Landes.«*

In Lenins letzten Werken, die allgemein als sein politisches Vermächtnis angesehen werden, ließ er keinen Zweifel daran, daß die früheren Versuche, neue, kollektivistische Produktionsverfahren und Lebensweisen durchzusetzen, ungerechtfertigt waren. Nunmehr sei das Gewicht auf die Initiative von unten zu legen, und die Massen seien an den Segnungen der Zivilisation zu beteiligen. An seinem Lebensende schrieb Lenin: »Uns genügt nun diese Kulturrevolution, um ein vollständig sozialistisches Land zu werden.«[36]

Außerdem betonte Lenin, wie notwendig die friedliche Koexistenz zwischen den verschiedenen Klassen sei; zwischen diesen gesellschaftlichen Kräften müsse es zu einem gegenseitigen Austausch und zur Kooperation kommen. Er hatte nicht mehr das Ziel, die wohlhabenden Bauern zu liquidieren, sondern sprach von einem »Bund der Volkskräfte«, eine Idee, die später von Bucharin weiterentwickelt wurde. Dabei ging es um einen Bund zwischen der Arbeiterklasse, die die Fabriken betreiben sollte, und der breiten Masse der arbeitenden Bauern, die ihren eigenen Boden bestellen und den verschiedenen Formen des Genossenschaftswesens angeschlossen sein sollten.

Es gibt also Gründe zu der Annahme, daß Lenin an seinem Lebensende den ursprünglichen Plan einer totalen staatlichen Kontrolle über die Wirtschaft aufgegeben hatte und zu dem Schluß

* Anzumerken ist, daß Stalin bei seinem Kampf gegen die linke Opposition auf diese Vorstellung Lenins vom Sozialismus und vom sozialistischen Aufbau zurückgriff, die den Fortschritt der neuen Gesellschaft mit der unablässigen Erhöhung des Lebensstandards der Arbeiter verband. (Siehe dazu Stalins Bericht auf dem XV. Parteitag der Allrussischen Kommunistischen Partei [Bolschewiki] von 1927.)

gekommen war, daß sich in manchen Fällen das Genossenschaftswesen in einer neuen kollektivistischen Gesellschaft durchsetzen werde: »Jetzt haben wir das Recht zu sagen, daß das einfache Wachstum der Genossenschaften für uns ... mit dem Wachstum des Sozialismus identisch ist.«[37]

Das Scheitern des ersten Versuchs, die Idee eines freien, warenlosen Sozialismus zu verwirklichen, hatte die revolutionäre Leidenschaft in der Partei abkühlen lassen, und nun setzte sich eine überlegtere Haltung gegenüber dem wirtschaftlichen Vermächtnis der Vergangenheit durch. Man sah zunehmend ein, daß die Arbeitsgestaltung das schwierigste und bedeutendste Problem des Sozialismus blieb. Genauso offenkundig war die Notwendigkeit, die Idee des reinen Sozialismus aufzugeben, Kompromisse zu schließen und nach Methoden zu suchen, um die Planwirtschaft mit der Marktwirtschaft zu verbinden. Es kam jedoch völlig unerwartet, als Lenin, früher ein orthodoxer Marxist, die These vertrat, der »geregelte Warenaustausch zwischen Industrie und Landwirtschaft« sei »das Fundament einer wirklich sozialistischen Gesellschaft«.[38] Die wirtschaftliche Autonomie der Betriebe wurde wiederhergestellt, und die industrielle Produktion begann, »nach den Prinzipien finanzieller und wirtschaftlicher Unabhängigkeit« zu arbeiten. Das Prinzip des persönlichen Nutzens und des Privatinteresses wurde wieder eingeführt.

Es schien keinen Grund zu geben, zur Utopie zurückzukehren und neue Experimente einzuleiten, um einen reinen, warenlosen Sozialismus zu entwickeln. Lenin hatte die Schienen des genossenschaftlichen Sozialismus verlegt; nun war es noch nötig, den Waggon der Vernunft auf das Gleis zu setzen. Man hätte annehmen sollen, daß die Krise, die die junge Sowjetrepublik im Jahre 1921 heimsuchte, die wirklichkeitsfremde Idee, eine marktlose, völlig von der staatlichen Bürokratie beherrschte Wirtschaft aufzubauen, für immer diskreditiert hätte.

Dagegen wirkte der genossenschaftliche Sozialismus verlockend, weil er realistisch war und den Interessen vieler Menschen dienen konnte. Lenins Idee des Genossenschaftswesens, die er in seinen letzten Werken erörterte, unterschied sich stark von seiner früheren Überzeugung, daß die Menschen, selbst wenn sie sich mit Händen und Füßen wehrten, der strahlenden Zukunft entgegengeschleppt werden müßten.

Doch entgegen jeglicher Vernunft und ungeachtet Lenins fragloser Autorität machte die Parteispitze unter der Führung von Stalin einen bewußten Versuch, Lenins Theorie zu zerschlagen. In den Jahren 1929 und 1930 wurde die Neue Ökonomische Politik abgebaut, und die Parteiführung kehrte, wie zu Beginn dieses Buches erwähnt, zum linken Dogmatismus und zur marxistischen Idee des reinen Sozialismus zurück. Stalins Sieg und die Niederlage von Lenins Genossenschaftslehre sind im Grunde zwei Seiten derselben Medaille. Die Frage ist letztlich, weshalb es nicht Lenin, sondern Stalin war, der sich in dem Disput über das Schicksal des Sozialismus in Rußland durchsetzte.

4. KAPITEL

Stalins Sieg über Lenin

1. Der tragische Ausgangspunkt nach der Oktoberrevolution

Um zu begreifen, weshalb wir nicht auf den Schienen der Vernunft und der Neuen Ökonomischen Politik bleiben konnten, sondern entgleisten und in unerträglichen Linksextremismus abstürzten, müssen wir, wie ich meine, zur Oktoberrevolution und den dramatischen Widersprüchen ihres Anfangs zurückkehren.

Da Rußland nicht zivilisiert und industrialisiert genug war und über keine städtische und kommunale Kultur verfügte, konnte es den zivilisierten Kollektivismus nur durch einen allmählichen, notwendigerweise langen und schwierigen Prozeß erreichen. Dies war eine Ansicht, die sich auf das wirtschaftliche Scheitern des Kriegskommunismus und die unerfüllte Hoffnung stützte, in einem Land mit kleinbäuerlicher Wirtschaft eine direkte staatliche Kontrolle über Produktion und Verteilung einrichten zu können. Hierdurch verlagerte sich die Schlüsselfrage der Revolution, das heißt die Frage der Kontrolle, aus der politischen in die wirtschaftliche Sphäre, wobei der Wettbewerb zwischen dem umfangreichen staatlichen Produktionssektor einerseits und dem genossenschaftlichen und privaten Sektor andererseits eine wichtige Rolle spielte. Die Lösung dieser Frage – und damit das Schicksal der Revolution – hing davon ab, ob die Kommunisten fähig waren, die Vorteile einer Wirtschaft, die auf dem Gemeineigentum der Produktionsmittel basierte, und vor allem die Vorzüge einer zentralisierten Agrarproduktion deutlich zu machen.

In seinem politischen Testament legte Lenin starken Nachdruck auf diesen Produktionsfaktor und erklärte, daß das Schicksal des Sozialismus davon abhänge, wie erfolgreich er die wirtschaftlichen Probleme lösen könne. In seinem Artikel *Über unsere Revolution* sah Lenin den Hauptzweck der Oktoberrevolution weniger darin, das Schicksal der menschlichen Zivilisation zu bestimmen, als vielmehr darin, die Wirtschaftsentwicklung Rußlands zu beschleunigen.

Laut Lenin war es nötig, die revolutionäre Situation, die sich im Lande infolge des Ersten Weltkriegs herausgebildet hatte, zu nutzen. Er fragte: »Wie aber, wenn die völlige Ausweglosigkeit der Lage, wodurch die Kräfte der Arbeiter und Bauern verzehnfacht wurden, uns die Möglichkeit eines anderen Übergangs eröffnete, um die grundlegenden Voraussetzungen der Zivilisation zu schaffen, als in anderen übrigen westeuropäischen Staaten?«[1] Die sozialistische Revolution in Rußland sei nicht nur deshalb anders, weil sie ihre eigenen Ursachen und Umstände hatte und weil sie gleichzeitig ein Bauernkrieg und ein Kampf der Arbeiterklasse war. Wirklich entscheidend sei, daß sie ihre eigenen, spezifischen Ziele habe, nämlich die Probleme von Kultur und Produktion zu lösen, die unter normalen historischen Bedingungen im Rahmen der kapitalistischen Wirtschaft gelöst würden. Ihr Hauptziel bestehe darin, das kulturelle und industrielle Niveau der Arbeiterklasse zu heben, die Würde des einzelnen zu schützen, die allgemeine Ausbildung zu verbessern und die Fähigkeiten der Bauernmassen auf dem Gebiet der Agronomie und sogar des Handels zu entwickeln. In Anbetracht dieser neuen Sicht unserer Revolution solle die Verwirklichung rein kommunistischer Ziele – vom Gemeineigentum an den Produktionsmitteln bis hin zur Bildung einer klassenlosen Gesellschaft – den Zielen der Entwicklung von Zivilisation und Kultur untergeordnet werden.

Dieses neue Konzept des sozialistischen Aufbaus mit seiner Betonung des natürlichen Übergangs von alten zu neuen Strukturen schloß die Anwendung von Gewalt im Produktionsbereich prinzipiell aus. »Während die Vertreter der Sowjetmacht Genossenschaften jeder Art wie auch die landwirtschaftlichen Kommunen der Mittelbauern fördern, dürfen sie andererseits nicht den geringsten Zwang ausüben, um solche Vereinigungen zu bilden«, schrieb Lenin.[2] Das ist einleuchtend, denn man kann Menschen unmöglich durch Anwendung von Gewalt zur Zivilisation führen. Jede Art von Kultur, sogar landwirtschaftliche Kultur, kann sich nur auf der

Basis freier Entscheidung, motiviert durch persönliches Interesse, herausbilden. Dies erklärt, weshalb Lenin am Ende seines Lebens darauf bestand, den Bauern wirtschaftliche Unabhängigkeit und schöpferische Autonomie zu gewähren. Er verlangte »möglichst große Freiheit für die Entwicklung, Festigung und Wiederherstellung der bäuerlichen Wirtschaft«.[3]

Lenins letzte Werke zeigen, daß die Formen der Wirtschaftsentwicklung in Rußland für ihn weitgehend zu einer zweitrangigen Frage geworden waren. Worauf es ihm ankam, war der wirtschaftliche Erfolg. Dieser Wandel seiner Sicht des Sozialismus war in erster Linie dafür verantwortlich, daß sich seine Einstellung gegenüber dem fleißigen und zivilisierten Bauern änderte. Dieser wurde nun »die zentrale Gestalt der wirtschaftlichen Entwicklung«.

Angesichts dieser wohlüberlegten und vernünftigen Betrachtungsweise in einer Situation, in welcher der Kommunismus laut Lenin mit nichtkommunistischen Händen aufgebaut werden mußte, hing der Erfolg weitgehend von der Fähigkeit der Parteiführung ab, die »kommunistischen Emotionen« zu zügeln und sich ausschließlich auf Tatsachen zu stützen, die genau nachgeprüft worden waren. Lenin kannte die vorherrschenden Gefühle in der Partei nur zu gut, und er wußte, daß ihre Mitglieder zu »Kavallerieattacken« neigten, also zu der Taktik, die sie in den ungestümen Tagen der Revolution immer wieder verfolgt hatten. Deshalb unterstrich er in fast jedem seiner letzten Artikel, daß es unzulässig sei, bei der Lösung wirtschaftlicher Probleme Gewalt anzuwenden. Nach Lenin stellte eine Gesellschaftspolitik, die Intoleranz und unberechtigte Gewalt nach sich zog, eine bedeutende Gefahr für die junge sozialistische Entwicklung dar, besonders im landwirtschaftlichen Bereich und im Hinblick auf den einzelnen Bauern: »Da ist mit Draufgängertum oder Tatendrang, mit Forschheit oder Energie oder mit sonst noch so guten menschlichen Eigenschaften im allgemeinen nichts auszurichten.«[4]

Aber andererseits war die Durchführung dieses neuen und komplexen Programms, das das Land auf den Weg des Sozialismus bringen sollte, äußerst schwierig, denn das Land war, wie erwähnt, nicht zivilisiert genug, hatte kaum leistungsfähige Industrien und benötigte dringend Menschen, die sich mit dem Handel auskannten. All das veranlaßte die Bolschewiki, den Fortschritt in Rußland durch Vertreibung der Grundeigentümer zu beschleunigen. Armut erzeugt einen Glauben an Wunder und nährt revolutionären Extremismus.

Außerdem muß die Ursache der russischen Armut berücksichtigt werden, die in den meisten Fällen weniger in dem Mangel an Ackerboden als in der durch die russische Leibeigenschaft entstandenen Arbeitsunwilligkeit zu suchen war. Nicht weniger als die Hälfte aller Bauern im vorrevolutionären Rußland, die sogenannten Staatsbauern, besaß Grundstücke, die sechzehn bis neunzehn Desjatinen (23 bis 26 Hektar) maßen. Verglichen mit den anderen europäischen Ländern war Rußland ein Bauernreich. Die dörfliche Bevölkerung besaß hier weit mehr Boden als zum Beispiel in Deutschland. Um 1905 gehörten 69 Prozent des gesamten Bodens in fünfzig Gouvernements des europäischen Teils von Rußland den Kosaken und Bauern.[5]

Noch vor der Revolution betonte Lenin in seiner Polemik gegen das Programm der »Narodniki« zur Vergesellschaftung des Bodens, daß keine Aussicht bestehe, die Schwarzerdeböden neu aufzuteilen, eben weil die Bauern zu »bärenhäuterisch« seien: »Damit die Aufteilung den Anforderungen des Kapitalismus entspreche, muß sie eine Aufteilung unter *Farmer* sein, nicht aber eine Aufteilung unter ›bärenhäuterische‹ Bauern, deren erdrückende Mehrheit routinemäßig, traditionsgemäß wirtschaftet, in Übereinstimmung mit patriarchalischen, aber nicht mit kapitalistischen Verhältnissen. Die Aufteilung auf Grund alter Normen, d.h. eine dem alten, dem Anteilbesitz angepaßte Aufteilung, wird keine *Bereinigung* des alten Grundbesitzes sein, sondern seine *Verewigung*, keine Freilegung des Weges für den Kapitalismus, sondern dessen Belastung mit einer Masse untauglicher, nicht entwicklungsfähiger ›Bärenhäuter‹, die unfähig sind, Farmer zu werden. Damit die Aufteilung fortschrittlicher werde, muß sie auf einer *neuen* Scheidung in der Bauernschaft fußen, bei der die Farmer von dem unbrauchbaren Trödel abgesondert werden.«[6]

Nicht selten war der Wunsch der revolutionären Maximalisten, direkt ins Reich des Sozialismus zu springen, nur die andere Seite unserer russischen Faulheit. Dies erklärt den Hang zur Uniformität, zur Verteilung des Vermögens anderer und zur brutalen Behandlung der Reichen nach deren Niederlage. Im allgemeinen bevorzugen die ungebildeten Massen einfache Wahrheiten, mühelose Lösungen und unkomplizierte Methoden zur Erreichung ihrer Ziele.

Aus diesen Gründen riefen Lenins letzte Werke – mit ihrer Betonung der Rolle des Produktionsfaktors für den allmählichen Aufbau des Sozialismus – weder bei dem an kommunistische Parolen gewöhnten Volk noch bei den kommunistischen Bürokraten große Begeisterung hervor. Lenin wiederholte ständig, man müsse lernen und hart arbeiten; er versprach keine Wunder und gab, was noch wichtiger ist, keine Erfolgsgarantien. In seinen letzten Lebensjahren hatte Lenin Mühe, seine tiefe Antipathie gegen die kommunistischen Romantiker zu verbergen, welche die Mehrheit der Parteimitglieder stellten und vom »reinen Kommunismus« träumten. Aber diese schwärmerischen Revolutionäre waren ihrerseits verärgert über den unverhohlenen Pragmatismus, der aus Lenins späteren Schriften sprach. Ein Beispiel liefert sein Artikel *Über die Neutralsteuer*, der schwerlich Begeisterung wecken konnte, denn darin erklärte Lenin, »daß wir ... noch *viel von Kapitalisten lernen können und müssen*«, um praktische Ergebnisse in der Wirtschaft zu erzielen.

Er fuhr fort: »Wer auf diesem Gebiet die besten Resultate erzielt, und sei es auch auf dem Wege des privatwirtschaftlichen Kapitalismus, sei es sogar ohne Genossenschaften, ohne direkte Umwandlung dieses Kapitalismus in Staatskapitalismus, der wird dem sozialistischen Aufbau in ganz Rußland mehr Nutzen bringen als derjenige, der auf die Reinheit des Kommunismus ›bedacht‹ ist, Reglements, Direktiven, Instruktionen für den Staatskapitalismus und die Genossenschaften schreibt, aber praktisch den Umsatz nicht vorwärtsbringt.«[7]

Und Lenins Überlegungen zum Genossenschaftswesen stießen auf viele intellektuelle und politische Hindernisse, denn die Genossenschaft setzt die volle Autonomie der beteiligten Personen voraus und garantiert das Recht, sich jederzeit aus ihr zurückzuziehen. Die Idee der Genossenschaft ist rein europäischen Ursprungs. Ihre gesellschaftliche Grundlage sind die wirtschaftliche und politische Unabhängigkeit der Privatperson, die über eigene Produktionsmittel verfügt, und eine hochentwickelte Kultur. Genossenschaften sind nur dann möglich, wenn die Gesellschaft demokratisch organisiert ist. In Rußland waren diese Voraussetzungen noch nicht in ausreichendem Maße gegeben. Nur von den abstrakten »Höhen« der politischen Ökonomie aus wirkt ein vom Staat verordnetes Genossenschaftswesen reifer als Partnerschaft oder Gruppenzusammenarbeit. Doch wie wir inzwischen wissen, stellt ein dem industriellen Sektor »von oben« aufgezwungenes Genossenschaftswesen nur die einfachste Form der Arbeitsorganisation dar, die auch ohne eine hinreichend entwickelte Kultur und ohne umfassende politische Rechte des Individuums existieren kann.

Unter solchen Umständen hing der Erfolg des neuen Strebens nach einem realistischeren und humaneren Sozialismus weitgehend davon ab, wie lange Lenin das Steuer der Revolution in der Hand hielt. Inzwischen ist völlig klar, daß die Neue Ökonomische Politik, ein sehr kompliziertes Gebilde, nur durch einen Mann von Lenins Format verwirklicht werden konnte. Er war der unumstrittene Führer des Bolschewismus, ein Mann, der den Maximalisten Widerstand leisten und die revolutionäre Intoleranz in der von ihm geschaffenen Partei zügeln konnte. Er war als einziger fähig, die Arbeit an einer Sozialismusplanung zu vollenden, die für Rußland tragbar war und eine Überlebenschance hatte. Nur im wirtschaftlichen Bereich waren die Prinzipien des Kriegskommunismus allmählich aufgegeben worden. Die politischen Mechanismen und Strukturen hingegen, die im Bürgerkrieg entstanden waren, hatten sich nicht verändert, und in diesem Bereich bedurfte es einer gründlichen Neueinschätzung.

Nach dem Matrosenaufstand von Kronstadt im Frühjahr 1921 wurde diese Notwendigkeit auf dem X. Parteitag der Russischen Kommunistischen Partei sehr deutlich, auf dem Lenin weiter nach rechts rückte als seine Kampfgefährten. Es ist schwer zu sagen, wieviel weiter er noch in jene Richtung gegangen wäre, wenn er länger gelebt hätte, und wie nahe er den Ideen der westdeutschen Sozialdemokraten in seiner Einstellung und seinen Handlungen gekommen wäre. Jedenfalls steht fest, daß, wäre Lenin länger am Leben geblieben, sein Pragmatismus, sein gesunder Menschenverstand und seine Fähigkeit, die Tatsachen in sein Kalkül einzubeziehen, das Wiederaufleben der linksextremen Anschauungen des Bürgerkriegs sowie die Taktik der »Kavallerieattacken« auf den Kapitalismus und seine Überreste verhindert hätten. Der schicksalhafte, frühzeitige Tod Lenins hat eine ungeheure Verwirrung in der russischen Geschichte und in der internationalen Arbeiterbewegung gestiftet.

Nach Lenins Tod hing das Schicksal des Landes weitgehend davon ab, wer den mächtigen Staatsapparat und den gleichermaßen mächtigen Unterdrückungsmechanismus kontrollieren und ob er eine maximalistische oder eine reformistische Haltung einnehmen würde. Man muß sich vergegenwärtigen, daß die Resolution »Über Maßnahmen zur Beseitigung der Kulakenwirtschaften in den Gebieten der totalen Kollektivierung« vom 30. Januar 1930, die sich auf das Leben von Hunderttausenden und auf das Schicksal der Landwirtschaft in Rußland entscheidend auswirkte, nur von wenigen Politbüromitgliedern des Zentralkomitees verabschiedet wurde. Damals, nach dem Sieg über Bucharins Gruppe auf der Plenarsitzung des Zentralkomitees vom April 1929, hielt Stalin sich an das bekannte Prinzip: »Wenn man das Gefühl hat, daß das Gesetz ein Hindernis darstellt, kann man sich seine Handlungen stark erleichtern, indem man es einfach in der Versenkung verschwinden läßt.« Übrigens machte Stalin kein Hehl daraus, daß die Beschlüsse des XV. Parteitags seit dem Sommer 1929 aufgegeben worden waren. Er kritisierte sogar all jene, die die Politik der Ausrottung der Kulaken unbewußt mit früheren Parteibeschlüssen in Verbindung brachten. In seinem Artikel *Zur Frage der Politik der Liquidierung der Kulaken als Klasse* schrieb er: »Es ist klar, daß die Politik der Liquidierung des Kulakentums als Klasse nicht vom Himmel fallen konnte. Sie wurde vorbereitet durch die gesamte vorhergehende Periode der Einschränkung und folglich auch der Verdrängung der kapitalistischen Elemente des Dorfes. Das bedeutet aber noch nicht, daß sie sich nicht *von Grund aus* von der Politik der Einschränkung (und Verdrängung) der kapitalistischen Elemente des Dorfes unterscheidet, daß sie eine *Fortsetzung* der Politik der Einschränkung sei. So reden, wie unser Verfasser redet, heißt den *Umschwung* in der Entwicklung des Dorfes seit Sommer 1929 in Abrede stellen. So reden heißt die Tatsache in Abrede stellen, daß wir während dieser Periode eine *Wendung* in der Politik unserer Partei im Dorfe vollzogen haben …

Wovon ging der XV. Parteitag aus, als er die Verstärkung der Politik der Einschränkung (und Verdrängung) der kapitalistischen Elemente des Dorfes verkündete? Davon, daß das Kulakentum als *Klasse* trotz dieser Einschränkung des Kulakentums eine gewisse Zeitlang doch *bestehen bleiben muß. Aus diesem Grunde* ließ der XV. Parteitag das Gesetz über die Bodenpacht in Kraft, obgleich er sehr wohl wußte, daß die Pächter in ihrer Masse Kulaken sind. *Aus diesem Grunde* ließ der XV. Parteitag das Gesetz über die Anwendung von Lohnarbeit im Dorfe in Kraft und forderte seine strikte Durchführung. *Aus diesem Grunde* wurde noch einmal die Unzulässigkeit der Enteignung der Kulaken kundgegeben. Widersprechen diese Gesetze und diese Beschlüsse der Politik der *Einschränkung* (und Verdrängung) der kapitalistischen Elemente des Dorfes? Gewiß *nicht*. Widersprechen diese Gesetze und diese Beschlüsse der

Politik der *Liquidierung* des Kulakentums als Klasse? *Gewiß!* Also wird man diese Gesetze und diese Beschlüsse jetzt in den Gebieten mit durchgängiger Kollektivierung, die täglich und stündlich größere Verbreitung findet, außer Kraft setzen müssen. Übrigens sind sie in den Gebieten mit durchgängiger Kollektivierung durch den Verlauf der kollektivwirtschaftlichen Bewegung bereits außer Kraft gesetzt worden.«[8]

So wurde das Schicksal des Sozialismus und das von Millionen Menschen bestimmt. Nach dem April 1929 machte Stalin sich die simple Logik zu eigen: »Ich bin mein eigener Herr.« Die totale Kollektivierung sollte im Laufe von ein paar Monaten vollzogen und die industrielle Zuwachsrate innerhalb eines Jahres verdoppelt werden. Stalin plante einen gigantischen Sprung nach vorn, wenn erst einmal alle wohlhabenden Bauern vertrieben seien.*

Lenin hatte vor seinem Tod wiederholt vor der Gefahr gewarnt, die der Partei und dem Sozialismus durch Stalin drohte: »Genosse Stalin hat, nachdem er Generalsekretär geworden ist, eine unermeßliche Macht in seinen Händen konzentriert, und ich bin nicht überzeugt, daß er es immer verstehen wird, von dieser Macht vorsichtig genug Gebrauch zu machen.«[9] Dies war keine Übertreibung, denn Lenin war äußerst realistisch, was die Frage der Macht betraf, und er kannte den administrativen Apparat des Landes, den er selbst aufgebaut hatte. Als Philosoph wußte Lenin um die enorme Kraft des Zufalls hinsichtlich der Auswahl eines Parteiführers in einer Situation, da Staats-, Militär- und Parteiapparat verschmolzen und allmächtig wurden. Er fand nichts Mystisches an dem Gedanken, daß die persönliche Beziehung zwischen zwei Politbüromitgliedern, nämlich zwischen Stalin und Trotzki, die Stabilität der Partei und folglich das Schicksal der ersten sozialistischen Revolution der Welt bestimmte.

---

* In seinem Bericht vor dem Zentralen Exekutivrat über die Produktionsziele für das folgende Jahr (1931) sagte W. M. Molotow, der Vorsitzende des Rats der Volkskommissare, daß man für das dritte Jahr des Fünfjahresplans statt der ursprünglich veranschlagten Zuwachsrate von 22 Prozent nun eine Zuwachsrate von 45 Prozent vorsehe. Kurz darauf meinte Stalin in einer seiner Reden, daß damit die Hauptziele des Fünfjahresplans innerhalb von nur drei Jahren erfüllt werden würden.

In den Wintern der Jahre 1929 und 1930 schritt die Kollektivierung und Liquidierung der Kulaken unter administrativem Druck ungehemmt voran. In manchen Gebieten wurden bis zu zehn oder fünfzehn Prozent der Bauern enteignet, obwohl die Zahl der Kulaken im Jahre 1927 nur bei 3,9 und Jahre 1929 bei 2,5 bis 3 Prozent gelegen hatte. Nun wurden auch jene Bauern, die Maschinen benutzten – also die, nach Lenins Definition, zivilisierten Bauern –, häufig als Kulaken eingestuft. (Siehe G. I. Schmeljow, »Wage nicht, Befehle zu erteilen«, *Oktjabr,* Nr. 2, 1988, S. 13)

Nur jemand, dessen Realitätssinn völlig verkümmert ist, kann ernsthaft glauben, daß die russische Geschichte nach der Oktoberrevolution frei von der Macht des Zufalls war, daß sie also einer schicksalhaften Vorherbestimmung und logischen Gesetzlichkeit folgte. Im Gegenteil, wenn man auf dem soliden Boden der Tatsachen und der Vernunft bleibt und nicht von den Erkenntnissen der Geschichtsphilosophie abweicht, gelangt man zu einer ganz anderen Schlußfolgerung, nämlich der, daß die Macht des Zufalls mit der des neuen Staatsapparats und seines Unterdrückungsmechanismus wächst.

Sogar in der alten Selbststeuerungswirtschaft der Warenproduktion kann die Staatsmacht erheblich auf die ökonomische Entwicklung der Gesellschaft einwirken, wie schon Engels erläuterte.

Was die Staatsmacht in der warenlosen Planwirtschaft betrifft, so ist ihre Fähigkeit, die Wirtschaftsentwicklung eines Landes positiv wie negativ zu beeinflussen, natürlich noch weit größer. Außerdem muß man berücksichtigen, daß die Bedrohung durch Stalins »unermeßliche Macht«, von der Lenin bereits im Jahre 1922 gesprochen hatte, im Sommer 1929 ungleich stärker war. Kein einziges Politbüromitglied hätte es gewagt, gegen irgendeine Ansicht des Generalsekretärs Stellung zu beziehen.

Es ist unmöglich, das Wesen unserer sozialistischen Geschichte zu verstehen, wenn wir uns nicht klarmachen, daß die durch eine Volksrevolution geheiligte Macht etwas Besonderes ist, weil sie durch das Blut der besten und edelsten Menschen der Nation und durch zahllose Opfer im Namen der Freiheit und des Glücks der Menschen legitimiert wurde. Jemand, der diese Macht usurpiert, kann lange über jeden Verdacht erhaben bleiben. Es ist fast undenkbar, daß irgendein Sterblicher es wagen würde, die heilige Macht der Revolution, die im Laufe eines schrecklichen Bürgerkriegs mit Millionen von Opfern errungen wurde, zu mißbrauchen, um seine pathologischen Sehnsüchte oder intellektuellen Launen zu befriedigen, zum Beispiel, um die begabtesten Soziologen des Landes auszurotten, damit er selbst sich als philosophisches Genie fühlen kann.

Nach dem Sommer des Jahres 1929 hatte Stalin die unbeschränkte Macht über das Leben und das Wohlergehen der Menschen, was es ihm erleichterte, die soziale Grundlage für die Verwirklichung seiner eigenen, egoistischen Pläne zu schaffen und vor allem seine eigene Revolution, das heißt die radikale Umgestaltung der Agrarstrukturen, zum Abschluß zu bringen. Machtpolitisch traf Stalin dabei die optimale Entscheidung: Er verließ sich völlig auf die Interessen und den administrativen Eifer der durchschnittlichen und am wenigsten qualifizierten, doch loyalsten Bürokraten.

Unzweifelhaft hatte sogar Stalins ausgedehnte Macht ihre Grenzen. Sie mußte sich auf bestimmte Realitäten stützen, etwa auf die von der Revolution hervorgebrachten Gefühle, die Interessen des Volkes und die Notwendigkeit, die elementarsten Lebensbedingungen zu erhalten. Stalin hatte nicht die Freiheit, den Rahmen der von Lenin festgelegten linken Gesellschaftspolitik zu verlassen. Er konnte Lenins Autorität nicht offen in Frage stellen, und letzten Endes mußte er die konkreten wirtschaftlichen Ergebnisse seiner Politik des beschleunigten sozialistischen Aufbaus in Rußland in Betracht ziehen.

Um die objektiven Grenzen seiner abenteuerlichen Wirtschaftspolitik und seines revolutionären Wunschdenkens in Rußland, wo die von der Revolution erzeugten messianischen Gefühle weitverbreitet waren und alles, was das Etikett »Weltsozialismus« trug, als heilig galt, bestimmen zu können, muß man unbedingt mehrere Faktoren beachten.

Erstens gab es viele wirtschaftliche und ideologische Methoden, zu verbergen, daß die beschleunigte Aufpfropfung der Staatskontrolle auf die Nationalökonomie in Wirklichkeit in die Sackgasse geführt hatte. Zweitens war es möglich, willkürliche Aktionen und Fehlberechnungen im Wirtschaftsmanagement zu vertuschen, indem man für alles die subversive Tätigkeit der geheimen Volksfeinde und der imperialistischen Nachrichtendienste verantwortlich machte. Drittens konnte man den Propagandaapparat und gefügige Künstler heranziehen, um die tatsächliche Situation in der Wirtschaft zu verschleiern und eine illusionäre, in Propagandafilmen gezeigte sozialistische Realität zu schaffen. Aber der bedeutendste »ausgleichende« Faktor für die negativen Folgen unserer erzrevolutionären und abenteuerlichen Wirtschaftspolitik war der langmütige und anspruchslose Charakter des russischen Volkes, das stets bereit ist, alles für sein Vaterland zu opfern. Auch die einzigartigen natürlichen Ressourcen des Landes spielten eine wichtige Rolle.

Es ist keine Frage, daß die Wirtschaftsgesetze unumstößlich sind. Deshalb muß auch das revolutionärste und »theoretisch unanfechtbarste« Phantasiegebilde wie ein Kartenhaus einstürzen, wenn es mit dem »Stoff des Lebens« in Kontakt gerät. Doch man darf nicht vergessen, daß diese Gesetze manchmal erst im Laufe eines Zeitraums bestätigt werden, der unvergleichlich länger ist als die kurze menschliche Lebensspanne. Es dauert zuweilen mehrere Generationen, bis die Wahrheit ans Licht kommt und von der Mehrheit des Volkes begriffen wird. So konnte auch die Neueinschätzung der totalen, einheitlichen und erzwungenen Kollektivierung über fast sechs Jahrzehnte hinweg verzögert werden.

Man hätte glauben können, daß es schwer war, das Scheitern von Stalins beschleunigter Kollektivierung zu verbergen. »Der Erfolg der Kollektivierung hat viele Menschen in einen Taumel versetzt«, schrieb Stalin in seinem berühmten Artikel, obwohl der Lebensstandard in der Stadt wie auf dem Lande gesunken war und die Nation von einer chronischen Lebensmittelkrise heimgesucht wurde. Dies war das natürliche Ergebnis eines umfassenden Verfalls der landwirtschaftlichen Produktion, den die Zerschlagung der traditionellen Organisationsmethoden und die Stimulierung der Produktion auf dem Lande verursacht hatten. Die erwartete Zunahme der Getreideerzeugung blieb aus. Am Ende des ersten Fünfjahresplans (1939) lag die allgemeine Getreideproduktion trotz einer zwanzigprozentigen Zunahme der Ackerbaufläche bei nur 69,9 statt bei den erwarteten 105,8 Millionen Tonnen, also unter dem Ergebnis des Jahres 1928. Der Ertrag an Feldfrüchten wie rote Bete, Kartoffeln, Baumwolle und Flachs, der den Erfolg der industriellen Entwicklung bestimmte, ging drastisch zurück. (Siehe O. Lazis, *Die Probleme der Entwicklungsraten* beim Aufbau des Sozialismus, *Kommunist*, Nr. 18, 1987, S. 85)

Besonders schwer wurde die Tierzucht von der gewaltsamen Einführung des Kollektivsystems getroffen. Von 1929 bis Anfang 1934 ging die Zahl der Rinder um 26,6 Millionen (fünfzehn Prozent) zurück; die der Schweine um 12,0 Millionen (mehr als fünfzig Prozent); die der Schafe um 64,4 Millionen (fast 75 Prozent); die der Ziegen um 6,4 Millionen (ebenfalls fast 75 Prozent); die der Pferde um 17,2 Millionen (fünfzig Prozent).

Dies waren die Folgen der linksextremen, verantwortungslosen Politik, die Viehzucht ins Gemeineigentum zu überführen. Einer der Gründe, weshalb die Bauern im ersten Stadium der Kollektivierung massenhaft Tiere schlachteten, war die Anweisung des Kolchoszentrums der UdSSR vom 10. Dezember 1929, in der es hieß, daß alle örtlichen Organisationen in den Gebieten mit totaler Kollektivierung hundert Prozent der Zugtiere und Kühe, achtzig Prozent der Schweine und sechzig Prozent der Schafe an den Staat abzutreten hätten.

Man kann zu Recht sagen, daß die Landwirtschaft besonders anfällig für die negativen Auswirkungen der katastrophalen linksextremen Politik war, denn jede Verletzung der Gesetze der Boden-, Agrar- und Sozialpolitik sowie der menschlichen Psyche führt auf dem Lande zu einer raschen Reaktion. Trotzdem mußten mehr als fünf Jahrzehnte vergehen, bevor das völlige Scheitern von Stalins Agrarpolitik zugestanden wurde.

Dies ist die Dialektik von objektiven und subjektiven Faktoren, von Notwendigkeit und Zufall in der Geschichte. Innerhalb weniger Stunden hatte Stalin 1929 auf dem April-Plenum des Zentralkomitees der Kommunistischen Allunionspartei (Bolschewiki) den ideologischen Kampf gegen Bucharin, Rykow und Tomski gewonnen – und das war das Ende für das leninistische Konzept für den Aufbau des Sozialismus, für sein Programm des Genossenschaftswesens und der Agrarwissenschaft. Warum haben wir so lange gebraucht, um zu den Tatsachen des Lebens und zur Vernunft zurückzukehren?

Zuerst warteten wir auf Stalins Tod, damit wir die Dinge beim Namen nennen und offen über die kritische Situation unserer Landwirtschaft sprechen konnten, die nicht einmal zur einfachen Reproduktion der Arbeitskräfte fähig war. Chruschtschow brachte die Mißstände 1953 auf dem September-Plenum des Zentralkomitees der KPdSU an die Öffentlichkeit. Aber wie sich herausstellte, konnte Kritik allein keine neue Politik hervorbringen, solange die Ideologie, die für die furchtbare Situation verantwortlich war, nicht in Frage gestellt wurde. Um zur Vernunft und zur leninistischen Agrarpolitik zurückkehren zu können, mußten wir noch viel länger warten, bis die Ideologie des Stalinismus als völlig unhaltbar entlarvt worden war. Wir mußten unsere Fixierung auf gigantische Projekte, unseren Etatismus, unsere pathologische Sehnsucht nach Uniformität und unsere automatische Ablehnung aller alten zugunsten aller neuen Dinge überwinden. Drei weitere Jahrzehnte waren erforderlich, bis wir begannen, unserem gesunden Menschenverstand und unserer langjährigen Erfahrung zu vertrauen; mittlerweile wurden unsere Bodenschätze vergeudet, mit denen wir für unser fatalistisches Unvermögen, zwischen echter und scheinbarer Wahrheit zu unterscheiden, bezahlten.

Wenigstens vier Faktoren trugen also zu der Situation der späten zwanziger Jahre bei, als unser Land von neuem in eine Periode linksradikaler Experimente eintrat: erstens der verfrühte Tod

Lenins, des Vaters der NÖP; zweitens der mächtige Staatsapparat, der unter dem Kriegskommunismus aufgebaut worden war; drittens der ungeheure natürliche Reichtum des Landes und die Langmütigkeit der russischen Nation, die es ermöglichten, strategische Fehler zu verbergen; viertens das linksextreme Streben, die von der Großen Revolution ausgelösten Entwicklungen zu beschleunigen. Der letzte Faktor hat vermutlich den bei weitem stärksten Einfluß auf unsere jüngere Geschichte gehabt.

2. Die Auslöser des Klassenkampfes

Meiner Ansicht nach sind die Ursprünge des Maximalismus und Voluntarismus der dreißiger Jahre hauptsächlich im ideologischen Bereich zu suchen, in den theoretischen Diskussionen und in dem Verständnis, das die meisten Menschen damals vom Sozialismus hatten. Die Entwicklung der Konzepte für eine neue Gesellschaft und für die Wege zu ihrem Aufbau hatte bei den russischen Sozialdemokraten einen umständlichen Zickzackkurs zurückgelegt, der die von Lenin vertretene neue und realistische Politik bedrohte.

Es ist eine der Tragödien unserer Revolution, daß man Lenin benutzte, um Lenin anzugreifen. All jene, die die NÖP während der zwanziger Jahre offen kritisierten und sich weigerten, sie als langfristige Politik ernst zu nehmen, nämlich Trotzki, Sinowjew, Preobraschenski und später Stalin, zogen Lenins wissenschaftliche Reputation heran, um ihre Aufrufe zu einem verstärkten Klassenkampf und einem neuen Bürgerkrieg in Rußland zu rechtfertigen.

Lenins Äußerungen über die Unvereinbarkeit des Sozialismus mit dem Warenaustausch wurden benutzt, um seine Konzepte der Eigenfinanzierung und der Verbindung von Plan- und Marktwirtschaft zu diskreditieren. Der Parteikurs, die sparsamen und fleißigen Bauern zwischen 1922 und 1927 zu ermutigen, wurde von dem Lenin der »Kombedy« (Komitees der Dorfarmut) und des Kampfes gegen die »blutsaugenden Kulaken« kritisiert. Die Führer aller linken Oppositionsbewegungen der zwanziger Jahre (zum Beispiel Sinowjew auf dem XIV. Parteitag der Allrussischen Kommunistischen Partei) forderten die Partei auf, ihre Politik auf dem Lande eingedenk der Aussage Lenins – »Die Kulaken sind die brutalsten, gemeinsten und gröbsten Ausbeuter« – fortzusetzen.

Außerdem hatte Lenin die Auffassung vertreten, daß der noch

verbleibende kleine Privatsektor allmählich von der wirtschaftlichen Entwicklung verdrängt werden würde – ein Gedanke, der einer anderen seiner Meinungen widersprach, nämlich der These, daß Gewalt dann wirkungsvoll sei, wenn sie sich auf die Macht der Arbeiterklasse stütze und den »erhabeneren Prinzipien eines sozialistischen Systems« gerecht werde. Um diesen Standpunkt auszubauen, erklärte J. A. Preobraschenski, daß Lenins These universellen Charakter habe und nicht nur während eines Machtkampfes, sondern auch im Laufe der Wirtschaftsentwicklung anzuwenden sei.[10]

Wie oben dargelegt, machte Lenin, als der Kriegskommunismus eingeführt wurde und seine Arbeit *Über die gegenwärtige Lage und die nächsten Aufgaben der Sowjetmacht* erschien, in der Tat zahlreiche Aussagen, mit denen man einen neuen Bürgerkrieg rechtfertigen und die Idee einer freiwilligen und allmählichen Mitarbeit der Bauernschaft beim Aufbau des Sozialismus diskreditieren konnte. Im April 1920 stellte Lenin die Aussichten des Kampfes für den Sozialismus folgendermaßen dar: »Die Fähigkeit zur Urbanisation entwickelt sich aus der maschinellen Großindustrie. Eine andere materielle Basis gibt es nicht. Eine Produktion, wo Millionen Menschen nach einem vorher ausgearbeiteten Plan mit den Mitteln der maschinellen Großindustrie arbeiten – das ist die einzige Basis. Und hier fallen die Interessen des Proletariats und der Bauern nicht zusammen. Hier beginnt eine schwierige Periode des Kampfes – des Kampfes mit der Bauernschaft.«[11] Es war diese zu Konflikten herausfordernde Betrachtung der Bauernfrage, auf die sich Stalin knapp ein Jahrzehnt später berief.

Wenn man sich auf den Lenin der Kombedy-Zeit bezieht, ist es sogar noch leichter, die Politik der totalen Verstaatlichung der Agrarproduktion und des legalen Arbeitszwangs für die Bauern zu rechtfertigen. Zum Beispiel forderte Lenin während der Periode des Kriegskommunismus, daß »die bisher isoliert voneinander betriebene Landwirtschaft zur gesellschaftlichen Wirtschaft wird und die Form einer gesamtstaatlichen Großproduktion annimmt, bei der das ganze werktätige Volk, bei allgemeiner und gleicher Arbeitspflicht, in den gleichen und gerechten Genuß der Arbeitsprodukte kommt«.[12]

Da sich Lenins Sozialismusideen änderten, ist es möglich, daß er, geläutert durch die erste Erfahrung mit einer sozialistischen Umwandlung der Gesellschaftsstrukturen, nicht mehr daran glaubte, daß Rußland unmittelbar vom Kapitalismus in den Sozialismus springen könne. Allerdings darf nicht außer acht gelassen werden, daß Lenin für die Millionen von Arbeitern und Bauern, die aktiv am Kampf um die neue Macht teilnahmen, viel verständlicher war, wenn er die einfachsten Organisationsmethoden für die neue Ordnung verlangte, wenn er betonte, daß der Staat die Menschen zur Arbeit zwingen müsse, wenn er die gerechte Verteilung der Produkte forderte und der Jugend versprach, daß sie bereits in fünfzehn Jahren im Kommunismus leben werde. Dies fand mehr Anklang als seine Aufforderung, den Kommunismus mit nichtkommunistischen Händen zu errichten und die Regeln des Handels zu erlernen.

Als noch die Hoffnung bestand, daß man den Weg zum Kommunismus abkürzen könne, waren die in Lenins Werken enthaltenen sozialistischen Rezepte überaus einfach und einprägsam, etwa: »Die gesamte Gesellschaft wird ein Büro und eine Fabrik mit gleicher Arbeit und gleichem Lohn sein.«[13] Es war viel schwieriger, die Realität zu begreifen, die den Sozialismusdefinitionen seines politischen Testaments zugrunde lag. Ein Beispiel liefert Lenins vertrauter Satz: »Aber ein System zivilisierter Genossenschaftler bei gesellschaftlichem Eigentum an den Produktionsmitteln, beim Klassensieg des Proletariats über die Bourgeoisie – das ist das System des Sozialismus.«[14]

Der strenge und unzweideutige Lenin des Kriegskommunismus hatte mehr mit den Gefühlen der revolutionären Arbeiter und, vor allem, der Parteimitglieder gemein als der Lenin, der die Kommunisten aufforderte, sich dem Handel zu widmen. Bekanntlich verärgerte die NÖP in erster Linie die Arbeiter und die Intelligenzija. Dieser überwiegende Teil der Parteimitglieder hatte offenbar die größten Schwierigkeiten, sich anzupassen. Heute wird deutlich, daß die zwanzig Monate aktiver Gelehrtenarbeit, die Lenin vom März 1921 bis Januar 1923 leistete, nicht ausreichten, um den Parteimitgliedern ein realistisches Verständnis für den Sozialismus sowie für die NÖP-Theorie zu vermitteln und um die linksradikalen und utopischen Vorstellungen von einer künftigen Gesellschaft zu überwinden.

Viele Parteimitglieder und noch mehr Arbeiter hielten den Sozialismus immer noch für die totale Negation des alten Regimes, für ein System völliger und absoluter Gleichheit ohne Geld, ohne käuflich zu erwerbende Waren, ohne wirtschaftliche Unabhängigkeit der Hersteller und ohne Einkommensunterschiede. Diese Menschen kämpften für die Revolution im Namen des reinen Sozialismus, der keinen einzigen Aspekt der Vergangenheit beibehalten sollte.

Das Bild des Sozialismus, das den Arbeitern vorschwebte, war unter den Bedingungen des Hungers und der Verwüstung von 1917 entstanden, als die Menschen an dem sinnlosen und schweren Leben in Rußland verzweifelten. Die russischen Arbeiter fanden den Sozialismus vor allem deshalb verlockend, weil er die Aussicht bot, die Menschen auf einer kollektiven, kommunistischen Grundlage zu ernähren. Dies wiederum setzte die »zwangsweise Zusammenfassung der gesamten Bevölkerung in Konsum- und Produktionskommunen« voraus, von der Lenin im März 1918 sprach.[15] In der Vorstellung der überwältigenden Mehrheit der Parteimitglieder bildeten »absolute Gleichheit«, kollektiver Konsum, Gerechtigkeit und Sozialismus ein untrennbares Ganzes. Zu Beginn des 20. Jahrhunderts ähnelten die Anschauungen der russischen Arbeiter jenen der französischen Arbeiter gegen Mitte des 19. Jahrhunderts, die den Kommunismus als ein System von Produktions- und Konsumkommunen ansahen, das die elementarsten menschlichen Bedürfnisse befriedigen würde.

Der Lenin, an den sich die Mehrheit gewöhnt hatte, war leichter zu begreifen als der Lenin, der zu einem flexiblen und schrittweisen Vorgehen riet. Der erstere zeichnete die Zukunft mit größerer Klarheit und versprach, daß alle sozialen Unterschiede sehr bald verschwinden würden. Zum Beispiel betonte das Sozialismuskonzept, das Lenin in den ersten Monaten nach der Oktoberrevolution entwickelte, die »Organisierung des Wettbewerbs zwischen den verschiedenen (allen) Konsum- und Produktionskommunen des Landes zur unablässigen Hebung der Organisiertheit, Disziplin und Arbeitsproduktivität, zum Übergang zur höheren Technik ... zur allmählichen Verkürzung des Arbeitstages auf sechs Stunden täglich, zur allmählichen Ausgleichung aller Arbeitslöhne und Gehälter in allen Berufen und Kategorien«.[16] Den Arbeitern gefiel die Idee eines Produktionssystems, das sich radikal von der kapitalistischen Produktionsweise unterscheiden und ausschließlich auf moralischen Anreizen beruhen sollte.

Ich verstehe nicht, weshalb sowjetische Autoren, die den Anspruch erheben, die Ursachen unserer langjährigen »linksextremen« Krankheit zu untersuchen, kein Interesse an der ideologischen Situation bekunden, die sich nach dem Bürgerkrieg in der Partei herausbildete und das Verhalten und die Standpunkte der Hauptteilnehmer am sozialistischen Aufbau bestimmte, nämlich der prominentesten und energischsten Vertreter der Arbeiterklasse und der kommunistischen Intelligenzija der zwanziger Jahre. Der einzige Unterschied zwischen den zwanziger und dreißiger Jahren bestand wahrscheinlich darin, daß Stalin in der Zeit zwischen dem XIV. und XV. Parteitag den linksradikalen Standpunkt ablehnte und das leninistische Konzept einer allmählichen Entwicklung des Sozialismus durch verschiedene Genossenschaftsformen verteidigte, weil er damals einen Machtkampf gegen die »linken Abweichler« in der Parteiführung, also gegen Trotzki, Sinowjew und Kamenew, ausfocht. Stalin pflegte zu sagen (etwa auf dem XIV. Parteitag von 1926), daß keine überlegene Intelligenz nötig sei, um »die Kombedy-Politik zur Enteignung der Kulaken« wiederzubeleben oder um »den Klassenkampf im Lande wiederum zu entfachen«. Dagegen benötige man »Geduld und Zurückhaltung, um eine kompliziertere Politik zu betreiben und den Kulaken durch ein Bündnis mit dem Mittelbauern zu isolieren«.

Sinowjews Erklärung auf dem XIV. Parteitag, daß der Sozialismus seinem Charakter nach unvereinbar mit der Geld-Ware-Beziehung sei, diente hauptsächlich als Angriff auf Lenins Theorie des Sozialismus als eines Systems zivilisierter Genossenschaftler sowie als Angriff auf die wirtschaftliche Unabhängigkeit der Betriebe und die Freiheit des Bauern. Er argumentierte, wenn die Betriebe des Arbeiterstaates, die für den Markt produzierten, staatskapitalistische Unternehmen seien, dann müsse das Genossenschaftswesen notwendigerweise noch stärkere kapitalistische Züge besitzen. Sinowjew behauptete, daß eine Gesellschaft sich nicht vom Kapitalismus lösen könne, solange freier Handel, individuelle Verteilung und individueller Konsum existierten.

Der Führer der Leningrader Opposition wandte sich besonders lautstark gegen die Methoden der Wirtschaftsverwaltung und die Formen der Kontrolle über die Wirtschaftsaktivitäten von Privateigentümern. Sinowjew meinte, die Versuche, den Privateigentümer und den wohlhabenden Bauern durch Genossenschaften in die Entwicklung der Produktivkräfte des Landes einzubinden, stünden im Widerspruch zu dem marxistischen Klassenbegriff und der Idee des Klassenkampfes. Er kritisierte den damaligen Parteikurs mit den Worten: »Dies ist nicht bloß eine terminologische Debatte, da sich nun ›eine ganze Schule‹ um Bucharin bildet, die versucht, die Realität zu verschleiern und den Klassenstandpunkt aufzugeben … Es war kein Zufall, daß diese Auseinandersetzung aufflammte, denn sie steht in sehr enger Beziehung zur Politik und zu der Tatsache, daß diese ›Schule‹ die Angelegenheit so darstellen will, als ob die Frage ›Wer wird wen besiegen?‹ – der Kapitalismus den Sozialismus oder der Sozialismus den Kapitalismus – bereits gelöst wäre, damit sie von der Tagesordnung abgesetzt werden kann. Diese ›Schule‹ verschleiert den Klassenkampf, verschleiert die wirkliche Beziehung zwischen sozialistischen und kapitalistischen Elementen in unserem Lande und versucht, jeden einzuschüchtern, der darauf hinweist, daß sie die Grundlagen des Leninismus verfälscht und verzerrt.«

Zur Zeit der Neuen Ökonomischen Politik – lange bevor Stalin, was die Landwirtschaft betraf, in den frühen dreißiger Jahren weit nach links gerückt war – bezog Sinowjew Stellung gegen die Politik eines festen und dauerhaften Bündnisses der Arbeiterklasse mit den arbeitenden Bauern und gegen die leninistische Politik einer bewußten Verbindung der Gegensätze.* Er sprach sich für eine Politik der Klassenkonfrontation und des Kampfes der Arbeiterklasse nicht nur gegen die Kulaken, sondern auch gegen die Mittelbauern aus und erklärte auf dem XIV. Parteitag:

»Der Mittelbauer ist natürlich kein Rothschild, er ist natürlich kein klassischer Typ des Bourgeois; dessen sind wir uns völlig bewußt. Wir wissen auch, daß der Mittelbauer auf lange Sicht, wenn er, wie Lenin es ausdrückte, zu ›einem zivilisierten Genossenschaftler‹ geworden ist, kein Bourgeois in irgendeinem Sinne des Wortes sein wird. Doch zur Zeit können und sollten die Mittelbauern als kleinbürgerlich bezeichnet werden. Wer diese Tatsache außer acht läßt, idealisiert den Mittelbauern auf unverzeihliche Weise.«

---

* Fairerweise sollte anerkannt werden, daß Stalin damals genauso gut wie Bucharin um die Philosophie wußte, die Lenins Theorie des Sozialismus als eines Systems zivilisierter Genossenschaftler zugrunde lag, und begriff, daß das Problem im wesentlichen darin bestand, die Gegensätze zu vereinen. Auf der XV. Allunionskonferenz der Allrussischen Kommunistischen Partei (Bolschewiki), die vom 26. Oktober bis zum 3. November 1926 stattfand, stellte Stalin den Delegierten eine Frage: »Welches ist das entscheidende Plus der sozialistischen Industrialisierungsmethode?« Er selbst lieferte die Antwort: »Sie führt zur Einheit der Interessen der Industrialisierung und der Interessen der Hauptmassen der werktätigen Bevölkerungsschichten, sie führt nicht zur Verelendung der Millionen Massen, sondern zur Verbesserung der materiellen Lage dieser Massen, nicht zur Verschärfung der inneren Widersprüche, sondern zu ihrer Abschwächung und Überwindung, führt zur ständigen Erweiterung des inneren Marktes und zur Vergrößerung der Aufnahmefähigkeit dieses Marktes, wodurch eine solide innere Basis für die Entfaltung der Industrialisierung geschaffen wird.«[17]

Der neugeschaffene Mythos eines speziellen bäuerlichen Linksextremismus der dreißiger Jahre, der angeblich die NÖP und Lenins Genossenschaftspläne zerstörte, entspricht weder den Tatsachen noch unserer Parteigeschichte. In Wirklichkeit spiegelten die dreißiger Jahre mit ihren extremen Maßnahmen nur die linksradikalen Sozialismusideen wider, die in den zwanziger Jahren vorherrschten und unglücklicherweise triumphierten. Stimmt es etwa nicht, daß Stalins bekannte, heute abgelehnte These, daß »die Beseitigung der Klassen nicht durch eine Schwächung des Klassenkampfes, sondern durch seine Verstärkung erzielt wird«, die logische Folgerung aus dem Konzept der permanenten Revolution ist? Es war Leo Trotzki, der behauptete, daß der Konflikt zwischen der Arbeiterklasse und den großen Mengen der Einzelbauern in einer Gesellschaft, die den Sozialismus aufbaue, unvermeidlich sei. Im Jahre 1922, als Lenin noch am Leben war, schrieb Trotzki zur Verteidigung seiner Theorie der »permanenten Revolution«, das Proletariat werde nach der Machtübernahme in einen antagonistischen Konflikt nicht nur mit den Gruppierungen der Bourgeoisie verwickelt sein, die es in den frühen Phasen seines revolutionären Kampfes unterstützt hätten, sondern auch mit den breiten Massen der Bauernschaft, die ihm geholfen hätten, an die Macht zu gelangen.

Im allgemeinen erhält man den Eindruck, daß viele damalige Parteiideologen Lenins Lehre des Sozialismus als eines Systems zivilisierter Genossenschaftler nicht nur ablehnten, sondern nicht einmal begriffen, was daran originell und theoretisch neu war. Aus den Werken, die Sinowjew, Trotzki und Preobraschenski Mitte der zwanziger Jahre verfaßten, geht hervor, daß sie weiterhin für eine totale, integrierte, warenlose staatliche Produktionsorganisation im nationalen Rahmen eintraten.

Es ist bedeutsam, daß nicht einmal ein so gründlicher und disziplinierter Denker wie Karl Kautsky die Veränderung des Sozialismuskonzepts in Lenins letzten Werken bemerkte. In seiner Arbeit *Der Bolschewismus in der Sackgasse* (1930), mit dem er auf den Beginn der totalen Kollektivierung in der UdSSR reagierte, läßt er einen auffälligen Mangel an Verständnis für das sozialphilosophische und wirtschaftliche Wesen der NÖP erkennen; er ignoriert ihre Leistungen und versucht, Lenin als einen Befürworter der totalen Verstaatlichung darzustellen.

Die ideologische Situation, die sich in den zwanziger Jahren in der Partei herausbildete, trug nicht dazu bei, die von Anfang an vorhandenen dramatischen Widersprüche unserer Revolution beizulegen. Im Gegenteil, sie verschärfte die Widersprüche und erzeugte eine klaffende Lücke zwischen den wahren ökonomischen und gesellschaftlichen Bedürfnissen des Landes und den Standpunkten jener, die sein Schicksal und die Wege seiner Entwicklung bestimmten. Nur wenige Revolutionsführer machten sich Gedanken über die Probleme, die Lenin in seinen letzten Lebensmonaten quälten. Es ist bemerkenswert, daß die in Lenins Artikel »Über unsere Revolution« angesprochenen Themen – nämlich das Problem, die russische Gesellschaftsorganisation zu stärken; die Frage der Förderung einer allgemeinen Arbeitskultur sowie einer aktiven Einstellung zum Leben und zu einem zivilisierten Verhalten – in den Werken Trotzkis, Sinowjews, Kamenews und Stalins überhaupt nicht erwähnt werden.

Nach Lenins Tod verringerten sich die Chancen ganz erheblich, daß sein Konzept eines allmählichen und indirekten Übergangs zum Sozialismus verwirklicht wurde, während die Wiederherstellung der Methoden des Kriegskommunismus und der Kommandowirtschaft im nationalen Rahmen viel wahrscheinlicher wurde. Hierfür gibt es natürlich objektive Gründe. Der Plan für den Übergang Rußlands zum Sozialismus, demzufolge die verbleibende Privatproduktion allmählich auf wirtschaftlichem Wege verdrängt werden würde, war sehr komplex. Er erforderte eine langfristige und sorgfältige Arbeit, in deren Verlauf die Vorteile kollektiver Wirtschaftstätigkeit nachgewiesen werden mußten. Es war keine leichte Aufgabe, Lenins »Zivilisierungsprogramm« und die Prioritäten, die durch das Bemühen um eine Stärkung der Grundlagen des Sozialismus gesetzt wurden, miteinander zu verbinden. Es war eine große Herausforderung, Millionen von Menschen, einschließlich der kommunistischen Bürokraten, beizubringen, wie man Handel treibt und Gewinne erzielt, und gleichzeitig ein auf Planung und Befehlen basierendes Wirtschaftsmanagement zu fördern. Es war nicht leicht, die Initiative und die wirtschaftliche Unabhängigkeit der Massen zu stärken und gleichzeitig die sozialistische Zentralisierung voranzutreiben. Es war schwer, einen arbeitenden Bauern einerseits als Verbündeten, als gleichberechtigten Teilnehmer am politischen und wirtschaftlichen Leben zu betrachten, während man andererseits seine politische Entwicklung lenken und ihn zum Sozialismus führen mußte.

Um gleichzeitig mit all diesen Herausforderungen fertig zu werden, die sich für viele Betrachter gegenseitig auszuschließen schienen, mußte die Parteiführung ständig eine Flexibilität des Denkens, eine kreative Haltung zur Theorie, gesellschaftlichen Weitblick und die Bereitschaft zu ungewöhnlichen Entscheidungen beweisen und, was das wichtigste war, fähig sein, ihren revolutionären Ehrgeiz und Stolz darauf, daß sie das erste kommunistische Land regierte, für das Wohl und Glück des Volkes zu opfern.

Nach ihrem Sieg fanden die Bolschewiki sich in einer komplizierten Situation wieder. Obwohl sie sich auf den Machtkampf eingelassen hatten, besaßen sie keinen detaillierten Plan für die folgenden wirtschaftlichen und politischen Maßnahmen (was auch unmöglich gewesen wäre). Im Laufe der Revolution und während des Bürgerkriegs wurden sie, wie Lenin es ausdrückte, vom Napoleonischen Prinzip geleitet: »Zuerst stürzt man sich ins Gefecht, das weitere wird sich finden.« Im Januar 1923 schrieb Lenin in seinem politischen Testament: »Auch wir haben uns im Oktober 1917 zuerst ins Gefecht gestürzt und dann solche Einzelheiten der Entwicklung (vom Standpunkt der Weltgeschichte aus sind das zweifellos Einzelheiten) zu sehen bekommen wie den Brester Frieden oder die NÖP usw.«[18]

Um solche »Einzelheiten der Entwicklung« wie die NÖP durchzusetzen, mußte man sie ständig durch neue, bis dahin fehlende Elemente ergänzen und Lenins Theorie des sozialistischen Aufbaus immer wieder schöpferisch bereichern. Nach Lenins Tod, besonders nach dem April 1929, bewegten sich die Theorie und Praxis des sozialistischen Aufbaus in Rußland jedoch in die entgegengesetzte Richtung. Lenins Plan, den Kommunismus mit nichtkommunistischen Händen aufzubauen, nahm nicht nur keine Gestalt an, sondern wurde auch allzusehr vereinfacht. Viele Parteiführer der damaligen Zeit hatten weder genug Geduld noch wirtschaftlichen Weitblick noch den Wunsch, über die Zukunft von Millionen Mitbürgern nachzudenken und den am wenigsten schmerzhaften Weg zur Überwindung der Schwierigkeiten zu finden, die bei einem so komplexen Vorhaben unvermeidlich sind. Sie wurden allein von dem Verlangen getrieben, so rasch wie möglich die totale Vergesellschaftung der Produktion, die totale und endgültige Verstaatlichung aller Produktionsmittel durchzuführen und die erste Gesellschaft der Welt zu schaffen, in der kein einziger Aspekt der Vergangenheit und des Kapitalismus beibehalten wurde.

3. Der Etatismus und die Interessen der Bürokraten

In jüngster Zeit wird in einigen unserer publizistischen Artikel die Ansicht vertreten, daß alle linken Oppositionsbewegungen der zwanziger Jahre, darunter auch die trotzkistische Opposition, die Fortsetzung der NÖP befürwortet hätten. Dies stimmt nicht. In Wirklichkeit war genau das Gegenteil der Fall. Unmittelbar nach Lenins Tod wurde ein Frontalangriff auf das philosophische Fundament des leninistischen Konzepts vom allmählichen Übergang zum Sozialismus eingeleitet. Der größte Beitrag zu der unrühmlichen Aufgabe, die philosophischen und sozialwirtschaftlichen Prinzipien der NÖP ideologisch zu diskreditieren, stammte von J. A. Preobraschenski, einem führenden Theoretiker der Trotzki-Fraktion.

Das etatistische Sozialismuskonzept, das im Gegensatz zur NÖP und zu Lenins Idee eines stufenweisen Übergangs zum Sozialismus stand, berücksichtigte nicht nur die revolutionäre Ungeduld der Massen, sondern auch die oben erwähnte natürliche Sehnsucht des Volkes nach einfachen und durchschaubaren Lösungen. Die Idee, daß der Sozialismus eine große Fabrik, ein großer Staatsapparat sei, ist natürlich durchschaubarer und verständlicher als Lenins Theorie des Sozialismus als eines Systems zivilisierter Genossenschaftler. Allein die verschiedenen Formen des Genossenschaftswesens können sehr verwirrend wirken: landwirtschaftlicher Verbrauch, Kredite, Verkauf, industrielle Aspekte etc. Ein Sozialismus, der nur auf einer einzigen Form des Eigentums beruht, ist viel leichter zu begreifen.

Preobraschenskis später von Stalin verwirklichte Idee einer ständigen, ununterbrochenen Vergesellschaftung der Produktion sowie einer breiteren Nutzung nichtökonomischer Methoden der sozialistischen Akkumulation war ihrem Wesen nach weder mit der Idee des Genossenschaftswesens noch mit dem Konzept des warenproduzierenden Sozialismus zu vereinbaren. Es widerspricht dem Genossenschaftswesen von Grund auf, die Produktion im nationalen Maßstab zu organisieren, etwa wie ein »Syndikat des ganzen Volkes«, in dem vorausgesetzt wird, daß jede Wirtschaftseinheit den vom Zentrum ausgehenden Richtlinien und Anweisungen folgt. Eine Genossenschaft ist ein freiwilliger Verband von privaten Eignern gewisser Produktionsmittel, und sie benötigt ökonomische Unabhängigkeit und volle Eigenfinanzierung. Sie setzt sich ihre eigenen wirtschaftlichen Ziele. Mit anderen Worten, die Beibehaltung der Genossenschaft in irgendeiner Form hätte einen gewissen Grad an wirtschaftlicher Dezentralisierung erfordert und zahlreiche unabhängige Produzenten am Wirtschaftsprozeß teilnehmen lassen.

Im Rahmen der Sozialismusvorstellungen, die auch Preobraschenski teilte und die für das Wirtschaftsleben der dreißiger Jahre typisch werden sollten, dachte man an entgegengesetzte Prozesse. Wenn wir uns auf einen so wichtigen Aspekt der linken Strategie der dreißiger Jahre wie den Etatismus konzentrieren, müssen wir nicht nur seine ideologischen Wurzeln aufspüren, sondern auch feststellen, auf welchem Boden er am besten gedieh. Es gibt keinen Zweifel, daß die etatistische Interpretation des Sozialismus am meisten Anklang bei der sich herausbildenden Bürokratie fand. Die Verstaatlichung der allgemeinen Produktion, der Abbau des Genossenschaftswesens, die Beseitigung des Marktes und die Aufhebung des Wertgesetzes nützen vor allem dem Funktionär und dem Verwaltungsapparat. Solche etatistischen Maßnahmen erweitern die Zuständigkeit des Bürokraten, vergrößern die Zahl höherer Positionen und eröffnen dadurch bessere Karriereaussichten. Auch die Idee, die Ware-Geld-Beziehung abzuschwächen und den direkten Produktaustausch zu verringern, ist besonders für den Funktionär attraktiv. Diese Strategie des sozialistischen Aufbaus befreit ihn von einem unangenehmen Kontrolleur, der die Qualität seiner Arbeit überprüfen könnte: dem Markt. Die Eigenfinanzierung ist für den stumpfen Bürokraten stets abschreckend gewesen, da er nicht daran gewöhnt ist, die wirtschaftlichen Folgen seiner Entscheidungen zu durchdenken, geschweige denn materielle Verantwortung für sie zu übernehmen.

Ein Vergleich zwischen den Möglichkeiten, die dem Apparat von Lenins flexiblem Sozialismusmodell und von dem etatistischen Konzept einer neuen Gesellschaft geboten wurden, macht sofort deutlich, weshalb es uns so schwerfiel, das linke Streben nach totaler Staatskontrolle über die Arbeit effektiv zu bremsen. Das neue, von Lenin in seinen letzten Werken formulierte Sozialismuskonzept, das die Wirtschaftsstrategie der Partei in den zwanziger Jahren (bis hin zum April-Plenum des Jahres 1929) bestimmte, war seiner Stoßrichtung nach von Beginn an antibürokratisch und bedrohte das Wohlbefinden und den Seelenfrieden der Funktionäre. Übrigens bestand einer der Hauptgründe für den Übergang von der Kommandowirtschaft, die für den Kriegskommunismus charakteristisch war, zu marktwirtschaftlichen Maßnahmen darin, daß der Staatsapparat, der während des Bürgerkriegs über alle Maßen angewachsen war, verringert werden mußte. Bereits im Jahre 1920 war er größer als der bürokratische Apparat des zaristischen Rußland. Mittlerweile war die Zahl der Funktionäre in Moskau, verglichen mit 1917, um 46 Prozent und in Petrograd um fünfzig Prozent gestiegen. Unter diesen Umständen wurde es zu einer der wichtigsten Prioritäten, die nichtproduktiven Ausgaben für den unverhältnismäßig angeschwollenen Staatsapparat zu senken.

Dies konnte nur erreicht werden, indem man den Umfang der bürokratischen Arbeit beträchtlich einschränkte und die Bereiche erweiterte, die von direkter staatlicher Überwachung frei waren. Also gab man den Bauerngemeinden in den frühen zwanziger Jahren das Recht zur Selbstverwaltung zurück. In der Gesellschaft wuchs die Erkenntnis, daß die »horizontalen Wirtschaftsbeziehungen« unbedingt wiederhergestellt werden mußten, das heißt ein Genossenschafts- und Austauschsystem, das sich auf die Initiative der Hersteller selbst stützte. Genossenschaftsorganisationen in Industrie und Landwirtschaft konnten sehr viel zu diesem Ziel beitragen und dafür sorgen, daß der Markt wenigstens im örtlichen Rahmen wiederhergestellt wurde. Gleichzeitig betrachtete die Partei das Genossenschaftswesen als Mittel, mit dem man die unzweifelhafte Inkompetenz der staatlichen Funktionäre bekämpfen konnte. Denn der wirtschaftliche Charakter der Genossenschaften, ihre Unabhängigkeit und ihre Privathandelselemente entzogen sie deren inkompetenter Überwachung. In der Regel wurden Genossenschaftsorganisationen zudem von Personen geleitet, die den Respekt der Aktionäre genossen und einen beträchtlichen Teil ihrer eigenen Mittel in den Genossenschaftsfonds investierten, so daß sie ein persönliches Interesse an einer rationellen Geschäftsführung hatten.

Das neue leninistische Sozialismuskonzept geriet also von Anfang an in Konflikte mit den Interessen jener Angehörigen des Staatsapparats, die sich nun um eine anderweitige Tätigkeit bemühen mußten. Während die Neue Ökonomische Politik immer erfolgreicher wurde, verschärfte sich der Interessenkonflikt zwischen den sich entwickelnden Produktivkräften im Lande und der Bürokratie. Dies lag daran, daß die Politik des Abbaus des Apparats, die bereits auf dem X. Parteitag der Allrussischen Kommunistischen Partei (Bolschewiki) verkündet worden war, nicht die erwarteten Ergebnisse zeitigte. Um 1926 hatte der Staatsapparat schon 832 000 Mitarbeiter, während die zaristische Bürokratie nur 432 000 Personen umfaßt hatte. Im Jahre 1927 war der Apparat um weitere 49 000

Menschen angewachsen. In manchen Trusts machten die für die Bürokratie aufgewendeten Kosten vierzig Prozent der gesamten Lohnsumme aus.

Obwohl der Sozialismus Anfang der zwanziger Jahre einen qualitativen Wandel durchmachte, blieben die Verwaltungsmethoden unverändert, die sich während der Zeit des Kriegskommunismus herausgebildet hatten. Dies ist einer der Hauptwidersprüche der frühen zwanziger Jahre. Ungeachtet der Änderungen in der Innenpolitik waren an der Spitze und auf mittlerer Ebene immer noch dieselben Personen tätig, die sich daran gewöhnt hatten, Verbote aufzuerlegen, Befehle zu erteilen, Richtlinien zu verfassen und Projekte zu entwerfen. Vor allem aber blühte und gedieh der »Organisationsfetischismus« mehr denn je. Er gründete sich auf die Überzeugung, daß der Staatsapparat das Recht habe, in alle Bereiche des gesellschaftlichen Lebens einzugreifen und sie gemäß der jeweiligen Interpretation des Sozialismus umzumodeln.

Im frühen Stadium, Mitte der zwanziger Jahre, entfalteten die Dokumente und Richtlinien eine immer stärkere Eigendynamik, und die Lücke zwischen der Verwaltungstätigkeit einerseits und der wirtschaftlichen Realität, dem ökonomischen Potential, den geistigen und physischen Fähigkeiten der Menschen andererseits erweiterte sich. Immer häufiger ging die Bedeutung von Verwaltungsakten im Papierwust und in Berichtsprozeduren unter. F. E. Derschinski wiederholte in seinen letzten Erklärungen gern den Satz: »Wir leiden an Organisationsfetischismus.« Zum Beispiel sagte er vor hohen Funktionären des Allrussischen Rates der Nationalökonomie: »Uns scheint, daß man, um etwas zu organisieren oder zu konstruieren, nur ein Blatt Papier zu nehmen, sich in seinem Büro hinzusetzen und zu schreiben braucht: ›Trefft energische Maßnahmen‹, ›Findet die Mittel‹ und so weiter und so fort. Damit begnügen wir uns.«[19]

Je rascher der Apparat wuchs, desto größer wurde die Gefahr, daß man die realen wirtschaftlichen und gesellschaftlichen Aufgaben nur registrierte und ihre Bewältigung im Namen reich dokumentierter Organisationsprogramme verschiedener Art opferte. Zu Beginn der zweiten Hälfte der zwanziger Jahre war die Frage der künftigen Entwicklung des Landes und der sozialistischen Industrialisierung sehr eng mit der Frage nach der Zukunft des ständig anschwellenden bürokratischen Apparats verbunden. Die Alternative war sehr einfach zu formulieren: Entweder konnte man die Akkumulation durch Verringerung der nichtproduktiven Ausgaben, also durch Abbau des Apparats, erhöhen, oder man folgte Preobraschenskis Rezept und enteignete die Bauern.

Wenn man die Reden von Bucharin, Dserschinski und Ordschonikidse liest, erhält man eine Vorstellung davon, welches Ausmaß das Dilemma angenommen hatte. Zum Beispiel schlug Dserschinski in seiner Rede auf dem Juni-Plenum des Zentralkomitees und der Zentralen Kontrollkommission der Allrussischen Kommunistischen Partei (Bolschewiki) ausdrücklich vor, die Ausgaben für den Staatsapparat zu beschneiden. Er betonte: »Wir können und müssen einzig unsere administrativen Ausgaben für unseren Verwaltungsapparat kürzen.«[20] Gleichzeitig wandte er sich kategorisch gegen die Enteignungen auf dem Lande, die von der Trotzki-Fraktion vorgeschlagen wurden. Dserschinski meinte, daß eine Akkumulation, die auf der Verelendung der Dörfer beruhe, die Industrialisierungspläne durchkreuzen werde: »Wir müssen das Land industrialisieren, und dies wird nicht der Fall sein, wenn wir nicht in immer größer werdendem Maße die landwirtschaftlichen Produkte bekommen. Warum? Weil wir vom Dorfe Rohstoffe brauchen; wir brauchen Getreide, Leder, Kartoffeln, Wolle und sonstiges Rohmaterial aus dem Dorfe. Man kann das Land nicht industrialisieren, wenn man mit Schrecken vom Wohlstand des Dorfes spricht.«[21]

Man muß auch im Auge behalten, daß der etatistische Sozialismusbegriff der technokratischen Einstellung der Bürokratie entgegenkam. In gewisser Weise handelte es sich um eine direkte Projektion der Weltanschauung, die für die neue Funktionärsschicht charakteristisch war. Die Leidenschaft für umfassende Wirtschaftsreformen und für militärähnliche Kommandomethoden der Wirtschaftslenkung erwächst aus dem Glauben, die Organisationsmöglichkeiten seien unbegrenzt und man könne den sozialen Stoff genau nach dem ursprünglichen Entwurf zurechtschneiden. Der Glaube an die Allmacht staatlicher Organisationsformen geht gewöhnlich mit dem Glauben an die schöpferische Kraft von Zwang und Verboten einher. Bezeichnenderweise hielten alle Gegner des Genossenschaftswesens einen politisch begründeten Arbeitszwang für wirksamer als jegliche Formen des wirtschaftlichen Anreizes. Auf dem X. Parteitag der Allrussischen Kommunistischen Partei (Bolschewiki) erklärten Zurupa und Frumkin, staatlicher Zwang sei »eine vollkommenere« Form der Arbeitsorganisation als das Genossenschaftswesen, das dem Sozialismus in »natürlicher Feindschaft« gegenüberstehe.

Die Verstaatlichung der Produktion sagt Menschen mit der beschriebenen Mentalität vor allem deshalb zu, weil sie meinen, daß es möglich sei, alles Spontane, Heterogene und Unkalkulierbare aus der Wirtschaft auszuschließen und so die bestehende Ordnung zu stärken. Ihrer Ansicht nach muß eine einzige Produktionsform durchgesetzt werden, indem man die nichtstaatlichen Alternativen der Wirtschaftsentwicklung radikal beschneidet und ausdrücklich jene Formen der Arbeitsorganisation verbietet, die auf tradierter, freier Wirtschaftstätigkeit basieren.

Ganz anders die Philosophie und die Grundprinzipien der Genossenschaftsbewegung, die das Gegenteil von Etatismus und bürokratischem Denken sind. Dieser Gegensatz läßt sich übrigens bis ins 19. Jahrhundert zurückverfolgen, nämlich zu der polemischen Auseinandersetzung zwischen Saint-Simon, dem Verteidiger eines organisierten kommunistischen Glücks, und Fourier, dem Befürworter der freiwilligen Genossenschaftstätigkeit. Schon die ersten Genossenschaftler versuchten, dem Individuum die Freiheit der Wahl zu überlassen und die totale Kontrolle über das Wirtschaftsleben zu vermeiden. Die wirtschaftliche Unabhängigkeit des Genossenschaftsbetriebes gefiel ihnen gerade deshalb, weil sie dem Unkalkulierbaren, Neuen und Unbekannten Raum bot und eine qualitative Verbesserung des Wohls der Mitglieder erhoffen ließ. Es ist kein Zufall, daß Fourier das Genossenschaftssystem als Weltanarchismus beschrieb. Aber es sind nun einmal das Unvorhersehbare, der Glaube an die Mannigfaltigkeit der Welt, die Hoffnung, neue Grenzen zu erreichen, die die Menschen nach Neuem streben lassen.

Mithin bestand keine Aussicht, daß die Bürokraten, die blind an die Möglichkeit glaubten, die gesellschaftliche Aktivität total organisieren zu können, zu Befürwortern des Genossenschaftswesens oder der privaten Organisation der Landwirtschaft werden würden. Der Mechanismus unseres Staatsapparates war weniger das Ergebnis bösen Willens als ein genaues Spiegelbild der damals vorherrschenden einfachen Maschinenproduktion. Die mechanische Realitätsbetrachtung mit ihrem typischen Wunsch, alle Lebenserscheinungen zu beherrschen, alle Grundlagen des menschlichen Lebens einheitlichen Maßstäben anzupassen, mußte zwangsläufig dazu führen, daß der Staat und vor allen Dingen der Wirtschaftsapparat ihren Einflußbereich ständig erweiterten. Sie wurden von dem Wunsch getrieben, sich durch schiere Größe selbst zu beweisen. Der Staatsfunktionär dachte in Verbindung mit der Landwirtschaft und dem Handwerk hauptsächlich an die Möglichkeit, sein organisatorisches Geschick zu demonstrieren. Er betrachtete sie in erster Linie als ein unerschlossenes Gebiet, als einen günstigen Brückenkopf, der ohne große Opfer eingenommen werden konnte, jedoch einzigartige Möglichkeiten für Manöver und Experimente bot. Nicht zufällig wuchs der Verwaltungsapparat in den zwanziger Jahren schneller als jeder andere Sektor der Gesellschaft. Zum Beispiel nahm die Zahl der Funktionäre, die sich auf Gebiets- und Bezirksebene mit Agrarfragen befaßten, in nur drei Jahren (von 1925 bis 1928) um 69,7 Prozent zu.[22]

Die revolutionären Stürme und Umwälzungen waren ihrer Natur nach ohnehin expansiv. Deshalb wurden territoriale Eroberungen, die zur Übernahme bestimmter Bereiche durch neue Gesellschaftsschichten führten, höher eingeschätzt als materielle, qualitative Siege, die Effizienz, Wohlstand und Arbeitskultur mit sich brachten.

Allerdings reicht dieses offensichtliche Interesse des ständig wachsenden Staatsapparats an der Beschneidung der NÖP und an der Ablehnung freiwilliger Bauerngenossenschaften nicht aus, um die Bürokraten für die linksradikalen Exzesse der dreißiger Jahre verantwortlich zu machen. Diese Haltung der Bürokratie war, für sich genommen, harmlos. Wäre sie entscheidend für das Schicksal der Partei und des Landes gewesen, so hätte die Trotzki-, nicht die Stalin-Fraktion den Sieg davongetragen, denn Trotzkis Weltanschauung kam den technologischen, organisatorischen und etatistischen Sehnsüchten der Bürokratie am nächsten.

Man darf nicht vergessen, daß die Möglichkeit des Staatsapparats, direkten Einfluß auf die Entscheidungen der Parteiführung auszuüben, nicht allzu groß war. Im Unterschied zur Bürokratie des Feudalismus repräsentiert der sozialistische Staatsapparat kein einheitliches Ganzes. Er ist keine Institution, besitzt keine präzise definierten Rechte und keine politische Lobby. Deshalb besteht immer die Möglichkeit, die verschiedenen Ämter des Apparats gegeneinander auszuspielen oder ihn einfach völlig zu ersetzen. Die juristische und politische Erfahrung zeigt, daß ein staatlicher Funktionär in den dreißiger Jahren keinen besseren Schutz genoß als ein Grundbesitzer auf dem Lande.

Nach Lenins Tod lag die Zukunft unseres Landes ohnehin nicht in den Händen der Technokraten, sondern in denen der Politiker, deren Beruf die Revolution war. Sie peitschten Rußland bis zur Ekstase auf und wollten, da sie stets unzufrieden mit dem Erreichten waren, unbedingt ein kommunistisches Wunder wirken.

5. KAPITEL

Die Krise der administrativen Idee

1. Der Preis eines Wunders

Es gibt noch eine andere Erklärung dafür, weshalb Stalins Versuch, die Privatwirtschaft abzuschaffen und die traditionellen landwirtschaftlichen Kleinbetriebe sowie die bisherige Lebensweise zu zerstören, in der Partei sogar noch stärker begrüßt wurde als die sozialistische Umwandlung der Landgebiete, die im Sommer und Herbst 1918 begonnen hatte. Anscheinend wurde die Neue Ökonomische Politik mit ihren wohlgenährten Städten und dem gewohnten russischen Überfluß auf den Märkten, mit ihrem gemessenen Lebensstil und ihrer Atmosphäre politischen Friedens nicht den Erwartungen derjenigen gerecht, die der Freude, »Geschichte zu machen«, teilhaftig geworden waren. Zuviel von der neuen sozialistischen Realität erinnerte an die Vergangenheit; dies galt besonders für das Alltagsleben.

Die reichhaltige Lebensmittelversorgung und der stille Fleiß der Bauern, die ihren eigenen Boden erhalten hatten, schienen die entsetzlichen Erfahrungen und unvorstellbaren Opfer des Bürgerkriegs nicht zu rechtfertigen. Was die Vorzüge der Gleichheit anging, so gewöhnten sich viele genauso rasch und mühelos an sie wie an das Fehlen des verhaßten Zaren.

Es ist jedoch erstaunlich, daß nicht nur die Sieger weiterhin von »nichttrivialen« Errungenschaften träumten, sondern auch die im Ausland lebenden Besiegten. Sogar die Liberalen der »Smena wech«-(Austausch der Wegmarken-)Bewegung, die erfreut über die Ergebnisse der NÖP, über die Flexibilität und Intelligenz dieser

Politik waren, wünschten sich etwas noch Bedeutenderes und Eindrucksvolleres. Dies sollte gemeinsam erreicht werden, weshalb sie forderten, daß die liberale Intelligenzija mit den Bolschewiki Frieden schließen möge. Der Emigrant J. Kljutschnikow schrieb: »Ohne die Bolschewiki wäre die Revolution ein bloßer Coup, ein Aufstand, ein Pogrom gewesen oder zur Anarchie – ohne die geringste Hoffnung für die Zukunft – entartet.«

Nach Meinung dieses »Smena wech«-Anhängers stand die russische Nation nun vor einem tragischen Dilemma: Entweder müsse sie in Zukunft noch bedeutendere Fortschritte machen und dadurch ihre Größe bekräftigen, oder sie müsse die Schuld für ungeheure Verbrechen akzeptieren. »Kann man sich vorstellen, wie bitter diese große Nation werden wird, wenn die unermeßlichen Opfer, die sie in diesen schwierigen Zeiten erlitten hat, nicht zu herrlichen und alles rechtfertigenden Ergebnissen führen?« fragte Kljutschnikow im Jahre 1921. »Wird sie in Zukunft genug moralische Kraft haben, um die Last der Selbstverurteilung oder der Verurteilung durch andere Nationen tragen zu können? Wird sie fähig sein, mit dem unzweideutigen Wissen zu leben, daß sie eine Verbrecherin, eine Schurkin, eine Idiotin ist, die, ohne betrunken oder besessen zu sein, alles zerstört und dafür … nichts erhalten hat! Absolut nichts! Nein, laßt jeden wissen, daß uns nur noch eine Alternative bleibt: Entweder sind alle Russen in ihrer Gesamtheit Verbrecher, oder wir kämpfen für eine edle Sache. Wir sind Verbrecher, wenn wir unser leidgeprüftes Vaterland nur dafür schänden und morden, daß wir zum Alten zurückkehren und ein Quentchen vom Neuen bekommen. Wir werden groß sein, wenn unser Leid mit dem Triumph des Genies der Revolution endet.«[1]

Wenn diese Sehnsucht nach Größe, nach einem Wunder und nach einem »Durchbruch in die Zukunft« einen liberalen Intellektuellen peinigte, jemanden, der weit von der Revolution entfernt war, dann kann man sich vorstellen, von welcher Leidenschaft die Menschen erfüllt waren, die buchstäblich ihr Blut vergossen hatten, um etwas ganz Neues zu schaffen: das Reich der Zukunft, die einzigartige Gesellschaft. Wie leicht muß es gewesen sein, diese Menschen zu verführen, indem man sie aufforderte, nur noch einen einzigen weiteren Sprung zu machen und ein paar letzte Opfer zu bringen, damit sie später nie wieder etwas opfern müßten!

Übrigens wird Stalins Denken von Anatoli Rybakow in dem Roman *Die Kinder vom Arbat* genauso dargestellt. Als Stalin sich zu einer Reihe neuer Unterdrückungsmaßnahmen entschließt, redet er sich ein, daß es keinen Zweck habe, sich Sorgen um die Opfer zu machen, denn sie würden ohnehin vergessen werden: »Nur jene leben in der Erinnerung fort, die Menschen in den Tod schickten.«

Verblüffenderweise hatten all unsere originellen Denker bereits lange vor der Revolution Vorahnungen, daß wir Russen der Versuchung, die Welt in Erstaunen zu versetzen, nicht widerstehen könnten. Achtzig Jahre vor unserem ersten Versuch, direkt aus dem kapitalistischen Rußland ins kommunistische Rußland zu springen, schrieb Pjotr Tschaadajew in seinem ersten *Philosophischen Brief:* »In gewisser Weise sind wir ein außergewöhnliches Volk. Wir sind eine der Nationen, die kein Teil der Menschheit zu sein scheinen und nur zu dem Zweck existieren, der übrigen Welt irgendeine wichtige Lektion zu erteilen. Natürlich wird die Lektion, die zu erteilen wir aufgerufen sind, nicht vergeblich sein, aber wer kann sagen, wann wir der Menschheit angehören und wieviel Unglück wir erleiden werden, bevor unsere vorherbestimmte Aufgabe vollendet ist.« Tschaadajew blieb nicht bei Gogols Ansicht stehen, daß es töricht sei, »an die Zukunft zu denken und gleichzeitig die Gegenwart zu ignorieren«. Er ging noch weiter und zeigte die extreme Gefahr auf, die sowohl für die Gegenwart wie auch für die realistisch absehbare Zukunft bestehe, wenn man den Wert der Gegenwart herabsetzte. Tschaadajew schrieb in *Ein Brief aus Ardatow nach Paris:* »Wenn das gegenwärtige Leben Rußlands keiner ... Liebe wert ist und bloßes Mitleid ausreicht, dann kann das Leben der Menschen auch ohne jede schreckliche Wirkung unterbrochen werden; folglich kann das Volk eines schönen Morgens seine frühere Lebensweise aufgeben und ein neues Leben beginnen, folglich benötigt man nur irgendeine Form des starken Willens, um die gesamte Vergangenheit des Volkes beiseite zu schieben und ihr eine künstliche Gegenwart aufzupfropfen. Und schließlich, welch ein klägliches Volk ist es denn, das sein Vermächtnis ohne jeden Grund so leichthin verschleudert?«

Wenn man sich ausschließlich auf die Zukunft fixiert, dann erscheint die Gegenwart tatsächlich als äußerst zweifelhaft und labil. Wenn die Betrachtung der Vergangenheit wie der Gegenwart von Zweifeln umwölkt ist, dann kann man keine zuverlässigen Kriterien entwickeln, nach denen sich die Qualität der sozialistischen Arbeit bewerten ließe. Man bleibt unfähig, zwischen notwendigen, durchdachten Veränderungen und solchen Umwandlungen zu unterscheiden, die unzeitgemäß, überhastet oder einfach nur schädlich sind. Es gibt dann keine Grundlage für den Realismus. Die Vorstellung, die unseren Philosophen seit Jahrzehnten eingeschärft wurde – daß nämlich die Kriterien für das, was kommunistisch ist und was nicht, im Kommunismus selbst enthalten seien und daß man nicht an das glauben solle, was war und was ist, sondern nur an das, was sein wird –, muß zwangsläufig zum Mystizismus geführt haben. Wie sonst wäre es in einer realen, materiellen Welt möglich, sich auf etwas zu verlassen, das vielleicht eintreten wird, vielleicht aber auch nicht?

Ein Zukunftsbegriff, der abstrakt und unspezifisch ist und das reale Leben in Rußland und den Charakter des realen russischen Volkes nicht berücksichtigt, bringt ein gleichermaßen vages Konzept von Gut und Böse hervor – davon, was der Bevölkerung und der Gesellschaft des Landes nützt und was ihr schadet. Die Annahme, daß alles moralisch ist, was der Konsolidierung des Kommunismus dient, ist nur dann gerechtfertigt, wenn wir über ein zuverlässiges, positives und konstruktives Wissen um die Zukunft verfügen. Aber welche Anleitung bietet diese Annahme, wenn der Kommunismus mit unmöglichen Träumen verknüpft ist, etwa damit, daß Nationalsprachen, Staatsgrenzen, Souveränität, Geld, Klassen etc. verschwinden? Wieviel Unsinn hätten sich die Befürworter des Zwangskollektivismus in Anbetracht ihres Glaubens an die kommende universelle Bruderschaft und ihres Strebens, sogar die Dorfhühner zu einem kollektiven Leben zu veranlassen, leisten können, bevor es offensichtlich geworden wäre, daß ihre romantischen Visionen von der strahlenden Zukunft bloß ein utopischer Traum waren? Die anfängliche Vagheit des Zukunftsbegriffs, die das Volk während des ersten Fünfjahresplans so bezauberte und inspirierte, hatte unvermeidlich zur Folge, daß man eine undifferenzierte Haltung der Umgebung und dem aktuellen Leben gegenüber einnahm. Das mystische Bild der Zukunft wäre sofort in all die Einzelaufgaben zersplittert, die von Anfang an unrealistisch waren, wenn man ein solides Verständnis für Vergangenheit und Gegenwart, für die gegenwärtige Umwelt und vor allem für den wahren Charakter des Menschen gehabt hätte.

Solange die überwiegende Mehrheit der Menschen auf einer mystischen, utopischen Vorstellung von der Zukunft beharrt, sind sie prinzipiell unfähig, sinnvoll und gezielt zu arbeiten und ein gesundes Verhältnis zur Vielschichtigkeit der Realität aufzubauen. Diese Einsicht hilft, Stalins mechanistische Einstellung zu verstehen, die der Philosoph J. Batalow als Unvermögen beschrieb, die Vielschichtigkeit des Gesellschaftslebens und seine Widerstandskraft gegen alle möglichen Turbulenzen zu begreifen. Die Abwertung der Gegenwart bestärkt die technokratischen Illusionen unserer Zeit und die verbreitete Ansicht, daß das Leben bloß der »Boden« und die Menschen der »Stoff« seien und daß alles geändert und umgemodelt werden könne, wenn nur der Wille dazu und die entsprechenden organisatorischen Druckmittel vorhanden seien.

Immer dann, wenn es keine klaren Urteilskriterien für Gut und Böse gibt, wird die »Lektion« selbst zum Urteilskriterium, zum Beispiel der Aufbau einer »nichttrivialen« Volkswirtschaft, die keine Beziehung zum Wertgesetz hat. Durch die Mystifizierung der Ziele wird dem Prozeß der gesellschaftlichen Veränderung und des Kampfes gegen Vergangenheit und Gegenwart ein absoluter Wert beigemessen. In diesem Fall stellt die Tatsache eines geringfügigen Wandels, einer Unähnlichkeit zwischen dem gerade Aufgebauten und dem bereits in der Vergangenheit Existierenden, den größten Beweis für den Fortschritt dar. – Mit dieser Logik versuchten die Verfechter der Theorie einer spezifisch sozialistischen Reinheit uns noch vor vier Jahren zu beweisen, daß selbst die unprofitabelsten Sowchosen aufgrund ihrer sozialen Vorzüge zehnmal besser seien als die leistungsfähigsten Privathöfe.

Wer davon überzeugt ist, daß sich die bedeutendsten geschichtlichen Ereignisse in der Zukunft abspielen werden und daß unser gegenwärtiges Leben und unsere gegenwärtige Arbeit im Vergleich dazu ohne Wert sind, kann weder die Vergangenheit noch die Gegenwart angemessen einschätzen. Er wird unwillkürlich zu einem Feind der bestehenden Kultur. Der Hang zur Zerstörung ist der unvermeidliche Preis, den man für eine romantische, das heißt unrealistische Einstellung zur Zukunft bezahlen muß – der Preis des Rechtes, wenn auch nur für einen Moment, in einer visionären, glückseligen Welt zu leben.

Michail Bakunins Glaube, daß die Revolution schöpferisch sei, verschwand nicht, sondern wurde im Gegenteil immer populärer, während sich die russische Gesellschaft zunehmend radikalisierte. Die Selbstverständlichkeit, mit der unsere Mitbürger zu Gewaltmaßnahmen und Zerstörung griffen, ist verblüffend.

In einer Situation, in der sogar die Professoren der Imperialen

Universität einräumten, daß ein Revolutionär nicht über die Opfer nachzudenken brauche, daß »die Geschichte leider keinen zu hohen noch einen zu niedrigen Preis kennt«, war es nur natürlich, daß Trotzkis Theorie der permanenten Revolution und der Linksradikalismus entstanden. Das folgende Zitat stammt von Professor N. W. Ustrjalow, der als Liberaler die Gewalt und ihre historische Rolle genauso beurteilte wie der zweitwichtigste Führer der sozialistischen Revolution in Rußland. Dieser Chefideologe der »Smena wech«-Bewegung schrieb: »Jedes große historische Ereignis setzt Zerstörung voraus. Allgemein gesprochen, ist die Kultur der Menschheit nur lebensfähig, weil sie ständig zerstört und neu erschaffen wird, indem sie sich im Feuer verzehrt und dann wie ein Phoenix aus der Asche aufersteht und ihre Sprößlinge nach Art Saturns verschlingt.«[2] – Ich sehe keinen Unterschied zwischen dieser Aussage des liberalen N. W. Ustrjalow und der Erklärung des linksradikalen L. D. Trotzki, daß nur Revolutionen Persönlichkeiten hervorbringen.

Da die Popularität von N. W. Ustrjalows Werken heute zunimmt (manche Publizisten halten seine Ansichten über den Zweck und die Natur unserer Revolution für absolut korrekt), möchte ich anmerken, daß er sich ebenso irrte wie Trotzki. Eine Vielzahl europäischer Nationen hat heute den Gipfel des geistigen Fortschritts und des wirtschaftlichen Wohlstandes erreicht, ohne die von ihren Vorfahren ererbte materielle und geistige Kultur zerstört und ohne Freveltaten gegen das, was ihnen heilig ist, begangen zu haben. Die Geschichte Frankreichs mit seiner Bartholomäusnacht und den Repressionen und Greueln der Jakobinerdiktatur, auf die N. W. Ustrjalow sich bezog, kann nicht als gesetzmäßiges Vorbild für jede andere Nation dienen. Die Zivilisation des alten Athen, die Marx für den Gipfel menschlicher Entwicklung hielt, kannte keine Klassenrevolutionen oder Berufsrevolutionäre; ihr Aufstieg war das Ergebnis des Handels, der Arbeit freier Bauern und der Demokratie, die schöpferische Freiheit, verschiedene philosophische Schulen und eine Vielfalt von Meinungen zuließ.

Die Revolution an sich kann nichts hervorbringen. Eine Persönlichkeit entfaltet sich durch produktive Arbeit, Kultur, Kunst, Nachdenken und ein entwickeltes religiöses Gefühl. Die Revolution ist fähig, die menschliche Würde zu stärken und alles zu beseitigen, was die kreative Selbstentfaltung des Menschen hemmt. Das ist natürlich sehr viel, aber die Revolution an sich kann trotzdem nichts hervorbringen. Und ich spreche jetzt nicht von einer Revolution, deren Zweck darin besteht, die bereits auf dem Boden der alten Gesellschaft gereiften Früchte zu ernten und mit neuem Leben zu erfüllen. Was Revolutionen betrifft, deren Hauptziel einfach darin besteht, die Welt zu verändern und etwas völlig Neues zu schaffen (zum Beispiel eine »nichttriviale«, »nicht kleinbürgerliche« Wirtschaft), so sind die Dinge viel komplizierter. Man muß solche Revolutionen mit der größten Vorsicht betrachten, denn es herrscht nie völlige Gewißheit, daß auch wirklich etwas nie Dagewesenes, etwa große Getreidefabriken in einem patriarchalischen russischen Dorf, geschaffen wird. Deshalb muß man auf der Hut sein und seinen gesunden Menschenverstand sowie ein Gefühl des Maßes und der Verantwortung dem Leben anderer Menschen gegenüber einsetzen; zudem muß man bereit sein, zurückzuweichen, den Kurs zu ändern oder tapfer und ohne Zögern den verlockendsten Traum aufzugeben, wenn dieser Traum nicht zu einer schöpferischen, sondern zu einer destruktiven Kraft wird.

Dies alles ist möglich, wenn die Revolutionäre nicht unrealistisch werden, sich von humanistischen Werten leiten lassen und den verzweifelten Wunsch der Menschen nach Glück teilen. Das Problem ist jedoch, daß die Linksradikalen glauben, Revolutionen seien die einzige schöpferische Kraft, was ihnen von Anfang an die Chance nimmt, die Dinge zu sehen, wie sie sind. Diese Geschichtsbetrachtung stellt alles auf den Kopf und führt zu einem umgekehrten Wertsystem, zu einer Welt der Antiwerte.

Sie lenkt die Aufmerksamkeit vom Individuum ab und konzentriert sie statt dessen auf den revolutionären Prozeß und die Machtübernahme; sie ersetzt das Ziel durch eine mögliche Methode zur Erreichung des Ziels. Dies führt letztlich zu einer Situation, in der die Umwandlung der Gesellschaft und die Veränderung der bisherigen Lebensweise, der Produktionssphäre und der Familienbeziehungen zum sozialen Hauptziel werden. Trotzkis Theorie der permanenten Revolution und seine alles verzehrende Agitationslust gehen auf seinen grundsätzlichen Standpunkt zurück, daß nur Revolutionen Persönlichkeiten schüfen und den Fortschritt förderten.

Wenn ein Revolutionär erst einmal vom infantilen Chaos des Linksradikalismus angesteckt ist, kann er nicht mehr einhalten, denn sobald der Lebenssinn darin besteht, die alte Welt umzustürzen, kommt es weniger auf das Ergebnis als auf den

Prozeß des Wandels, auf die Ablehnung alles Vergangenen an.

Ich bin davon überzeugt, daß alle Auswüchse, die zur Zeit mit dem »Stalinismus« verknüpft werden, auf diese apokalyptische Geschichtsbetrachtung zurückzuführen sind, die so typisch für unsere radikalen Intellektuellen ist; auf diesen Wunsch, die »absoluten Werte« der Menschheit in Frage zu stellen. Solange wir an diese alte und tiefverwurzelte Leidenschaft gefesselt sind, alles niederzutrampeln, was gegenwärtig existiert, und solange wir das abstrakte Ziel für wertvoller halten als die lebendigen Menschen, werden wir nicht in der Lage sein, das zu überwinden, was in den historischen Handbüchern der Partei als »Trotzkismus« bezeichnet wird. Wir werden nicht in der Lage sein, die als »Schlachten für den Sozialismus« deklarierten Ereignisse zu bewältigen.

In der Regel sind es gerade die Intellektuellen als Träger des kritischen Bewußtseins, des Zweifels und der Vernunft, welche es einer Nation ermöglichen, selbst in Ausnahmesituationen auf Extreme und sinnlose Opfer zu verzichten. Unter unserer Intelligenzija gab es jedoch sehr wenige, die auch in den kompliziertesten Situationen noch eine Kompromißlösung suchten. Die meisten von ihnen glaubten im Gegenteil, daß nur extreme und außerordentliche Maßnahmen etwas wahrhaft Bedeutungsvolles hervorbringen könnten.

Vielleicht bestand das gefährliche Element unseres radikalen Denkens weniger in der unbekümmerten Haltung gegenüber Gewalt und Vernichtung als in der Überzeugung, daß die Festigkeit des künftigen Gebäudes von einer umfassenden anfänglichen Zerstörung abhänge und daß ohne große Opfer nichts Bedeutsames geschaffen werden könne. Manchmal erhält man den Eindruck, daß viele Sowjetbürger nur das zu schätzen wissen, was sie viel Leid gekostet hat. Viele Menschen ziehen den Umkehrschluß und fragen sich aufrichtig, ob es überhaupt möglich sei, die Kollektivierung zu kritisieren, da sie ja unter so großen Opfern durchgeführt wurde.

Diese Haltung gilt ebenso für den russischen Berufsrevolutionär wie für den russischen Dichter. Bucharin, der auf dem VII. Parteitag sagte, daß »wir, wenn es nötig ist, Zehntausende von Arbeitern opfern können und müssen«, war in diesem Moment nicht blutdürstiger als zum Beispiel der Dichter Alexander Blok, der Anfang 1918 leidenschaftliche Hymnen auf die von der Revolution erzeugte Zerstörung, ihr Ausmaß und ihre Hoffnungen schrieb. Er forderte dazu auf, *»alles umzugestalten.* Und so einzurichten, daß alles zum Neuen sich wandelt ... Etwas Geringeres, Gemäßigteres, Niedrigeres heißt Aufruhr, Rebellion, Umschwung. *Dies* aber heißt Revolution ... Wie ein Gewitterwind, wie ein Schneesturm bringt die Revolution stets Neues und Unerwartetes mit; grausam betrügt sie viele; unversehens versehrt sie in ihrem Strudel auch den Würdigen; oft wirft sie einen Unwürdigen unversehrt aufs Trockene; aber das sind nur Einzelerscheinungen, die weder an der allgemeinen Richtung noch an dem drohenden und ohrenbetäubenden Brüllen des Stroms etwas zu ändern vermögen. Dieses Brüllen kündet trotz allem *Großes*«.[3]

Es kann deshalb nicht überraschen, daß dieses Land besonders hartnäckige Versuche zur Erreichung der Ideale des reinen Sozialismus unternahm und die linksradikalen Experimente der Zeit des Kriegskommunismus dauernd wiederholte. Bucharin, der zu Realismus und Mitleid mit den armen russischen Bauern mahnte, mußte einfach den Machtkampf gegen Stalin verlieren, der zu einem Ansturm auf die Sterne, auf das Unmögliche aufrief und lehrte, daß die Furcht vor großen Opfern ungerechtfertigt sei. Alle wollten unbedingt zum Neuen, Unerforschten durchbrechen, und sie waren zu jedem Opfer bereit, selbst zu dem des eigenen Lebens, um rasch die reine sozialistische Gesellschaft aufzubauen und die Entwicklung der wahren menschlichen Persönlichkeit zu ermöglichen.

Es war Marx, der als erster die Gefahr erkannte, die sich in dieser mystischen Betrachtung der kommunistischen Zukunft und der universellen Werte der Geschichte verbarg. Er übte scharfe Kritik an dem deutschamerikanischen Sozialisten Kriege, der predigte, daß »der Kommunismus die Religion der Liebe zur Menschheit« sei und daß ein Kommunist den »selbstsüchtigen Egoismus« aus seiner Seele reißen solle.[4]

»Krieges gute Absichten« machen Marx die Gefahr deutlich, daß die kommunistische Bewegung von den Aktionen und der Philosophie des Christentums in Besitz genommen und an sie angepaßt wurde. Deshalb beschloß er, sich von den christlichen »Tendenzen« der Askese und »der Selbstverachtung des Menschen« zu distanzieren, die Hermann Kriege propagiert hatte. Leider gelang es unserer russischen Arbeiterklasse genausowenig, sich dieser Tendenz zur Christianisierung des Marxismus zu entziehen. Dafür gibt es natürlich objektive Gründe, etwa das geistige Erbe von Netschajews und Bakunins »Revolutionskatechismus«, die Psychologie des illegalen Kampfes und schließlich das niedrige Bildungs- und Geistesniveau derjenigen, die den Pfad der Revolution einschlugen.

Der Hang zur Christianisierung zeigte sich nicht nur in der utopischen Interpretation des Marxismus, sondern auch darin, daß diese Utopie zu einem Symbol des Glaubens und seines politischen Nutzens wurde. Mit Zweifeln und Alternativen schlug sich niemand herum. Gefragt waren nur das Endergebnis und klare marxistische Formeln. Trotzki schrieb: »Wir haben den Marxismus nicht nur dazu nötig gehabt, um mit der Volkstümlerei, die uns kaum berührt hatte, fertig zu werden, nein, wir haben ihn vor allem dazu gebraucht, um den unpersönlichen Kampf gegen den Kapitalismus auf seinem eigenen Gebiet zu eröffnen.«[5]

Die Tatsache, daß Marx sich sein ganzes Leben hindurch als Wissenschaftler ständig fortentwickelte, nachdem er den Einfluß von Hegels Kosmopolitismus und Fatalismus überwunden hatte, wurde ganz einfach ignoriert. Das gleiche galt für den Umstand, daß Marx sich später gegen jeden Versuch wandte, seine Theorie als eine Lehre über die universelle Bestimmung der Menschheit zu interpretieren.

Doch waren jene, die sich selbst für Marx-Anhänger hielten, besonders die »Infanteristen« der revolutionären Schlachten, denn überhaupt in der Lage, sich ebenfalls auf einen wissenschaftlichen, nichtfatalistischen Geschichtsbegriff umzustellen? Es ist bekannt, daß zahlreiche Führer der Oktoberrevolution, denen es an einer Universitätsausbildung fehlte, Marx nie im Original zu lesen vermochten. Selbst Leo Trotzki, der Absolvent einer Realschule in Odessa, der gebildet zu sein glaubte und sich etwas auf sein Selbstvertrauen zugute hielt, war überzeugt, daß die Sklavenhaltergesellschaft bereits im 5. Jahrhundert von dem progressiveren Feudalsystem abgelöst worden sei und daß die deutschen Barbaren damals eine höhere Entwicklungsphase erreicht hätten.

Es liegt auf der Hand, daß die kommunistischen Arbeiter und Bauern, die zuerst an dem bewaffneten Aufstand und später am Bürgerkrieg teilnahmen, die Idee des Kommunismus als etwas Messianisches und Vorherbestimmtes – wie das christliche Paradies oder das Reich Gottes auf Erden – begreifen mußten. Diese Menschen brauchten einen mystifizierten, in ein religiöses, messianisches Gewand gehüllten Marxismus. Je majestätischer und ferner das Ziel der Revolution war, desto selbstbewußter zeigten sich die Revolutionäre, und ihr Aktionsbereich sowie die Möglichkeit, ihr Talent zu demonstrieren und ihren Ehrgeiz zu befriedigen, vergrößerten sich.

Dieser Typ des Revolutionärs hatte kein Interesse an Marx als Wissenschaftler und Forscher, sondern an Marx als Prophet und Wahrsager, der die Geheimnisse des menschlichen Geschicks erspäht hatte. Aus der Fülle der marxistischen Ideen griff unser revolutionärer Messianismus nur diejenigen heraus, die sich mit unserer eigenen, apokalyptischen Sprache beschreiben ließen. Wir verstanden den Marxismus als Lehre, die vom revolutionären Drama der Geschichte kündete, und brachten ihn mit einem Blutmeer in Verbindung, das überquert werden mußte, um zum Fortschritt zu gelangen. Wir begrüßten ihn als Lehre von der unvermeidlichen Bestimmung der Welt und von der Gewißheit einer globalen proletarischen Revolution.

Hätten die Menschen, die von einem neuen, globalen Holocaust träumten, den Marxismus anders interpretieren können? Es waren Menschen wie der Gelehrte und Revolutionsdichter A. Gostew, der einen neuen Messias erwartete, »den Künder von Wundern und Katastrophen«. Sie erwarteten die triumphale Stunde der Geschichte, da »die gespenstischen Schatten der Nacht den hellen Tag verfinstern, da Tempel und Museen zerbröckeln, da Berge auseinanderklaffen, Orkane vorbeirauschen, die Meere sich über die Landmassen erheben und die Sonne im Westen aufgeht«. (W. Frige, *Die Dichtung der Eisenrasse*, *Westnik schisni,* Nr. 2, 1918, S. 29 f.)

Diese Betrachtung des Marxismus und des Kommunismus hat die traditionell messianische Eigenart des Bewußtseins unserer Intellektuellen sowie unsere typische Eigenart verstärkt, die Gegenwart der Zukunft, die öffentlichen Interessen denen eines bösartigen Individuums, das Geistige dem Materiellen unterzuordnen. Die angestrebten Ziele nahmen an Bedeutung zu und entfernten sich immer mehr von unserem flüchtig erscheinenden gegenwärtigen Leben. Wir hofften nicht nur, die verhaßte zaristische Regierung zu stürzen und das russische Volk zu befreien, sondern auch, allen arbeitenden Menschen die Freiheit zu bringen und ein weltweites Reich der Arbeiter und Bauern aufzubauen.

Das Leben und die Sorgen des einzelnen nahmen sich, von den Gipfeln dieser Ziele her betrachtet, so unendlich nichtig aus, daß man meinte, sie vernachlässigen zu können. Folglich wurden das Leben und die Interessen der gegenwärtigen Menschen von Beginn an zugunsten der Zukunft, zugunsten eines Traums geopfert. Unter diesen Umständen blieb dem Individuum nichts anderes übrig, als seine Persönlichkeit »im kollektiven Geist der Partei« aufgehen zu lassen. Dies rechtfertigte jegliche Brutalität dem einzelnen gegenüber, besonders wenn er nichtproletarischer Herkunft war.

Trotzkis politisches Denken ist charakteristisch für diese Einstellung. Um sein Verhalten bei den Friedensverhandlungen von Brest-Litowsk zu begründen, schrieb er, daß der Verlust der Ostseegebiete und der Ukraine sowie der unvermeidliche Tod von Soldaten während einer neuen deutschen Offensive kein zu hoher Preis sein würden, wenn dadurch das Klassenbewußtsein des deutschen Proletariats erwache und die Weltrevolution näherrücke: »*Damals* forderte ich, selbst auf die Gefahr hin, Territorium zu verlieren, mit dem Friedensschluß nicht zu eilen, damit das deutsche Proletariat Zeit finden konnte, die Situation zu begreifen und sein Wort mitzusprechen.«[6]

Solche Worte sind nicht einfach auf Trotzkis individuelle Persönlichkeit zurückzuführen, sondern sie sind das Ergebnis der Schemata des sozialen Denkens, welche die Handlungen der radikalsten Elemente der Revolution bestimmten, deren eloquentester Sprecher Trotzki war. Diese Menschen waren davon überzeugt, daß der durch den Klassenkampf bewirkte Fortschritt alles rechtfertige. Zum Beispiel schrieb der Parteijournalist W. Stanischewski, der Klassenkampf »kennt weder die sogenannten Gesetze der Kriegführung noch die Gesetze der Menschlichkeit, er schont weder alt noch jung, weder Frauen noch Kinder«. (*Die Pariser Kommune in Geschichte und Literatur, Westnik schisni,* Nr. 3, 1919, S. 49)

Hier, in dieser durch unser erzrevolutionäres Bewußtsein geschaffenen Lücke zwischen Moral und Wirtschaft, zwischen dem Traum von einem neuen Menschen und dem realen, lebendigen Menschen, gingen viele unserer guten Absichten zugrunde. Schuld daran ist der wahnsinnige Extremismus unserer Intelligenzija und ihr Streben, mit einem Schlag die ewigen Widersprüche der menschlichen Existenz zu beseitigen. Nikolai Gogol schrieb: »Daher kommt ja unser ganzes Elend, weil wir auf die Gegenwart nicht achten, nur in die Zukunft schauen. Daher ist unser Elend so groß, weil wir alles sogleich aufgeben und schon starr den Blick in die Zukunft richten, sobald wir nur bei näherem Betrachten der Gegenwart merken, daß manches darin traurig und schmerzlich ist, anderes einfach abstoßend oder doch jedenfalls nicht so ausfällt, wie wir es gern möchten.«[7]

Der Philosoph J. Batalow, ein zeitgenössischer Erforscher des russischen revolutionären Bewußtseins, meint, diese euphorische und utopische Sicht der Zukunft, der Verlust einer soliden Grundlage, das Gefühl fast völliger Freiheit von den wirtschaftlichen Gesetzen und von der Macht der Vergangenheit, der unbegrenzte Glaube, die Gesellschaft umformen zu können, und die Überschätzung sowohl der eigenen Möglichkeiten wie der Veränderbarkeit der Gesellschaft würden im Prozeß einer siegreichen Revolution stets auftreten.

Diese These trifft im allgemeinen vermutlich zu. Allerdings stellten viele unserer Revolutionäre sogar in dieser Beziehung Ausnahmen dar. Schon lange vor dem Sieg, noch bevor sie wußten, wann sie ihn erringen würden, fühlten sich viele von ihnen frei von Vergangenheit und Gegenwart, und sie überschätzten sowohl ihre eigenen Fähigkeiten wie die Veränderbarkeit des gesellschaftlichen Lebens. Die Verherrlichung der Zukunft und der Hang zu moralischem Extremismus waren für unsere revolutionäre, atheistische Intelligenzija Bestandteile einer neuen Religion.

Sogar in *Wechi* erschien eine detaillierte Beschreibung des russischen revolutionären Extremismus. S. Bulgakow schrieb: »Eine gewisse Jenseitsgerichtetheit, eine eschatologische Träumerei von der Stadt Gottes und dem künftigen Reich der Wahrheit ... sowie der Wunsch, die Menschheit vom Leid, wenn nicht gar von der Sünde zu erlösen, sind bekanntlich die unveränderlichen und charakteristischen Merkmale der russischen Intelligenzija.«[8]

Auch Lenin sprach ironisch von der auffälligen »Kühnheit« des russischen Intellektuellen, wenn es um theoretische Auseinandersetzungen und die Verwirklichung »irgendeiner großen, universellen Agrarrevolution« ging. Mit besonderer Präzision beschrieb F. I. Schaljapin diese Schwäche unseres revolutionären Bewußtseins, die er als Emigrant von außen wahrnahm: »Ich kann nicht in solchem Maße blind und voreingenommen sein, um nicht zu bemerken, daß sich tief im Inneren der bolschewistischen Bewegung der Wunsch verbarg, das Leben nach den Prinzipien, die Lenin und einige seiner Anhänger für gerechter hielten, umzugestalten. Leider mochten sich unsere russischen Baumeister nicht dazu herablassen, ein gewöhnliches menschliches Gebilde nach einem vernünftigen menschlichen Plan zu entwerfen; vielmehr waren sie entschlossen, einen »in den Himmel ragenden Turm« – einen Turm zu Babel – zu errichten! Sie konnten sich nicht mit dem regelmäßigen, guten und gesunden Fortkommen eines Menschen zufriedengeben, der zur Arbeit geht und wieder zurückkehrt. Sie mußten mit Siebenmeilenstiefeln in die Zukunft eilen ... »Die Erde wird sich auf neuen Fundamenten erheben ... Wir werden der alten Welt entsagen« ... Deshalb mußten sie die alte Welt zuvor gründlich leerfegen, damit keine Wurzel, kein Staubkorn übrigblieb. Und die Hauptsache ist, daß unsere klugen russischen Köpfe die Antwort auf alle Fragen kennen. Sie wissen, wie man einen buckligen Schuhmacher in einen Apollo Belvedere verwandelt, wie man einen Hasen lehrt, ein Streichholz anzuzünden, und sie wissen, was dieser Hase benötigt, um glücklich zu sein.«

Allerdings übersah F. I. Schaljapin, daß Lenin versucht hatte, die Erbauer des Turms zu Babel wieder auf den Boden der Tatsachen zurückzuholen. Dies ist kein Wunder, denn Lenins Versuche entgingen auch vielen Parteiführern. Der Fairneß halber sollten wir allerdings erwähnen, daß sogar Stalin kurzfristig Bucharin zustimmte, der sich nachzuweisen bemühte, daß ein Sozialismus ohne ausreichende Nahrungsmittel für die Bauern und Arbeiter kein Sozialismus, sondern ein Schreckgespenst war. Der Urheber und »Regisseur« der schrecklichsten von Menschen je bewirkten Hungersnot in der Geschichte Rußlands kritisierte Trotzki auf dem XV. Parteitag der Bolschewiki, weil dieser den Aufbau des Sozialismus von der Hebung des bäuerlichen Lebensstandards getrennt habe. Stalin erklärte: »Ein Vergleich der Position des Genossen Trotzki mit Lenins Aussage, daß ›eine gute Ernte das Land retten könnte‹, zeigt deutlich, wie falsch die Behauptungen des Genossen Trotzki sind.«

Doch die Traditionen des russischen revolutionären Radikalismus erwiesen sich als stärker. Mit Stalins Hilfe setzte sich Trotzkis Idee, daß wir nicht bloß eine gute Ernte benötigten, sondern eine Ernte, die »ein Faktor der beschleunigten Wirtschaftsentwicklung zum Sozialismus werden könnte«, tief in unserem Bewußtsein fest. Bis vor kurzem war diese Idee immer wieder in unserer Parteipresse zu finden, die »gewisse Genossen« bekämpfte, weil »sie versuchen, ihre Arbeit auf Privatgrundstücken zu ihrer persönlichen Bereicherung zu nutzen«.

Wenn wir heute Alexander Prochanows Äußerungen lesen, daß wir es nicht nötig hätten, der Technologie, den Meinungsumfragen und der Produktionsplanung des Westens nachzueifern, daß wir uns keine Sorgen zu machen brauchten, wenn »unsere sowjetischen Krankenhäuser eine Behandlung bieten, die, mit westlichen Krankenhäusern verglichen, minderwertig ist«, wenn sowjetische Computer nicht so schnell und sowjetische Getreidefelder nicht so üppig seien wie jene des Westens, weil wir ja schließlich ein anderes, nichttriviales Ziel verfolgten, dann erkennen wir hier wieder die ganze Absurdität dieser alten Schwäche, die als unmäßiger Stolz und satanische Arroganz zu einem Teil unseres nationalen Bewußtseins geworden ist. Wir wollen andere Nationen nicht nur einholen und das gleiche besitzen wie sie, sondern wir wollen darüber hinaus etwas vollbringen, zu dem niemand sonst fähig ist oder das niemand sonst wagen würde, in Angriff zu nehmen.

Ein solches Bewußtsein kann leicht manipuliert werden. Menschen, die von dem ehrgeizigen Wunsch geblendet werden, die Welt zu erstaunen und der gesamten Menschheit die richtige, also an einem Plan orientierte Lebensweise zu vermitteln, die nie Zweifel haben und, wie Nikolai Gogol vor langer Zeit schrieb, davon überzeugt sind, daß »die ganze Welt lügt und nur wir allein die Wahrheit sprechen« – solche Menschen merken nicht einmal, daß sie bereits einen Fuß über den Abgrund gesetzt haben. Man kann wirklich alles mit ihnen anstellen, ja, man kann sie sogar zu ihrer eigenen Vernichtung veranlassen.

Mithin gab es keinen besseren Boden, in dem der europäische Traum vom reinen Menschen und vom reinen Sozialismus hätte Wurzel schlagen können, als unsere Leidenschaft, die Welt zu erstaunen und als erste den Weg zur ewigen Erlösung zu beschreiten.

2. Haß auf die Routine, Haß auf das Leben

Es gibt genug Gründe für die Vermutung, daß der Eifer, der revolutionäre Extremismus und die Bereitschaft der Bolschewiki, das Leben für ihre Ideale zu opfern, in gewissem Sinne typisch für unsere Intelligenzija war.* Anderenfalls wäre es kaum zu erklären, wes-

---

* »Nach der allgemeinen Geistesverfassung der russischen Intelligenzija und ihrer Neigung zu einer speziellen Taktik zu urteilen, die nicht in einem konkreten, sozialpolitischen Programm, sondern in *Wechi* beschrieben wurde, waren die meisten Angehörigen der russischen Intelligenzija ganz unzweifelhaft Bolschewiki«, schrieb J. W. Kljutschnikow.[9]

halb unsere Rechte stets gegen unsere Linke verloren hat und weshalb wir unsere kommunistischen Experimente der Bürgerkriegszeit nie einstellten, sondern Rußland weiterhin auf die »Gipfel« des warenlosen Sozialismus treiben wollten.

Ein Streben nach Neuem ist natürlich kennzeichnend für alle Nationen. Eine wirklich wissenschaftliche Geschichtsphilosophie kann sich nur dann entwickeln, wenn das Volk eine unausrottbare Leidenschaft für das Unbekannte hat, wenn es die Zeit erleben möchte, in der, mit N. Ustrjalows Worten, »die Welt von Phantasten beherrscht wird« und in der sich »die Menschen des realen Lebens«, beiseite gedrängt und vernichtend geschlagen, in einem Reich der Gespenster wiederfinden. Früher oder später kommt der Tag, da die Geschichte der Vernunft, der realistischen Politik, des monotonen, nüchternen und gemessenen Tempos des Fortschritts überdrüssig ist. Dann beginnt die Geschichte selbst zu phantasieren und Legenden zu schaffen.

Man muß berücksichtigen, daß sich dieses bittere Fest der Geschichte in verschiedenen Nationen unterschiedlich abspielt. Die Kraft der Hand, die gegen das Alltägliche, gegen das nun verhaßt Gewordene erhoben wird, hängt nicht nur von der Schärfe der politischen und wirtschaftlichen Antagonismen, sondern auch von der Psyche der Beteiligten ab, von dem Grade, bis zu dem sie in die alte Welt, in ihre »kleinlichen Angelegenheiten« integriert sind.

In Europa ist das natürliche Streben nach dem Neuen, Ungewöhnlichen und Unerforschten stets von der gleichermaßen natürlichen Furcht, das bereits Erreichte zu verlieren, im Zaum gehalten worden. Dieser Bremsmechanismus war offenbar dafür verantwortlich, daß die westeuropäischen Nationen, die zur Jahrhundertwende über die objektiven und subjektiven Voraussetzungen für den Marxschen Sozialismus verfügten, keinen ernsthaften Versuch machten, dieses Ziel zu erreichen. Dagegen kam es in Rußland, dessen objektive Voraussetzungen für den Übergang zu einem reinen, vollständigen Sozialismus erst zu reifen begannen, zu mehreren aufeinanderfolgenden Versuchen, zu diesem Unbekannten vorzustoßen. – Es scheint, daß genau die gleichen Bedingungen für die Weiterentwicklung der gesellschaftlichen Verhältnisse oder für die Beseitigung des nun Verhaßten in unterschiedlichen Kulturen unterschiedlich interpretiert werden.

In Rußland waren der Reiz des Verfügbaren und der Widerstand gegen eine romantische Vision nicht so stark wie in den anderen

Nationen, die unter dem Kapitalismus Realitätssinn und Nüchternheit entwickelt hatten. Anscheinend gehörten zu dem Phänomen, das Lenin als »asiatisch« beschrieb, nicht nur gesellschaftliche Untüchtigkeit, Wissensmangel und weitverbreiteter Analphabetismus, sondern auch die fehlende Motivation, den Extremismus zu unterdrücken. Dieses »asiatische« oder »tatarische« Phänomen schließt auch die Anbetung der Naturgewalten, der Zerstörung und die Bereitschaft ein, um jeden Preis vorwärts zu drängen.

Lenin erklärte, Rußland stehe an der Grenze zwischen den Ländern der zivilisierten Welt und den nichteuropäischen Ländern des Orients. Einerseits seien wir bereit, die radikalsten Ideen des Westens zu akzeptieren, andererseits fehle es uns infolge unserer mittleren Position an den Voraussetzungen, um diese Ideen objektiv einzuschätzen.

Dies führte, wie Alexander Herzen in den vierziger Jahren des 19. Jahrhunderts voraussah, zu einer »optischen Täuschung«. Der russische Intellektuelle sei nur am Endergebnis der westlichen Wissenschaft, selten jedoch an dem interessiert, was dem Endergebnis vorhergehe und ihm widerspreche. Im Westen dagegen stellten die »moderne Wissenschaft« und der allgemeine Konservatismus zwei ewig miteinander wetteifernde Hälften eines einheitlichen Ganzen dar. Dort existierten die »Ergebnisse«, die für die Russen so interessant seien, »nie separat, genauso wie der Kopf eines Menschen nur so lange denkt, wie sein Hals ihn mit seinem Körper verbindet; sonst ist der Kopf ein leeres Gefäß«.

Die optische Täuschung besteht darin, daß wir die neuen, progressiven Ideen des Westens zwar erkennen, unsere Perspektive jedoch nicht ausreicht, um das gesamte Bild wahrzunehmen. Dieser Mangel wurde besonders deutlich, als es um die Umsetzung der westlichen gesellschaftlichen Ideen in Rußland ging. Der Philosoph S. Bulgakow erinnerte unsere Intellektuellen von neuem daran, daß die Anwendungsmöglichkeiten des westlichen sozialen Gedankenguts eines sorgfältigen Studiums bedürften und daß der Baum der europäischen Zivilisation nicht nur Früchte und Äste habe, sondern auch Wurzeln, die ihm Nahrung verschafften und für einen natürlichen Ausgleich der Ideen sorgten. Deshalb hätten negative (revolutionäre) Lehren, die in ihrer Heimat mit zahlreichen mächtigen, ihnen feindlichen Strömungen konkurrierten, dort eine ganz andere psychologische und historische Wertigkeit, als wenn sie in einer kulturellen Wüste erschienen, wo sie sich als die ganze Wahrheit ausgeben und etwa zur Grundlage des russischen Bildungswesens und der russischen Zivilisation werden könnten.

Dem ist hinzuzufügen, daß die radikalen und revolutionären Lehren des Westens nicht nur durch andere Tendenzen, sondern auch durch ihr eigenes inneres Wesen gemäßigt werden. Sie enthalten nämlich auch das, was Sergei Bulgakow als die Wurzeln der westlichen Zivilisation beschrieb, das heißt ein positives Denken und eine pragmatische Lebensauffassung. Dieses innere Gleichgewicht war schon für die Rousseausche Lehre charakteristisch, und es trat im Marxismus besonders deutlich zutage.

Gewiß, der Marxismus war die radikalste, revolutionärste Lehre in der europäischen Geistesgeschichte. Vor Marx und Engels hatte nie jemand an die Möglichkeit gedacht, den gesamten Geschichtsverlauf drastisch zu ändern und von der Prähistorie in eine ganz neue, »echte« Geschichte einzutreten. Der junge Marx träumte buchstäblich von einem Wunder; er brachte den Kommunismus mit einer fundamental neuen Lebenshaltung, einer neuen Konzeption von Raum und Zeit, einer vollständigen und endgültigen Lösung aller Widersprüche der menschlichen Existenz in Verbindung. Er sah ihn als »die *wahrhafte* Auflösung des Widerstreits zwischen dem Menschen mit der Natur und mit dem Menschen, die wahre Auflösung des Streits zwischen Existenz und Wesen..., zwischen Individuum und Gattung«. Marx schrieb über den Kommunismus: »Er ist das aufgelöste Rätsel der Geschichte und weiß sich als diese Lösung.«[10]

In der Geschichte der Menschheit wurden bisher wohl kaum so extreme Anforderungen an die Zukunft gestellt, die hier gewissermaßen als unbelastetes, freies Experimentierfeld erscheint. Nicht einmal Jesus Christus konnte eine so reine Auflösung der Widersprüche im Jenseits versprechen. Aber dieser erste Eindruck des Marxismus trügt. Denn wenn man zum Kern der marxistischen Philosophie vorstößt und sorgfältig die Substanz dessen untersucht, was sie der reinen Zukunft zuordnet, sieht man viele Verbindungen zur Gegenwart und Vergangenheit, also zu dem, was wir üblicherweise immer noch als »bourgeoise Kultur« oder als Attribute einer »trivialen« Wirtschaft und eines »kleinbürgerlichen« Lebensstils beschreiben. Wie soll diese zukünftige Gesellschaft aussehen? Es soll eine leistungsfähige und rationelle Produktion geben, einen Austausch mit der Natur zum niedrigsten Preis, »menschenwürdige« Lebensbedingungen, den Schutz der individuellen Autonomie und alle Vorzüge der städtischen »kleinbürgerlichen« Zivilisation. Letztlich bedeutet dies ein normales menschliches Glück, und zwar für die große Mehrheit der Gesellschaft, auch für das Kleinbürgertum, das unseren gegenwärtigen Stalinismuskritikern so verhaßt ist.

In den Werken der marxistischen Klassiker ist das angestrebte Ideal sehr irdisch, und es besteht ein festes Band zwischen Gegenwart und Zukunft. Daran ließen Marx und Engels keinen Zweifel; für sie war der Kommunismus weniger ein Ideal als eine Bewegung, welche die unerträgliche Situation des Proletariats und aller arbeitenden Menschen beenden sollte.

Bei den Klassikern ist der Aufbau des Sozialismus fest mit greifbaren Verbesserungen der materiellen Lebensverhältnisse verknüpft. Hier wurde ihr gesunder Menschenverstand wirksam. Die Bedingungen und die Anwendungsmethoden für das, was wir heute den Klassenstandpunkt nennen, wurden auf der Basis eines realistischen Humanismus festgelegt.

Die Revolution schützt ihre eigenen Interessen und die Bedingungen für die individuelle Entwicklung. Es sollte jedoch darum gehen, die gegenwärtig lebenden Menschen, die echten gesellschaftlichen Vorzüge und die Voraussetzungen für eine soziale Intaktheit zu schützen. Deshalb würde ein europäischer Radikaler oder Kommunist, der realistisch und positiv denkt und auf die Logik und die Werte seiner Kultur zurückgreift, einer unvollkommenen, doch real existierenden Gegenwart ganz entschieden den Vorzug vor einer idealen, doch irrealen und unerreichbaren Zukunft geben.

Rußland fehlte, wie zuvor ausgeführt, ein entsprechendes Gegengewicht gegen den Linksradikalismus und den Traum von einer Phantasiewelt, in welcher der Wille und die Gedanken des Menschen keine Grenzen kennen und in der sich auch die unrealistischsten Hoffnungen auf ein besseres Leben erfüllen. Was die Slawophilen für unser nationales Erbe hielten, war in Wirklichkeit unser Unglück. Die antibourgeoise, unkonstruktive Einstellung unserer Intelligenzija leistete uns einen Bärendienst. Im Unterschied zu den ausländischen Intellektuellen gelang es der russischen Intelligenzija nicht, Wurzeln im Boden des realen Lebens zu schlagen, die Grundsätze des Wirtschaftsmanagements zu meistern und *en masse* die Gipfel des Professionalismus zu erklimmen. Deshalb war sie nie imstande, eine leistungsfähigere Wirtschaft als den Kapitalismus aufzubauen.

Natürlich fanden die Romantik, die Schwärmerei und der Maximalismus der russischen revolutionären Intelligenzija ihren Platz an den Wendepunkten unserer Geschichte. Ohne diese Träumer, sagte Lenin, wäre die Oktoberrevolution unmöglich gewesen. Unsere Tragödie bestand darin, daß die meisten Menschen, die geistig für das Wunder der Revolution gerüstet waren, über kein angemessenes Wirtschaftsprogramm verfügten; außerdem fehlte ihnen die Fähigkeit zu kreativem Denken. Sie waren es nicht gewohnt, über die ökonomischen Folgen der von ihnen eingeleiteten Veränderungen nachzudenken, und sie zeigten häufig wenig Interesse für die Sorgen der gewöhnlichen, nichtrevolutionären, durchschnittlichen Arbeiter und Bauern, für die Sorgen der normalen Sterblichen.

Lenin erkannte die Gefahr, daß sich der Traum des Sozialismus von den alltäglichen Sorgen der arbeitenden Menschen löste. Im Jahre 1901 übte er scharfe Kritik an den Versuchen, die gesellschaftlichen Ideale zu mystifizieren. Er schrieb, »daß die höchsten Ideale keinen roten Heller wert sind, solange man es nicht versteht, sie unlöslich mit den Interessen derer zu verschmelzen, die den ökonomischen Kampf austragen, sie mit den ›beschränkten‹ und kleinen Alltagsfragen der betreffenden Klasse in der Art der Frage ›gerechte Entlohnung der Arbeit‹ zu verschmelzen, mit Fragen, auf die der großspurige Volkstümler mit so großartiger Verachtung herabschaut«.[11]

Aber der Wunsch, das Ideal mit den »›beschänkten‹ und kleinen Alltagsfragen« zu verknüpfen, war nicht allen russischen Sozialdemokraten und schon gar nicht allen Bolschewiki eigen. Viele von ihnen hatten, genau wie die Narodniki, nur »großartige Verachtung« für die täglichen Sorgen der Massen. Selbst während der Hungersnot von 1919 hatten viele Revolutionäre ein größeres Interesse daran, alle Menschen zu gemeinsamer Arbeit und gemeinsamen Mahlzeiten zu zwingen, als daran, sie mit Brot, Kühen, Schafen und Hühnern zu versorgen.

Viele Menschen wurden durch seine Schönheit und Einzigartigkeit zum Sozialismus hingezogen. Erst jetzt, während der Perestroika, wird die alte Gepflogenheit verworfen, das Ziel der ausreichenden Versorgung von dem Ziel des kommunistischen Aufbaus zu trennen. Diese frühere Gepflogenheit stützte sich auf unseren vielgerühmten Abscheu vor allem »Kleinbürgerlichen« und auf unsere Ablehnung des »Konsumdenkens«.

Ohne die traditionelle Geringschätzung, welche die russischen Intellektuellen den »Kleinigkeiten des Alltagslebens« entgegenbrachten, wäre Stalin wohl kaum in der Lage gewesen, die Partei davon zu überzeugen, daß man die Neue Ökonomische Politik aufgeben müsse, und daß es möglich sei, den Sozialismus mit leerem Magen und ohne die geringsten Bequemlichkeiten aufzubauen. Was Engels für einen fraglosen Wert hielt, nämlich die Garantie des individuellen Wohlergehens, betrachteten viele seiner russischen Anhänger nur als ein Attribut der abscheulichen kleinbürgerlichen Lebensweise. Die Tragödie des russischen Revolutionärs bestand vielleicht darin, daß er dem Leben, das er außerhalb des Landes beoachtete, keine klaren, greifbaren Werte abgewinnen konnte.

Er verachtete die westliche Bourgeoisie und die spießbürgerliche Gesellschaft mit ihrem Wohlstand und ihrem alltäglichen Luxus aus tiefstem Herzen. Aber unsere eigene patriarchalische Lebensweise mit ihrer Gemessenheit und ihrer tyrannischen Atmosphäre verärgerte ihn ebenfalls. Deshalb fiel es ihm so schwer, den Traum von der ungewöhnlichen, nichttrivialen Zukunft mit etwas Positivem, Dauerhaftem und Realem zu verbinden.

Der Berufsrevolutionär, der im Untergrund gearbeitet hatte, war besonders empfänglich für diese Trennung von der Realität, von der Welt der nichtigen Fragen mit ihren kleinlichen Pflichten und Sorgen. Menschen, die Einkerkerung, Exil und Einzelhaft durchgemacht hatten, fiel es schwer, wieder ein normales Leben mit seiner Routine, seinen Werten und seiner Moral aufzunehmen. Sie betrachteten diese Welt mit anderen Augen, und sie hatten den Eindruck, Geheimnisse zu kennen, die den übrigen verschlossen waren. Doch das, was der Angehörige einer revolutionären Untergrundorganisation für normal hielt (man nehme zum Beispiel Stalins Ansichten über das einem Kommunisten angemessene Leben), war in Wirklichkeit eine Abnormität.

Die russischen Wörter *meschtschanin* und *obywatel* (Spießbürger) spiegeln diese Verachtung für das Alltagsleben wider. (Im Gegensatz dazu bezeichnet das polnische Wort *obivatel* den Bürger, die Stütze der Gesellschaft. Auch das deutsche Wort »Bürger« hat positive Nuancen.) Für uns sind der *obywatel* wie der *bjurger* Menschen, die den Fortschritt und die geistige Entwicklung des Lebens behindern. Alle unsere heutigen Nöte rühren von der geringschätzigen Haltung her, mit der die alltäglichen Bedürfnisse und Sorgen der Menschen betrachtet wurden.

Die Verherrlichung der Zukunft führte unvermeidlich zu Skepsis, was die Gegenwart und die aktuellen Probleme betrifft. Die Überzeugung, daß ein wahrer Revolutionär die Trivialität des Alltagslebens, alles Stabile und Gleichbleibende in der Existenz des Menschen zu verachten habe, festigte sich in Rußland im letzten Jahrhundert, als die Ideen Bakunins und Netschajews das Denken der Intelligenzija beherrschten. Ein gutes Beispiel liefert der »Revolutionskatechismus« dieser beiden Autoren, in dem Nachdruck auf die Selbstverleugnung gelegt wurde: »Der Revolutionär ist ein geweihter Mensch. Er hat keine persönlichen Interessen, Angelegenheiten, Gefühle oder Neigungen, kein Eigentum, nicht einmal einen Namen. Alles in ihm wird verschlungen von einem einzigen ausschließlichen Interesse, einem einzigen Gedanken, einer einzigen Leidenschaft – der Revolution ... Streng gegen sich selbst, muß er es auch gegen andere sein. Alle Gefühle der Neigung, die verweichlichenden Empfindungen der Verwandtschaft, Freundschaft, Liebe, Dankbarkeit, müssen in ihm erstickt werden durch die einzige, kalte Leidenschaft des revolutionären Werks ... Während er diesen Zweck kaltblütig und unaufhörlich verfolgt, muß er selbst zu sterben bereit sein und ebenso bereit, mit eigenen Händen jeden zu töten, der ihn an der Erreichung dieses Ziels hindert.«[12]

Dieses Gelöbnis, die Routine, die alltäglichen Aspekte des Lebens zu hassen, ist in den Werken vieler russischer Sozialdemokraten zu finden. In diesem Zusammenhang lohnt es sich, wiederum einen Blick auf Trotzkis Gedanken zu werfen. Man erhält bei der Lektüre seiner Werke, besonders seiner Autobiographie, den deutlichen Eindruck, daß er während seines ereignisreichen Lebens als aktiver Revolutionär weniger an gesellschaftlichen und wirtschaftlichen Resultaten interessiert war als daran, alles bereits Bestehende zu ändern und zu zerrütten. Es ging ihm darum, der Revolution einen beständigen, universellen Charakter zu verleihen und etwas nie Dagewesenes zu vollbringen. Seine Theorie der permanenten Revolution stützte sich auf ebendiese Überzeugung, daß ein etabliertes Gleichgewicht, unabhängig von seinem Nutzen und von der Einstellung der Menschen, *per se* von Übel sei, weshalb es keine edlere Aufgabe geben könne als das unablässige Bemühen, die normale Ordnung zu zerstören.

Längst vor Stalin verurteilte Trotzki das ausgewogene, gemäßigte Leben in aller Schärfe, weil es der unwürdigste Zustand der menschlichen Existenz sei. Die Gesellschaft müsse »sich ständig häuten«. »Jede Phase der Umwandlung ist das direkte Ergebnis einer anderen ... Revolutionen auf den Gebieten von Wirtschaft, Technologie, Wissen, Familie, Alltagsleben und Moral entfalten sich durch eine komplexe Wechselwirkung untereinander und hindern die Gesellschaft daran, einen Zustand des Gleichgewichts zu erreichen.« Er beabsichtigte nicht nur, Armut in Wohlstand zu verwandeln, sondern er richtete seine revolutionäre Leidenschaft auch auf materielle Dinge. Nach Trotzkis Autobiographie zu urteilen, waren es die »strammen sibirischen Frauen, die Brathühner, Spanferkel, Milch in Flaschen und Berge gebackenen Brotes zum Verkauf an den Bahnhof brachten«, die seinen Glauben bestärkten, daß es notwendig sei, die alte Welt bis auf die Grundlagen zu zerstören und sein Leben der revolutionären Tätigkeit zu weihen.

Unsere Autoren der »patriotischen Tendenz« empfinden wie Trotzki einen tödlichen Haß auf das »Konsumdenken« und das »stille spießbürgerliche Glück«. Trotzki meinte auch, daß es in der Geschichte kein größeres Übel gebe als das, »materielle Vorteile« aus der eigenen Arbeit zu ziehen. Deshalb war er für eine kasernenartige Nivellierung des Lohns und dafür, die Solidarität der halbverhungerten Arbeiter durch Beibehaltung der Zustände zu erhalten, denn er glaubte, daß die revolutionäre Moral sinke, wenn die Menschen nicht mehr hungerten. Deshalb sei der Tod durch Unterernährung während der Zeit des Kriegskommunismus in moralischer Hinsicht viel höher einzuschätzen als das Leben, das Millionen gutgenährter Arbeiter und Bauern während der NÖP führten.

Die Autoren, die uns weismachen wollten, daß der Niedergang des russischen Volkes vor dreißig Jahren begonnen habe, als es infolge von Chruschtschows Zugeständnissen an die Bauern aufhörte zu hungern und sich schmählich auf »schnöde Existenzelemente« wie fünfstöckige Blockbauten und bescheidene Einkommen einließ – diese Autoren sollten den Ursprung der Ideen kennen, die sie nun wiederholen.

Unser zeitgenössischer Schriftsteller Juri Bondarew rebelliert ebenfalls gegen den ruhigen und normalen Fluß des Lebens. Er kam aus unbekannten Gründen zu dem Schluß, daß der Sowjetbürger von einem »Leben in paradiesischen Hainen und im gedankenlosen Segen von Sattheit, Zufriedenheit und Vergnügen« bedroht sei. Deshalb begann er vor kurzem, unser früheres Leben zu adeln und die »Hindernisse, Abstiege, Gruben und Aufstiege« zu preisen, die wir überwinden mußten. – Ob es wohl andere Nationen gibt, deren Schriftsteller die Tiefpunkte der Geschichte für wertvoller halten als den materiellen Wohlstand? Unsere Tragödie war stets, daß unsere »Ingenieure der menschlichen Seele« (und dabei denke ich nicht nur an Schriftsteller) große Moralisten sind, denen nichts lieber ist, als Übel wie »Eigennutz«, »materielle Vorteile« etc. zu entlarven. (Siehe z. B. Juri Bondarew, »Schmerz und Hoffnung«, *Literaturnaja gaseta,* 22. Juni 1988)

Leider sind all diese Kritiker des Spießbürgertums nicht imstande, umsichtig über das Leben und die Welt nachzudenken. Sie wollen nichts über die Faktoren wissen, die die Produktion und ihre eigene Existenz aufrechterhalten. Sie weigern sich ganz einfach, die Tatsache zu akzeptieren, daß alle anderen Menschen, genau wie sie, materiellen Nutzen aus ihrer Arbeit ziehen möchten und, genau wie sie, das Recht haben, in ihrem einen und einzigen Leben über »schnöde Existenzelemente« wie eine Wohnung, eine private Datscha oder ein Auto zu verfügen. Warum sind diese »schnöden Existenzelemente« nicht schädlich für die moralische Reinheit der Schriftsteller, obwohl sie doch, wie die Schriftsteller meinen, die Moral normaler Sterblicher verderben?* Wer hat denn wirklich beweisen können, daß Hunger und die ewige »Kläglichkeit« unserer Existenz der Seele zuträglicher sind als die Annehmlichkeiten unseres modernen, zivilisierten Lebens?

Die Hungersnöte, die wir in den frühen dreißiger und späten vierziger Jahren in diesem Land erlebten, beweisen das Gegenteil. Hungrige Menschen werden brutal und wild; manche verlieren die Beherrschung, töten andere und essen sie. Überhaupt ist die Welt viel komplizierter und widersprüchlicher, als sie auf den Bildern, die von den neuen Hütern der moralischen Reinheit Rußlands gemalt werden, erscheint. Wieviel mehr von unserem Boden, unserer ländlichen Bevölkerung, unserer Begabung, unserem Metall, unserer Baumwolle und Kohle muß vernichtet und verschwendet werden, bis wir den schädlichen und menschenfeindlichen Charakter eines Produktionssystems durchschauen, das dem Arbeiter kein Recht auf »materielle Vorteile« einräumt? Es gibt nichts Schrecklicheres als unseren russischen Widerwillen, die Vernunft zu respektieren.

Kürzlich, während der 19. Parteikonferenz, unterhielt ich mich mit zwei Studenten aus Kaluga. Sie baten mich um Hilfe bei der

---

* Juri Bondarew schreibt in dem oben erwähnten Artikel: »In den letzten dreißig Jahren haben moralische Begriffe wie Ehre, Gewissen und Achtbarkeit durch Einwirkung schnöder Existenzelemente eine Art Revision und Erniedrigung durchgemacht, und sie sind durch Scheinheiligkeit, Schmeichelei und Gleichgültigkeit getrübt worden, während Eigennutz und materielle Vorteile inzwischen die moralische Vorherrschaft ausüben.«

Suche nach Philosophen und Soziologen, die mit ihnen ein nationales Forum zur Unterstützung von Produktions- und Konsumkommunen junger Menschen einberufen konnten. Naiverweise erkundigte ich mich nach der Organisationsform ihrer Kommune. Es stellte sich heraus, daß sie noch keine eigene Kommune gegründet hatten.

Diese jungen Leute erklärten mir, daß man, um etwas zu erreichen, zunächst einen leistungsfähigen Apparat aufbauen und ein klares Aktionsprogramm entwickeln müsse. In ihrem Fall müsse das Programm die freiwillige, allmähliche Kommunalisierung des Lebens und der Arbeit vorsehen und auch Maßnahmen gegen ein allzu verbrauchsorientiertes Denken der jungen Menschen enthalten.

Dann machte ich einen noch größeren Fehler und teilte ihnen meine Gedanken über individuelle Autonomie mit. Autonomie setze das Recht des Individuums voraus, seine eigene Version persönlichen Glücks zu entwickeln oder auch sein Alltagsleben nach kommunistischen Prinzipien zu gestalten. Menschen sollten berechtigt sein, nach ihrem eigenen Gutdünken zu leben und ihr eigenes »spießbürgerliches« Glück zu genießen.

Die jungen Leute hatten nicht erwartet, solche Worte von dem Verfasser des Buches *Die Idee des Sozialismus* (Moskau, 1976) zu hören. Die strahlenden blauen Augen wurden plötzlich abweisend, die jungen Leute hatten keine Fragen mehr. Bevor wir auseinandergingen, sagten sie: »Wirkliches Glück ist der Kampf gegen Konsumdenken und *meschtschanstwo* [Spießbürgertum].«

Messianismus – oder die Verherrlichung einer großen Idee oder eines großen Ideals – ist nicht bloß eine Schwäche, eine romantische Leidenschaft, sondern vielmehr eine Kardinalsünde gegenüber dem Menschen, gegenüber dem eigenen Volk. Der Haß auf die Routine des Lebens, wie nobel seine Motive auch sein mögen, ist stets ein Haß auf das Leben selbst. Denn ohne diese sogenannte Routine, diese ständige Sorge um unser täglich Brot, unser Obdach, das Glück unserer Kinder – ohne diese Berührung mit den »schnöden Existenzelementen« gibt es kein Leben.

Der Haß auf das Spießbürgertum, der für unsere Intelligenzija typisch ist, veredelte unsere Vernunft und unser Wahrheitsstreben nicht, sondern schwächte sie nur. Natürlich hat dieser Haß uns in gewissen Fällen befähigt, »widrige Umstände« zu überwinden und uns am Leben zu erhalten. Meistens jedoch stärkte er die Illusion, daß es möglich sei, ein Leben ohne Routine, ohne kleinliche Alltagsprobleme, ohne langweilige Pflichten aufzubauen, und er stärkte den absurden Gedanken, daß unsere Wirtschaft ohne Appelle an den angeborenen Egoismus des Menschen gelenkt werden könne, wenn wir nur ein für allemal »materielle Vorteile« und »Eigennutz« aus unserem Leben ausschalteten.

Unsere linke Opposition hat übrigens stets von diesem Trugbild gelebt. Genauso wie einige unserer heutigen Autoren gegen die Wirtschaftsreformen vom Leder ziehen, weil sie den Mann auf der Straße angeblich durch Versprechen von Wohlstand und wirtschaftlicher Stabilität und die Bauern durch Versprechen von Unabhängigkeit korrumpierten, wetterten L. Trotzki und G. Sinowjew gegen die Neue Ökonomische Politik der zwanziger Jahre, weil sie ›ein Ausdruck des spießbürgerlichen Hangs zu Ordnung und Frieden‹ sei. In der Tat, es gibt nichts Neues auf dieser Welt.

Indem wir das Spießbürgertum, den utilitaristischen Geist der bürgerlichen Lebensweise und das Konsumdenken angriffen, rechtfertigten wir indirekt unsere Untüchtigkeit in Industrie, Handel und Alltagsleben, das heißt unser Unvermögen, hinreichend Güter für die Menschen bereitzustellen und ihr Wohlbefinden zu sichern. Der Kampf gegen den sogenannten Primitivismus und den Krämergeist des bourgeoisen Denkens half uns, unsere traditionelle Unfähigkeit zu entschuldigen, die uns daran hinderte, die Umstände zu erklären, zu analysieren und vorherzusehen.

Die Gegner der jetzigen Wirtschaftsreform haben am meisten Angst davor, daß unser russisches Volk, Gott behüte, beginnen könnte, die Umstände zu begreifen, über genug Lebensmittel, Konsumgüter und normale Wohnungen zu verfügen und in dieser Hinsicht den Westlern zu ähneln. Sie sind zutiefst davon überzeugt, daß unsere traditionelle Armut und unser Ungeschick auf allen Gebieten der Herstellung hochwertiger Konsumgüter von größerem moralischem und geistigem Wert seien als das bequeme Leben eines westlichen Bürgers. Außerdem versuchen sie nachzuweisen, daß Hungersnöte, Unterernährung, Repressionen und traditionelle Knappheiten weniger gefährlich für die moralische Gesundheit der Nation seien als Kostenrechnung, Pachtverträge, materielle Anreize, private Initiative und ein wohlverdientes gutes Einkommen.

Der Patriotismus der heutigen Erlöser des russischen Volkes, ihre Ziele und Hoffnungen sind mir einfach unverständlich. Welchem Lager gehört ein russischer Schriftsteller an, wenn er sich über die

Tatsache empört, daß der russische Bauer endlich begonnen hat, sich von der Vormundschaft der Aufseher von Kolchosen und Sowchosen zu befreien und die verlorene wirtschaftliche Unabhängigkeit zurückzuerobern? Mit welchem Etikett sollen wir einen russischen Literaten versehen, der sich empört, weil der russische Arbeiter das Recht zurückgewonnen hat, sich frei zu äußern und frei zu beurteilen, wer die Produktion zufriedenstellend lenken kann und wer nicht?

Vor der Revolution hätte man einen Schriftsteller, der sich gegen Demokratie und Freiheit wandte, als *krepostnik* bezeichnet, also als Befürworter der Leibeigenschaft. Heutzutage könnte man ihn einen Verteidiger von Stalins Kasernensozialismus nennen. A. Sluzkis Bericht *Die Perestroika und der sozialpolitische Journalismus* auf dem Vorstandsplenum des Schriftstellerverbandes der RSFSR ist ein Beispiel für diese Denkweise, die Stalins Versklavung der Arbeiter und Bauern rechtfertigt. Möglicherweise begriff der Autor nicht, was er tat. Ich bin jedoch völlig sicher, daß der Bericht in seiner politischen Substanz gegen die Freiheit des Menschen gerichtet und von Mißtrauen gegenüber dem Arbeiter, dem Bauern und den Intellektuellen durchdrungen ist. Er entschuldigt den Hang zu Verboten, die früheren rigiden, auf Befehlen beruhenden Verwaltungsmethoden, den Stalinismus und die sich aus ihm ergebenden wirtschaftlichen Absurditäten. Mehr noch, er stellt die Fähigkeit unseres Volkes in Frage, sich den Höhen der Demokratie und der Freiheit auch nur zu nähern.*

---

* »Wird das Vertrauen in unabhängig arbeitende Fabriken, die mit dem alles verzehrenden Wunsch nach Profit betrieben werden, nicht darauf hinauslaufen, daß die Nation infolge von Gruppeninteressen, die durch die eingeführte Abschottung entstehen, auf billige Medikamente und Konsumartikel verzichten muß? Wenn wir den Besitz großer und stabiler Kolchosen aufteilen und eine Eigentumsform mit einer Arbeitsmethode verwechseln, verwandeln wir dann diese Sache mit den Pachtverträgen nicht in etwas, das der früheren Maiskampagne ähnelt? Untergraben wir nicht die Macht des Staates, indem wir sein Außenhandelsmonopol abbauen und seine Reserven an harter Währung verbrauchen? Machen wir nicht manchmal Schritte auf die Anarchie und eine Diktatur der reinen Zweckmäßigkeit zu, wenn wir alternative Wahlen abhalten?« (*Literaturnaja Rossija,* Nr. 51, 23. Dezember 1988)

3. Linker Dogmatismus oder eine Ideologie des Absurden?

Ein britischer Politikwissenschaftler, der in Moskau Material für ein Buch über die Perestroika-Debatte sammelte, erklärte mir einmal freimütig, er könne nicht verstehen, weshalb manche unserer Philosophen und Schriftsteller der Wirtschaftsreform und Gorbatschows Agrarpolitik aktiven Widerstand leisteten. Kurz nach einem Interview mit einem dieser Vertreter kam er mit verdutzter Miene auf mich zu.

»Diese Leute sind sehr seltsam«, sagte er. »Sie sehen den Wald vor lauter Bäumen nicht. Zugleich scheinen ihnen Dinge, die weder im Osten noch im Westen je existiert haben und von denen sie sich höchstens eine vage Vorstellung machen können, äußerst wichtig zu sein. Es muß hier wohl irgendein Geheimnis geben, eine merkwürdige Logik, die alles auf den Kopf stellt.«

Der britische Besucher wirkte während unserer Unterhaltung deprimiert, wenn nicht gar verängstigt. »Ihre gesamte Presse, all Ihre geschichtswissenschaftlichen Veröffentlichungen zeigen, daß die von Stalin geschaffene Sowjetwirtschaft nur aus einem einzigen Grund bis Mitte der achtziger Jahre überleben konnte: infolge der Anspruchslosigkeit des Volkes und der ungeheuren Größe Ihres nationalen Reichtums. Trotzdem behaupten Ihre ›Patrioten‹ weiterhin, daß das Land nur durch Stalins Methoden und sein Befehlssystem gerettet werden könne. Wie kann man eine Politik verteidigen, die Hunger, Armut und Mangel hervorruft? Es ist weithin bekannt – und westliche Autoren schreiben seit langem darüber –, daß Stalins Kollektivierung die Bauern um ihren Boden und ihre wirtschaftliche Unabhängigkeit brachte und dadurch die Leistungsfähigkeit der russischen Landwirtschaft untergrub. Heute schreibt man auch bei Ihnen, daß Bauern aus den russischen Dörfern in den Nichtschwarzerdegebieten abwandern und daß diese Dörfer allmählich verschwinden. Aber Ihre ›Patrioten‹ behaupten, daß die Gefahr in der Unabhängigkeit, der wirtschaftlichen Initiative und der Handelstätigkeit der Bauern liege, Zustände, die alle von Stalin beseitigt wurden und die man nun wieder herstellt. Sie sagen, das von Gorbatschow eingeführte kommerzielle System werde Ihre Ackerböden in Wüsten verwandeln. Warum sollte die Anwendung wirtschaftlicher Methoden und Kriterien Ihr Land ruinieren, die anderswo Produktivität und Wohlstand erzeugt haben?«

Der britische Gast fuhr fort: »Welche Motive haben die Verteidiger der Stalinschen Wirtschaft? Weshalb hassen sie alle wirtschaftlichen Kriterien? Warum suchen sie nach anderen, nichtwirtschaftlichen Methoden? Sie scheinen keine Ahnung zu haben, wie diese seltsame Wirtschaft, die jede ökonomische Vernunft und die Marktgesetze außer acht läßt, funktionieren soll. Warum verteidigen sie etwas, das sie nicht einmal beschreiben können? Was für Menschen sind das nur? Wie kann ein intelligenter, gebildeter Mensch sich auf etwas verlassen, das sich jeglicher Überprüfung entzieht und keinen vernünftigen Argumenten standhält, und gleichzeitig auf alles verzichten, was sich sowohl im Ausland wie nach der eigenen Erfahrung als leistungsfähig erwiesen hat?«

Ich versuchte nach besten Kräften, ihn zu beruhigen, indem ich ihm erklärte, daß diese absurde Logik für unsere heutige Gesellschaft nicht mehr maßgeblich sei und daß es, zumindest unter der Intelligenzija, nur sehr wenige Menschen gebe, die immer noch an das Wunder der warenlosen Wirtschaft glaubten. Allerdings blieb ich unserem britischen Besucher die Antwort auf eine Reihe von Fragen schuldig. Wir haben nie ernsthaft über die Motive unserer kommunistischen Romantiker nachgedacht, die sich zur Zeit der »Ideologie des Ökonomismus« und dem wirtschaftlichen Fortschritt des Landes widersetzen. Auch haben wir die Gründe für ihre Besessenheit, rationellere, nichtmaterialistische Kriterien für die Wirtschaft zu finden, nie eingehend untersucht. Um was für eine Ideologie handelt es sich? Ist sie ein Abbild der europäischen Liebesaffäre mit dem reinen Sozialismus und der Schöpfung des wahren Menschen, oder ist sie etwas ganz Neues?

Eine Diskussion über dieses Thema begann mit dem Leitartikel der *Prawda* vom 5. April 1988, der sehr viel Aufmerksamkeit erregte. Doch die Diskussion ging sehr bald zu Ende; niemand wollte sie fortsetzen und die Menschen von der Fadenscheinigkeit von Nina Andrejewas Anti-Perestroika-Manifest überzeugen oder dessen falschen Patriotismus und misanthropischen Charakter aufzeigen.*

Eine ernsthafte akademische Diskussion über die Ursprünge des modernen linken Dogmatismus und seiner Rhetorik ist im Grunde nie in Gang gekommen. Wir scheinen davor zurückzuschrecken, Linksradikale zu kritisieren, wenn sie unserem eigenen Volk angehö-

*Hier ist von dem bereits erwähnten Brief der Chemiedozentin Nina Andrejewa an die Zeitung *Sowetskaja Rossija* (13. März 1988) die Rede, der unter dem Titel »Ich kann meine Prinzipien nicht preisgeben« erschien und als offene Revolte des linken Dogmatismus gegen die Perestroika zu verstehen ist.

ren. Deshalb gibt es immer noch leere Seiten in der Geschichte des linken Extremismus während der Bürgerkriegsperiode. Wir haben uns nie gründlich mit den Motiven beschäftigt, die unsere russischen Radikalen bewegten, ständig einem Traum nachzujagen, Menschen auf dem Weg in eine ungewisse Zukunft zu schwerem Leid zu verurteilen und ihnen einzureden, daß sie sowohl der Erfahrung ihrer Vorväter wie ihren eigenen Augen mißtrauen müßten.

Es ist geradezu normal. Kein anderes sozialistisches Land ist infolge dieser Träume so schwer gebeutelt worden wie das unsere. Man kann kaum sagen, ob wir mehr Zeit und Mühe auf unsere »linken Sprünge« oder auf die Heilung der durch sie verursachten Wunden verwendet haben. Ist es nicht erstaunlich, mit welch teuflischer Beharrlichkeit wir den Menschen Leid zugefügt und sie an einem normalen Leben gehindert haben?

Nach einer so eindrucksvollen und weitreichenden Revolution wie der vom Oktober 1917 würde jedes andere Volk wahrscheinlich auf neue »tiefgehende« Wandlungen verzichten. Lenins brillanter Kompromiß zwischen unserem revolutionären Ehrgeiz und dem bescheidenen Wirtschaftspotential des Landes war ernst gemeint und hätte viele Jahre überdauern können. Soviel Blut war vergossen, so vieles zerstört und für immer verloren worden. Das Leben begann gerade, in normale Bahnen zurückzukehren. Die Arbeiter, Bauern und Intellektuellen hatten gerade angefangen, die Früchte der Revolution – ausreichende Lebensmittelversorgung, menschliche Würde, freie schöpferische Arbeit, das Recht, seinen eigenen Boden zu bestellen – zu genießen. Doch nur ein Jahr nach Lenins Tod war es ein anderer Revolutionsführer, Leo Trotzki, der Rache forderte. Er wollte die Welt durch phantastische Entwicklungsraten, durch eine rasche Revolution unserer Industrie in Erstaunen versetzen.

»In den Vorkriegsjahren wuchs unsere Industrie durchschnittlich jährlich um 6–7%. Dieser Koeffizient ist als ziemlich hoch anzusehen, aber er erscheint durchaus geringfügig im Vergleich mit dem Koeffizienten von heute, wo die Industrie im Jahr um 40–50% zunimmt.« Man sollte meinen, daß selbst der ungeduldigste Revolutionär mit einer industriellen Zuwachsrate von 48 Prozent zwischen 1924 und 1925 zufrieden gewesen wäre. Aber Trotzki trieb das Land und vornehmlich unsere Industrie weiter an: »Der Kampf um unseren sozialistischen ›Platz an der Sonne‹ wird, so oder so, ein Kampf um einen möglichst hohen Koeffizienten unseres Produktionswachstums sein müssen.« Die Parole der Staatsplan-Kommission, »konsequent von Jahr zu Jahr, sei es auch nur um einen Schritt, zum Sozialismus vorzudringen«, behagte ihm nicht. »Diese Zeilen, nimmt man sie also buchstäblich, könnten zu falschen Schlüssen verleiten. Die Worte, es genüge jährlich, ›sei es auch nur um einen Schritt‹, sich zum Sozialismus vorwärtszubewegen, könnten so verstanden werden, als sei das Tempo nahezu gleichgültig: wenn nur die Diagonale der Kräfte zum Sozialismus zustrebe, dann kämen wir ja schließlich doch zum Ziel. Ein solcher Schluß wäre von Grund auf falsch.«[13] Im Jahre 1926 behauptete Trotzki, es sei nötig, die Landwirtschaft rasch zu industrialisieren und kollektive Anbaumethoden einzuführen.

Im September des Jahres 1953 schien das Leben uns wiederum für unseren Wunsch bestraft zu haben, die Welt in Erstaunen zu setzen und einzigartige Maßstäbe walten zu lassen. Auf einer Plenarsitzung des Zentralkomitees der KPdSU wurde eingeräumt, daß Stalins Agrarpolitik völlig gescheitert war. Die Befehls- und Zwangswirtschaft, der die Bauern ausgesetzt waren, hatte die Produktivität der Dörfer gelähmt. Die Partei machte einen Sprung in Richtung Realismus und wies das System der Überschußbeschlagnahme und die Methoden zurück, mit denen die Bauern gewaltsam auf den Höfen festgehalten wurden. Die Vorteile dieser realistischen Politik lagen auf der Hand. In der zweiten Hälfte der fünfziger Jahre erzielte unsere Landwirtschaft beispiellose Erfolge. Aber der Wunsch, die Welt in Erstaunen zu versetzen und die lichte Zukunft so rasch wie möglich zu erreichen, triumphierte von neuem. Ende der fünfziger Jahre war wieder von der »beschleunigten Entwicklung« die Rede, mit der wir uns auf unser »Ideal« zubewegen wollten; die »kommunistische Reinheit« der Landwirtschaft schloß die Nutzung »trivialer« Privatparzellen durch die Kolchosbauern aus, jedoch auch die »triviale« Versorgung vieler Städte und Orte mit Milch, Fleisch und, wie 1963 deutlich wurde, sogar mit Brot.

Die Fehlschläge der Wirtschaftsreform von 1965 sind noch frisch in unserem Gedächtnis, denn sie spielten sich in einer Zeit ab, da unser soziales Bewußtsein geschärft war. Doch nur drei Jahre nach den ZK-Plenarsitzungen vom März und September 1985 erschienen wieder »neue Leute« auf der politischen Bühne unserer Gesellschaft. Sie leiteten eine Kampagne gegen den marktwirtschaftlichen Sozialismus, gegen ökonomische Kriterien und Methoden ein und vertraten die Auffassung, daß die Gipfel des Wohlstandes nur durch eine spontane »Selbstentwicklung der allgemeinen kommunistischen Prinzipien« zu erreichen seien; man müsse die kollektive und genossenschaftliche Besitzform dem Gemeinschaftseigentum annähern, und man müsse die kollektivistischen Prinzipien und die kommunistische Ethik in unseren gesamten Produktionsablauf integrieren.

Die Folgen der Kampagnen zur Stärkung der »allgemeinen kommunistischen Prinzipien des Sozialismus« wurden auf den ZK-Plenarsitzungen im Januar und Juni 1987 gründlich diskutiert. Es zeigte sich, daß die kommunistische Reinheit des Sozialismus aufrechterhalten worden war, indem man den Alkoholismus der Arbeiterklasse unterstützte und indem man unsere Kinder und Enkel durch Vergeudung der natürlichen Ressourcen beraubte. Anstelle der erwarteten Zunahme des kollektivistischen Bewußtseins kam es zu einem sprunghaften, in der Geschichte Rußlands beispiellosen Anwachsen von Korruption und Amtsmißbrauch.

Endlich ist die Ära der Perestroika angebrochen oder, wie wir sagen, eine Revolution für Realismus und Vernunft. Die Perestroika konzentriert sich nicht auf die Interessen und Sorgen imaginärer, sondern realer, lebendiger Menschen, auf Rationalismus, wirtschaftliche und soziale Leistungsfähigkeit. Unter diesen Umständen sollte es eigentlich keinen Platz für linke doktrinäre Haltungen, für neue Angriffe auf die Vernunft oder für die Befürwortung aller möglichen Arten des gesellschaftlichen Mystizismus geben. Doch dieses Gefühl, vor der Gefahr linken Abenteuertums sicher zu sein, ist trügerisch.

Zum zigsten Male in der noch jungen Geschichte des Sozialismus in diesem Land wurde eine umfassende und vehemente Kampagne gegen all unsere jetzigen Werte gestartet: gegen die Demokratie, die Kriterien des Rationalismus, das Prinzip der Autonomie, die Achtung vor der menschlichen Würde, den Glauben an die Menschen, die moralischen Werte der Menschheit, gegen Güte, Nächstenliebe und alle anderen Dinge, die für die heutige Welt so wesentlich sind. Unter dem Vorwand, gegen »Trivialität«, »kleinbürgerliche Trends«, »Pseudointellektualismus« und »voreingenommene Kritik« zu kämpfen, versuchen unsere »unnachgiebigen« Radikalen wieder einmal, die politische Szene zu beherrschen; sie wollen das verlorene Recht wiedergewinnen, die Menschen herumzukommandieren, um über die Früchte von deren Arbeit und über deren Leben so zu verfügen, wie es ihrem schwärmerischen und »nichttrivialen« Bewußtsein gefällt.

Ich bin ganz sicher, daß es mehr ideologische Garantien für den

Triumph der Perestroika gäbe, wenn wir uns im März/April 1988, als Nina Andrejewas Anti-Perestroika-Manifest im Mittelpunkt der Aufmerksamkeit stand, nicht darauf beschränkt hätten, Stalins Verbrechen zu kritisieren, sondern weitergegangen wären und eine gründliche Analyse des Schadens eingeleitet hätten, den die kommunistischen Phantasien von Linksradikalen wie Stalin unserem Land, seinem Boden, seiner natürlichen Umwelt und der Moral der Menschen zufügten. Dies hätte den menschenfeindlichen Charakter solcher linksextremen Gauner und Hohenpriester des »kommunistischen Erstgeburtsrechts« vollständig entlarvt und die Gefahr aufgezeigt, die entsteht, wenn man sich nur auf das Unbekannte verläßt, ohne die Erfahrung unserer Vorfahren und die Leistungen anderer Menschen zu berücksichtigen. Wir verzichteten jedoch auf diese Analyse, und deshalb haben wir es nun mit den Entwicklungen zu tun, die unseren englischen Gast so verängstigten.

Heute treten die Gegner der Perestroika nicht offen für Stalin ein – dazu sind sie zu schlau. Sie greifen die Perestroika an, weil sie den linken Idealen des Kommunismus widerspreche, und sie bezichtigen uns Sterbliche, die wir die radikale Wirtschaftsreform, die gegenwärtige Agrarpolitik und die Idee eines Rechtsstaates unterstützen, den Kommunismus und die Interessen der Arbeiterklasse zu verraten. Dies ist die heutige Situation.

Nina Andrejewa belehrt die Partei wieder einmal, welche Politik sie einschlagen sollte. Diesmal tritt sie jedoch in der Weltpresse als eine international bekannte Autorin und als Verfechterin der Ideale der Arbeiterklasse und des Kommunismus auf. Ein solcher Preis ist zu zahlen, wenn man den Charakter des Linksextremismus unterschätzt. Die absurde Heldin hat sich in die kugelsichere Weste des »Parteiprogramms« gehüllt. Sie fordert die Partei auf, sich von der Perestroika fernzuhalten, denn die KPdSU sei nicht die Partei der Perestroika, sondern eine kommunistische Partei. Sie macht der 19. Parteikonferenz Vorwürfe, weil man dort nicht über »die kommunistische Perspektive des Landes« gesprochen und sich statt dessen auf Demokratie, Glasnost und das Lebensmittelproblem konzentriert habe. Sie klagt also letztlich die aktiven Perestroika-Anhänger an, die »fundamentalen Interessen der Arbeiterklasse« zu verraten.

Es ist natürlich albern, die Aufgaben der Perestroika denen der Errichtung des Kommunismus und die Politik zur Hebung des sowjetischen Lebensstandards den vitalen Interessen der Arbeiterklasse gegenüberzustellen, wie Nina Andrejewa es in ihrem Interview tat. Es ist völlig unmoralisch, jene herabzusetzen, die sich ein besseres Leben für das Sowjetvolk, bessere Lebensmittel für unsere Kinder, eine niedrigere Säuglingssterblichkeit und weniger Warteschlangen (in denen die Mütter anstehen) wünschen, die möchten, daß die Väter weniger trinken und sich häufiger um ihre Kinder kümmern, und die sich wünschen, daß unsere ungemelkten Kühe aufhören, so laut zu brüllen, daß es die ganze Welt hört.

Was für ein Kommunismus ist das eigentlich, der sich mit Demokratie und Offenheit, mit der wachsenden Freiheit und Initiative des Arbeiters, mit dem Wohlbefinden und dem Glück des Menschen nicht verträgt? Es ist der Kommunismus Nina Andrejewas und, leider, vieler ihrer Anhänger. Welche kommunistischen Kriterien widersprechen der wirtschaftlichen Rationalität, der gesellschaftlichen Leistungsfähigkeit, der Güte, Nächstenliebe und der Achtung vor der Menschenwürde? Kann die Idee des Kommunismus noch irgendeinen Sinn haben, wenn die Sowjetunion, die Wiege der sozialistischen Revolution, nicht zu einem zivilisierten, demokratischen Staat mit wenigstens minimaler Rationalität, mit einer hochwertigen technischen Produktion und mit einem Lebensstandard wird, der sich mit dem der anderen Industrieländer vergleichen läßt? Bestehen die wahren, vitalen Interessen der Arbeiterklasse darin, das gegenwärtige niedrige Niveau der von den kommunistischen Visionären zerstörten Landwirtschaft aufrechtzuerhalten? Sollen wir die Menschheit weiterhin durch unsere erstaunliche Untüchtigkeit, unsere langen Warteschlangen und unser Unvermögen zu guter und rationeller Arbeit in Schrecken versetzen?

Es gibt viele Gründe dafür, den misanthropischen Charakter dieses »Kommunismus« und dieser »kommunistischen Perspektive« bloßzustellen, denn sie werden von Personen verteidigt, die Nina Andrejewas Sprache sprechen und wiederum versuchen, unser Volk irrezuführen. Jede Erklärung, die sie abgeben, ist barer Unsinn und zielt darauf ab, ungebildete Menschen zu betrügen und zu erschrekken und Zweifel an den heutigen Reformen in unserem Lande aufkommen zu lassen.

Es kann nicht der Zweck dieses Buches sein, die ganze Unlogik von Nina Andrejewas Position aufzuzeigen oder alle Aspekte ihrer Grundeinstellung, die für mich menschenfeindlich sind, zu analysieren. Typisch sind ihre Versuche, die »Entkulakisierung« durch Hinweise auf den Klassenkampf zu rechtfertigen. Dies ist im Grunde eine Rechtfertigung des Stalinschen Mordes an Hunderttausenden von unschuldigen Bauernkindern, von der Ermordung ihrer Eltern in den schneebedeckten Wäldern Sibiriens gar nicht zu reden.

Ich möchte nun einerseits den Charakter und die Motive des bewußten Eintretens für offensichtlich falsche Ideen und für Gewalttaten und andererseits unsere infantile, passive Haltung gegenüber jenen Menschen untersuchen, die diese Ideale verteidigen und von Rache träumen. Es ist wirklich kaum zu glauben. Einige von uns haben immer noch Angst vor vielen Dingen, aber niemand fürchtet sich, in der Öffentlichkeit alberne oder sogar schändliche Ideen zu verbreiten. Zum Beispiel behaupten manche Leute unerschrocken, daß eine Situation, in der viele Millionen von Opfern unterdrückt wurden, weniger entsetzlich sei als eine Situation, in der Millionen von Menschen den Glauben an Stalins Ideale verloren haben.

Da es uns schwerfällt, aus unseren eigenen Fehlern zu lernen, unterschätzen wir immer noch die Gefahr scheinbar harmloser Auslassungen darüber, daß es Anreize geben könne, die wirksamer seien als größere wirtschaftliche Unabhängigkeit oder höhere Löhne oder andere Kriterien des Fortschritts und des Volkswohls, welche die Menschheit stets benutzt hat.

Uns fehlen die Immunität oder ein vollentwickelter Schutzmechanismus gegen die Absurditäten, die tatsächlich die Grundlage des Lebens bedrohen, des Lebens von Millionen Menschen, die bereits auf der Welt oder noch ungeboren sind. Es ist schließlich kein Zufall, daß sich die Befürworter der zur Hungersnot führenden »Generallinie« selbst die größte Freiheit und Unabhängigkeit herausnehmen, während sie uns wie unsere Gäste aus dem Ausland über die Natur des Menschen belehren. Es ist in der Tat gefährlich, wenn Menschen so denken, wenn sie bereit sind, heutiges wie künftiges Leben, Glück und Wohlergehen nur dafür zu opfern, daß »die kommunistische Perspektive des Landes« erhalten bleibt. Denn kein vernünftiger Mensch wird behaupten, daß irgendein Zitat aus den Werken der Klassiker mehr Wahrheit in sich birgt als praktische Erfahrung, als Hunderte oder Tausende von Fakten, die das Zitat widerlegen.

Leider lassen viele die blinde Bewunderung eines unreifen Jugendlichen erkennen, der in den Tempel des Wissens eingelassen worden ist und die nüchterne Vernunft bereits aufgegeben, die Höhe wissenschaftlichen Zweifels aber noch nicht erreicht hat. Ein halbes Jahrhundert konnten wir über die Entwicklungsgesetze des

Sozialismus, seinen Übergang zum Kommunismus und die diesen Prozessen inhärente Dialektik nachdenken, ohne daß wir uns auch nur die Mühe machten, die Gesellschaft, in der wir lebten, zu untersuchen.

Unsere Philosophielehrgänge an den höheren Bildungsanstalten haben der geistigen Entwicklung junger Menschen wenig zu bieten. Es gelingt dort jedoch, die Studenten mit dem Virus des Mißtrauens gegenüber allem Individuellen zu infizieren, wodurch das Bewußtsein der Betroffenen deformiert wird. Die von Fakten angeblich »unabhängige Betrachtungsweise« läßt jeglichen Beweis überflüssig erscheinen.

Die Gründe für unsere seltsame Logik, die Ausländer zu verblüffen scheint, sind vielleicht in unserer geistigen Vergangenheit zu finden. Über einen langen Zeitraum hinweg war unser gesellschaftliches Leben illusionär und irreal. Deshalb ist es kein Wunder, daß viele von uns nie gelernt haben, zwischen imaginären und echten Werten, zwischen der Welt der Ideen und Symbole und der Welt materieller Gegenstände zu unterscheiden. Wenn zukünftige Historiker sich mit dem letzten Viertel dieses Jahrhunderts befassen, werden sie unzweifelhaft erstaunt über unseren massenhaften Widerstand gegen offensichtliche Wahrheiten sein, über unsere Fähigkeit, stets das Wichtigste, das ganz unmittelbar auf unsere Zukunft einwirkt, außer acht zu lassen. Sie werden überrascht sein bei der Entdeckung, daß mehrere Generationen von Menschen, die sich nach außen hin zu Materialismus und Wissenschaftlichkeit bekannten und aktiv gegen den Idealismus kämpften, nie einen einzigen Gedanken auf die Ereignisse in ihrer Umgebung verschwendeten, weil sie glaubten, daß nicht das Offenkundige, sondern das noch Unsichtbare von Bedeutung sei. Meiner Ansicht nach waren nicht einmal die fanatischsten Mystiker weiter von den elementarsten Prinzipien der objektiven Wirtschaftslehre entfernt als wir, die wir uns für Materialisten halten.

Allerdings wurde es gegen Ende der dreißiger Jahre notwendig, den Glauben an die bevorstehende kommunistische Gesellschaft mit etwas Greifbarem zu untermauern, damit die Menschen keinen Zweifel an dem kommenden Wunder hatten. Stalin spürte diese Notwendigkeit und machte sich daran, greifbare Beweise zu liefern. Dies wurde in der Regel mit Propagandamitteln bewerkstelligt. So stellte man alle möglichen »Rekorde« auf: über und unter der Erdoberfläche, im Norden und im Süden. Danach wurden durch Lyssenkos Genetik »Rekorde« in der Veränderung der Natur und des Klimas erzielt. Die Filme über »Rekordernten« trugen ebenfalls dazu bei, die Menschen in zwei parallelen Welten leben zu lassen. Man gewöhnte sich so sehr an diesen Umstand, daß viele Chruschtschow Glauben schenkten, als er Anfang der sechziger Jahre verkündete: »Die heutige Generation des sowjetischen Volkes wird unter dem Kommunismus leben!« Möglicherweise glaubte er es selbst, oder vielleicht hielt er es einfach nur für nötig, die Menschen in ihren Hoffnungen zu bestärken, denn sonst wären sie unfähig gewesen, weiterhin auf das versprochene Wunder zu warten.

Offen gesagt, unsere Empfänglichkeit für Absurditäten geht nicht nur auf unsere alten Gewohnheiten zurück. Sehr häufig wird unsere Passivität gegenüber Veröffentlichungen wie der von Nina Andrejewas Anti-Perestroika-Manifest von einer elementaren Angst verursacht. Viele fürchten sich einfach, mit solchen Leuten zu streiten; sie haben Angst vor einer auf revolutionärer Rhetorik basierenden Demagogie. Da wir nicht an ernste philosophische Debatten gewöhnt sind, vergrößert sich diese Angst, was die Position der kommunistischen Phrasendrescher stärkt, die unsere Gesellschaft jahrzehntelang mit dem Gespenst des »Revisionismus«, der »Abweichung von den Prinzipien« etc. terrorisierten.

Die Gegner einer auf Warenproduktion basierenden Wirtschaft scheuen sich nicht, Hunger zu befürworten und das Land aufzufordern, endlos in Armut und Elend zu leben. Es gibt in der Geschichte kein einziges Beispiel dafür, daß der Versuch, die Wirtschaft auf moralischen Grundsätzen aufzubauen, nicht zu einem Mangel an täglichem Brot geführt hätte. Und trotzdem haben wir Angst, diese Menschen als Verteidiger von Unglück und Katastrophe zu entlarven.

Am erstaunlichsten ist, daß die recht simplen Methoden zur Einschüchterung unserer Intelligenzija und all jener, die sich aufrichtig um die Gegenwart und Zukunft des Landes sorgen, keinem von uns neu sind. Die alte und »alles erobernde« Strategie ist immer noch wirksam. Sie erfordert keine weitere Analyse. Man braucht seinem Gegner nur vorzuwerfen, er habe seine »kommunistische Orientierung« verloren, das heißt, man braucht nur zu der erprobten Methode der Denunzierung zu greifen, und der Erfolg ist garantiert.

Wir wissen zum Beispiel sehr wohl um den Preis, den unser Land und unser Volk für die »kommunistische Orientierung« L. I. Breschnews und M. A. Suslows zahlen mußten. Sie hatte zur Folge, daß die Wirtschaftsreform von 1965 und alle Versuche, eine rationelle Wirtschaft zu schaffen, beendet wurden, und sie machte sowohl die Anwendung von progressiven Methoden der Wirtschaftslenkung als auch das Gruppenvertragssystem zunichte. Sie führte zu einer Wirtschaftskrise, zur Erweiterung der wissenschaftlich-technologischen Lücke zwischen der UdSSR und den entwickelten kapitalistischen Ländern, zur Erschöpfung des Bodens und zur Landflucht, die in manchen Gebieten ganze Dörfer verschwinden ließ.

Wir kennen den Preis, der dafür zu zahlen war, daß reale Probleme zugunsten fiktiver Ideale vernachlässigt wurden. Ist es möglich, daß sich ein vernünftiger Politiker, der für das Leben und den Wohlstand seines Landes verantwortlich ist, in seiner Wirtschaftspolitik nicht von den Prinzipien ökonomischer Leistungsfähigkeit, nicht von den Interessen des Volkes, sondern von seiner »kommunistischen Orientierung« leiten läßt? Liegt es nicht auf der Hand, daß das in der Mitte des vergangenen Jahrhunderts verkündete Ideal von einer wohlhabenden Gesellschaft mit unbegrenztem Verbrauch im Lichte der drohenden ökologischen Energie- und Nahrungsmittelkrisen ein absolut utopischer Traum ist?

Weshalb also haben wir Angst, unsere kommunistischen Demagogen aufzufordern, ihre Propagandasprüche einzustellen und die Menschen selbständig arbeiten und denken zu lassen? Schließlich kann man die Partei und die Gesellschaft nicht ewig erpressen. Weshalb haben wir Angst, ihnen zu sagen, daß sie nur Parasiten sind, die vom politischen Analphabetentum der Bevölkerung und von der seit Stalin in den Seelen der Menschen nistenden Furcht leben, und daß das Ideal, welches sie der Gesellschaft aufzwingen wollen, im Grunde gar kein Ideal ist?

Eine warenlose Produktion, ein Bauer, der den Boden nicht mehr bestellt, Eigentum, das niemandem gehört, eine Persönlichkeit, die sich von ihrem Zeitalter gelöst hat – wann ist dies jemals als Ideal betrachtet worden?

Das Ideal des Humanismus, auch des realistischen Humanismus von Marx und Engels, war stets ein zufriedener, von allen Formen der Entfremdung freier Bürger. Es umfaßte immer die Würde des freien Menschen, die Autonomie – vor allem die geistige Autonomie – des einzelnen, das Recht des Individuums auf eine eigene, auch irrtümliche Meinung und das Recht, an den kulturellen Leistungen der Vergangenheit und Gegenwart teilzuhaben. Genau dies ist es, wozu wir im Laufe der Perestroika allmählich zurückkehren. In einer Gesellschaft, die auf solchen humanitären Werten beruht, ist der Stalinismus unmöglich.

Wir müssen lernen, zwischen revolutionärem Denken als einer notwendigen Form des berechtigten Widerstandes gegen Gewalt, Grausamkeit und Ausbeutung und prahlerischem Revoluzzertum zu unterscheiden, das von Ehrgeiz, der Leidenschaft nach Neuerungen oder dem einfachen Wunsch angetrieben wird, für Erniedrigungen Rache zu nehmen.

Das Erzrevoluzzertum oder der linksradikale Dogmatismus, für den die Revolution ein Ziel an sich ist, führt letztlich zu noch mehr Gewalt und Ungerechtigkeit. Die Politik der nationalen Selbstvernichtung, verursacht durch Stalins linksextreme Experimente, mußte ebenso wie die Politik des Pol-Pot-Regimes, die sich auf den Linksradikalismus von Studenten stützte, die Grundlagen des Lebens vernichten. Stalins Gesellschaftspolitik enthielt kein einziges schöpferisches Element.

4. Der Egoismus der Träumer

Gibt es einen Weg, einen ehrlichen Revolutionär, einen Kommunisten, der bereit ist, sein eigenes Leben für die Gerechtigkeit und das Glück der Leidenden und Unterdrückten zu opfern, von dem Erzrevoluzzer zu unterscheiden, der nur Gewalt und Tod bringt? Die Antwort lautet seit vielen Jahrhunderten: »An ihren Früchten sollt ihr sie erkennen.«

Lenin hat versucht, Kriterien zu entwickeln, nach denen ein prahlerischer Revoluzzer oder Linksradikaler von einem wahren Revolutionär unterschieden werden kann. Er kam zu dem Schluß, daß die Gründe für das »schreckliche Revoluzzertum« und die »Eile« aller möglichen Visionäre in der Kluft zwischen Theorie und Praxis zu suchen seien. Die Motive, die solche Abenteurer zur Teilnahme an der Revolution veranlaßten, seien oberflächlicher Natur, was auch in ihrer theoretischen Nachlässigkeit zum Ausdruck komme. Solche Menschen könnten sich nicht der Suche nach Wahrheit hingeben, weil sie nicht am Wissen als Wert an sich, sondern nur an einem Wissen interessiert seien, das sie befähige, ihrer Lieblingsbeschäftigung nachzugehen und die Welt zu zertrümmern.

Ich meine, daß die Gesellschaft nicht nach Selbstzerstörung

strebt. Sie ist schwach und ungeschützt, aber sie ermutigt die Menschen jedenfalls nicht, ihre eigenen Existenzbedingungen zu vernichten. Dies kann nur von ungeschickten und schlampigen Theoretikern bewerkstelligt werden.

Wer hat überhaupt die Wahrheit im Marxismus und in der Revolution gesucht, wer hatte ehrliche Absichten bei der Wahl seines Lebenswegs? Nach dem zu urteilen, was wir heute über das Leben und die Aktivitäten der Führer der Oktoberrevolution wissen, gilt dies keineswegs für alle von ihnen. Für manche war der Marxismus nur ein bequemes Mittel, um die eigenen ehrgeizigen Ziele zu erreichen. Ich persönlich neige dazu, dem sowjetischen Soziologen S. Feinburg zuzustimmen, der sagte, daß »die Revolution infolge ihrer Bestandteile und der an ihr beteiligten Personen vielfältig, komplex und widersprüchlich war; die meisten, die von der Revolution angezogen wurden, hatten entweder edle Ideale und vertraten hohe moralische Werte …, oder es waren hoffnungslose Menschen, die im alten Gesellschaftssystem keine Chancen hatten und sich über ihr Geschick erheben wollten«.

In der Tat, auf was für eine Karriere hätte der als Josef Dschugaschwili geborene Stalin, der Sohn eines Schuhmachers, nach der Absolvierung eines Priesterseminars hoffen können? Bestenfalls wäre er Dorfpriester geworden (um einer größeren Gemeinde zugeordnet zu werden, mußte man einen Gönner finden, was nicht leicht war). Die Karriere eines Berufsrevolutionärs hatte Stalin mehr zu bieten. Sie war zwar gefährlich, aber sie lenkte die öffentliche Aufmerksamkeit auf die persönlichen Qualitäten der führenden Persönlichkeiten (in Stalins Fall befreite sie ihn von dem durch seinen kranken Arm verursachten Minderwertigkeitskomplex), und sie eröffnete die Möglichkeit, enorme Macht auszuüben.

Es gibt keinen Zweifel daran, daß Trotzki, der ehrgeizigste aller russischen Revolutionäre, von ähnlichen Motiven geleitet wurde. Er machte kein Hehl daraus. Der egozentrische Charakter seiner revolutionären Tätigkeit tritt in seiner Autobiographie deutlich hervor: Trotzki wollte sich mit keiner geringeren Rolle als der des Führers der proletarischen Weltrevolution zufriedengeben. Außerdem ließ seine jüdische Herkunft die Chance, im traditionellen russischen Staat einen seinem Talent und seinem Ehrgeiz angemessenen Platz zu finden, noch geringer werden als im Falle Stalins.

Ich wiederhole jedoch, daß diese Menschen nicht infolge ihrer Herkunft oder ihres niedrigen Status zu Berufsrevolutionären wurden, sondern weil sie von Natur aus Abenteurer waren und nach Ruhm trachteten. In dieser Hinsicht ist Lawrenti Berijas Leben sogar noch typischer. Es kann nicht überraschen, daß sich besonders abscheuliche Menschen häufig dem Kampf für die edelsten Ideale anschließen und daß sie die Ideale des Kollektivismus ausnutzen, um ihre zügellose Selbstsucht zu befriedigen. Sogar in der Not des Gefängnisses oder des Exils suchen sie eine Gelegenheit, sich zu behaupten, sich der Routine zu entziehen, die Grenzen eines trivialen und unbedeutenden Lebens zu überschreiten.

Es versteht sich von selbst, daß diese Menschen den Marxismus mystifizieren, ihm eine religiöse, messianische Färbung verleihen mußten. Je majestätischer und ferner das Ziel der Revolution war, desto selbstbewußter wurden sie, desto mehr hatten sie auf dieser Welt zu tun und desto zahlreichere Gelegenheiten gab es, ihren Ehrgeiz zu befriedigen.

Dieser Typus des Revolutionärs benötigte einen Marx, der als Prophet und Wahrsager diente. Aus der Fülle der marxistischen Ideen wurde nur die Lehre von den revolutionären Umwälzungen der Geschichte herausgegriffen, von dem Blutmeer, das der Fortschritt überwinden müsse, von der Unvermeidlichkeit des Geschichtsverlaufes und der unvermeidlichen proletarischen Weltrevolution.

Wie sonst konnte der Marxismus von Menschen begriffen werden, die von einem neuen globalen Unheil träumten, die, wie der revolutionäre Dichter und Gelehrte A. Gostew, auf einen neuen Messias, »einen Verkünder von Wundern und Katastrophen«, warteten, und die sich nach jenem Höhepunkt der Geschichte sehnten, da »die gespenstischen Schatten der Nacht den hellen Tag verfinstern, da Tempel und Museen zerbröckeln, Berge auseinanderklaffen, Orkane vorbeirauschen, die Meere sich über die Landmassen erheben und die Sonne im Norden aufgeht«.

»Untaugliche Theoretisiererei« hat im Laufe von siebzig nachrevolutionären Jahren viele Programme für einen durch Gewalt und Zwang zu bewirkenden »Sprung« hervorgebracht. Zum Glück fanden die meisten wenig Unterstützung und wurden gar nicht erst eingeleitet. Aber sie alle waren losgelöst von der tatsächlichen Situation, vom Leben der Menschen und von den Erwartungen, die diese mit der Partei verknüpften.

Heute diskutieren wir häufig über die möglichen Alternativen des nationalen Aufbaus im entscheidenden Jahr 1929. Viele zweifeln daran, daß ein anderer Weg als der von Stalin eingeschlagene überhaupt denkbar gewesen wäre. Ich bin nicht sicher, ob sich die Machbarkeit dessen, was nie geschah, im Rückblick beweisen läßt. Andererseits fällt es nicht schwer nachzuweisen, daß Stalins Strategie, die Landgebiete auszuplündern, um die Industrie auf Kosten der Bauern zu entwickeln, nicht die geringste wissenschaftliche, wirtschaftliche oder ökonomische Berechtigung hatte. Man braucht nur Stalins Reden »Über die rechte Abweichung in der KPdSU (B)« oder »Zu Fragen der Agrarpolitik in der UdSSR«, gehalten auf der Konferenz marxistischer Agrarwissenschaftler am 27. Dezember 1929, zu lesen, wenn man sich davon überzeugen will, daß Stalins allgemeiner Kurs nicht auf irgendwelchen Berechnungen beruhte. Auch wurde er nicht durch seriöse Studien über verschiedene Formen der Arbeitsorganisation, die damals bereits vorlagen, untermauert. In den beiden Reden werden zahlreiche Argumente für die neue Parteilinie angeführt, doch sie alle waren rein normativer Art und stützten sich auf Vermutungen.

Stalins Hauptargument lautete: Was nicht sein darf oder was nicht von der politischen Ökonomie des Sozialismus vorgesehen ist, kann nicht sein. Zum Beispiel behauptete er, daß große Getreidefabriken im Vergleich zu Familienhöfen eine höhere Produktion garantieren und dadurch die Voraussetzung für eine raschere Industrialisierung schaffen würden. Aber er blieb jeden wirtschaftlichen Beweis dafür schuldig, daß sich das System der Familienhöfe überlebt hatte. (Wie hätte man dann den überragenden Erfolg der NÖP in der Landwirtschaft erklären sollen?)

Es gab keinen Beweis – und es konnte keinen geben –, daß die fabrikähnliche, auf Befehlen gründende Organisation der Arbeit auf dem Land zu einem entscheidenden Durchbruch in der Getreideerzeugung führen würde. Schon damals wurden viele ernsthafte Zweifel laut, etwa in den Schriften A. W. Tschajanows. Stalin wies Tschajanows Einwände in der für ihn bezeichnenden Manier zurück: »Wo ein Mensch ist, gibt es ein Problem – kein Mensch, kein Problem.«

Nicht einmal in den Werken J. A. Preobraschenskis (er hatte das Projekt entworfen, die Nation auf Kosten der Bauern zu industrialisieren, und man hielt ihn in der Partei für einen gebildeteren Marxisten sowie einen fähigeren und gewissenhafteren Forscher als Stalin) entdeckt man die geringsten Ansätze dafür, die linksradikalen Pläne und Programme für den Zwangsmarsch in die sozialistische

Einheitsproduktion zu begründen. Auch er kümmerte sich nie um Beweise, denn er setzte all seine Hoffnungen auf »das, was sein muß« und auf theoretische Entwürfe einer sozialistischen Zukunft. Ohne jeden Skrupel bezog er sich auf diese Entwürfe, als er die russische Bauernschaft dazu verurteilte, die Last der von ihr nie gewollten Industrialisierung zu tragen.

Bevor man der Bauernschaft das ganze Elend der Industrialisierung aufbürdete, hätte man zumindest die Zuwachsreserven im industriellen Bereich untersuchen, Wege zur Erhöhung der Arbeitsproduktivität und zum sparsameren Umgang mit Rohstoffen finden sowie eine mögliche Verringerung des bereits aufgeblähten Verwaltungsapparats erwägen müssen. – Aber J. A. Preobraschenski scherte sich nicht um diese nebensächlichen Einzelheiten. Wenn es um Gesetze und fundamentale Entscheidungen ging, sah er keine Notwendigkeit, sich mit Details abzugeben.

Kein Wunder, daß Lenin den linken Doktrinarismus als infantile Krankheit bezeichnete. Er gleicht den Launen eines verwöhnten Kindes, das sich jeder Vernunft widersetzt. Ein linker Doktrinär will einfach nichts von den Gesetzen und Wahrheiten wissen, die das Leben eines normalen Sterblichen bestimmen.

Und damit nicht genug. Wenn J. A. Preobraschenski, von Stalin gar nicht zu reden, etwas mehr Mitgefühl mit den Bauern gehabt hätte, die er zur Armut verurteilte, hätte er die Vor- und Nachteile hundertmal abgewogen, bevor er und Stalin ihre Gesetze, die Millionen von Menschen in Leid und Elend stürzten, lärmend verkündeten. Aber ein linker Doktrinär kümmert sich nicht um menschliche Bedürfnisse oder um menschliches Glück. Diese »Theoretiker« verspüren nie irgendeine Verantwortung dem Volk gegenüber. Für sie sind die Menschen nur die sterbliche Materie, mit deren Hilfe sich die »Geschichtsgesetze« Bahn brechen.

Der Linksextreme fördert bewußt revolutionäre Intoleranz und gesellschaftliche Konflikte, und er schürt die Gewalt im Bereich der Wirtschaftsbeziehungen. Er fordert die Menschen zu »historischem Gehorsam« auf. In allen Phasen unserer Revolution, im Bürgerkrieg, in den zwanziger und dreißiger Jahren und sogar heute, unter den Bedingungen der Perestroika, werden die Appelle zum Aufbau einer »nichttrivialen« Wirtschaft und zur Anwendung »nichttrivialer« Kriterien und Methoden stets von Ausrufen zu Askese und Bescheidung begleitet, die uns den Idealen des Kommunismus angeblich näherbringen. Dies überrascht nicht, denn unsere linken Doktrinäre und Dogmatiker scheinen im Unterbewußtsein zu begreifen, daß ihre speziellen Methoden jeglichen Wohlstand ausschließen.

Seit der Zeit, in der Lenin über die intellektuellen und moralischen Quellen der linken Krankheit nachzudenken begann, sind die Krankheit und ihre Symptome immer gefährlicher und vielfältiger geworden. Die Erfahrung auf dem Gebiet wirtschaftlicher Methoden und Kriterien ist gewachsen, doch die Versuche, die Tatsachen und die Gebote der Vernunft abzuwerten, erweisen sich als immer aggressiver. Jahrzehnt um Jahrzehnt kämpft die »unabhängige Methode« gegen die Tatsachen an und verfälscht sie mehr und mehr.

Dies ist verständlich, denn nichts kann erschreckender für die Sehnsucht des linken Dogmatikers nach einer nichttrivialen Wirtschaft sein als unsere bestehende Realität. Die Realität (besonders der Zustand des Marktes und der Landwirtschaft) trägt dazu bei, den linken Dogmatiker zu entlarven und seine unbegründeten Hoffnungen bloßzustellen.

Das linksradikale Streben der Bürgerkriegszeit, das gesamte Leben nach den neuen, kommunistischen Prinzipien zu reformieren, läßt sich mit dem Mangel an Erfahrung entschuldigen. Doch wie soll man die linke Opposition und den Extremisten Stalin rechtfertigen, die wußten, welche Folgen die Beschlagnahme des Getreideüberschusses hatte, und trotzdem darauf beharrten, daß dies die einzig mögliche kommunistische Organisationsform von Produktion und Konsum sei? Wie soll man die linken Doktrinäre der siebziger und der frühen achtziger Jahre rechtfertigen, die ungeachtet der Mängel in der Fleisch- und Milchversorgung weiterhin alle nichtkommunistischen Methoden der Lebensmittelproduktion geißelten und befahlen, die privaten Obstgärten der Bauern einzuebnen und ihr Vieh zu schlachten? Was das sowjetische Volk brauche, beteuerten sie, sei nicht einfach nur Wohlstand, sondern die Art Wohlstand, die durch nichttriviale, kommunistische Methoden zustande komme und den allgemeinen kommunistischen Charakter des Sozialismus zunehmend entfalte.

Es war wohl kein Zufall, daß Nina Andrejewas Anti-Perestroika-Manifest und ihr späteres Interview mit der jugoslawischen Wochenzeitung *Vesnik* keine Spur eines Versuchs enthielten, unsere ökonomische Erfahrung und die gegenwärtige sozialwirtschaftliche Lage in allen sozialistischen Ländern zu analysieren. Sie gibt sich als Kämpferin für die Volksinteressen aus, ignoriert jedoch alles, was das Leben von Millionen von Sowjetbürgern bestimmt und ihre tägliche Existenz und ihr Glück überschattet. Es scheint ihr gleichgültig zu sein, daß »allgemeine Laxheit«, Teilnahmslosigkeit der Arbeit gegenüber und Faulheit bei uns zu einer nationalen Plage geworden sind, daß es mit jedem Jahr weniger qualifizierte Experten und Arbeiter in unserer Gesellschaft gibt, daß die Qualität unserer Waren sich stetig verschlechtert oder daß das Prestige der sowjetischen Erzeugnisse deutlich gesunken ist.

Man kann diese Denkweise als einen Rückfall in den egalitären, utopischen Sozialismus bezeichnen, dessen Wesen darin besteht, den Besitz anderer neu zu verteilen, und der keinen Begriff davon hat, wie die Produktion zu organisieren ist. Der egalitäre Sozialismus, der nun der Perestroika zu Leibe rücken will, kann der Gesellschaft kein positives Entwicklungsprogramm bieten. In diesem Falle lenken Individuen, die behaupten, die Interessen der Arbeiterklasse und der gesamten sowjetischen Gesellschaft zu vertreten, das Volk bewußt von der Hauptgefahr ab, nämlich von der Zersetzung der Produktionsgrundlagen. Es handelt sich um einen Utopismus, der nicht auf untaugliche Theorien, sondern auf unverfälschten Zynismus zurückgeht.

Wie sonst ließen sich die Versuche der Dogmatiker erklären, Stalins Verbrechen durch Hinweise auf die Gesetze des Klassenkampfes zu rechtfertigen? Um mit J. Korjakin zu sprechen: Nur ein Zyniker, der für niemanden außer für sich selbst Mitleid empfindet, könnte versuchen, die Ermordung von Unschuldigen zu verteidigen.

Die Tragödie des Kommunismus war und ist in der Tatsache verwurzelt, daß sich allzu häufig eingefleischte Egoisten, die keines Mitleids fähig waren, als Verteidiger der kommunistischen Ideale aufgespielt haben. Es hat nie eine abscheulichere Form des Egoismus gegeben als jene, die aus dem Kampf gegen den Individualismus erwuchs und vorgab, sich für die kollektivistischen, sozialistischen Lebensprinzipien einzusetzen. Man denke nur an die gesellschaftliche und philosophische Bedeutung des Stalinismus. Hat es in der Geschichte je eine Zeit gegeben, in der so viele Menschenleben für den Ehrgeiz und den Machthunger eines einzigen Verbrechers geopfert wurden? Wohl kaum.

Die linken Dogmatiker, jene revolutionären Radikalen von unterschiedlicher Färbung und unterschiedlicher Geisteskraft, sind nie kollektivistisch gesinnt gewesen. Folglich waren sie nie »Kommunisten«, das heißt Menschen, die sich um das Gemeinwohl sorgen.

Jeder von ihnen ist stets egoistisch gewesen und hat niemals den Wunsch gehabt, anderen zu helfen oder ihr Leben zu verbessern.

Man kann nicht behaupten, ein Kommunist und ein Kämpfer für das menschliche Glück zu sein, während man die Grundlagen des Lebens brutal zerstört und Millionen von Menschen zu sinnlosen Opfern anspornt. Nur die naiven *Wechi*-Philosophen, die wie alle wahren Gottgläubigen nicht von dieser Welt zu sein schienen, konnten annehmen, daß revolutionärer Fanatismus und Linksextremismus aus der frommen Achtung vor dem Volk, aus dem blinden Wunsch herrührten, sein Leben für die Arbeiter und Bauern aufs Spiel zu setzen. Ein Revolutionär, der sein Volk liebt und sich um dessen Zukunft sorgt, kann die Wahrheit und die Tatsachen nicht mit Füßen treten. Ein Kommunist kann, wie jeder andere auch, Irrtümer begehen und sich von den Illusionen seiner Zeit täuschen lassen. Wie jeder andere auch ist er unfähig, die Zukunft oder alle Konsequenzen seiner Entscheidungen vorherzusehen; auch er kann der teuflischen Verlockung, das Gute unsterblich zu machen, nicht widerstehen. Aber er hat kein Recht, das bereits gewonnene Wissen zugunsten seiner heimlichen Leidenschaft zu ignorieren.

Ein Linksextremer ist nicht bereit, sich auf den festen Boden der Realität zu stellen, weil ihm dies ganz einfach langweilig vorkommt. Er ist nicht an Einzelheiten, an Fakten, an der Wirtschaft interessiert. »Wie ein Wahnsinniger sucht er nach einem Sturm«; er möchte, daß das öffentliche und politische Leben stets einer Explosion nahe ist, weil Menschen wie er unter solchen Umständen sehr gefragt sind.

Der revolutionäre Dogmatismus und Radikalismus gründet sich auf die gefährlichste Art der Selbstsucht, die die Bestie im Menschen nährt, nämlich auf das »Streben, der Welt die eigenen Ansichten aufzuzwingen«, seine eigenen Wertvorstellungen durchzusetzen. Der bekannte sowjetische Historiker S. Awerinzew bemerkt dazu: »Jeder Utopismus hat zur Folge, daß gewisse Werte, die, empirisch gesehen, nicht universelle Werte sind, für alle verbindlich werden.« Dieser Egoismus drückt sich in dem Bemühen aus, die Revolution und das öffentliche Leben in einem Zustand zu erhalten, der dem Charakter des linken Dogmatikers entgegenkommt. Dies ermöglicht es ihm, seine Schwächen zu verbergen und seine Stärken zur Schau zu stellen. Obwohl sich alle Prediger eines gemeinsamen, kommunistischen Lebens nach der Revolution sofort in luxuriösen Privatdatschas einrichteten, zielt ein solcher Egoismus nicht unbedingt auf ein komfortableres Leben ab. Nicht einmal der mächtige Reiz, die Aufmerksamkeit auf sich zu lenken oder die Macht an sich zu reißen, ist für die Absichten des Radikalen entscheidend. Ein Linksradikaler wird in erster Linie von dem Wunsch motiviert, das Leben der Menschen seinen eigenen Maßstäben anzupassen und ihnen seine eigenen Werte und Ideen aufzuzwingen. Er macht es sich zur höchsten Aufgabe, andere davon zu überzeugen, daß er die Gesetze und Werte des Lebens zutreffend definiert hat und daß seine eigenen Lebenskriterien authentisch und universell sind.

Vielleicht strebte L. Trotzki nach der permanenten Revolution, weil er nicht mehr ohne Parteiversammlungen leben oder weil er sich seine politische Zukunft nicht ohne die Möglichkeit vorstellen konnte, andere herumzukommandieren und ihr Leben zu lenken. Wie auch immer, es ist nicht so leicht, die Gründe seiner revolutionären Intoleranz zu verstehen, wie dies auf den ersten Blick scheinen mag.

Leider starb Stalins Geheimnis mit ihm, und wir werden nie erfahren, was er wirklich von sich selbst, der Partei, der Welt oder dem von ihm aufgebauten Sozialismus hielt. Auch dies ist ein Verlust, denn sogar die schändlichste und häßlichste Seele bleibt eine Menschenseele. Es wäre sehr nützlich zu wissen, was ein solcher Mann empfindet, wenn er Todesurteile über Individuen, Klassen und sogar ganze Nationen ausspricht. Die Allmacht der Revolution, die Stalin ohne ein besonderes Verdienst seinerseits in die Hände fiel, korrumpierte ihn völlig. Aber in seinen Handlungen kam auch sein Protest gegen die ganze Welt, die ganze Menschheit und gegen alles zum Ausdruck, was im Laufe der Jahrtausende geschaffen worden war. Was erzürnte ihn so sehr und ließ ihn gegen die Natur aufbegehren? Schließlich würde nicht jeder zornige Mann, der zur Allmacht aufsteigt, es wagen, Böses in globalem Maßstab zu begehen. Vielleicht war es der Aufstand eines unbedeutenden Menschen, der sich für seine Mittelmäßigkeit rächen wollte.

Ein Linksradikaler hält es für außerordentlich wichtig, den »hehren revolutionären Eifer« der Massen und ihre kompromißlose Ablehnung gegenüber allem Vergangenen am Leben zu erhalten. Deshalb widersetzt er sich in allen Stadien unseres sozialistischen Weges stets jedem nationalen Übereinkommen oder jeder Versöhnung mit allem, dessen Existenzberechtigung er nicht anerkennt. Am meisten wird er natürlich von den Aufgaben der täglichen Wirtschaftslenkung und ernsthaften Gesprächen über die bestmögliche Gestaltung der Produktion irritiert. Diese Dinge sind ihm zuwider, denn sie erinnern ihn an seine vergeblichen Versuche, »sich der Vergangenheit und der Ideologie des Ökonomismus zu entledigen«. Sie erinnern ihn an die Existenz ewiger und unüberwindlicher Wirtschaftsgesetze, also an das, was immun gegen seine revolutionäre Willkür ist. Deshalb versucht er in seiner Eigenschaft als Führer, Ideologe oder Theoretiker alles Mögliche und Unmögliche, damit die Menschen weiterhin auf den Höhen der revolutionären, messianischen Abstraktion und des historischen Gehorsams schweben und niemals den Fuß auf den Boden konkreter wirtschaftlicher Tatsachen, unangenehmer Vergleiche und praktischer Interessen setzen.

Die letzteren verärgern ihn, weil sie seine kommunistischen Utopien, seine dogmatischen Illusionen und seine Erfolgspropaganda ständig bloßstellen und seine Untauglichkeit zu kompetenter Führung und bewußter, ernster Arbeit beweisen. Daher rührt sein Wunsch, die Wirtschaft nur von einem moralischen, rein emotionalen Standpunkt aus zu betrachten und das öffentliche Bewußtsein auf dem Niveau simpler Empörung darüber verharren zu lassen, daß manche Menschen reich und andere arm sind oder daß es soviel Ungerechtigkeit auf der Welt gibt. In der Regel geht seine Argumentation nicht über die Grenzen allgemeiner, abstrakter Vergleiche zwischen dem Sozialismus und dem Kapitalismus hinaus. Er weiß nichts über die Tatsachen, ist allem Existierenden gegenüber blind und unfähig, sich der Wahrheit zu stellen. Was noch wichtiger ist, er hat nicht die geringste Ahnung von den spezifischen Problemen, die den Übergang von der alten zur neuen Gesellschaft begleiten.

Einst schien es, daß sich das linksradikale Dogma nicht aus seiner sozialen Brutstätte, der Intoleranz und Verbitterung der Unterdrückten und Erniedrigten, lösen lasse. Doch nun ist deutlich geworden, daß der linksradikale Dogmatismus durchaus ohne gesellschaftliche Unterstützung existieren kann: in einer Sekte düsterer und aggressiver Individuen, die sich sehr oft als schlechte Schüler oder allgemeine Versager erweisen. Sie werden zusammengehalten von ihrer gemeinsamen Furcht vor neuen Produktions- und Lebensbedingungen und von ihrer satanischen Sehnsucht, die soziale Umgebung ihrer eigenen Verdrießlichkeit anzupassen. Sie versuchen zu beweisen, daß die Ablehnung des Wohlstands, eines normalen Lebens und normaler menschlicher Beziehungen, verbunden mit Denunzierungen und Bosheit, die Regel zu sein habe. Sie möchten beweisen, daß nur sie selbst tugendhaft, alle anderen jedoch in »kleinbürgerlicher« Sünde gelebt haben.

Heute, unter den Bedingungen der Perestroika, da viele der linksradikalen kommunistischen Mythen zusammengebrochen sind, ist deutlich geworden, daß unter den Vorkämpfern der »kommunistischen Reinheit«, die unser soziales Denken zu terrorisieren pflegten, viele kränkliche Personen sind, die andere einfach deshalb quälen möchten, weil ihre eigene Verwirrung sie ihr ganzes Leben hindurch gequält hat. Stalin könnte zu diesem selbstquälerischen Typus gehört haben, und er wird natürlich von ähnlichen Personen verehrt. In diesem Fall haben wir es mit einem äußerst komplizierten und nicht hinreichend erforschten Mechanismus zu tun, durch den ein Ideologe, ein Politiker oder einfach ein Aktivist sein inneres Gleichgewicht erlangt, indem er die ihn umgebende Welt verzerrt.

Normalerweise entscheiden sich düstere und verschlossene Personen für ein Modell des Sozialismus, das auf Befehlswirtschaft, Prohibition und »staatlichem Opfer« beruht. Um nicht über das Scheitern seines eigenen Lebens und über seine verschrobene Mentalität nachdenken zu müssen, versucht ein solcher Theoretiker, sich und anderen zu beweisen, daß alle Menschen so wie er sind, daß sein eigenes Ich für die menschliche Natur typisch ist. Man werfe nur einen gründlichen Blick auf das Leben und die Geistesverfassung unserer heutigen Linksradikalen. Was sie kennzeichnet, ist das Fehlen jeglicher echten Beziehung zur Substanz des menschlichen Lebens.

In der Regel haben die Gegner wirtschaftlicher Anreize und materiellen Komforts, die »persönliche Vorteile«, »materiellen Erwerb« und »den engen Kreis des trauten Heims« so sehr hassen, alle Hoffnung verloren, jemals selbst ein normales Leben führen zu können. Häufig gleicht ihre Bosheit einer Droge, die ihnen hilft, die Gegenwart zu vergessen und in dem »Kampf auf Leben und Tod« zwischen den beiden Welten und den beiden Ideologien aufzugehen. Deshalb sehnen sie sich so sehr nach der Zeit, als »Millionen den Gipfel erklommen« und ihre tägliche Arbeit und ihre Sorgen hinter sich gelassen hatten. Unsere heutigen Linksradikalen sind einfach gelangweilt von ihrem Leben, ihrer Arbeitsroutine, der Kindererziehung und der Weiterbildung. Für sie ist ein Leben, das sich gemessen, mit allen Freuden und Sorgen, von der Kindheit bis zum Alter fortsetzt, zu wenig abwechslungsreich, allzu monoton – und das ist einer außerordentlichen Persönlichkeit nicht zuzumuten. Sie fühlen sich unter den heutigen Umständen unbehaglich und möchten die Dinge durcheinanderwirbeln. Wie die Radikalen der zwanziger Jahre sprechen sie davon, daß die Gesellschaft in den Kapitalismus zurückgleite und daß die Sache der Revolution verraten werde. Sie träumen von großen Wandlungen, die uns dem Kommunismus viel näher bringen sollen. Sie träumen davon, neue Schlachten zu lenken und eine neue, beispiellose Geschichte zu schaffen, in der sie »ihre eigenen Spuren« hinterlassen können.

6. KAPITEL

Der Mensch kann seine Natur nicht verleugnen

1. Die Krise der totalen Produktionskontrolle

Die linken Dogmatiker haben in unserer Gesellschaft zweifellos immer noch starke Positionen inne. Sie nutzen die egalitären Gefühle der Bedürftigen, die nicht darauf vorbereitet sind, systematische und hochqualifizierte Arbeit zu leisten, sowie die Werte und Ideale der kommunistischen Romantik geschickt für sich aus. Trotzdem bin ich davon überzeugt, daß die siebzigjährige Periode immer wiederkehrender »linker Sprünge« nun der Vergangenheit angehört. Man kann sich kaum vorstellen, daß jemand von neuem den Versuch riskieren würde, Rußland zu einem Reich des reinen, nichtökonomischen Sozialismus zu machen.

Die vier Perestroika-Jahre haben dafür gesorgt, daß die Mythen des linken Dogmatismus entwurzelt wurden, besonders der Mythos von der völlig vergesellschafteten Produktion und von dem in einen Industriearbeiter verwandelten Bauern.

Unser grundlegender Vorteil gegenüber den Kommunisten der zwanziger und dreißiger Jahre besteht darin, daß wir endlich die natürlichen, unüberwindlichen Grenzen der Zentralisierung sowie der staatlichen Kontrollen über die Produktion erkannt haben. Zum Beispiel stützt sich unsere heutige positive Einstellung zum Genossenschaftswesen als einer notwendigen Form der Vergesellschaftung der Produktionsmittel auf die feste Überzeugung, daß eine totale staatliche Kontrolle über die Produktion die Wirtschaftslenkung und das Wirtschaftswachstum nur behindert. Wir wissen nun, daß eine solche Kontrolle nur unter den mörderischen Bedingungen des Krieges und des Kampfes gegen eine ausländische Intervention als wirksames – und in diesem Sinne fortschrittliches – Instrument dienen kann.

Die völlige Zentralisierung der Wirtschaft und damit die totale Vergesellschaftung der Arbeit, wie Marx sie sich vorstellte, sind prinzipiell unmöglich. Diese Erkenntnis ist ganz wesentlich für ein neues Verständnis der Rolle, welche das Genossenschaftswesen in der sozialistischen Gesellschaft spielen soll.

Hauptsächlich geht es hier um das Gesetz des Umschlagens von Quantität in Qualität. Die wirtschaftliche Erfahrung des Sozialismus hat gezeigt, daß die Regeln der Planung, Zentralisierung und Koordination der Produktion, wie sie für eine große Fabrik gelten, nicht im nationalen Maßstab und schon gar nicht für eine so riesige Nation wie die unsrige angewandt werden können. Wenn auf dem Gebiet der Entscheidungsprozesse ein vernünftiges Maß der Zentralisierung überschritten wird, so führt dies dazu, daß die staatliche Kontrolle über die Wirtschaft jäh an Effektivität, Kompetenz und Zuverlässigkeit verliert.

Die Logik ist einfach genug: Je höher die Zentralisierungsebene des wirtschaftlichen Entscheidungsprozesses, desto weiter, zeitlich wie räumlich, ist das Management von seinem Objekt entfernt und desto weniger Wissen ist über die konkret ablaufenden Wirtschaftsprozesse vorhanden. Die für den Sozialismus typische Überzentralisierung hat eine Situation erzeugt, in der wirtschaftliche Entscheidungen drei, vier (oder sogar noch mehr) Ebenen oberhalb derjenigen Ebene getroffen werden, auf der man über die nötigen Informationen verfügt.

Es ist schwierig für jemanden, der an einem bestimmten Ort innerhalb einer großen Nation sitzt, die täglichen Bedürfnisse der Menschen in den verschiedenen anderen Gebieten richtig einzuschätzen. Innerhalb eines starren Produktionsprogramms, das im voraus geplant und von oben angeordnet wird und sich außerdem an den Erfahrungen der Vergangenheit orientiert, gibt es keine Möglichkeit, auf die wechselnden Marktbedingungen und die schwankende aktuelle Nachfrage zu reagieren. Da solch ein Programm für mehrere Jahre und manchmal sogar Jahrzehnte vorausgeplant wird, besteht ein noch größeres Problem darin, auf den jeweiligen wissenschaftlichen und technologischen Fortschritt zu reagieren und ihn in die Produktion mit einzubeziehen.

Da alle Managementinstanzen weit von dem Objekt ihrer Entscheidungen entfernt sind, laufen auch die einzelnen Entscheidungsprozesse überaus langsam ab. Unter solchen Umständen ist Inkompetenz weniger auf die persönlichen Eigenschaften der Manager als auf die bestehenden Entscheidungsstrukturen zurückzuführen. Diese Strukturen des sozialen und ökonomischen Lebens sorgen dafür, daß die Allmacht des Zentrums auf unüberwindliche Hindernisse stößt. Selbst wenn nur ein paar Prozent der wirtschaftlichen Prozesse von der Spitze geplant werden, sind die Planungsgremien überfordert. Die Zentralbehörden des Staates sind einfach nicht in der Lage, die 500000 Millionen Wirtschaftsverbindungen der Gesellschaft zu kontrollieren.

Aus diesem Grunde ist es, wie man nun weiß, unmöglich, die Wirtschaft gegen unvorhergesehene Ereignisse – also gegen Ereignisse, die nicht im Zentrum geplant worden sind – abzusichern. Angesichts der modernen Produktionsweisen, der wissenschaftlichen und technischen Revolution und der gegenwärtigen Schwankungen der Hersteller- und Verbraucherbedürfnisse, gibt es prinzipiell keinen Weg, die Idee der direkt vergesellschafteten Arbeit in Form einer absolut zentralisierten Fertigungskontrolle zu verwirklichen – eine Idee, die bis heute aus reiner Trägheit in unsere Volkswirtschaftslehrbücher aufgenommen wurde. Ohne einen gewissen Grad an Spontaneität, das heißt ohne das Recht auf nicht vom Staat geplante wirtschaftliche Initiativen, sind die Entwicklung der Produktion und die Erhaltung der menschlichen Zivilisation ganz und gar unmöglich.

Man muß erwähnen, daß Lenin durch die Erfahrung mit dem Kriegskommunismus darüber belehrt wurde, wie schwierig es ist, die staatliche Produktionsorganisation nach dem Vorbild eines Großbetriebs zu gestalten. Er sagte auf dem X. Parteitag der RKP (B): »Theoretisch muß nicht unbedingt angenommen werden, daß das Staatsmonopol vom Standpunkt des Sozialismus das beste ist. Als Übergangsmaßnahme ist es in einem Bauernland, das eine Industrie besitzt – und dessen Industrie auch arbeitet –, möglich, das System der Steuer und des freien Umsatzes anzuwenden, wenn eine gewisse Menge von Waren vorhanden ist.«[1]

Lenin leitete die Begrenzung der staatlichen Produktionskontrolle hauptsächlich aus den spezifischen Verhältnissen Rußlands ab. Er bezeichnete die totale staatliche Kontrolle als »töricht und selbstmörderisch«, da sie angesichts der Existenz von Millionen kleiner

Produzenten »ökonomisch unmöglich« sei. Das gegenwärtige Verständnis für die Rolle des Genossenschaftswesens und des privaten Kleinunternehmertums in der sozialistischen Gesellschaft basiert auf einer anderen Art der Kritik: der Kritik an den Illusionen, die sich viele über das Staatsmonopol machen. Auf einer ZK-Plenarsitzung der KPdSU tadelte Michail Gorbatschow den »blinden Glauben an die Allmacht der Verwaltung«, da es unter den jetzigen Bedingungen unzulässig – und praktisch undurchführbar – sei, alle Fragen zentral zu lösen.

Nun aber zu dem, was im *gegenwärtigen* Stadium der sozialistischen Entwicklung von entscheidender Bedeutung ist. Ein objektives Hindernis für die totale staatliche Produktionskontrolle und die Allmacht der Pläne und Direktiven besteht in der menschlichen Natur. Wie die Erfahrung unseres Landes – und die Erfahrung aller anderen sozialistischen Länder, die unseren übertriebenen Wirtschaftszentralismus übernommen haben – gezeigt hat, führt die staatliche Kontrolle der nationalen Produktion zwangsläufig zu einem katastrophalen Zusammenbruch der Initiative an der Basis, zum Wachstum von Apathie und Gleichgültigkeit und zu einer verringerten Verantwortungsbereitschaft für die Ergebnisse der eigenen Arbeit und den Zustand der Wirtschaft. Bis jetzt ist es keiner sozialistischen Nation gelungen, die Menschen zu guter Arbeit und zu hoher professioneller Leistungsfähigkeit anzuspornen. Die Vollbeschäftigung, ein Nebenergebnis der staatlichen Produktionskontrolle, verringert das Interesse der Arbeiter an ihrer Arbeit. Sie hat die Menschen zu der Erkenntnis gelangen lassen, daß man, mit den Worten des polnischen Soziologen Jan Szcepanski, »sich in diesem Gesellschaftssystem seinen Lebensunterhalt verdienen kann, ohne zu arbeiten oder indem man nur vortäuscht zu arbeiten. Beschäftigung ist im präzisen Sinne des Wortes kein Synonym von ›Arbeit‹.« (*Trybuna ludu,* 17. April 1988)

Schon die Idee, die Arbeit der Menschen einem zentralisierten Plan direkt und vollständig unterzuordnen, ist mit dem Hang verknüpft, die wirtschaftliche Aktivität der Menschen einzuschränken. Wenn alle Aspekte des Wirtschaftslebens, auch jeder Produktionsvorgang, durch ein System festgelegter Standards (Qualität, Kosten etc.) programmiert werden, ist jegliche Initiative des Herstellers ausgeschaltet. Er wird zu einem reinen Ausführer, der von allen schöpferischen und gesellschaftlich relevanten Funktionen ausgeklammert ist und dem auch die Unabhängigkeit genommen wird, über die einst etwa ein Handwerker oder Bauer bei seiner Arbeit, der Planung und der Benutzung der hergestellten Produkte verfügte. Die totale staatliche Produktionskontrolle engt die Möglichkeiten der Entfaltung von Kreativität, demokratischem Engagement und überhaupt der intellektuellen Persönlichkeitsentwicklung drastisch ein. Mittlerweile ist völlig klar geworden, daß das gesellschaftliche Hauptziel des Sozialismus – die Ebnung des Weges zu schöpferischer Arbeit und zur Selbstverwirklichung – mit einem staatlich gesteuerten Kommandosystem nicht erreicht werden kann. Die totale Kontrolle des Herstellers schließt eine umfassende und harmonische Persönlichkeitsentwicklung aus.

Gewiß, unter den Bedingungen der einfachen Maschinenproduktion des 19. Jahrhunderts, als die Idee der direkt zu vergesellschaftenden Arbeit formuliert wurde, waren die negativen Folgen einer zentral gesteuerten Wirtschaft weniger offensichtlich. Außerdem betrachtete Engels die Überlegenheit der Maschine über den Menschen sowie den Verlust der Freiheit und der Kreativität des Arbeiters als unvermeidlichen Preis des wirtschaftlichen und technischen Fortschritts.

Damals, in den letzten dreißig Jahren des 19. Jahrhunderts, konnte man noch nicht alle Aspekte des tiefen Antagonismus zwischen der Natur und den gesellschaftlichen Hauptbedürfnissen des Menschen ausmachen; man durchschaute noch nicht, daß das industrielle System ihn zu einem Rädchen im Getriebe der sozial notwendigen Arbeit degradiert hatte. Aus demselben Grunde wurden viele der nun offenkundigen Vorzüge der individuellen und der Familienarbeit in der Landwirtschaft sowie die Vorteile der Agrar- gegenüber der Industriearbeit unterschätzt. Heute jedoch, da angesichts der rasanten gesellschaftlichen Veränderungen die Notwendigkeit von Flexibilität und Kreativität erkannt wird, erscheint die totale Produktionskontrolle als krasser Anachronismus.

Eine der schlimmsten negativen Konsequenzen unseres bisherigen Systems ist die Tatsache, daß die gewöhnlichen Arbeiter, die die überwältigende Mehrheit der Bevölkerung ausmachen, das Verantwortungsgefühl für den Zustand der Produktion und der gesamten Wirtschaft verloren haben. Wenn nicht einmal ein Fabrikdirektor Entscheidungen treffen kann, wenn es keine Alternativen zu den vorgegebenen Handlungen gibt, wird jegliches Verantwortungsbewußtsein erstickt. Infolgedessen verbreitet sich auf allen Ebenen, von der Spitze bis zur Basis, Mißtrauen gegenüber dem Wert des selbständigen Denkens. Gleichzeitig wachsen, besonders unter den weniger qualifizierten Arbeitern, »lumpenproletarische« Gefühle, Schmarotzertum und Illusionen über die allmächtigen Behörden, die den Lebensstandard angeblich nach Belieben heben oder senken können.* Dementsprechend unterschätzen die meisten von uns ihre eigene Initiative, ihre Arbeit und ihre persönliche Würde.

Heute wird deutlich, daß die Überzentralisierung letztlich alles zerstört, was noch von der unabhängig entstandenen wirtschaftlichen Demokratie übriggeblieben ist. Dies nimmt den Menschen die Chance, effektiv zu arbeiten, und bringt die Gesellschaft um die Möglichkeit, normal zu funktionieren. Ohne die Initiative der Menschen können sich in einer Gesellschaft jedoch keinerlei »horizontale Bindungen« herausbilden. Der staatliche kontrollierte Sozialismus beraubt sich also der extrem notwendigen Produktionsmechanismen, die für eine allgemeine wirtschaftliche Stabilität sorgen. Eine auf indirekten Bindungen beruhende Wirtschaft, bei der alle Beziehungen zwischen den einzelnen Betrieben über die Spitze der Pyramide führen, ist völlig starr, und ihre Leistungsfähigkeit hängt ausschließlich von den höchsten Rängen ab. Zudem ist das Fehlen natürlicher horizontaler Bindungen äußerst schädlich für das soziale Klima.

Die Politiker und Ökonomen in den europäischen sozialistischen Ländern sind sich darin einig, daß die ungerechtfertigte Zentralisierung des Eigentums und der Produktion, verbunden mit der irrigen Politik der totalen Staatskontrolle über die industrielle Fertigung, der Hauptgrund für das Sinken der Produktionszuwachsraten zu Beginn der achtziger Jahre, für die unzureichende Hebung des Lebensstandards, für die Zunahme der Bürokratie im Wirtschaftsmanagement und für das Absinken der Moral war. Die gleichen Faktoren werden als Ursache für die chronischen Mängel in der elementaren Versorgung und für den stetig zunehmenden Rückstand im technologischen Rennen mit den kapitalistischen Industrieländern angesehen. Der größte Teil der Grundindustrie in den europäischen sozialistischen Nationen macht Verluste und wird subventioniert.

---

* »Durch die ideologischen Konzepte der vergangenen Jahrzehnte haben wir eine Sicht des Staates ererbt, die eher für eine monarchistische als für eine sozialistische Mentalität typisch ist. Dieser Sicht zufolge ist der Staat eine Art Chef oder, besser gesagt, ein Führer, der an der Spitze des Staatsapparats steht und der die Menschen mit Gunstbeweisen überschütten kann, wenn man ihn nur darum bittet.« (O. Lazis, *Iswestija,* 15. April 1987)

Die Überzentralisierung hat den Staatsapparat und die nichtproduktiven Kosten anschwellen lassen. Gleichzeitig ist die überwältigende Mehrheit der Arbeiter immer apathischer geworden, da sie das Recht verloren haben, die Produktion zu überwachen und zu entscheiden, wie ihre Erzeugnisse genutzt werden sollen. Was noch wichtiger ist, die total vom Staat kontrollierte Wirtschaft hat sich, wie keine andere Wirtschaft in der menschlichen Geschichte, als anfällig für willkürliche Entscheidungen und ökonomisches Abenteurertum erwiesen.

Die staatliche Kontrolle der nationalisierten Produktionsmittel hat das Besitzgefühl, das die Arbeiter unter dem Kapitalismus einbüßten, nicht wiederherstellen können. Der staatlich kontrollierte Sozialismus war nie in der Lage, das Problem des öffentlichen Eigentums zu lösen. Er hat keine wirtschaftliche Gruppierung finden können, die nicht nur über Eigentum verfügt, sondern sich auch der Gesellschaft gegenüber für die von ihr getroffenen ökonomischen Entscheidungen verantwortlich zeigt. Jegliches Eigentum bleibt weiterhin anonym. Unter den herrschenden Bedingungen verwandeln sich die Betriebe in Anhängsel der unterschiedlichen staatlichen Verwaltungsgremien. Die staatliche Produktionskontrolle schafft eine Situation, in der die Verwaltungsgremien die gesamte Wirtschaftstätigkeit der Betriebe beaufsichtigen. Dies führt sehr leicht zu bürokratischem Mißbrauch, zu blindem Befehlsgebaren und zu Verletzungen der objektiven Wirtschaftsgesetze.

Anstelle der früheren Formen der Entfremdung von den Produktionsmitteln sind neue Formen unterschiedlichen sozialen und psychologischen Charakters entstanden. Während die Produktionsmittel einst als Eigentum »eines anderen« oder »des Chefs« galten, meint man nun, daß sie »niemandem« gehören oder »brachliegendes Eigentum« sind. Da es »niemandem« gehört, ist in allen Ländern der sozialistischen Gemeinschaft immer mehr Eigentum gestohlen worden. Die Wirtschaft aller sozialistischen Länder hat unter diesem Diebstahl gelitten.

Gleichzeitig hat sich die Kluft zwischen den Interessen der Arbeiter und denen des Managements erweitert. In einem administrativen System schuldet der Manager nur den staatlichen Wirtschaftsgremien Rechenschaft und ist von jeglicher ökonomischen und politischen Verantwortung den Beschäftigten gegenüber befreit. Die Fabrikdirektoren in allen sozialistischen Ländern mußten sich nach den Anweisungen höherer Verwaltungsbehörden richten, ob diese

Anweisungen nun ökonomisch gerechtfertigt und zweckmäßig waren oder nicht. Unter einem derartigen System hing ihr Wohl nicht von der Leistung des Betriebes ab, und ihre Gehälter wurden nicht beeinträchtigt, selbst wenn der Betrieb infolge einer von oben erteilten Anweisung starke Verluste erlitten hatte.

All diese Faktoren, besonders das Fehlen von Instrumenten zur Kontrolle des Managements, veranlaßten die Arbeiter zu der Ansicht, daß die Produktionsmittel niemandem – oder wenigstens nicht ihnen – gehörten. Dadurch fehlte ihnen natürlich jegliche Motivation zu produktiver Arbeit, zu Unternehmungsgeist und Kreativität.

Ein weiterer Faktor, der zu Trägheit und Passivität beitrug, war und ist das Monopol einzelner Betriebe für die Herstellung spezifischer Güter. Bis heute hat dieses Monopol in ausnahmslos allen sozialistischen Nationen Warenknappheit erzeugt. Dies wiederum hatte zur Folge, daß die Hersteller nicht an der Verbesserung der Produktqualität interessiert waren. Dadurch hat sich die Qualität der Produkte weiter verschlechtert, und ihre Konkurrenzfähigkeit auf dem Weltmarkt nahm immer mehr ab.

Das zentralistische Managementsystem liefert, wie wir nun wissen, keinerlei Anreiz für das Wirtschaftswachstum und den wissenschaftlichen und technologischen Fortschritt. Das Staatsmonopol und die totale Nationalisierung öffnen keineswegs die Schleusentore des wissenschaftlichen und technologischen Fortschritts, wie Karl Kautsky und Rudolf Hilferding inbrünstig glaubten, sondern in den meisten Fällen blockieren sie den Fortschritt.

Nach Meinung F. Burlazkis, eines bekannten sowjetischen Politologen, liegt die Ursache hierfür in der Struktur der Wirtschaftsführung, die anfällig für willkürliche Entscheidungen sei und über keinen Mechanismus verfüge, sich dem ökonomischen Voluntarismus zu widersetzen. Er schreibt:

»Die Strafe dafür ist technologische und technische Stagnation. Innerhalb des Systems gab es keine Anreize zu unablässiger technologischer Erneuerung, zur Einführung neuer Maschinen oder zur Förderung des Fortschritts. Auf dem ›Befehls- und Ausführungs‹-Prinzip aufgebaut, hatte diese Wirtschaft Mühe, mit den an der Spitze entworfenen Plänen fertig zu werden. Sie besaß weder die Reserven noch die materiellen Mittel oder auch nur die Motivation, für eine ständige technologische Modernisierung zu sorgen und eine höhere Arbeitsproduktivität zu erreichen.

Welche wissenschaftlichen und technologischen Neuerungen sollten eingeführt werden? Und auf welche Weise? In der Regel ist in einem von oben verabschiedeten Plan keine technologische Erneuerung vorgesehen, da sie zwangsläufig die Erreichung der aktuellen Ziele behindert und die Umgestaltung von Technologie und Management verlangt. In diesem Fall besteht die einzige Lösung darin, einen Blick über den Zaun anderer Länder zu werfen, die wissenschaftlich und technologisch höher entwickelt sind. Seit Jahrzehnten stammen die Hauptanreize für den technologischen Fortschritt aus dem Ausland.« (»Die Probleme des heutigen Sozialismus«, *Woprossy filossofii* [Fragen der Philosophie], Nr. 11, 1988)

Die schlimmste Niederlage hat die Idee der totalen staatlichen Produktionskontrolle allerdings auf dem Agrarsektor erlitten. In der Landwirtschaft enthüllt das staatliche Produktionsmodell seinen mechanistischen und inhumanen Charakter besonders eindeutig. Unsere Erfahrung mit der staatlich kontrollierten Produktion, die etwa sechzig Jahre alt ist, zeigt sehr anschaulich, daß die Verbundenheit des Bauern mit seinem Boden auf diese Weise nicht erhalten werden kann. Es ist nicht gelungen, für ein stetiges Wachstum der landwirtschaftlichen Erzeugung zu sorgen und das Lebensmittelproblem zu lösen, das von den Exzessen der Kollektivierung verursacht wurde. Seit vielen Jahrzehnten hat die UdSSR, die über einen großen Teil des Ackerlandes der Welt, darunter 150 Millionen Hektar Schwarzerdeböden, verfügt, die Hälfte des von ihr benötigten Getreides von anderen Ländern kaufen müssen (vgl. dazu J. Tschernitschenko, *Literaturnaja gaseta,* 13. April 1988). Im Laufe der letzten vier Fünfjahrespläne haben auch erhebliche Investitionen in die Landwirtschaft zu keiner nennenswerten Zunahme der Erzeugung führen können, die in all diesen Jahren niedriger gewesen ist als die Bevölkerungszuwachsrate. Seit Dutzenden von Jahren stagniert die Milcherzeugung pro Kuh bei jährlich zweitausend Litern. Dies ist die Situation in den Gebieten von Smolensk, Brjansk, Iwanowo, Wolgograd, Saratow, Orenburg und in einigen anderen Regionen.

Die staatliche Kontrolle der landwirtschaftlichen Arbeit hat den Agrarsektor des Sozialismus keineswegs gestärkt, wie Trotzki und Stalin hofften, sondern ihn vielmehr schrumpfen lassen. Die umfangreichen staatlichen Eingriffe haben jegliche Motivation zu guter Arbeit zerstört und letztlich den Verschleiß der russischen Bauernschaft bewirkt. Viele Faktoren trugen dazu bei, etwa die Hungersnöte der frühen dreißiger und der späten vierziger Jahre, die Millionen von Menschen kosteten, und die gewaltsame Entwurzelung der wohlhabenderen und kundigeren Bauern und ihrer Familien. Aber der schlimmste Schaden wurde durch die bürokratische Organisation der Landwirtschaft angerichtet. Nachdem dem Bauern seine Unabhängigkeit, das heißt das Recht zu schöpferischer Arbeit und Verantwortung und das Eigentumsrecht an seinen Erzeugnissen genommen worden war, verlor er das Interesse an seiner Tätigkeit. Inzwischen sind mehrere Generationen von Landbewohnern herangewachsen, die keine Vorstellung von der Pflege des Bodens haben. Im Grunde sind sie an nichts gebunden: weder an Boden noch an Vieh, noch an die Häuser, in denen sie geboren wurden. Die Liebe zum Boden wird unmöglich gemacht, wenn man kein Recht zu seiner unabhängigen Bewirtschaftung hat. Ein Landmann, sagt der Schriftsteller Wassili Below, kann nur dann schöpferisch sein, wenn er nach Belieben wirtschaften darf, das heißt, wenn er nicht herumkommandiert wird, wenn man ihm nicht vorschreibt, wie er zu pflügen und was er zu säen hat, oder ihm andere unerwünschte Anweisungen gibt. Wichtiger noch: »Freiheit ist durchaus nicht Freiheit vom Boden ... Eine Handlungsfreiheit ohne den Boden und das Heim ist eine leere, unechte Freiheit.« (*Prawda,* 15. April 1988)

Nach den Zwangsmaßnahmen und der dauernden Beschlagnahme des Getreideüberschusses in den dreißiger Jahren ist es seit mehr als fünf Jahrzehnten zu einem Massenexodus aus den Landgebieten – fort von der unfreien Arbeit – gekommen. Die Folgen sind Entvölkerung, besonders in den Nichtschwarzerdegebieten, leerstehende Dörfer und verlassene Felder.

Nun besteht kein Zweifel mehr, daß die Idee, die landwirtschaftliche Arbeit im nationalen Maßstab nach dem Vorbild der staatlichen Eisenbahnen zu organisieren, ein reines Hirngespinst war. Sie widersprach dem Charakter der landwirtschaftlichen Arbeit und hatte nicht das geringste mit den konkreten Bedingungen der ländlichen Produktion zu tun. Insgesamt hat sich der Versuch des staatlich kontrollierten Sozialismus, der Landwirtschaft auf mechanische Weise die Produktionsmethoden der Grundindustrie aufzupfropfen, als grober Irrtum erwiesen.

Der Irrtum ging auf die Tatsache zurück, daß man den spezifischen Charakter der landwirtschaftlichen Arbeit, die sich ihrem Wesen nach von der Fabrikarbeit unterscheidet, unterschätzte. Im Gegensatz zum Industriearbeiter hat der Bauer mit der lebendigen

Natur zu tun, die den Rhythmus seiner Arbeit bestimmt und eine aktivere Teilnahme verlangt. Detaillierte, spezifische Anweisungen für jeden Vorgang, die für die Industrie typisch sind, taugen nicht für Ackerbau und Viehzucht. In der Landwirtschaft kann man keinen Grundlohnsatz festlegen, denn vor der Einbringung der Ernte kann die Qualität keines einzelnen Arbeitsganges beurteilt werden. Der Prozeß des Lebens, der unteilbar ist, verlangt auch die Unteilbarkeit der landwirtschaftlichen Arbeit. Sie erfordert die persönliche Verantwortung für die gesamte Produktion bis hin zur Ernte, wobei jeder Bauer viele unterschiedliche Tätigkeiten ausführt und jede Gruppe unabhängig von der anderen vorgeht. Die Ganzheit der landwirtschaftlichen Arbeit setzt eine größere Eigenkontrolle als die industrielle Arbeit voraus. Sie vollzieht sich auf einer großen Fläche und ist deshalb schwerer durch andere, etwa einen Aufseher oder einen Qualitätskontrolleur, zu überwachen. Außerdem ist es schwierig, den Umfang und den maschinellen Anteil der landwirtschaftlichen Arbeit zu kontrollieren.

Folglich benötigt die Arbeit des Bauern mehr Eigenkontrolle und Eigenorganisation als die Tätigkeit des Industriearbeiters. Sie ist ihrem Charakter nach unvereinbar mit »der Betreuung von außen«, haarspalterischen Vorschriften und starrer, zentralisierter Kontrolle. Allein der Bauer muß entscheiden, welche Arbeit er an welchem Tag zu verrichten hat. Und dies erfordert wirtschaftliche Unabhängigkeit, die den Weg für eine rationalere Strategie der ökonomischen Entwicklung freimacht.

Der sowjetische Agrarwissenschaftler W. Baschmatschnikow hat in seinen Artikeln ausführlich nachgewiesen, daß Stalin, als er Lenins Genossenschaftstheorie durch seine Kollektivierung ersetzte, im Grunde die Dialektik durch die Metaphysik ablöste. Demnach seien alle Philosophen und Ökonomen, die von den dreißiger Jahren bis Mitte der achtziger Jahre auf einer direkten Vergesellschaftung der landwirtschaftlichen Produktion nach dem Fabrikmodell bestanden, in metaphysischen Denkvorstellungen befangen gewesen. Keiner von ihnen, schreibt W. Baschmatschnikow, habe die sozialwirtschaftliche Bedeutung des Übergangs von der kleinbäuerlichen Produktion zur großangelegten Kolchosproduktion begriffen. Sie hätten einige ihrer Wirtschaftsgesetze und -prinzipien auf den Agrarsektor ausgeweitet, ohne dessen spezifische Bedingungen zu berücksichtigen. Diese Wissenschaftler hätten die dialektische Beziehung zwischen sozialistischen und nichtsozialistischen Produktionsformen nie verstanden, sondern ausschließlich in den Kategorien »Es gehört nur uns« oder »Es gehört uns nicht« gedacht. Diese Betrachtungsweise habe in der Landwirtschaft zu großen Verlusten geführt und verhindert, daß die im Laufe der Jahrhunderte gesammelte Erfahrung genutzt worden sei. (*Snamja,* Nr. 3, 1987, S. 206)

Es läßt sich nicht leugnen, daß unser früherer Widerwille, den spezifischen Charakter der landwirtschaftlichen Arbeit zu berücksichtigen und das Problem an der Wurzel zu packen, weitgehend von unserer einstigen theoretischen Unbedarftheit und unserem barbarischen Umgang mit dem bereits erworbenen gesellschaftlichen Wissen herrührte. Es war Kautsky, der, wie Lenin anerkannte, viel dazu beitrug, das marxistische Agrarprogramm zu modernisieren. Er sprach als einer der ersten Marxisten aus, daß die Landwirtschaft entscheidend von dem abhängig ist, was wir heute den menschlichen Faktor nennen. Er erläuterte: »Für die Landarbeiter ist es ... besonders schwierig, jene Intelligenz, Selbständigkeit und Interessiertheit am Arbeitsprozeß zu erlangen, ohne die eine erfolgreiche Anwendung der modernen Technik und Wissenschaft in der Landwirtschaft weit weniger möglich ist als in der Industrie, weil jene nicht in der Fabrik unter stets gleichen Bedingungen dieselben Handgriffe erheischt, sondern in freier Natur mit ihren rasch wechselnden Bedingungen wirkt, denen die Maschinen und Methoden der modernen Landwirtschaft verständnisvoll anzupassen sind.«[2]

Das heutige Wiederaufleben des Genossenschaftswesens und der pluralistischen Anschauungen über die sozialistische Wirtschaft ist eng mit der Anerkennung des spezifischen und komplexen Charakters der Agrararbeit verbunden. Je mehr Beweise wir dafür sammelten, daß es uns möglich ist, eine Wirtschaft mit totaler Zentralisierung aufzubauen, desto häufiger richteten wir den Blick auf so natürliche und einfache Formen des Kollektivismus wie die freiwillige Genossenschaftsarbeit. Dies war zum Beispiel in den frühen zwanziger Jahren der Fall, als wir von der Politik des Kriegskommunismus zur Neuen Ökonomischen Politik übergingen. Bezeichnenderweise wurde das Genossenschaftswesen in den frühen zwanziger Jahren rehabilitiert, weil die Idee des totalen Staatsmonopols und der militärischen Produktionsorganisation auch damals in eine Krise geraten war.

Im Vergleich mit den zwanziger Jahren besitzen wir jedoch heute ein viel tieferes Verständnis für die Gründe der Genossenschaftsorganisation des Sozialismus und für die Bewahrung von umfangreichem individuellem und Gruppeneigentum. Inzwischen verfügen wir über den unwiderlegbaren Beweis, daß das wirtschaftliche und gesellschaftliche Potential der kleinbäuerlichen Arbeit, besonders auf Familienbasis, immer noch unausgeschöpft ist. Dies ist ein großer Unterschied zu der Behandlung, die das Problem im letzten Drittel des 19. Jahrhunderts in der marxistischen Literatur erfuhr, denn hier handelt es sich um den entscheidenden Durchbruch im Agrarkonzept des Marxismus.

Heute wird anerkannt, daß die Landgebiete verschiedene und vor allem freiwillige Genossenschaftsformen benötigen, in denen sich die Interessen der Familie mit denen der gesamten Gesellschaft verbinden. Unsere landwirtschaftliche Erfahrung hat die These W. Tschajanows bestätigt, eines prominenten russischen Agrarexperten, der im Jahre 1937 Stalins Repressionen zum Opfer fiel. Er schrieb, daß die genossenschaftliche Form der erweiterten und vergesellschafteten Produktion aus der kleinen Familienwirtschaft erwachsen müsse; sie dürfe die letztere nicht zerstören, sondern müsse auf ihr aufbauen.

In all diesen Fällen ist das Hauptargument für das Genossenschaftswesen, daß es bei der Arbeit mehr Unabhängigkeit gewährt und daß es der Mentalität eines normalen, gesunden Individuums eher gerecht wird. Die »Rehabilitierung« des menschlichen Faktors, der sozialen Grundbedürfnisse und der Arbeitsmotivation, die sich im gegenwärtigen Stadium der sozialistischen Entwicklung vollzieht, hat eine neue und realistischere Einstellung zum Genossenschaftswesen im Rahmen einer kommunistischen Gesellschaft mit sich gebracht. Demnach läßt sich das Gesellschaftsideal des Marxismus eher durch freiwillige Zusammenarbeit als durch die staatlich kontrollierte Produktionsorganisation verwirklichen.

Es überrascht kaum, daß es unternehmungslustigere, kreativere und besser qualifizierte Personen unter den gegenwärtigen Bedingungen der Perestroika vorziehen, in Kooperativen zu arbeiten. Heute erkennen wir die Notwendigkeit an, das Genossenschaftswesen zu erhalten und zu fördern, denn wir sind heute auf der Suche nach einer neuen Mentalität mit neuen kulturellen und intellektuellen Werten. Während die Genossenschaften in der Vergangenheit mit einem unzureichenden Zivilisationsniveau und einer trägen, patriarchalischen Mentalität assoziiert wurden, gehören ihnen heutzutage Menschen an, die (dank unseres höheren Ausbildungsniveaus) bei ihrer Arbeit unabhängiger sein, Verantwortung tragen und den

Produktionsablauf beeinflussen wollen. Da immer mehr Menschen in den sozialistischen Ländern für eine hochqualifizierte und kreative Arbeit ausgebildet wurden, stieß die Praxis und Ideologie der totalen staatlichen Kontrolle über das öffentliche Leben auf einen immer stärker werdenden Widerstand, und man zeigte ein größeres Interesse an der weniger formellen Organisation kollektiver Arbeit. Neuere Presseberichte über kooperative Unternehmungen zeigen, daß die Menschen kleinere Betriebe vorziehen, weil dort eine größere Unabhängigkeit, ein stärkeres Gefühl der »Urheberschaft« und bessere Bedingungen für die Nutzung der eigenen Fähigkeiten gewährleistet sind. In der Regel werden Kooperativen von hochqualifizierten Spezialisten gegründet, die nach Möglichkeiten kreativer Selbstverwirklichung streben. Es scheint der Wahrheit zu entsprechen, wenn sie erklären, weniger an einem hohen Einkommen als an unabhängiger Arbeit, Initiative und der Umsetzung ihrer Fachkenntnisse interessiert zu sein.

Die Presseberichte sprechen auch davon, daß untersucht werden müßte, weshalb das Genossenschaftswesen seine Stabilität bewahrt hat und weshalb die Gesellschaft es weiterhin benötigt. In den jüngsten Dokumenten der Kommunistischen Partei wurde die Notwendigkeit unterstrichen, den psychologischen Aspekten der Produktion größere Aufmerksamkeit zu widmen. Offensichtlich ist es an der Zeit, die sozialistisch erprobten Organisationsformen der Arbeit und der Produktionslenkung im Zusammenhang mit der wirtschaftlichen Kreativität und den sozialen Hauptbedürfnissen der Menschen zu studieren.

Von einem philosophischen Standpunkt aus ist es jedoch keineswegs überraschend, daß wir die sozialen Vorzüge des Genossenschaftswesens heute neu bewerten. In der früheren Wirtschaftsgeschichte des Sozialismus hatte man einfach darauf verzichtet, die Lehrsätze an den gesellschaftlichen Realitäten zu messen. Die ideelle Krise des Sozialismus, der sich als eine große Fabrik verstand, bewies nur, daß die Grundprinzipien des Humanismus zutreffen. Die schöpferische Natur des Menschen wurde durch diese Krise von neuem bestätigt. Das Individuum wird sich unter keinen Umständen damit abfinden, nur ein Rädchen im industriellen Getriebe zu sein, sondern es wird stets nach einer Arbeit streben, die ihm mehr Unabhängigkeit und mehr Gelegenheit zu Kreativität und Selbstverwirklichung bietet. Der Mensch wird sich niemals für die völlige Festlegung seines Lebens und seiner Arbeitsverhältnisse oder auch nur für eine gleiche Entlohnung entscheiden. Er kann es selbst dann kaum ertragen, ein bloßes Rädchen im Getriebe zu sein, wenn er dies für gerechtfertigt und nützlich hält. Ihm liegt daran, das Recht auf Eigeninitiative, Konkurrenz und eine gewisse Autonomie zu bewahren. Deshalb widersetzt er sich, bewußt oder unbewußt, despotischen Arbeitssystemen, die der Einzelinitiative keinen Platz lassen. Ein ungelernter Fließbandarbeiter ist gezwungen, sich mit dem Verlust seiner Arbeitsautonomie abzufinden. Unter gewissen, extremen Bedingungen mag sich die gesamte Gesellschaft damit und auch mit einer egalitären Verteilung bescheiden. Aber das System der totalen staatlichen Reglementierung bleibt, selbst wenn die Gesellschaft es eine Zeitlang aus historischer Notwendigkeit akzeptieren muß, trotzdem etwas Unnatürliches.

Sobald es prinzipiell keine Möglichkeit mehr gibt, die gesamte Produktionslenkung vertikal, vom Zentrum her, aufzubauen, ist es wünschenswert, daß die verschiedenen sich selbst regulierenden Wirtschaftseinheiten fähig sind, die von der Gesellschaft benötigten horizontalen Verbindungen herzustellen. Zum Beispiel kann eine Kooperative als autarke Organisation rasch auf einen Mangel an horizontalen Wirtschaftsverbindungen reagieren.

Die Ideologen der Genossenschaftsbewegung im Rußland des frühen zwanzigsten Jahrhunderts erkannten, daß »die Vorteile der Großproduktion und des modernisierten Technologieaufkommens in der Landwirtschaft nicht so hoch sind wie die entsprechenden Vorteile in der Industrie. Kleine und technisch schwache Höfe können ihren größeren Konkurrenten erheblichen Widerstand leisten, was in der Industrie ganz unmöglich ist«.[3] Wenn deshalb, schrieb A. Tschajanow, »das Genossenschaftswesen in unserem sozialistischen Staat hinreichend gefestigt und stark wird, kann es immer mehr Bereiche der wirtschaftlichen Arbeit auf dem Lande übernehmen, die zuvor vom Staatsapparat, bestehend aus vom Zentrum ernannten Experten und Beschäftigten, betreut wurden«.[4]

2. Die Rehabilitierung des Bodens und des Bauern

Alles in allem läßt sich sagen, daß die gegenwärtige Neueinschätzung der Werte hauptsächlich auf die Humanisierung unseres sozialen Denkens und die Bewältigung einer Reihe von Atavismen zurückgeht, die wir nun als vulgäre, vereinfachte Interpretation unseres Klassenbewußtseins bezeichnen. Die Rehabilitierung des Genossenschaftswesens ist eng mit der Rehabilitierung des Bauern und mit der Anerkennung vieler sozialer Vorteile der landwirtschaftlichen gegenüber der industriellen Arbeit verknüpft. Wenn man das Recht des Bauern zu freiwilliger Genossenschaftsarbeit anerkennt, so räumt man ihm auch eine soziale und politische Autonomie ein, das heißt das Recht, seine Wirtschaftsstrategie selbst festzulegen. Dies beseitigt sehr viele stereotype Vorstellungen, die sich im Marxismus im Laufe des letzten Jahrhunderts hinsichtlich der sozialen Qualitäten der Bauern und der Rolle ihrer Kultur für den Fortschritt der menschlichen Zivilisation herausgebildet haben.

In diesem Zusammenhang ist die jetzige Neubewertung der entscheidenden Rolle, die die Bauern und der Agrarsektor für die Gesellschaft spielen, besonders wichtig. Meiner Ansicht nach deuteten die Beschlüsse der 19. Kommunistischen Parteikonferenz einen Durchbruch an. Zum erstenmal in der Geschichte der KPdSU rief ein Parteiforum dazu auf, das Leben so zu nehmen, wie es ist. Man habe zu begreifen, daß das Allgemeinwohl in einem Staat wie dem unseren in erster Linie vom Gedeihen der Landgebiete abhänge und daß wir uns niemals zu einer gesunden Gesellschaft entwickeln werden oder Prestige in der Welt erringen könnten, solange unsere Felder karge Ernten produzierten und solange die Dörfer entvölkert seien.

Heute ist so deutlich wie nie zuvor, daß viele unserer gegenwärtigen Probleme von der Vernachlässigung des Agrarsektors herrühren, von der alten Feindschaft zwischen Stadt und Land, die vom dogmatischen Marxismus geschürt wurde, und von der Tatsache, daß wir die Bauern entrechteten und die Arbeiterklasse mit der Organisation der landwirtschaftlichen Arbeit betrauten.

Hartnäckige Vergleiche zwischen der industriellen Arbeiterklasse, die ihrem Charakter nach als progressiv galt, und dem, wie die dogmatischen Marxisten meinten, eingefleischten Konservatismus der besitzenden Bauernschaft machten es möglich, die Zwangskollektivierung als ein großartiges, segensreiches Unterfangen hinzustellen, das den Bauern von der Geißel des Privateigentums befreit habe.

Aus diesem Grunde gab es keine Möglichkeit, zur Vernunft, zu den historisch erprobten Formen der Landarbeit und zu unserer jahrhundertelangen Erfahrung zurückzukehren, ohne die Bauern als Stützen der menschlichen Kultur und Zivilisation zu rehabilitieren. Sobald wir zu dieser Einsicht gelangten, begriffen wir auch, daß es keine politische, soziale oder gar wirtschaftliche Notwendigkeit gab, den Bauern zu einem Arbeiter zu machen, das heißt die spezifische, über Jahrhunderte entwickelte Sozialstruktur der Bauern zu zerstören. Heute liegt auf der Hand, daß die These von dem sozialen, wirtschaftlichen und politischen Reformbedürfnis der Bauernschaft, wie sie Anfang des 19. Jahrhunderts von Fourier, Saint-Simon und Owen und später von Marx formuliert wurde, eine große Verirrung der modernen Sozialwissenschaft war, in der sich deren oberflächliche Haltung zum Agrarproblem und, allgemeiner gesprochen, zur Erhaltung des Lebens ausdrückte.

Wir haben nun erkannt, daß es neben dem Problem, das den Pionieren der neuen Gesellschaft vorrangig erschien, nämlich der Notwendigkeit, die Unterschiede zwischen den Arbeitern und den Bauern zu beseitigen, noch andere Probleme gibt, etwa den Schutz der Umwelt, der Familie, des Lebens, der menschlichen Motivation zu guter Arbeit, der effektiven und rationellen Arbeitsorganisation, der gesellschaftlichen Fähigkeit zu Neuerungen und der Bekämpfung der animalischen Instinkte im Menschen.

Wer die sozialen Gemeinschaften unterschiedlicher Klassen betrachtet, wird zu der Überzeugung gelangen, daß die frühere Verteilung der Rechte und Pflichten zwischen ihnen ungerecht war. Marx' Aussage, daß die Bauernschaft in einer sozialistischen Revolution keine unabhängige Rolle spielen könne, hat sich in der Tat als völlig korrekt erwiesen.

Aber die Unfähigkeit der Bauernschaft, eine führende Kraft der Revolution zu werden, bedeutete durchaus nicht, daß sie in allen Bereichen der Vormundschaft der Arbeiterklasse bedurft hätte: etwa bei der Gestaltung der Produktion oder ihres eigenen Lebens. Männer wie Dawydow konnten die Bauern lehren, wie mit den Kulaken umzugehen, wie eine kulturelle Erziehung einzuleiten und wie mit dem Analphabetismus fertig zu werden sei, aber sie hatten niemals das Recht, die Bauern lehren zu wollen, wie sie ihre Felder zu bestellen hätten.

Ich meine, daß der Humanismus oder, genauer gesagt, die soziale Tiefe und Weisheit der Perestroika vor allem in unserer jetzigen Einstellung zu den Bauern und ihren gesellschaftlichen Qualitäten zum Ausdruck kommt. Wir erkennen nun die vielen Vorzüge, die diese zentrale Gestalt der landwirtschaftlichen Produktion aufweist. Der bereits erwähnte W. Baschmatschnikow führt folgende wirtschaftliche Qualitäten auf: die Ganzheitlichkeit, die dem Wissen und dem Können des Bauern eigen ist; Vorsicht und Zurückhaltung in der Nutzung des Bodens und anderer natürlicher Ressourcen, das heißt ein gewisser Konservatismus, verbunden mit Mutterwitz und der Fähigkeit, sich schöpferisch auf die wechselnden Produktionsbedingungen einzustellen, und zugleich Sparsamkeit, Genügsamkeit und ein gewisser Geiz, um für schwere Zeiten, das heißt für Mißernten, gerüstet zu sein, sowie die Bereitschaft, dem Nachbarn zu helfen; Individualismus, wie er sich in dem Streben nach dem »eigenen« Hof und den »eigenen« Produktionsanlagen ausdrückt, und dazu eine Bereitschaft zur Zusammenarbeit im Team oder in der Gemeinde. W. Baschmatschnikow schreibt: »Der spezifische Charakter der Landwirtschaft verlangt, daß der Bauer großes Verantwortungsgefühl, Sorgfalt, Beharrlichkeit und die Fähigkeit zeigt, unter allen Umständen, ohne Rücksicht auf Zeit und Mühe draufloszuarbeiten. Aus diesem Grunde wird der Bauer sehr häufig als ›Schwerarbeiter‹ bezeichnet. Seine Tätigkeit ist ›Schwerarbeit‹, und dies weniger infolge der physischen Bedingungen als infolge der ständigen schöpferischen Belastung.« (*Oktjabr,* Nr. 12, 1987)

Wir müssen zugeben, daß unser »früherer Klassenstandpunkt« der Bauernschaft gegenüber, der unser politisches Bewußtsein jahrzehntelang beherrschte, überaus einseitig war. In der Vergangenheit betrachteten wir Marxisten den Bauern nur aus einem einzigen Blickwinkel, nämlich unter dem Gesichtspunkt, wie interessiert er daran war, das Privateigentum abzuschaffen und die Produktionsmittel zu vergesellschaften. Und da er im Gegensatz zur Arbeiterklasse und zu den progressiv gesinnten Intellektuellen ein sehr geringes Interesse daran hatte, die Arbeit im nationalen Maßstab zu vergesellschaften, galt die Bauernschaft, gemessen an der Skala der politischen Tugenden, als niedrigste Klasse. Diese Deutung des »Klassenstandpunktes« ließ das Problem der Erhaltung und Reproduktion des Lebens sowie die entscheidende Rolle außer acht, die die Bauernschaft bei der Sicherung dieser vitalen Bedingungen für die menschliche Zivilisation und auch für die Gewährleistung eines künftigen sozialistischen Ansatzes seitens der Arbeiterklasse spielte. Wichtiger noch, eine derart engstirnige Betrachtung unterschätzte die moralische, kulturelle und zivilisatorische Bedeutung der bäuerlichen Sozialisation, besonders des bäuerlichen Rationalismus und der Verbundenheit mit dem Boden.

Unsere alte, utopische Weltanschauung, in der es keinen Platz für den Bauern als Eigner der Produktionsmittel, für die bäuerliche Kultur oder für die Liebe zum Boden gab, hat uns viel Leid gebracht. Heute steht außer Frage, daß Stalins Postulat über den unvermeidlich »kleinbürgerlichen« Charakter der Bauernschaft in der Tat das Haupthemmnis bei der Entwicklung einer rationalen Innenpolitik war. Es war die Wurzel der Hungersnöte, die Millionen von Leben kosteten, und der ewigen Lebensmittelknappheiten, welche die Existenz von mehreren Generationen sowjetischer Menschen ruiniert haben.

Aber die Wurzeln dieser politischen Diskriminierung der Bauernschaft reichen natürlich, ebenso wie die Wurzeln des Sozialismus, noch tiefer. Sie entspringen der früheren Gewohnheit – für die der Marxismus des 19. Jahrhunderts verantwortlich ist –, den Fortschritt mit einer Vereinfachung der gesellschaftlichen und wirtschaftlichen Strukturen, mit einem Wachstum der Uniformität und mit dem Glauben zu verknüpfen, daß die Geschichte auf einen letztlich idealen Staat, ein Reich der Weltbruderschaft aller arbeitenden Menschen zusteuere.

Die negative Haltung gegenüber dem Bauern und überhaupt gegenüber jedem kleinen Produzenten erwuchs aus dem Glauben an den reinen, warenlosen Sozialismus, an eine Gesellschaft, in der die verstaatlichte Großproduktion alle anderen Formen der Arbeitsgestaltung, besonders die Kleinproduktion, verdrängen werde, in der alle Unterschiede zwischen den Bauern und dem Arbeiter, dem Karrenschieber und dem Architekten aussterben und in der neue moralische Anreize das traditionelle Interesse des Bauern an der Arbeit besiegen würden.

Stalins Lehren beruhten tatsächlich auf einer konsequenten Logik, die genau der Philosophie des reinen Sozialismus entsprach. Seiner Meinung nach, wie nach Ansicht vieler anderer Vertreter der Alten Garde, verschmolz die Idee des Marktes mit der des Kapitalismus. Deshalb wurde alles, was mit dem Markt und dem freien Handel zu tun hatte, besonders das Grundeigentum des freien Bauern, als ein kapitalistisches Laster und als das letzte, gefährlichste Hindernis auf dem Weg in das Reich des reinen Sozialismus betrachtet.

Es ist nur folgerichtig, daß ein vorherrschender Zug in Stalins sowie in Trotzkis, Sinowjews, Kamenews und Plechanows Schriften darin besteht, daß christliche Motive benutzt werden, um den besitzenden Bauern als einen Teufel, einen Versucher zu beschreiben, der die »reine«, »lautere« Arbeiterklasse irreleiten wolle und beabsichtige, die Geschichte und die Gesellschaft wieder der Geißel des Privateigentums zu unterwerfen.

Notabene: Keiner jener Parteiführer, keiner jener anerkannten Parteitheoretiker – ob Preobraschenski, Golzman, Krizman, Larin oder Pjatakow – sah den russischen Bauern einfach als einen Mann, der seine Familie, seine Kinder und seine besonderen Interessen hatte. Als Bucharin und Dserschinski in der zweiten Hälfte der zwanziger Jahre zu erklären versuchten, daß die meisten der sogenannten Kulaken arme Menschen waren, die schäbige Kleidung trugen, karge Mahlzeiten zu sich nahmen und ein von zermürbender Arbeit geprägtes Leben führten, warfen die Theoretiker des reinen, warenlosen Sozialismus ihnen vor, sie seien populistisch gesinnt und unfähig, sich zu einer wissenschaftlichen, wirtschaftspolitischen Weltanschauung zu erheben.

Der Bauer wurde, wie der Handwerker, stets als wichtiger sozialer Faktor betrachtet, als Verkörperung einer gesellschaftlichen Triebkraft, die den Fortschritt der Geschichte und die Rettung der menschlichen Rasse objektiv behindere. Daher rührt die Verurteilung der mit dem Markt verbundenen Klassen, als seien sie Renegaten, die dem wahren Glauben im Wege stünden. Daher rührt die Überzeugung, daß eine Menschheit, die sich nicht dem Gesetz des historischen Fortschritts zu einer klassenlosen Gesellschaft unterwerfe, keine wahre, sondern eine vergängliche Menschheit sei.

Genauso wie die Kreuzfahrer die üblichen moralischen Grundsätze im Umgang mit den Heiden nicht beachteten, hatten auch diejenigen, die an den frühen Triumph eines universellen Reiches des reinen, warenlosen Sozialismus glaubten, keine Hemmungen im Umgang mit den besitzenden Bauern, das heißt mit der überwältigenden Mehrheit der Bevölkerung Rußlands.

Heute sehen wir ein, daß es keine vollkommen tugendhaften oder völlig minderwertigen Klassen gibt. Diejenigen, welche die Arbeiterklasse wie ein Heiligenbild anbeten, erweisen sich häufig als unaufrichtige politische Opportunisten. Übrigens ist sich die Arbeiterklasse dieser Unaufrichtigkeit und der wahren Gründe solcher Kriecherei stets bewußt gewesen.

Die Überzeugungen, die viele der heutigen Publizisten immer noch predigen, sind eindeutig überholt. Einerseits rufen sie zur Wirtschaftsreform und zur Entwicklung der Geld-Ware-Beziehungen auf, doch andererseits versuchen sie, die Warenproduzenten – die Klassen, welche die menschliche Zivilisation schufen – moralisch und ideologisch in Verruf zu bringen. Die sozialistischen Romantiker des 19. Jahrhunderts waren wenigstens integre und konsequente Menschen. Sie glaubten an die Notwendigkeit, die Warenproduktion zu beseitigen, und haßten den kleinen Warenproduzenten deshalb aus tiefstem Herzen. Wir jedoch sind mit unserer Weltanschauung nie ins reine gekommen. Zwar verdammen wir Stalin zu Recht, weil er die ländlichen Produktivkräfte zerstört und die Nation ruiniert hat, doch andererseits versehen wir den Bauern mit einem stalinistischen Etikett und bemühen uns, ihn ganz allein für das wirtschaftliche Abenteuertum der dreißiger Jahre, für die Repressionen, für die grauenhaften Opfer der Willkürherrschaft und für unsere eigenen Probleme verantwortlich zu machen.

Es ist unmöglich, im gleichen Atemzug zwei einander ausschließende Weltanschauungen heranzuziehen. Die erste versucht, die Welt so zu sehen, wie sie ist, und auf alle grundlegenden Probleme der Reproduktion des Lebens in ihrer Gesamtheit einzugehen. Sie entstand aus der Analyse unserer wirtschaftlichen Fehlschläge. Deshalb legt sie besonderen Wert auf die gesellschaftlichen Voraussetzungen für effektive Arbeit, Fachkenntnis und Arbeitsmotivation. Im Rahmen dieser Einschätzung, die Gewalttaten gegen die Landbevölkerung verurteilt, wird das Bauerntum als untrennbarer Teil der menschlichen Kultur und als hervorragende Leistung der menschlichen Zivilisation verstanden.

Die andere Anschauung, derzufolge die Bauernschaft an den »linken Sprüngen« schuld ist, spiegelt die frühere einseitige, vereinfachende Haltung zum gesellschaftlichen Leben wie zur menschlichen Geschichte wider. In diesem Fall wird der Produktionsstandpunkt durch Gleichmacherei und normative Soziologie ersetzt. Alle sozialen Erscheinungen werden nur an ihrer Fähigkeit gemessen, den Plänen der Geschichte zu dienen und das rasche Fortschreiten zu einer klassen- und warenlosen Gesellschaft zu fördern. Innerhalb dieses ideologischen Rahmens stützen sich soziale und politische Bewertungen auf eine sehr simple Logik: Was immer dazu beiträgt, die Vernichtung des Privateigentums zu beschleunigen, verdient Lob, und alles, was die frühe Ankunft des Reiches universeller Gleichheit behindert, ist abzulehnen. Die schlimmste Behandlung läßt man den Bauern und Handwerkern angedeihen, denn sie gelten als die letzten Gegner der endgültigen Abschaffung privater, individueller Arbeit, und sie sind dem Privateigentum besonders ergeben. Dies ist ein normativer Ansatz, denn weder die marxistischen Klassiker noch wir selbst haben erschöpfende Tatsachenbeweise über die Möglichkeit gesammelt, die landwirtschaftliche Großproduktion auf einer nichtprivaten, kollektiven Basis einzuleiten und so den warenlosen Sozialismus durchzusetzen.

Meiner Meinung nach handelt es sich bei den jetzigen Versuchen, dem russischen Bauern die Schuld an den Tragödien und linksextremen Exzessen unserer sozialistischen Geschichte zuzuschieben, um Rückfälle in die frühere normative, soziologisch vulgäre Geschichtsbetrachtung. Ob es beabsichtigt wird oder nicht, all dieses vage Gerede von der Bauernschaft als einer Mine, der die sozialistische Revolution der Arbeiterklasse jederzeit hätte zum Opfer fallen können, rechtfertigt Stalins Gewaltmaßnahmen gegen das russische Dorf. In ideologischer Hinsicht bleibt es innerhalb der Grenzen, die Stalin auf einer ZK-Plenarsitzung im April 1929 festlegte, als er in seiner Rede betonte, wie notwendig es sei, den Klassenkampf in den Dörfern zu schüren. Denn wenn das besitzende oder patriarchalische Dorf tatsächlich der Hauptfeind des Fortschritts und des Sozialismus war, hatte Stalin mit seiner Zerstörung der landwirtschaftlichen Familienarbeit und des bäuerlichen Charakters etwas Großes vollbracht.

Wir sollten realistisch sein. Hätten Ignaschka Sapronow, der Held aus Wassili Belows Roman *Kanuny (Vorabende),* oder die sozialen Typen des Dorfes, das er repräsentierte, die Entscheidungen der Parteiführer beeinflussen können? Wohl kaum. Der zahlenmäßige Anteil der Dorfbewohner in der Partei der zwanziger Jahre war nicht der Rede wert. Im politischen Bericht des Zentralkomitees auf dem XIV. Parteitag heißt es: »Was den Anteil von Dorfbewohnern in unserer Partei betrifft, so sehen die Dinge ziemlich unschön aus. Zur Zeit des XIII. Parteitags umfaßte die 18- bis 60jährige Landbevölkerung 54 Millionen und zur Zeit des XIV. Parteitags mehr als 54 Millionen Menschen. Während des XIII. Parteitags gab es in den Dörfern 136000 Kommunisten, also 0,26 Prozent der erwachsenen Landbevölkerung, und während des XIV. Parteitags haben wir 202000 Bauern in der Partei, das heißt 0,37 Prozent.«

Die linksradikalen Gefühle der bäuerlichen Kommunisten spielten in jenen Jahren keine nennenswerte Rolle – nicht nur, weil die Bauern in der Partei eine Minderheit (weniger als ein Viertel aller Mitglieder) ausmachten, sondern auch, weil sie von den anderen Bauern weniger Unterstützung erhielten. Sie waren in erster Linie die Verfechter der Parteipolitik auf dem Lande. Verglichen mit den

Parteimitgliedern, die Arbeiter, oder noch besser, Angestellte waren, konnten sie kaum Einfluß auf den politischen Kampf ausüben, der sich auf die Städte konzentrierte. Man muß im Gedächtnis behalten, daß alles in Rußland von den Entwicklungen in Petersburg und Moskau abhing. Nach dem November 1917, als der »Muschik«, mit dem Gewehr in der Hand, für das Friedensdekret und die für die »schwarze Umverteilung« der Sozialrevolutionäre – sie wurde von den Bolschewiki unterstützt – stimmte, hatte er keine Möglichkeit mehr, *direkt* auf die politischen und wirtschaftlichen Entscheidungen des sozialistischen Staates einzuwirken.

Und selbst wenn die egalitären Gefühle der extremistischen Bauernschaft politisch zum Ausdruck gekommen wären, hätten sie nur zu einer weiteren Enteignungskampagne gegen die wohlhabenden Bauern geführt. Jedenfalls liefen diese Gefühle nicht auf den Wunsch nach einer kollektiven Landwirtschaft hinaus. Meiner Ansicht nach würde ein Bauer niemals auf die Idee kommen, alle Produktionsmittel zu vergesellschaften oder die Wirtschaft einer totalen staatlichen Kontrolle zu unterwerfen. Dergleichen spiegelte eine völlig andere soziale Erfahrung – nämlich die aus den Städten – wider.

Ein Industriearbeiter kann die Idee der staatlichen Kontrolle über die nationale Produktion und ihre Vereinheitlichung und Standardisierung begreifen. Zumindest steht sie in einem gewissen Zusammenhang mit seinen Lebens- und Arbeitsbedingungen. Die Idee der integrierten, eindimensionalen Produktion ist noch reizvoller für den Parteiideologen, den Intellektuellen, der gewohnheitsmäßig mit abstrakten und künstlichen Ideen umgeht. Aus diesem Grunde kann ein Intellektueller, ein Politiker, der sich täglich in der Welt der Ideen bewegt, viel rascher als der Bauer Ignaschka Sapronow zu dem Glauben gelangen, daß die Grenzen des Vergangenen, die Grenzen der bestehenden Realität, überschritten werden müssen. Ein Bauer kann meutern oder improvisieren, aber er kann keine neue Produktionsweise planen, die sich grundsätzlich von seinem gewohnten Vorgehen unterscheidet. In diesen Fragen neigt er eher dazu, ein Reaktionär als ein Revolutionär zu sein. Er hat eine engere Beziehung zur Substanz des Lebens und zur Natur als ein Intellektueller oder ein Industriearbeiter, und deshalb verhält er sich nüchterner und mißtrauischer, was Neuerungen wie Stalins große Getreidefabriken angeht.

Wir haben nun erkannt – oder, besser gesagt, unsere leidvolle

Erfahrung hat uns zu der Erkenntnis geführt –, daß unsere frühere barbarische Einstellung zu den stärkeren Vertretern der Bauernschaft die Stützen unseres gesellschaftlichen Lebens nicht weniger geschwächt hat als die Massenvernichtung der noch übriggebliebenen traditionellen russischen Intelligenzija. Der bekannte sowjetische Historiker W. Daschitschew hat recht, wenn er eine Parallele zwischen Stalins Vergeltungsmaßnahmen gegen die Intelligenzija, darunter auch die Intellektuellen der Partei und des Militärs, und der Zwangskollektivierung der Bauernschaft herstellt.*

Die Wiederherstellung einer wohlmeinenden und humanitären Haltung zur Bauernschaft als Klasse, als einer notwendigen Lebensform, ist nicht nur für die Rettung unserer Wirtschaft entscheidend. Sie ist sogar noch wichtiger für die Rettung unserer Seelen und für die moralische Gesundheit unserer Gesellschaft. Ich bin zutiefst von der Richtigkeit der Worte Wassili Belows überzeugt: »Die Bauernschaft nicht zu lieben bedeutet, sich selbst nicht zu lieben ... Sie nicht zu verstehen oder sie zu erniedrigen heißt, sich ins eigene Fleisch zu schneiden.« (*Prawda,* 15. April 1988)

Welcher Argumentation könnte man sich bedienen, um nachzuweisen, daß die älteste und stabilste Klasse der menschlichen Zivilisation, die Bauernschaft, es im Laufe der Jahrtausende nicht geschafft habe, eine echte Vorstellung von einem besseren Leben und von einer zu erhoffenden Zukunft zu entwickeln? Warum meinte der Städter, besser als der Bauer zu wissen, wie der letztere seine Arbeit organisieren soll und was vorteilhafter für ihn ist? Viele russische Intellektuelle und Revolutionäre wurden übrigens von dieser Frage gequält, da sie die marxistische Idee von der Auflösung der

---

* »Stalin war immer feindselig und mißtrauisch gegenüber der Intelligenzija. Er sabotierte Lenins Rat, bürgerliche Experten zum Aufbau des Sozialismus heranzuziehen. Während der Bürgerkriegsjahre hatte er Tausende von ihnen erschießen lassen. Später leitete er die Massenvernichtung der sowjetischen Spezialisten ein. Er ist dafür verantwortlich, daß ›die dünne Schicht der Revolutionäre‹ – sie bestand zumeist aus Intellektuellen – beseitigt wurde, die die Oktoberrevolution zum Sieg geführt hatte... Nachdem er in den dreißiger Jahren seine Parole ›Die Kader entscheiden alles‹ ausgegeben hatte, leitete er im Grunde ihre brutale Ausrottung. Wir spüren die katastrophalen Folgen immer noch. Stalins Vergeltungsmaßnahmen sind besonders entsetzlich, wenn man bedenkt, welch gewaltige Verluste unser Volk nach 1919 erlitten hatte. Man betrachte diese Ziffern: Im Ersten Weltkrieg verlor Rußland anderthalb Millionen Menschen (Tote oder Vermißte); der Bürgerkrieg kostete 8 Millionen Menschenleben, und im Zweiten Weltkrieg verloren wir über 20 Millionen Menschen. Und darüber hinaus fielen weitere Millionen Stalins Unterdrückung zum Opfer! ... Und die Bauern?« (W. Daschitschew, *Iswestija,* 12. April 1988)

Bauernschaft nicht akzeptieren konnten. »Mit welchem Recht sollten die Arbeiter den Bauern irgendeine Regierungs- oder Organisationsform auferlegen? Woher bezogen sie ihren Anspruch, der so lächerlich wie unverschämt, so ungerecht wie schädlich ist, 10 Millionen Bauern gegen deren Willen ihr politisches und gesellschaftliches Ideal aufzuzwingen?« Diese Fragen wurden zum erstenmal von Michail Bakunin formuliert.[5]

Ich bin mir durchaus nicht sicher, daß wir eine ausreichende Begründung für das Recht der Stadt, das heißt der Arbeiterklasse und der Intelligenzija, vorgelegt haben, die Zukunft der Landgebiete zu bestimmen. Wenn wir je ernsthaft über das von Michail Bakunin formulierte Problem nachgedacht hätten, so wären wir zu dem Schluß gelangt, daß unsere abgedroschene Philosophiererei über die soziale, moralische und kulturelle Überlegenheit des Intellektuellen oder des Lohnarbeiters über den besitzenden Bauern moralisch entstellt war. Sie basierte auf der Überzeugung, daß eine besser ausgebildete und zivilisiertere soziale Schicht berechtigt sei, denen, die das städtische Wissensniveau nicht erreicht haben, ihre Ideen aufzuzwingen. Aber diese Prämisse einer vermeintlichen oder echten Überlegenheit der Arbeiterzivilisation über die Bauernzivilisation kann, wie Bakunin zuerst entdeckte, dazu dienen, jede Gewalttat zu rechtfertigen. Er sagte in einer Rede vor den französischen Sozialisten, die beanspruchten, das Schicksal der »Parzellenbauern« bestimmen zu können: »Aber wißt ihr, daß man mit einem solchen Prinzip jede Eroberung legitimieren und jede Unterdrückung heiligen kann? Von einer Nation auf die andere, wie von einer Klasse auf die andere angewendet, erklärt und rechtfertigt dieses verhängnisvolle Prinzip, das nichts als ein Autoritätsprinzip ist, alle Invasionen und alle Eroberungen. Benutzen die Deutschen es denn nicht, um ihre Anschläge auf die Freiheit und Unabhängigkeit der slawischen Völker zu rechtfertigen und um ihre gewaltsame und brutale Germanisierung zu legitimieren?«[6]

Wenn wir uns heutzutage ansehen, wie sich der Aufbau eines neuen Lebens in anderen Ländern abgespielt hat, und wenn wir uns an einen Sündenfall des Menschen wie den des Nationalsozialismus erinnern, müssen wir vor jedem Versuch auf der Hut sein, andere zu bezichtigen – gar nicht zu reden von einer ganzen arbeitenden Klasse, welche die Gesellschaft seit Tausenden von Jahren gestützt hat –, sie seien in sozialer oder zivilisatorischer Hinsicht minderwertig. Wir sollten die Tragödie von Kamputschea nicht vergessen.

Sie wurde von demselben öffentlich verkündeten Prinzip verursacht, nach dem angeblich ein Teil der Gesellschaft eine »sozialistische« Überlegenheit über einen anderen besitzt. Diesmal jedoch kehrte die sozialistische Intelligenz von Kamputschea unter dem Einfluß der neuen geistigen Trends des Westens die ganze Macht der revolutionären Autorität gegen die Stadt, gegen die papierene oder, wie sie meinte, bürgerliche Zivilisation.

Der sozialistische Städter, ganz zu schweigen von dem sozialistischen Intellektuellen, muß seinen Stolz zügeln und die Tatsache anerkennen, daß seine Versuche, den Bauern zu lehren, wie er leben und arbeiten soll, zu nichts anderem als zu einer Krise unserer Landwirtschaft geführt haben. Man sollte die prophetische Tiefe des städtischen Urteils über den Sinn des Lebens und der Geschichte und besonders über den Sinn der landwirtschaftlichen Arbeit nicht überschätzen. Viele Anweisungen, die von der Stadt an das Dorf ergingen, waren verwirrend und überzeugten den Dorfbewohner einmal mehr, daß er wenig Hoffnung auf die Stadt, von den sozialistischen Intellektuellen gar nicht zu reden, setzen kann. Sogar die scheinbar am besten durchdachte städtische Idee, die landwirtschaftliche Arbeit zu einer Form der industriellen Arbeit zu machen, das heißt, sie entsprechend der Fabrikproduktion zu organisieren, führte hauptsächlich dazu, daß die Grundlagen des Agrarsektors geschwächt wurden. In anderen sozialistischen Ländern dagegen, welche die Erfahrung der dörflichen Zivilisation, die Ansichten des Bauern und sein Streben nach größtmöglicher Unabhängigkeit berücksichtigten, wurde den Landgebieten eine sinnvolle Existenz zuteil, und sie gewannen an Kraft.

Alles in allem würde ich denen zustimmen, die mehr Respekt vor der ländlichen Zivilisation fordern und nicht nur ihre Schwächen, sondern auch ihre natürlichen Vorzüge sehen. Was noch wichtiger ist, es wird Zeit, die moralisch und ökonomisch irrige Idee aufzugeben, daß die Landgebiete der Stadt verpflichtet seien und ausschließlich zu dem Zweck existierten, die Bedürfnisse der Stadt, der Industrie, der Armee etc. zu befriedigen.

Ich kann einfach nicht begreifen, wie unsere humanitären Ideale und unsere Erklärungen über Gleichheit, Brüderlichkeit und Gerechtigkeit mit unserer praktischen, täglichen Haltung dem Dorf und dem Bauern gegenüber in Einklang gebracht werden könnten. Es ist eine unvorstellbare Haltung für eine sozialistische Gesellschaft, daß eine einzige arbeitende Klasse eine ewige Schuld tragen soll, während die anderen arbeitenden Klassen ihr gegenüber angeblich keine moralischen oder gesellschaftlichen Pflichten haben. Gleichwohl existiert solch eine Haltung. Bis heute beschweren sich viele sozialistische Intellektuelle, vornehmlich Experten der Philosophie und Soziologie, darüber, daß der Kolchosbauer nicht gewissenhaft genug sei und daß er, statt sich für die Allgemeinheit einzusetzen, einige Energie in sein Familiengrundstück, in den Anbau von Kartoffeln, Gurken und Zwiebeln investiere.

Ich bin überzeugt davon, daß dieser sozialistische Hochmut und die Voreingenommenheit des Städters dem Bauern gegenüber die Persönlichkeitsentfaltung und die demokratischen Freiheiten in unserem Lande viel stärker behindern, als es die Reste bäuerlicher »Rückständigkeit« vermöchten. Bevor wir die Bauernschaft nicht als eine freie soziale Klasse anerkennen, bevor wir nicht anerkennen, daß die Bauern das Recht haben, selbständig über ihre Zukunft zu entscheiden und ihre eigenen Interessen zu schützen, werden wir keine freie Gesellschaft sein. Solange wir den alten Standpunkt vertreten, daß der Bauer ein Mittel zur sozialistischen Akkumulation sei – ein Standpunkt, der auf J. Preobraschenski zurückgeht –, werden wir die angestrebte moralische Gesundheit nicht erreichen.

Wir müssen einräumen, daß unsere früheren Ansichten über die Bauernschaft, wie sie auf der ZK-Plenarsitzung vom April 1929 formuliert wurden, sehr viel Ungerechtigkeit enthielten, die den elementaren Begriffen von Legalität und Moral widersprach. Man kann niemanden, schon gar nicht eine ganze Klasse, als reines Mittel zum Zweck behandeln, selbst wenn dies einem humanen und fernen Zweck dienen sollte.

Man erwartete von den Bauern, daß sie die Bolschewiki unterstützten und dazu beitrugen, die Oktoberrevolution zu einer politischen Realität werden zu lassen. Zusammen mit der Arbeiterklasse und der sozialistischen Intelligenzija mußten sie die Kapitalisten und Grundeigentümer vertreiben und in dem Kampf auf Leben und Tod gegen die Weißgardisten standhalten. Später erwartete man, daß sie sorgsame und kenntnisreiche Besteller des Bodens wurden, um die sozialistische Stadt vor dem Hunger zu retten, die Nation zu ernähren und bei der Lösung der Aufgaben mitzuwirken, die von der Rehabilitierungszeit gestellt wurden. Doch es waren kaum sechs oder sieben Jahre vergangen, als man dem unglücklichen Bauern befahl, etwas völlig anderes zu tun. Nun sollte er seinen Boden und seinen Hof hassen, die Gefühle unterdrücken, die sich in Tausenden von Jahren herausgebildet hatten, wohlgemut seine Pferde und sein Vieh aufgeben und mit eigenen Händen seine Welt, seine Lebens- und Arbeitsweise zerstören. Ihm wurde befohlen, den Weg der Geschichte zu verlassen und die progressive Entwicklung des Staates zu einer klassenlosen, sozialistischen Homogenität nicht zu behindern.

Die Mehrheit derjenigen, die das Pech gehabt hatten, auf dem Boden zu bleiben, den ihre Vorfahren mit ihrem Blut verteidigt hatten, wurde später gezwungen, der Überindustrialisierung Tribut zu zollen und Federstriche anstelle von Entlohnung zu akzeptieren. Sie mußten die Übergriffe von Sekretären der örtlichen Parteikomitees ertragen, die kein Mittel ungenutzt ließen, um den Bauern Getreide abzupressen. Der Bauernschaft wurden viele, allzu viele Segnungen des sozialistischen Lebens vorenthalten. Die absolute Mehrheit der Kolchosbauern, die in den dreißiger Jahren etwa die Hälfte und in den vierziger und fünfziger Jahren mehr als ein Drittel der Arbeitskräfte ausmachten, hatte kein Anrecht auf bezahlten Jahresurlaub oder Krankengeld. Sie durften kaum je kostenlose oder verbilligte Ferienunterkünfte benutzen. Bäuerinnen erhielten keinen bezahlten Mutterschaftsurlaub, und kaum einer der Kolchosbauern bekam eine Rente.

Indessen glaubte niemand, den Bauern etwas schuldig zu sein, die sich infolge ihrer patriarchalischen russischen Duldsamkeit in ihr Elend fügten. Allzu viele Menschen in den sozialistischen Städten sprachen sich selbst von allen moralischen Skrupeln und Pflichten gegenüber der leidgeprüften Bauernschaft frei.

Die meisten Bürger, darunter die Kinder und Enkel der sozialistischen Intelligenzija, meinen, daß diese Umstände normal seien und daß sie den Bauern keine Abbitte schuldeten; daß es eine historische Notwendigkeit sei, die russische Bauernschaft auszulöschen, die fortschrittliche Urbanisierung zu fördern und den patriarchalischen Bauern zu einem sozialistischen Arbeiter zu machen. Sie argumentierten, in England sei die industrielle Revolution ebenfalls von sozialen Krisen begleitet worden, weshalb wir in Rußland die Exzesse der Kollektivierung nicht hätten vermeiden können.

In den Jahrzehnten seit Lenins Tod ist mancher argumentative Trick erfunden worden, um den sozialistischen Städter von der Schuld dafür zu entlasten, was dem Dorf und dem Bauern widerfahren ist. Zum Beispiel redete man dem Städter ein, er habe einen angeborenen, kastenmäßigen (es gibt kaum ein besseres Wort für diesen Sachverhalt) Vorrang vor dem Bauern (und später vor dem Kolchosmitglied). Es gab die bekannte Theorie von den niedrigeren und höheren Eigentumsformen, derzufolge ein in der staatlich kontrollierten Produktion beschäftigter Städter angeblich auf einer höheren historischen Stufe steht als der Bauer, weil dieser noch die Last des Genossenschaftseigentums (dem Stalin einen Übergangscharakter zuschrieb) trage. Es gab die Theorie von der absoluten Überlegenheit der Arbeiterkultur und -moral über die bäuerliche Moral. Seit mehr als einem halben Jahrhundert ist der Bauer geschmäht worden, weil er sein Leben mit der privaten Nebenwirtschaft, jener letzten »Zuflucht des Privateigentums«, und folglich mit dem Übel des privaten Unternehmertums verbunden habe.

Aus diesem Grunde bin ich völlig sicher, daß eine vollständige Perestroika oder eine freie Persönlichkeitsentfaltung oder die moralische Gesundheit unserer Gesellschaft erst dann gewährleistet werden können, wenn wir dieses negative Kastendenken der sozialistischen Stadt gegenüber dem sozialistischen Dorf in moralischer und theoretischer Hinsicht überwunden haben. Wir müssen den Weg bis zum Ende zurücklegen, nicht nur um der menschlichen Gerechtigkeit willen und um dem bäuerlichen Teil unserer gesamten sowjetischen Identität Tribut zu zollen, sondern hauptsächlich, um die moralische Gesundheit des übrigen, nichtbäuerlichen Teils der Nation zu retten. Es kann sich kein moralischer oder geistiger Fortschritt in einer Gesellschaft vollziehen, in der ein Teil von seiner grundsätzlichen politischen, moralischen und geistigen Überlegenheit über einen anderen Teil überzeugt ist. In dieser Beziehung steht das Christentum auf einer viel höheren Entwicklungsstufe als der primitive Soziologismus, denn es erkennt die grundsätzliche geistige Gleichheit der durch Christi Liebe und Leid geweihten Menschen an.

Unser sozialistischer Städter, besonders wenn er eine Universitätsausbildung absolviert hat, will jedoch nicht zugeben, daß der Bauer ihm als menschliches Wesen gleichgestellt ist, daß der Bauer niemandem etwas schuldet, daß auch er frei sein und sein eigenes Leben nach seinem Gutdünken gestalten möchte und daß er nicht weniger Rechte gegenüber diesem Land und seinem Wohlstand hat als der mit einer höheren Eigentumsform gesegnete Stadtbewohner. Ein solcher Städter kann einfach nicht begreifen, daß der Sozialismus nur dann ein wahrer Sozialismus sein wird, wenn alle arbeitenden Menschen ihn aus freien Stücken akzeptieren; er kann nicht begreifen, daß Menschen, die sich mit einer neuen Produktionsweise abfinden, diese noch lange nicht aus vollem Herzen anerkennen.

Die Sünde der Götzenanbetung, der Kriecherei vor Stalins despotischen Handlangern, steckt voller Schuld gegen die Bauern. Nur diejenigen konnten sich für Stalin als Führer begeistern, die sich weigerten, die Tragödien der Bauern und die Greuel der Hungersnöte zu sehen, und die jeden Bauern als einen potentiellen Kulaken, einen Blutsauger, betrachteten. Deshalb bereuen wir nun unsere Sünden an der Bauernschaft und versuchen, unsere Ablehnung des Dorfes und der Landbewohner zu überwinden. Man kann ohne Übertreibung sagen, daß wir uns selbst oder unser Land nicht lieben können und in unserem Urteil und unseren sozialen Entscheidungen nicht frei sein werden, bevor wir nicht das Dorf lieben.

Die Einstellung zum Dorf, zum Boden, zum Bauern ist ein genauso wichtiger Indikator für die eigene Humanität wie die Einstellung gegenüber einem Kind. Deshalb mußten die Voreingenommenheit gegenüber dem Bauern und das Unvermögen, seine Rolle im öffentlichen Leben angemessen zu bewerten, zu einer Trübung der Vernunft und zu vielen Fehlern in der Wirtschafts- und Sozialpolitik führen. Die Mißachtung des Bauern hatte die Mißachtung des Agrarsektors und später das Bodenproblem zur Folge. Über Dutzende von Jahren hinweg konnten wir die einfache Wahrheit nicht begreifen, daß der stetige Anstieg der Lebensmittelpreise, bewirkt durch das sinkende Interesse des Bauern an seiner Arbeit, das Haupthindernis für die Entwicklung der sozialistischen Stadt ist. Wir erkannten nicht, daß unsere verfrühte, unvorbereitete und vor allem unkluge Kollektivierung, die der bäuerlichen Mentalität widersprach, das Haupthindernis für den wirtschaftlichen Fortschritt der Nation war.

Eine ihren Bauern übelgesinnte Nation ist krank, zum Untergang verurteilt, eine Nation ohne Zukunft. Dabei kommt es nicht auf den Prozentsatz der Landbewohner an der Gesamtbevölkerung an. Wie bei einer Lackmusprobe enthüllt die Einstellung eines Volkes zu seinen Landbewohnern nämlich seine Einstellung zu seinen Vorfahren und seiner Geschichte, zu seiner nationalen Kultur. Der Prüfstein für die Gesundheit und den prophetischen Scharfblick einander ablösender Ideologien war stets die Art und Weise, wie sie die landwirtschaftliche Arbeit einschätzten.

Jene, welche die Landgebiete und das Landleben vernichteten, zerstörten unweigerlich auch die nationale Kultur. Den schlimmsten Schaden trugen die Länder davon, die noch keine städtische, bürgerliche Kultur als Ergänzung zur Dorfkultur geschaffen hatten. Dies ist offensichtlich die Ursache für die großen Verluste, welche die russische Kultur und das russische Gedächtnis durch die gewaltsame Verringerung der Bauernschaft erlitten haben. Der sowjetische Ökonom G. Popow schreibt: »Das Gedächtnis des russischen Volkes wurde nicht nur von der Kirche oder von der Monarchie, sondern hauptsächlich vom Bauerntum bestimmt.« Deshalb habe das Sozialismusmodell, das sich im Jahre 1929 durchsetzte und den Bauern die Hauptlast auferlegte, nicht nur zu Opfern der Bauernschaft führen müssen, sondern auch »zu der Zerstörung der früheren Grundlagen des bäuerlichen Lebens und all dessen, was an die Vergangenheit, die Erfolge und Leistungen der Vergangenheit, erinnerte«. (*Snamja,* Nr. 1, 1988. S. 189) In seinen letzten Lebensjahren rief Lenin zu einem Bündnis mit der Mehrheit der Bauern auf, das heißt, er beharrte nicht mehr auf seinem ursprünglichen Konzept eines Bündnisses allein mit den ärmeren Bauern. Aber Stalin und sein Gefolge schlugen einen anderen Weg ein. Damit stand fest, daß gegen die traditionelle, im russischen Bauerntum verwurzelte Kultur zu Felde gezogen werden würde.

3. Eine Rechtfertigung der Initiative

Was veranlaßt uns heute, den Menschen und seine Leidenschaften als Triebkräfte des Fortschritts zu bezeichnen? Unser Scheitern natürlich. Alle Versuche sind fehlgeschlagen, die überkommene Ordnung zu ändern und zu beweisen, daß es möglich ist, die Produktion zu entwickeln, während Initiative und Konkurrenz von der Spitze her blockiert, während wirtschaftliche Unabhängigkeit und Unternehmungsgeist beseitigt werden. Die Gelehrten, welche die Geschichte des 20. Jahrhunderts schreiben werden, dürften unsere mehr als ein halbes Jahrhundert dauernde Agrarkrise als ein klassisches Beispiel anführen, um zu belegen, daß Technokratie, Anmaßung, Unterschätzung der bäuerlichen Kultur und der reichen Geisteswelt des Bauern als Persönlichkeit stets einen hohen Preis fordern.

Es dürfte wohl kaum einen Begriff der Soziologie oder Philosophie geben – nicht einmal die Kategorie der »Entfremdung«, die in den sechziger Jahren so beliebt war –, der uns dem Verständnis unseres Gesellschaftscharakters näherbringen könnte als der Begriff des »menschlichen Faktors«. Dieser Begriff hat uns endlich geholfen, von den schwindelnden Höhen exakter und ideologisch korrekter Erörterungen über den Charakter des Sozialismus wieder auf die sündige Erde mit ihren Wirtschaftsgesetzen herabzusteigen. Unsere Augen sind nicht mehr vor der Tatsache verschlossen, daß unser Produktionsapparat nach einem fehlerhaften Entwurf, der die wichtigste Komponente ausschließt, gebaut wurde. Statt die Energie der menschlichen Interessen zu vervielfachen und ihr im Wirtschaftsleben freien Lauf zu lassen, wurde sie im Keim erstickt.

Das neue Konzept, das vielen unserer Philosophen zunächst nicht gefiel, widmet sich diesem Fehler in der bestehenden Arbeitsorganisation, der unsere Energie erschöpft und zu einer der verheerendsten Wirtschafts- und Gesellschaftskrisen in der neueren Geschichte geführt hat. Unser neues Konzept gibt uns die Möglichkeit, freimütig über die Hauptlektionen von Vergangenheit und Gegenwart zu sprechen. Es hat Wahrheiten sichtbar werden lassen, die in der Zeit des primitiven Sozialismus getrübt wurden, und uns daran erinnert, daß es die Energie des nach Zielen strebenden Menschen ist, welche die Gesellschaft am Leben erhält. Nur wenn das Interesse lebendig ist, kann eine Kultur geschaffen werden; nur dann werden der Wille, die Leistungskraft und das Gehirn stimuliert.

Der von der Perestroika geförderte Begriff des »menschlichen Faktors« entsprang dem Kampf gegen die Mythen, die in der Sozialwissenschaft der Stagnationszeit entstanden waren, und vor allem dem Kampf gegen die »Manteltheorie«. Anfang der siebziger Jahre schlug man vor, die nationalen Produktionsverhältnisse und die Arbeitsorganisation als eine Art »ManteL« zu betrachten, unter dem sich weiteres Wachstum vollziehen könne. Man brauche sich nur noch einer fortgeschrittenen Technologie zu bedienen, um die Errichtung des sozialistischen Gebäudes zu vollenden. Dies war ein internationaler Mythos, denn zahlreiche Politiker in vielen sozialistischen Ländern gaben sich der Illusion hin, daß wir bereits den optimalen Weg zur Vergesellschaftung der Produktionsmittel sowie neue Arbeitsanreize gefunden hätten, die zumindest in der Industrie wirksamer seien als die des Kapitalismus. Das einzige, was noch fehle, sei die moderne Technologie.

Doch in Wirklichkeit erwies sich das, was etliche Theoretiker und Politiker als einen »Mantel« beschrieben, »unter dem sich weiteres Wachstum vollziehen« könne, als eine Ansammlung unnötiger

Technologien und verschwendeter Investitionen. Ein klassisches Beispiel ist unser Versuch, das Problem der Nichtschwarzerdeböden durch massive Kapitalzuweisungen zu lösen. Wie sich jedoch herausstellte, kann die neue Technologie keinen Wandel bewirken, solange die Menschen sich weiterhin als Tagelöhner fühlen, solange sie dem Boden entfremdet sind und kein Recht haben, ihre Tätigkeit zu planen und über die Früchte ihrer Arbeit zu verfügen.

Die neue Technologie allein erzeugt noch keine Initiative, professionellen Höchstleistungen oder Sparsamkeit. Die Hoffnungen der frühen zwanziger Jahre – damals glaubten viele Parteimitglieder, daß 100000 Traktoren das Schicksal der russischen Landgebiete entscheidend verbessern würden – waren zunichte gemacht worden. Wir haben die Dörfer geradezu mit Traktoren und Mähdreschern überschüttet (seit Anfang der dreißiger Jahre wurden Abermillionen von ihnen hergestellt), doch der Abstand zwischen unserer Agrarproduktion und der traditionell erzeugten in den Ländern Westeuropas ist trotz allem gewachsen. Es ist kein Wunder, daß man in vielen unserer Gebiete heute durchschnittlich weniger Getreide erntet als vor der Revolution.

Während wir mehr über die Hemmnisse unserer Entwicklung erfuhren, wurde immer deutlicher, daß eine enge Beziehung zwischen dem Zustand einer Gesellschaft und ihrer Fähigkeit besteht, die wirtschaftliche Initiative der Menschen zu fördern und Anwendungsmöglichkeiten für die unterschiedlichen Begabungen zu finden. Die alten sozialistischen Produktionsverhältnisse, die sich in den dreißiger Jahren herausgebildet hatten, waren untauglich, weil sie von Beginn an nie auf eine umfassende Initiative oder eine aktive Beteiligung der Arbeiter abzielten. Statt das intellektuelle Potential der Menschen zu fördern und die am besten qualifizierten, begabtesten, unternehmungslustigsten und tatkräftigsten Personen zur Lösung der gesellschaftlichen Probleme heranzuziehen, nutzte man jede Gelegenheit, um »ungeplante Initiativen« zu ersticken. Mehr noch, es war geradezu das wesentliche Merkmal dieses auf dem ZK-Januarplenum von 1987 diskutierten »Bremsmechanismus«, daß die begabtesten und tatkräftigsten Arbeiter automatisch zurückgewiesen wurden – also jene, die alle anderen aus ihrer Selbstgefälligkeit aufschrecken ließen, Änderungen verlangten, die etablierte Ordnung aufrüttelten und fähig waren, selbständig zu denken.

Alle Versuche in der Geschichte des sozialistischen Aufbaus,

Armut als Arbeitsanreiz zu benutzen, waren zum Scheitern verurteilt. Der Mensch hat Mühe, sich mit der Rolle eines Rädchens im Getriebe abzufinden; er wendet sich instinktiv gegen eintönige, ihm aufgezwungene Arbeit. In der Praxis erwies es sich als schwierig, das menschliche Ideal des Marxismus, also die freie und schöpferische Entwicklung der Persönlichkeit, mit der marxistischen Idee der Planwirtschaft und der völligen Unterdrückung jeglicher Initiative zu verbinden. Die Armut der einzelnen Bürger hat durchaus nicht den Reichtum des Staates zur Folge.

Wenn wir jedoch unsere Geschichte einer umfassenden Analyse unterziehen und dabei die Ergebnisse unserer Pläne der totalen Vergesellschaftung der Produktion und unsere Bemühungen betrachten, den Markt und die Unabhängigkeit des Produzenten zu unterdrücken, dann sollten wir wahrscheinlich eher froh als traurig sein. Es ist ermutigend, daß der Mensch als schöpferisches und freies Wesen nicht mit der Rolle eines Rädchens im administrativen Getriebe zufrieden war, daß er das System der totalen Vormundschaft und Uniformität sowie die ihm aufgezwungenen Verbote ablehnte. Folglich war die alte Ordnung vernünftig, und sie sollte nicht dem Erdboden gleichgemacht werden. Folglich waren die Geschichte des Menschen, die Gedanken und Initiativen Hunderter – auch bäuerlicher – Generationen nicht umsonst. Unsere Vorväter irrten sich nicht immer, nicht alle der von ihnen entwickelten Arbeitsmethoden waren falsch, und nicht alle ihre Prinzipien des Zusammenlebens waren untauglich.

Wenn wir die Situation objektiv beurteilen, kommen wir zu dem Schluß, daß unsere Fehlschläge – das Fiasko der früheren mechanistischen Weltanschauung, nach der die Vergesellschaftung der Produktionsmittel und die administrativen Kommandomethoden ein Allheilmittel für alle Probleme waren; die erfolglosen Versuche, neue, »anspruchsvolle« Formen der Arbeitsorganisation durchzusetzen – die Positionen des wahren Humanismus nur gefestigt und aufgezeigt haben, daß Stalins Kasernensozialismus der menschlichen Natur widersprach. Der Mensch ist in der Tat ein freies und schöpferisches Wesen. Er duldet keine Gewalt gegen sich und keine Beleidigung seiner Würde.

Diese Hauptlektionen unserer Wirtschaftstätigkeit sind besonders für uns Russen wichtig, die wir uns der vor allem bäuerlichen Bevölkerung unseres Landes nahe fühlen. Über einen langen Zeitraum hinweg, nämlich seit der Epoche der »Narodniki« (Volkstümler), hat man versucht, den Russen davon zu überzeugen, daß er, wie ein sowjetischer Publizist vor kurzem schrieb, nicht genug Energie habe, um zu einem freien und unabhängigen Warenproduzenten zu werden, daß er der totalen Unverantwortlichkeit der kollektiven Arbeit den Vorzug vor wirtschaftlicher Verantwortung gebe. Ein objektiver Blick auf die Tatsachen und die gesamte Wirtschaftsgeschichte des nachrevolutionären Dorfes zeigt genau das Gegenteil. Der russische Bauer verabscheut, wie jeder normale Mensch auf diesem Planeten, die Zwangsarbeit auf fremdem Boden. Bereits Anfang der 1870er Jahre schrieb N. G. Engelhard, einer der Ideologen der »Narodniki«, in seinen Briefen vom Lande, daß der Bauer am liebsten »selbständig handelt«; es widerstrebe ihm, »in einer anonymen Gruppe dergestalt zu arbeiten, daß es unmöglich ist, die Arbeit für seine Familie zu registrieren; nicht, weil er ein Individualist wäre, sondern weil er, wie jeder andere vernünftige Mann, die Früchte seiner Arbeit sehen, sich als schöpferisches Wesen an ihnen erfreuen und sich so weitgehend wie möglich von der Vormundschaft, den »Beobachtenden Augen«, lösen will. Er möchte spüren, daß er unabhängig ist. Gewiß, er war bereit, anderen zu helfen, die durch ein Feuer obdachlos geworden waren, er war bereit, Witwen zu unterstützen und sich um das Gemeindeland zu kümmern. Aber weshalb sollten die Menschen einander bei einer so ernsten Angelegenheit wie der Bestellung des Bodens stören?«

Unser Bauer arbeitete nur dann tüchtig und freudig, wenn er das Gefühl hatte, der freie, unabhängige Herr seines Bodens zu sein, seine eigenen Entscheidungen treffen und mit dem, was er produziert hatte, nach Belieben verfahren zu können. Deshalb übertraf die landwirtschaftliche Produktivität unter der Neuen Ökonomischen Politik, als private Erzeuger und ihre Familien den Boden bestellten, bei weitem den Ertrag, der von den zwangsweise organisierten Kolchosen geliefert werden konnte. Aus demselben Grunde ist während der sechzig Jahre, in denen es Kolchosen gibt, die Arbeitsproduktivität auf Privatgrundstücken stets viel höher gewesen als auf Kolchoseäckern oder -höfen. Daher erklärte Gorbatschow kürzlich auf einer Konferenz in Orjol, daß sich die Produktivität in der Regel verdoppele, wenn ein Hof oder ein Feld von einer Familie gepachtet würden. Es ist kein Zufall, daß die kleinen Familiengrundstücke, die nur zwei Prozent des gesamten Bodens ausmachen, in den ersten fünfundzwanzig Jahren nach der Kollektivierung den größten Teil der Lebensmittel für das Land lieferten.

Die Tragödie ist, daß wir sechzig Jahre gebraucht haben, um etwas zu lernen, das seit langem offensichtlich ist. G. W. Plechanow, der Gründervater der russischen sozialdemokratischen Bewegung, erklärte den »Narodniki« (zum Beispiel Lew Tichomirow), die seit langem glühende Verfechter der kollektiven landwirtschaftlichen Arbeit waren, daß die russischen Bauern ihre Privatgärten und -grundstücke mit erstaunlichem Fleiß bestellten und die Böden, die ihren Familien seit Generationen gehörten, mit großer Sorgfalt behandelten. Plechanow warnte auch davor, daß die kollektive Feldarbeit in Rußland den Fortschritt der Landwirtschaft, allen Erwartungen zum Trotz, behindern werde.

Die letzten hundert Jahre der Wirtschaftsentwicklung in den russischen Landgebieten haben den Mythos widerlegt, daß der russische Mensch von Natur aus infantil sei, bereit, dem Teufel seine Seele zu verkaufen, um sich von der Notwendigkeit des selbständigen Denkens und von der persönlichen Verantwortung für seine Arbeit und sein Wohl zu befreien. Heute erkennen wir, daß der Bauer die ihm aufgezwungene kollektive Landarbeit nie akzeptiert hat. Die kräftigeren und fähigeren jungen Leute gingen mit dem Segen ihrer Eltern in die Stadt, während die meisten derjenigen, die auf dem Lande blieben, ihre Aufgabe nur halbherzig erfüllten und ihre Energie für die Arbeit auf ihren Privatgrundstücken sparten. Es konnte gar nicht anders sein. Ich habe bereits darauf hingewiesen, daß der Erfolg der Revolution hauptsächlich auf die bolschewistische Parole »Den Bauern das Land« zurückging. Interessanterweise verknüpft der Schriftsteller und Bürgerkriegsveteran I. S. Schkapa den Traum vom Aufbau des Kommunismus in unserem Land heute mit der freien Familientätigkeit in den Dörfern; den Bauern sei »eine Freiheit zu gewähren, die ihnen nie genommen wird«.

Wenn wir die oberflächliche Betrachtung des Menschen und der Motivation für seine Handlungen und Entscheidungen hinter uns lassen, lösen wir uns gleichzeitig von der alten abstrakten, vereinfachten Idee der gesellschaftlichen Organisation und beginnen, ihre wesentlichen Züge zu entdecken. Zum erstenmal spüren wir das dichte Geflecht des sozialen Lebens mit seinen effektiven Beschränkungen für den Ehrgeiz gewisser Menschen, alles ihren unkontrollierten Phantasien zu unterjochen. Ein wichtiger Beitrag zu einer realistischen Betrachtung des modernen Menschen wurde von dem Akademiemitglied Nikolai Amossow geleistet. Von Beruf Chirurg, erinnerte er die Politiker und Sozialwissenschaftler daran, daß die

Menschen von Natur aus verschieden sind, daß sie nicht als gleichartig eingestuft werden sollten, daß sie hinsichtlich ihrer Charakterstärke, ihres Wunsches nach Unabhängigkeit und ihrer persönlichen Ziele voneinander abweichen. Eine wesentliche Schlußfolgerung, die sich hieraus ergibt, ist die, daß der Erziehung Grenzen gesetzt sind. Nicht jeder kann durch Erziehung in einen Engel verwandelt werden. Es ist durchaus denkbar, daß diese objektiven Grenzen der Erziehung auch den Grad des möglichen sozialen Wandels bestimmen.

Das Leben hält strenge Strafen für jede Abweichung von den Prinzipien der universellen Moral bereit, und es übt Rache für den politischen und wirtschaftlichen Voluntarismus. Es erinnert uns an seine unveränderlichen, objektiv existierenden Gesetze, an das, was die Lebensflamme brennen läßt; es zwingt uns, neu über das Wesen des Menschen und der Gesellschaft nachzudenken. »Ohne Umsicht kann man das Leben nicht ändern, aber man kann es studieren« – dies ist eine weitere Entdeckung der folgenschweren Ära, die im April 1985 begann.

Als das Denken Kontakt mit der Realität aufnahm, fanden wir heraus, daß das Leben voll von Details, daß es kein nebensächliches Problem ist. Der Schriftsteller Anatoli Streljany sagt: »Das Leben ist lebendig, und man muß sich hauptsächlich auf seine Interessen und seine wichtigsten Besonderheiten verlassen, seien es die Interessen und wichtigsten Besonderheiten des Menschen, der Wirtschaft oder des Ortes.« Die Erkenntnis, daß jeder Mensch wertvoll ist, daß sein geistiges Leben nicht als der gemeinsame Nenner eines Kollektivs definiert werden kann, daß es keine »Gesamtsumme der sozialen Beziehungen« ist, wie es in den philosophischen Lehrbüchern heißt – diese Erkenntnis führt unvermeidlich zu dem Schluß, daß die gesellschaftliche Organisation mannigfaltig ist und eine unterschiedliche Qualität aufweist. Der nächste logische Schritt besteht darin, den Pluralismus der Weltanschauungen anzuerkennen und sich damit abzufinden, daß es nur natürlich ist, wenn unterschiedliche Standpunkte und Meinungen existieren. Stalins alte Vorstellung von der moralischen und politischen Einheit ist in jeder Hinsicht widerlegt worden.

Natürlich ist es nicht schwer zu beweisen, daß unsere Wiederentdeckung der menschlichen Natur an die bekannten Prinzipien des europäischen Humanismus anknüpft. Wenn wir erklären, wie auf dem XXVII. Parteitag geschehen, daß »die Gesellschaft aus konkreten Menschen besteht, die konkrete Interessen, ihre eigenen Freuden und Sorgen, ihre eigenen Vorstellungen vom Leben, seinen tatsächlichen und scheinbaren Werten haben«, machen wir einen wichtigen Schritt auf den demokratischen Sozialismus zu, von dem viele ehrliche Denker der Vergangenheit träumten.

Dies alles ist letzten Endes ganz natürlich. Das Leben muß sich selbst schützen und Krankheiten abwehren. Wir sollten uns freuen, daß unser intellektueller Winterschlaf beendet, daß die Philosophie der psychopathischen und misanthropischen Ideologen, die sich als Kommunisten ausgaben, entlarvt worden ist. Wir sollten uns über unsere Erkenntnis freuen, daß der Mensch das Recht hat, er selbst zu sein, daß er das Recht hat, sich seiner Leidenschaften nicht zu schämen, nach persönlichem Erfolg zu streben, doch gleichzeitig Einsamkeit, Alter und Tod zu fürchten. Er hat das Recht, allein zu sein, wenn dies seinem tiefsten inneren Wunsch entspricht, und er hat ebenfalls das Recht, Mitleid zu verspüren, Barmherzigkeit und Gnade zu zeigen.

Wenn das Leben nicht gegen Dummheit, Haß oder den Einfluß des Bösen immun wäre, hätte es längst absterben müssen. Aber es geht weiter, entwickelt sich und gestattet dem Menschen dann und wann, den Intellekt, die Wahrheit und die Gerechtigkeit zu feiern.

Früher oder später bekommt sogar in Rußland jeder, was ihm gebührt, und alles erhält seinen Platz: Die Mittelmäßigkeit demonstriert ihre Mittelmäßigkeit, Schmeichelei, Unterwürfigkeit und Unmoral werden von der Öffentlichkeit verurteilt und verachtet, während Begabung, Ehrlichkeit und Intellekt einen würdigen Platz im öffentlichen Leben einnehmen. Der gegenwärtige Triumph des gesunden Menschenverstandes, der Sieg des Humanismus und der Moral sind die größten intellektuellen Erfolge der Perestroika; sie beweisen, daß die moralische Entscheidung nicht dem Untergang geweiht war, die manche Menschen vor einiger Zeit trafen, als sie entdeckten, daß sie ein Gewissen hatten. Letzten Endes ist das Gute stärker als das Böse, und der Intellekt ist stärker als die militärische Dummheit.

Heute sollte uns etwas ganz anderes zum Nachdenken bewegen: Warum weichen die Menschen periodisch vom Humanismus ab, entsagen der Vernunft und beginnen, an die unwahrscheinlichsten Mythen zu glauben? Warum verlieren sie von Zeit zu Zeit jegliches Interesse an den wichtigsten Werten und Gesetzen, die das Leben des Menschen regieren? Warum kehren die Menschen der Moral den Rücken und vergessen, daß das innere Chaos große Gefahren mit sich bringt? Warum konnte es im Lande Tjutschews, Dostojewskis und Tolstois, wo so viele sensibel für intellektuelle Probleme waren und um das Drama der menschlichen Existenz und des geistigen Lebens wußten, nur möglich sein, daß die herrschende Ideologie jahrzehntelang jeden Gedanken an Gut und Böse, an Schuld und Sühne verbot? Warum mißachtete man die geistige Unabhängigkeit des einzelnen und fragte nicht nach der moralischen Verantwortung derjenigen, die sich anmaßten, andere zu belehren, wie man glücklich wird, und die meinten, ihren Brüdern und Schwestern den Weg in der Geschichte weisen zu müssen?

Wir sollten uns nicht darüber wundern, daß die Vernunft triumphiert, sondern darüber, daß die Menschen dann und wann ihren Realitätssinn, ihren Selbsterhaltungsinstinkt verlieren, sich bewußt dem Risiko der Selbstzerstörung aussetzen und beginnen, an das Unmögliche zu glauben. Damit setzen sie sich nicht nur zu der Erfahrung ihrer Vorväter in Widerspruch, sondern auch zu ihrer eigenen Erfahrung. Hartnäckig unterstützen sie Theorien, die sie nicht einmal in ihrem eigenen Inneren rechtfertigen können.

Warum haben sogar heute noch viele Menschen, von unseren Philosophen gar nicht zu reden, immer noch Angst, über ihre Gefühle als Individuen, als beseelte Wesen zu sprechen? Warum fürchteten wir uns bis vor kurzem, laut über das Problem der Einsamkeit, der Todesangst, der Ursachen von Selbstmorden oder darüber zu sprechen, wie schwierig es für jeden ist, den Sinn des Lebens zu erkennen und sich selbst zu finden?

Ich habe die negative Reaktion einiger unserer Philosophen auf den Begriff des »menschlichen Faktors« absichtlich erwähnt. Diese Reaktion wird meiner Meinung nach weniger von der Sorge um die Reinheit des Humanismus als von einer instinktiven Furcht vor den unerwarteten Wirkungen und Wahrheiten ausgelöst, die im unbekannten oder, besser gesagt, vergessenen Menschen verborgen sind. Aus diesem Grunde schrecken viele heute vor den philosophischen Folgerungen zurück, die sich aus der Wahrheit über den Bürgerkrieg und den Terror der dreißiger Jahre ergeben. Über Jahrzehnte hinweg haben wir den Menschen nicht studiert, sondern nur Kategorien, die sich auf die Geschichtsgesetze, das Wesen des Sozialismus oder die Zukunft bezogen. Wir haben uns nicht die Mühe gemacht, das Leben der Menschen und ihre alltäglichen intellektuellen Bedürfnisse zu untersuchen. Statt den Widerspruch zwischen

Wesen und Sein zu überwinden, versuchten wir vorzutäuschen, daß es kein Problem des intellektuellen Seins gebe, daß es sich nur um eine Erfindung von Theologen und Existentialisten handele.

Aber nicht nur die Philosophen, sondern auch die Politiker, die Praktiker und Produktionsmanager verloren die Orientierung. In ihren Plänen, ihren Unternehmungen und ihrer Personalpolitik gingen sie nicht von echten Menschen mit ihren Leidenschaften, sondern nur von in ihrer Phantasie existierenden Personen aus. Während wir das politische System organisierten, negierten wir über einen langen Zeitraum hinweg den Sturm der menschlichen Leidenschaften und Gefühle, der von der Macht und dem Machtkampf entfacht wird. Wir und besonders unsere Partei haben vergessen, daß absolute Macht zu absoluter Korruption führt. Und die Korruption der absoluten Macht endet stets mit einer Tragödie für das entsprechende Land.

Im Grunde kamen alle heute offenkundigen Absurditäten unserer Wirtschaft und unseres politischen Systems zustande, weil wir uns hartnäckig weigerten, den Menschen so zu sehen, wie er ist, als ein Produkt der Natur und der Geschichte. Wir wollten die inneren Widersprüche, die so ungleichartigen Bedürfnisse des Menschen nicht sehen. Zum Beispiel möchte er sich einerseits behaupten, in den Wettstreit treten und als Führer agieren, doch andererseits benötigt er die Gemeinschaft und beugt sich der Autorität des stärksten Individuums der Gruppe.

Es war in der Tat absurd, wenn man früher versuchte, eine höhere kommunistische Moral, »die höchste Manifestation des Geistes«, durch die Zerstörung der universellen Moral zu erreichen, indem man in den Menschen jedes Gefühl von Gnade, Mitleid, Respekt vor den Eltern und Vorfahren auslöschte, ihnen ihr historisches Gedächtnis nahm und sie von Schuld und persönlicher Verantwortung befreite. Es war in der Tat absurd, wenn wir und andere versuchten, Leistungsfähigkeit und hervorragende Arbeit durch gleiche und karge Bezahlung zu stimulieren. Das Wort »absurd« kennzeichnet auch unsere zahlreichen Bemühungen, die Probleme der Produktionsorganisation zu lösen, die Menschen zu gewissenhafter Arbeit zu erziehen, sie mit Enthusiasmus zu erfüllen oder die gesamte Wirtschaft und jegliche ökonomische Aktivität auf moralischen und geistigen Impulsen aufzubauen. Wie kann man erwarten, daß ein Bauer fleißig arbeitet, wenn man ihn alljährlich seiner Ernte beraubt, wenn man ihn um seine Unabhängigkeit bringt und ihm kein Mitspracherecht verleiht?

Diese Praxis der Arbeitsorganisation und -förderung kollidierte mit der Vernunft und mit der in Jahrhunderten gesammelten Erfahrung. Im Laufe der Geschichte erkannte jede Nation, daß gleiche Entlohnung für ungleiche Arbeit Trägheit erzeugt und den Leistungswillen vernichtet. Aber wir verteidigten dieses Prinzip als eine Errungenschaft des Sozialismus und verdammten alle, die nicht im Gleichschritt mit den anderen marschierten, sondern nach persönlichem Erfolg strebten.

Mir scheint, daß unsere frühere Einstellung den Menschen gegenüber etwas Unnatürliches und, in gewissem Sinne, sogar etwas Unaufrichtiges an sich hatte. Einerseits sagten wir, der Mensch werde als gütiges, reines, geselliges Wesen geboren, das nur das Beste wolle; nur widrige Umstände und »schlechte« Wirtschaftsverhältnisse könnten ihn verderben. Andererseits glaubten oder vertrauten wir dem Menschen nicht; von Kindheit an nahmen wir ihm das Recht, Entscheidungen zu treffen, und erlegten ihm zahlreiche Verbote und Beschränkungen auf.

Zum Glück ist es unmöglich, das Leben in einer Gesellschaft so zu organisieren, als sei sie eine Kaserne oder, genauer gesagt, ein Kloster. Doch infolge dieses Widerspruchs erlitten wir einen zweifachen Verlust:

Dadurch, daß wir dem Menschen sagten, er sei ein Engel und er habe nichts zu fürchten, befreiten wir ihn von jeglicher Selbstdisziplin und ließen ihn das Interesse an seiner eigenen Seele und an der Motivation für seine Handlungen verlieren. Dies führte zu moralischem und intellektuellem Infantilismus, zum Unvermögen, zwischen Gut und Böse zu unterscheiden.

Und dadurch, daß wir den Menschen mit Vorschriften und Richtlinien überhäuften, vertieften wir zweitens seinen moralischen Infantilismus, denn ein Mensch ohne Entscheidungsfreiheit ist für nichts verantwortlich.

Es gibt in der Geschichte keinen einzigen bekannten Fall, in dem es jemandem gelungen wäre, Menschen zu schöpferischer Arbeit oder zur Initiative zu zwingen. Dieser selbstverständlichen Wahrheit zum Trotz griffen wir immer schärfer durch und bedienten uns sogar der Gerichte, um die Disziplin zu stärken, sowie verschiedener Formen des nichtwirtschaftlichen Zwangs, um die Menschen zur Leistung zu veranlassen. Allerdings gibt es sogar heute noch aktive Gegner einer radikalen Wirtschaftsreform, die glauben, daß man die Russen mit der Peitsche oder mit der Androhung von Gefängnisstrafen dazu bringen könne, ein fortgeschrittenes Robotertum zu entwickeln.

Über viele lange Jahre hinweg beruhte unsere Produktion auf den unnatürlichsten Formen der Arbeitsorganisation und der Disziplin. Kritik, Tadel, Abkanzelung und Einschüchterung waren übliche Praktiken. Dadurch wurden Nervosität und Spannung sowie ein ständiges Risiko des Scheiterns in den Produktionsprozeß eingeführt. Manche, von Enthusiasmus verzehrt, übernahmen sich bei der Arbeit, andere waren von Furcht erfüllt. Noch heute herrscht das erniedrigende System, Menschen durch verschiedene Formen der Einschüchterung zur Arbeit zu zwingen, in den Landgebieten vor: »Dies bekommst du nicht, jenes wird dir weggenommen«, etc.

Noch alberner war das Prinzip, Mittel für allgemeine gesellschaftliche Zwecke nur dann bereitzustellen, wenn alle anderen Bedürfnisse gedeckt waren. An alles zu denken, nur nicht an den Menschen, der einen Gewinn für seine Investition erwirtschaftet hat – das ist eine besondere Art des Wahnsinns. In wessen Namen sollte er sich anstrengen, sich mit ganzer Seele der Arbeit zu widmen? Im Namen eines Staates, der ihn für wertlos hält? Lächerlich.

Es gibt ein weiteres Beispiel für unsere einstige eklatante Mißachtung der menschlichen Natur, und zwar unsere alte Methode, die Persönlichkeit des Menschen zu entwickeln, während seine natürlichen Bedürfnisse und Interessen, sein Streben nach persönlichem Erfolg und individueller Selbstverwirklichung vernachlässigt wurden. Man machte den Versuch, die Persönlichkeit zu entfalten und ihr dabei gleichzeitig eine Unzahl von Verboten, Richtlinien und Beschränkungen aufzuerlegen, wodurch der Mensch das Recht verlor, das zu sein, was er sein wollte.

Jahrzehntelang weigerten wir uns einzugestehen, daß viele Eigenarten des Menschen nicht in die Theorie des Klassenkampfes und des Klassencharakters der Moral hineingezwängt werden können; daß es neben dem Antagonismus zwischen dem Ausbeuter und dem Ausgebeuteten das Problem des unablässigen Konflikts zwischen fleißigen und trägen Arbeitern gibt, zwischen Begabung und Mittelmäßigkeit, zwischen guten und schlechten Menschen, zwischen denen, die ihren Platz im Leben gefunden haben, und denen, die ihn noch suchen. Und daß es daneben Menschen gibt, die sich selbst getäuscht, und solche, die einfach nie über das Leben nachgedacht haben. Zudem bestehen die dauernden Probleme der Unbedeutendheit, des Neides, der Habgier, des Machthungers und sogar das Problem unmotivierter Grausamkeit und Aggressivität.

Für den groben, erzwungenen Atheismus ist ein hoher Preis gezahlt worden. Wir haben nicht nur Kirchen zerstört und dadurch die Würde und die Gefühle der Gläubigen sowie die heiligen Rechte des Menschen verletzt, sondern wir haben auch viele Jahrhunderte der Kultur zerstört, in denen der Mensch gelernt hat, das Bestialische in sich zu zügeln. Wir täuschten uns selbst, indem wir uns einredeten, daß der Mensch allmächtig sei und alles ertragen könne. Bis heute liefert unsere Geschichte einen überzeugenden Beweis für das Gegenteil, also dafür, daß der Mensch schwach ist. Er ist schwach, wenn er durch Macht, durch Schmeichelei und Unterwürfigkeit versucht wird, und er ist am verletzlichsten, wie die Breschnew-Ära gezeigt hat, wenn er mit Gold verlockt wird. Er verliert seine Seele an diese Versuchung, selbst wenn er gar nicht in der Lage ist, weltliche Güter und Freuden zu kaufen. Der Mensch neigt dazu, Geld an sich zu reißen. Aber die Geschichte der Menschheit kennt keine absurdere Form der Raffgier als die unserer sozialistischen Würdenträger.

Sehr viele bolschewistische Führer der Oktoberrevolution, die in der Hitze des Machtkampfes ihre Wünsche und ihre persönlichen Hoffnungen verteidigten, vergaßen ihre Raison d'être und jene Abermillionen Menschen, die sie in die Zerstörung des alten Regimes hineingezogen hatten. Dies war eine historische Tragödie. Zu keinem anderen Zeitpunkt ist deutlicher geworden, wie tief der Mensch sinken kann, als in den Jahren des unbarmherzigen und totalen Kampfes gegen den Egoismus des einzelnen.

Als alle Dämme brachen, die den gewalttätigen Instinkten des Menschen Einhalt geboten, als erklärt wurde, daß es kein Verbrechen, sondern nur eine einzige Notwendigkeit – den Aufbau einer klassenlosen Gesellschaft – gebe, hatten wir als Volk und als Gesellschaft jeglichen geistigen Schutz verloren.

Stalins Zwangskollektivierung verstärkte die Blindheit hinsichtlich der Rolle des Menschen. Ihm ist »anzurechnen«, daß er die Wahrheit über sich selbst, über unser ererbtes geistiges Elend, über unsere kümmerliche Organisation, unseren Mangel an Fleiß und unsere angeborene Trägheit verbarg.

Die Kollektivierung diente in erster Linie dazu, Faulheit, Mittelmäßigkeit, Schlamperei und Wunschdenken zu rechtfertigen. Sie ermöglichte es, eine der unangenehmen Tatsachen der russischen Geschichte, nämlich die Existenz des »faulen Bauern«, zu ignorieren; sie bescherte den Stümpern und den Feinden der Landwirtschaft Seelenfrieden. Damit nicht genug, dies wurde um den Preis der Vernichtung all derer erreicht, die durch ihren Fleiß und ihre Leistungen die Kritik auf sich zogen. Zum erstenmal in der Menschheitsgeschichte war es nicht der Stümper, der bestraft wurde, sondern der Meister, derjenige, der versuchte, das Land durch seine Arbeit aus dem Sumpf einer verheerenden Wirtschaftskrise zu ziehen. Die Würde all jener, die durch die Umstände benachteiligt waren (natürlich kann man Individuen ihre angeborene Schwäche nicht vorwerfen), wurde dadurch geschützt, daß man die Starken kritisierte, bestrafte und verurteilte.

Michail Scholochow enthüllt das geheime Motiv der Kollektivierung in seinem Roman *Neuland unterm Pflug* (1946): Makar Nagulnow, der die dörflichen Kommunisten repräsentiert, haßt Borodin, einen Partisanen der Roten Armee, hauptsächlich deshalb, weil dieser Tag und Nacht wie ein Besessener arbeitet und mit seinem Boden eins geworden ist.

Der Gedanke, die natürliche Ungleichheit der Menschen dadurch zu überwinden, daß man die Begabtesten beseitigt, ist nichts Neues. Die Radikalen der Französischen Revolution, besonders Gracchus Babeuf, erklärten, daß Begabung im Namen der Gleichheit geopfert werden könne. Aber Stalin war der erste, der diesen Gedanken während der Periode der »Entkulakisierung« in die Praxis umsetzte.

Leider sind wir uns sogar heute, da man offen und furchtlos über die Greuel der Zwangskollektivierung und ihre entsetzlichen Folgen sprechen kann, nur selten der vollen Bedeutung dessen bewußt, was wir durchlebt haben. Wahrscheinlich ist es an der Zeit, ernsthaft über das Problem der Ungleichheit nachzudenken, welches dadurch bewirkt wird, daß die Menschen von Natur aus über unterschiedliche Intelligenz, Energie und Ausdauer verfügen. N. Amossow hat vermutlich recht, wenn er schreibt, daß starke Persönlichkeiten mit dem Willen, selbständig zu arbeiten, in jeder Bevölkerung fünf bis zehn Prozent ausmachen. Dies ist an der Tatsache zu messen, daß die wirklichen, nicht die vermeintlichen Kulaken in den russischen Dörfern ungefähr vier bis fünf Prozent der Bevölkerung stellten. Immer und überall in der Geschichte waren solche Menschen die treibende Kraft des wirtschaftlichen Fortschritts. Doch diesem Persönlichkeitstypus werden gewöhnlich raubtierhafte Instinkte zugeschrieben: Gier, Brutalität, Herzlosigkeit. Der Erfolg und Wohlstand solcher Menschen beschämt nicht nur die völligen Versager, sondern auch die »Mittelbauern«. Dies erklärt, weshalb solche Menschen derartig verhaßt sind. Je höher das kulturelle Niveau der Gesellschaft ist, je rascher die Unterschiede der Erziehung aufgehoben, je mehr Menschen sich ihres eigenen Wertes bewußt werden, desto größer ist der Schmerz, den diese wohlhabenden, unverschämten Individuen verursachen, denen alles gelingt und denen die Arbeit nicht als Last erscheint.

Der Widerstand gegen den Druck der Starken ist gerechtfertigt, wenn man von den Interessen der ständig Hintangesetzten geleitet wird. Warum sollten die Starken, die schließlich eine Minderheit sind, der überwältigenden Mehrheit ihr Arbeitsethos aufzwingen, während sie gleichzeitig vom Elend und der Schwäche anderer profitieren? Diese Frage spiegelt die fundamentale Ungerechtigkeit des menschlichen Lebens wider. Als Lenin den Kulaken während des Bürgerkriegs als »den brutalsten, gröbsten und wildesten Ausbeuter« geißelte, gab er den Gefühlen der ärmsten Bauernmassen Ausdruck, denn sie haßten den erfolgreichen Landwirt, der vor nichts zurückschreckte, um das Gedeihen seines Hofes zu sichern.

Bekanntlich beseitigten wir diese Ungerechtigkeit auf ziemlich einfache Art. Rußland empörte sich über die entwürdigende Situation, daß einige Fleisch aßen, während andere kaum Brot zu beißen hatten; es behob das Problem, jedenfalls zeitweilig, indem es sich der begabten und starken Menschen entledigte, deren Reichtum das Leben der Mehrheit unerträglich machte. In einer Reihe von Kampagnen, die Mitte 1918 begannen, sorgten wir für die physische Vernichtung der tüchtigen und wohlhabenden Bauern. Die wenigen Überlebenden zogen in die Stadt. Wir opferten bewußt die Interessen des wirtschaftlichen Fortschritts, um die unerträgliche und beschämende russische Ungleichheit und Ungerechtigkeit auszuräumen.

Heute ist jedoch vollkommen klar geworden, daß dies kein geeigneter Weg war, die bestehenden Konflikte zu lösen. Zum Beispiel gibt es nun keinen Zweifel mehr, daß der individualistische Genotypus, der wie besessen zu arbeiten vermag, auch der Hauptschöpfer des Wohlstandes einer Nation ist und daß alle Versuche, ihn vom Erdboden verschwinden zu lassen, zu einer radikalen Schwächung der gesellschaftlichen Vitalität führen. Die heutige katastrophale Situation in der Landwirtschaft geht überwiegend auf die allzu einfachen Methoden zurück, die man benutzte, um den Konflikt zwischen Leistungsfähigkeit und Gleichheit zu lösen. Die Gesellschaft hat einen besonders hohen Preis zu zahlen, wenn ihre Politik dem Überleben des Tüchtigsten zuwiderläuft, gleichgültig, wie human ihre Gründe sein mögen.

Ganz abgesehen davon steht die Methode, mit der wir Russen den Widerspruch zwischen Leistungsfähigkeit und Gleichheit lösen wollten, mit der marxistischen Betrachtungsweise der Begabung nicht im Einklang. Der wissenschaftliche Sozialismus trat nicht für die Vernachlässigung der Begabung, sondern für ihre allseitige Förderung ein. Und wir, die wir von der Ideologie der Gleichmacherei und der Mittelmäßigkeit angesteckt waren, haben die Pflicht, ein tiefergehendes und realistischeres Verständnis der fundamentalen Widersprüche des menschlichen Lebens zu entwickeln. Wir müssen flexiblere und wirksamere Methoden finden, um den Kampf um die volle Gleichheit mit dem Kampf um die des modernen Menschen würdige Leistungsfähigkeit zu vereinen.

Ich halte die Versuche der heutigen Publizistik für gefährlich, die Praxis der Vernichtung des verhaßten, starken und wohlhabenden Typus als Hauptgebot der Revolution und folglich als Musterbeispiel des Fortschritts auszugeben. Die Geschichte zeigt, daß keine andere Revolution den wohlhabenden Eigner so brutal behandelte wie die unsere.

Während es, wie W. Koschinow nachgewiesen hat, schwierig ist, die Tragödien des Kriegskommunismus und der dreißiger Jahre aus unserer nationalen Geschichte heraus zu erklären, wäre es ein völlig hoffnungsloser Versuch, die Geschichte anderer Nationen heranzuziehen, um Gründe für die Hinrichtung der fleißigsten Bauern zu finden. Hier haben wir es mit einem historischen Phänomen zu tun, das seine eigenen Wurzeln besitzt.

Ich meine, daß die anhaltenden Versuche, die gesamte Menschheitsgeschichte als Geschichte der Selbstvernichtung von Nationen zu erklären, zutiefst unmoralisch sind, da sie die Menschen dazu bringen, den Tod ihrer Mitbürger und Vorfahren völlig gelassen zu betrachten. Es stimmt einfach nicht, daß der Begriff »Unglück« für die Beurteilung historischer Ereignisse nicht anzuwenden ist und daß die Zahl der Opfer in der Geschichte keine Rolle spiele.

Die Geschichte der Menschheit ist keineswegs nur die Geschichte einer Revolution oder eines Bürgerkriegs oder der von einem gegen einen anderen Teil der Gesellschaft verübten Gewalt. Wie traurig es auch sein mag – was uns zustieß, ist in der Geschichte Europas einmalig. Keine Nation hat je ein derartiges Maß an Selbstvernichtung gekannt. Keine hat je so stur darauf beharrt, dem Menschen und dem Produktionsprozeß utopische Ideen aufzuzwingen. Solange wir keine Scham und Reue über die Ungeheuerlichkeiten unseres revolutionären Maximalismus empfinden, werden wir geistig gespalten bleiben.

Man könnte einräumen, daß die Ausschreitungen der »Kombedy« (Komitees der Dorfarmut) gegen jene Bauern, die ihr Getreide verbargen, in gewisser Weise an den hoffnungslosen Kampf Robespierres gegen die Schieber erinnert. Lenins politisches Vokabular aus der Zeit des Kriegskommunismus enthält viele Wörter, die der Sprache der Jakobiner entlehnt sind. – Allerdings hielten wir auch dann nicht inne, als Lenin zu der Überzeugung gelangt war, daß es falsch sei, den Dörfern den Kommunismus aufzuzwingen.

Unser Bewußtsein, in dem es keinen Platz für den Menschen gibt, ist einzigartig und nicht mit dem Bewußtsein der Anhänger Cromwells oder der Helden der Revolution von 1789 zu vergleichen. Einerseits ist es grob und materialistisch und betrachtet den Menschen nur als eine vom Kommunismus zu polierende Substanz, andererseits ist es sehr vage und abstrakt, was alle spezifischen Fragen der Produktionsorganisation betrifft. Mir scheint, daß intellektuelle Ideale und Moralvorstellungen in den letzten sechzig Jahren unsere beliebtesten Gesprächsthemen waren, doch wir zeigten trotzdem, wie ich versucht habe nachzuweisen, eine erstaunliche Gleichgültigkeit dem intellektuellen Leben des Individuums, seinen Sorgen und Ängsten gegenüber. Unsere wirkliche Einstellung zum Leben und Schicksal des Menschen kommt in den bekannten Formulierungen zum Ausdruck: »Moskau hält nichts von Tränen« und: »Es gibt keine unersetzlichen Menschen.«

Obwohl die Schlachten des Bürgerkriegs vor mehr als einem halben Jahrhundert ausgefochten wurden, glauben leider immer noch viele, es gebe keine unersetzlichen Menschen; sie ignorieren die Tatsache, daß menschliche Begabungen unnachahmlich und einzigartig sind und daß begabte Menschen die wichtigste Rolle für den technischen und wirtschaftlichen Fortschritt einer Gesellschaft spielen. Man kann mit Bestimmtheit sagen, daß unsere größten Verluste durch unsere Fahrlässigkeit im Umgang mit der Begabung verursacht werden, durch unser Unvermögen oder unsere mangelnde Bereitschaft, die nötigen Voraussetzungen zu schaffen, damit Begabung reifen und voll genutzt werden kann.

Die Logik der extensiven Entwicklung der sozialistischen Wirtschaft über einen langen Zeitraum hinweg förderte, wie ich glaube, diese Betrachtung der Gesellschaft und ihrer Prozesse – es ist ein Ansatz, der die Unterschätzung des »subjektiven Elementes im Menschen« beinhaltet. Solange es möglich war, die nationalen Wirtschaftsziele zu erreichen und die Produktion durch zusätzliche personelle und materielle Ressourcen, z. B. durch die Ausbeutung neuer Erz- und Ölvorkommen zu erweitern, so lange konnten die Psyche und die Interessen der breiten Arbeitermassen ignoriert werden.

Unser Problem war jedoch, daß die damaligen Trugschlüsse in Rußland immer größere Dimensionen annahmen und trotzdem aufrechterhalten wurden. Wir hatten und haben eine beispiellose Fähigkeit, die Mängel unserer Innenpolitik und unserer Wirtschaftsstrategie auszugleichen und zu verbergen. Die in einmaliger Weise ausgabenorientierte Wirtschaft der totalen Verantwortungslosigkeit, die von Schriftstellern und Publizisten wie A. Prochanow und W. Gorbatschow gepriesen wird, vermochte nur deshalb ein halbes Jahrhundert zu überstehen, weil wir die Menschen am Anfang zwingen konnten, den Mund zu halten und ohne Murren zu hungern. Später, nach Stalins Tod, tauschten wir unsere nationalen Reichtümer gegen die notwendigen Lebensmittel, die neue Technologie und viele andere Dinge ein, die wir nicht herstellen konnten und können.

Wir haben einen sehr hohen Preis für die lange gepflegte Illusion zahlen müssen, daß ein Wirtschaftssystem Erfolg haben kann, obwohl es, darin beispiellos, über keine Initiative und keine Waren verfügt und das Wertgesetz mißachtet. Zum Beispiel zahlten wir großzügig mit Gold und Öl, um Stalins Agrarpolitik, also die Idee der landwirtschaftlichen Vergesellschaftung, zu rechtfertigen; wir zahlten, um die Psyche des Bauern zu ignorieren und ein landwirtschaftliches System beibehalten zu können, unter dem der Arbeiter weder mit dem Boden verbunden war noch irgendwelche Rechte auf die Früchte seiner Arbeit hatte. Bis zum heutigen Tage gibt es in unserer Gesellschaft viele Befürworter des »reinen Sozialismus«, die bereit sind, all unseren Wohlstand zu opfern, und die sich sogar mit dem Untergang des Dorfes abfinden können, wenn den Bauern nur das Recht auf den Boden und auf unabhängige Arbeit versagt bleibt.

Im zwanzigsten Jahrhundert durchlebte jede Nation eine Periode des mystischen Glaubens an wunderbare Technologien und Maschinen. Man hoffte, daß der wissenschaftliche Fortschritt ausreichen werde, um das Problem des Wohlstandes zu lösen. Unser Glaube war hundertmal stärker, weil unsere Industrie erst am Anfang stand. Der Mensch neigt allgemein dazu, seine Hoffnungen auf das zu setzen, was ihm fehlt, und gewöhnlich unterschätzt er das, was er selbst besitzt. Vielleicht erwarteten wir deshalb soviel von den großen Getreidefabriken und von den tausend neuen Traktoren, während wir gleichzeitig ohne jegliche Skrupel die Schicht der fleißigen Bauern ausrotteten, die dem Boden verbunden waren und die arbeiten wollten und konnten. Anders ist es ganz und gar unmöglich, all jene Revolutionsführer zu begreifen – vor allem Trotzki, Sinowjew, Kamenew und Stalin –, die sich überhaupt nicht um die traditionelle Motivation der Bauern scherten und nur offenen Hohn für jene übrighatten, die sie daran erinnern wollten, daß es wichtig sei, die traditionelle Liebe des Bauern zum Boden und die Vorzüge der Familienarbeit zu erhalten.

Der Glaube an die Wunderkraft von Traktoren und Mähdreschern war besonders charakteristisch für Stalin. Sein Technokratismus und vor allem seine Besessenheit von dem Glauben an die großen Getreidefabriken haben etwas Irrationales und Mystisches an sich.

Wir alle leerten den Becher der technokratischen Illusionen bis zum letzten Tropfen und bestätigten damit Fontenelles Aussage: »Die Menschen können auf jeglichem Gebiet nur dann vernünftige Ergebnisse erzielen, wenn sie auf diesem Gebiet jede nur mögliche Dummheit erprobt haben.«

Das Erwachen kam erst, als wir alle Länder der Welt in der Pro-Kopf-Produktion von Traktoren und Mähdreschern übertroffen hatten und als die Hinterhöfe vieler zentraler Kolchosen und Sowchosen zu Abladeplätzen für rostende Gerätschaften geworden waren. Die anschaulichen Bilder nutzloser Maschinen, die uns dank der Fernsehsendung *Wremja* (»Die Zeit«) nunmehr vertraut geworden sind, haben viele aus den früheren technokratischen Illusionen aufgerüttelt, so daß man dem Bauern, dem Ernährer der Nation, wieder mit Vernunft und Respekt begegnet.

Der Stalinismus hat eine schwärende psychische Wunde hinterlassen. Vielleicht gibt es in der Geschichte der Menschheit niemanden, der eine so niedrige Meinung vom Menschen hatte wie Stalin, der so gleichgültig seinem Leid gegenüber war und die geistige

Grundlage des menschlichen Lebens so offen verhöhnte. Die Furcht und der Haß, die für jene Periode kennzeichnend waren, ließen die Seele der Menschen nicht nur abstumpfen und ihr Gewissen verkümmern, sondern sie schwächten auch ihre gesellschaftliche Wahrnehmung. Die totale Kontrolle über die Menschen, ihr Leben und ihre Arbeit lähmte jegliches Interesse an ihren Gedanken und Gefühlen und an den Grundproblemen des geistigen Lebens. Ein Mensch, dessen Schicksal man in der Hand hat, der stets bedingungslos gehorchen muß, ist eigentlich kein Mensch mehr, sondern ein Ding, das dem Willen eines allmächtigen Herrschers unterworfen ist. In einer solchen Situation ist es lächerlich, an die Autonomie des einzelnen, das Recht auf persönliches Glück, an Meinungsfreiheit und dergleichen zu denken. Deshalb ist es kein Wunder, daß jene, die Stalin treu ergeben sind, heute nur Spott für die Menschen übrighaben, die das Recht auf intellektuelle Autonomie verteidigen und es wagen, über die Freiheit der Moral und der ethischen Gefühle zu sprechen.

Zu keiner Zeit hatten wir so primitive Vorstellungen vom Leben und vom Menschen wie in den Jahren, als Stalin unangefochten herrschte. Wenn es stimmt, daß der Große Führer ein fauler Mann war, dann muß anerkannt werden, daß es ihm gelang, das politische Leben und die Sozialwissenschaften völlig dieser Eigenart seines Charakters anzupassen. Je weniger man nachdachte, desto größere Erfolgsaussichten hatte man. Eine seltene und in gewisser Weise einzigartige Ära in der Geschichte der Menschheit brach an, als man einerseits mit einem Menschen, ja mit Millionen Menschen, anstellen konnte, was man wollte, doch andererseits durch nichts gezwungen wurde, über diese Menschen oder die Folgen der an ihnen vollzogenen Experimente nachzudenken.

Sogar die ehrlichsten und reinsten Vertreter der sozialistischen Intelligenzija waren so in ihrem Traum von der Zukunft und vom neuen Menschen versunken, daß sie gewöhnlich weder Zeit noch Kraft hatten, den Massen unauffälliger, sie umgebender Russen einen ernsten Gedanken zu widmen. Es war die alte russische Gewohnheit, in die Zukunft zu blicken, ohne die Gegenwart zu sehen. Außerdem glaubten viele russische Sozialdemokraten, daß dies genüge. Sie behaupteten, der Marxismus liefere klare, unzweideutige Richtlinien, die für jedes politische Urteil ausreichten. Die Zukunft gehöre der Arbeiterklasse, der einzigen Klasse, die den geistigen und moralischen Fortschritt vorantreibe und verkörpere.

Schlußfolgerungen:

Eine Philosophie der Grenzen anstelle einer Philosophie der Träume

Ich glaube fest daran, daß wir, gleichgültig, was in diesem Land in Zukunft geschieht, nie wieder zu dem primitiven Verständnis des Individuums zurückkehren werden, von dem Stalins Regime, ein Staat totalitärer Einheitlichkeit ohne Alternativen, gestützt wurde. Die Philosophie der Perestroika besteht im wesentlichen aus einer neuen, realistischeren und toleranteren Haltung dem Individuum gegenüber. Wir haben die Ansicht gewonnen, daß die Menschen nicht aus Stahl sind und nicht im Schmelztiegel revolutionärer Stürme umgeformt werden können. Und es ist eine noch größere Zeitverschwendung, Menschen durch Zwang umgestalten, sie durch Befehle und Anordnungen altruistisch und klassenbewußt machen zu wollen. Vielmehr gilt das Gegenteil: Die menschliche Natur widersetzt sich energisch jedem äußeren Druck und stärkt genau die Eigenschaften, zu deren Aufgabe sie gedrängt wird. Sie ist ungeheuer erfindungsreich, wenn es darum geht, sich gegen Verfolgung und Inbesitznahme zu schützen. Die Welt- und besonders die sozialistische Geschichte kennt Dutzende der unerwartetsten und unvorstellbarsten Methoden, mit denen der natürliche Egoismus getarnt wurde.

Die Lektionen der Stalin-Ära sind in dieser Hinsicht überaus bemerkenswert. Der Altruismus und die Selbstverleugnung von Millionen Menschen dienten letztlich dem abscheulichen Egoismus eines einzigen bösen Mannes, seinem Streben nach absoluter Macht, seinem Wunsch, alle Aufmerksamkeit auf sich zu konzentrieren, die ganze Welt zu beeindrucken und seine Mittelmäßigkeit zu verbergen. Leider ist der universelle Anteil an der Lektion der Stalin-Ära bisher noch nicht hinreichend erforscht worden, denn wir haben immer noch Angst vor philosophischen Verallgemeinerungen. Wir sollten zugeben, daß der behördliche Egoismus der Stagnationsjahre nicht weniger abscheulich und teuflisch war. Die Freude einer einzigen egoistischen Person, die mit dem Titel »Held der Arbeit« ausgezeichnet wurde, kostete zuweilen einen empörenden Preis: die Zerstörung der Umwelt, was dazu führte, daß Tausende von Menschen unter Klimaveränderungen und Luftverschmutzung litten.

Zum Glück sind wir nicht mehr so naiv; wir haben gelernt, zwischen wahrem und vorgetäuschtem Kollektivismus zu unterscheiden und uns auf die moralischen Motive menschlicher Handlungen zu konzentrieren. Wir sehen heute ein, daß Andrei Platonow, der Autor der lange unterdrückten Romane *Die Baugrube* und *Unterwegs nach Tschevengur,* völlig recht hatte: Die Erneuerung der Welt adelt nicht unbedingt alle daran Beteiligten.

Wir lassen die Idealisierung des Menschen allmählich hinter uns, denn wir haben erkannt, daß unser von den Aufklärern übernommenes Wissen um die menschliche Seele und ihre Leidenschaften durchaus nicht vollständig ist. Heute räumen wir ein, daß die Umgestaltung der menschlichen Natur viel komplizierter ist, als viele Denker der Vergangenheit glaubten. Wir fürchten uns nicht mehr vor dem Tadel, daß wir die etablierten Lehren und die bisher unanfechtbare Autorität untergrüben. Es steht fest, daß wir den positiven Einfluß der Vergesellschaftung der Produktionsmittel auf die menschliche Moral früher überschätzten. Deshalb müssen wir die schnöde Wahrheit akzeptieren, die unsere sehnlichsten Träume platzen läßt: »Wer will, daß der Mensch arbeitet, muß ihn bezahlen.«

Wir sind heute dem Individuum gegenüber klüger, gütiger und vor allem toleranter als in der Vergangenheit. Wladimir Majakowski pflegte das Individuum mit einer Null zu vergleichen. Damit nicht genug, das Individuum war stets an allem schuld: Es konnte weder die Wahrheit erkennen, noch für sich allein leben. Der alte Mann in Andrei Platonows *Die Baugrube* fürchtet sich, in seinen Bastsandalen auf die Straße zu gehen: »Aha, sagt man, du trägst Bastsandalen, also bist du arm! Aber wenn du arm bist, weshalb lebst du dann für dich allein, statt dich mit den anderen Armen zusammenzutun?«

Inzwischen ist es uns gelungen, all die schädlichen Folgen herauszuarbeiten, die eine so nihilistische Betrachtung der individuellen Autonomie hat, das heißt des Wunsches, seine Unabhängigkeit und persönliche Freiheit zu bewahren. Es ist kein Zufall, daß die sowjetischen Intellektuellen und die überwältigende Mehrheit unserer Jugend einmütig gegen den Versuch Nina Andrejewas und der Redaktion der Zeitschrift *Sowetskaja Rossija* protestiert haben, diese Idee zu diskreditieren. Zum Beispiel merkt der geachtete sowjetische Schriftsteller Tschingis Aitmatow an: »Wir haben allem, was mit dem Kollektiv und dem Gemeinschaftsgeist zu tun hatte, den Vorrang gegeben. Dadurch haben wir sehr viel von der Individualität, der Persönlichkeit und der Identität des Menschen verloren. Wir sollten von dem Glauben ausgehen, daß die uns umgebende Welt durch das Individuum existiert.« Wir haben begriffen, daß es ohne eine unabhängige, autonome Persönlichkeit keine echte Kultur geben kann, auch wenn es stimmt, daß das Recht auf geistige Autonomie gewisse Nachteile mit sich bringt.

Wir sehen nun ein, daß die Idolisierung des kollektivistischen Geistes nicht nur dem Individuum, das sich nicht ausdrücken konnte und keine Autonomie und Unabhängigkeit besaß, geistigen und moralischen Schaden zufügte, sondern auch der Gesellschaft. Man kann keine Arbeit schätzen, wenn man den, der sie geleistet hat, nicht schätzt. Diese Unterschätzung des Individuums und seiner Persönlichkeit führte unvermeidlich zur Unterschätzung von Begabung und Meisterschaft.

Hier liegt einer der Hauptgründe für den allmählichen Verlust professioneller Höchstleistungen und für die Zunahme minderwertiger Arbeit. Eine Gesellschaft, die nicht fähig ist, das Individuum und seine Fähigkeiten objektiv zu bewerten, kann keine effektive Produktionsorganisation aufbauen und gefährdet dadurch ihre Existenzgrundlagen. Die These, daß die Mehrheit, das Kollektiv, stets recht habe, wurde benutzt, um zahlreiche Ungerechtigkeiten zu legitimieren. Sie begünstigte die Verbreitung des Cliquenwesens und machte ehrlichen und vor allem begabten Menschen den Garaus. – Oder wie der Dichter Jewgeni Jewtuschenko es ausdrückte: »Oh, du Mehrheit, Mehrheit, Mehrheit, du hast dich so häufig geirrt, du hast so viele Menschen verdorben und ruiniert, daß du kein Gott mehr bist.«

Eine der unerwarteten Entdeckungen der Perestroika war die Erkenntnis, daß »die Macht im Wert der Minderheit liegt«, das heißt, daß eine Gesellschaft, die der Minderheit keine Rechte garantiert, zum Scheitern verurteilt ist, daß Frieden, Kultur und Fortschritt von den Interessen des Individuums abhängen. Es ist unmöglich, etwas Wertvolles ohne individuelle Initiative zu schaffen, ohne das Bedürfnis nach Selbstverwirklichung und folglich ohne eine gewisse Distanzierung des eigenen Ichs von dem anderer Menschen. Vor zehn oder auch nur vor zwei Jahren hätten sehr wenige vorhergesehen, daß die Sowjetgesellschaft mutig und energisch genug sein würde, die Bedeutung und den inneren Wert der Individualität zu akzeptieren. Es war eine unzweifelhafte Revolution, was unsere etablierten Vorstellungen von der Welt und vom Menschen betraf.

Wie sich herausstellt, kann nur ein freier Mensch, eine unabhängige Persönlichkeit ein wahrer Kollektivist sein und die Interessen der Gesellschaft schützen. Ein Kollektivist mit einer unterentwikkelten Persönlichkeit, der sich wie viele andere fürchtet, einzigartig zu sein, ist im Grunde kein Kollektivist, sondern nur ein gehorsamer Sklave der Mehrheit. Solche gehorsamen Sklaven der Mehrheit ebneten Stalins Diktatur den Weg.

Wir haben begriffen, daß das innere Bedürfnis des Individuums, sich auszuzeichnen, Aufmerksamkeit auf sich zu lenken und mit anderen Individuen zu konkurrieren, die Grundlagen unseres gesellschaftlichen Seins keineswegs bedroht. Im Gegenteil, dies ist die Kraft, die den sozialen Fortschritt gewährleistet und motiviert. Die Aufrufe, die Konkurrenzfähigkeit unter Individuen und Betrieben zu fördern, schockieren uns nicht mehr. Auch die Versuche, die wirtschaftlichen, politischen und sozialen Bedingungen für den Wettstreit von geistigen Fähigkeiten und Begabungen zu schaffen, werden von uns nicht mehr abgelehnt. Es ist ganz klar geworden, daß die Menschen keine Gleichmacherei als Antithese des Wettbewerbs wünschen. Während anzuerkennen ist, daß alle über die gleichen Grundrechte verfügen müssen, bleibt doch die Tatsache bestehen, daß die Menschen, wenn sie ihren Wert beweisen wollen, nicht nach gleichen, das heißt identischen Resultaten streben. Im Gegenteil, sie meinen, daß kühner Wettbewerb auf diesem Gebiet notwendig und fair sei. Das Leben wird zum Teil vom Wettbewerb der Persönlichkeiten ausgemacht. Jedes Individuum muß die Gelegenheit haben, seinen Wert zu zeigen. Dies ist sein normales, legitimes Recht, vorausgesetzt, es geht um Selbstverwirklichung, nicht um die Ausbeutung der Arbeit anderer. Jedes Individuum kennt die unausrottbare Sehnsucht nach einem solchen Wettbewerb.

Es ist unmöglich, wieder eine kluge und humane Haltung dem Individuum gegenüber einzunehmen, wenn wir keine Neuordnung unserer Werte zulassen. Nun stehen wir vor dem akuten Problem, daß ideologische Garantien, der Schutz der Identität, der Einzigartigkeit und Autonomie des Individuums gefordert sind. Wir müssen davon überzeugt sein, daß das Streben des Individuums nach persönlichem Glück, Wohlstand und einem erfüllten Leben nichts Verbrecherisches an sich hat. Wir müssen akzeptieren, daß die gegenwärtigen Probleme des Individuums Vorrang vor potentiellen Zukunftsproblemen haben.

Es ist äußerst wichtig, unsere Einstellung zu unseren Zeitgenossen zu revidieren. Wir müssen aufhören, von der Warte des Menschen der Zukunft aus auf sie herabzublicken und das Alltagsleben mit all seinen Pflichten zu verachten. Wahrscheinlich ist es an der Zeit, den »Menschen der Vergangenheit« sorgfältiger zu studieren, einzuräumen, daß er nicht dümmer als wir Heutigen war, und Nutzen aus seiner Erfahrung zu ziehen. Kurz gesagt: Es ist an der Zeit, Vertrauen in das Individuum, in den menschlichen Charakter zu setzen. Zum jetzigen Zeitpunkt wäre es nicht ratsam, unsere natürlichen Ressourcen – menschliches Interesse, menschliche Leistungskraft, Kunstfertigkeit, Begabung und Initiative – der raschen Vervollkommnung der menschlichen Natur opfern zu wollen, wie wir es früher taten. Ein Individuum, das unfähig ist, für sich selbst zu sorgen, dürfte schwerlich in der Lage sein, das gesellschaftliche Wohl gewissenhaft zu fördern.

Es trifft zu, daß nicht jedes Individuum, das seine persönlichen Interessen zu vertreten vermag, gleichzeitig auch fähig und bereit ist, der gemeinsamen Sache zu dienen. Aber wir sollten im Gedächtnis behalten (und dies können wir heute mit Bestimmtheit sagen), daß, von wenigen Ausnahmen abgesehen, die Romantiker, die ihr eigenes Wohlergehen vernachlässigten, im Prinzip unfähig waren, fachmännisch und klug zum gesellschaftlichen Wohl beizutragen.

Nur noch wenige Menschen sind bereit, dem Mythos zu glauben, daß der Stalinismus mit seinen Extremen der Vernichtung bäuerlicher oder kleinbürgerlicher Herkunft gewesen ist. Die Vernunft sagt vielen von uns, auch den Nichtexperten, daß Stalin einer anderen, ganz und gar nicht patriarchalischen Entwicklungslinie folgte, als er sich in die sowjetische Geschichte stürzte. Er wurde von der Welle romantischer Ideen über das Individuum und den Sozialismus in unser Leben getragen. Stalin verließ sich auf den Modernismus, der durch die Sehnsucht nach Uniformität, nach totaler Protektion und durch eine zwanghafte Besessenheit vom Gigantismus gekennzeichnet ist. Mit anderen Worten, der Stalinismus stellt den Höhepunkt der antitraditionalistischen Linie dar.

Es gab einen Moment in unserer nachrevolutionären Geschichte, in dem diese beiden Linien – die patriarchalische und die modernistische – miteinander verschmolzen. Das war während des Zweiten Weltkriegs, als das sozialistische Vaterland Hilfe in der russischen Vergangenheit suchte. Aber es handelte sich, wie wir wissen, um ein befristetes Bündnis. Stalins gewaltsamer, beschleunigter Modernismus konnte auf russischem Boden nicht Wurzel fassen. Nur so können wir unsere jetzige Rückkehr zu der leninistischen Lehre vom Sozialismus als einem System zivilisierter Genossenschaftler und unsere Versuche erklären, ein plausibles Konzept zu entwickeln, durch das der Bauer seinen Boden und seine Initiative zurückerhält und der Arbeiter zum Mitbesitzer der Produktionsmittel wird.

Wenn aber, wie ich behaupte, jeder weiß, wo die Wurzeln des Stalinismus zu finden sind, weshalb versuchen dann immer noch so viele, eine ernste Diskussion dieser Frage zu vermeiden? Dafür gibt es meiner Ansicht nach folgende Erklärung: Die modernistische Welle, welche die finstere Gestalt Stalins in die sowjetische Geschichte trug, berührte auch unsere heiligsten Ideale. Deshalb fürchten wir, daß die Kritik am Wesen des Stalinismus sie erschüttern könnte. Zum Beispiel gibt der Schriftsteller Wykulow zu, daß »wir den Muschik mehr als ein halbes Jahrhundert lang brutal ausgeraubt und seine bäuerliche Seele ermordet haben«. Er meint ebenfalls, daß der Stalinismus nichts anderes als der von Stalin und seinen Spießgesellen am eigenen Volk begangene Genozid gewesen sei. Trotz alledem bezweifelt er, daß es zweckmäßig sei, darüber zu reden. »Kann die Seele solchen Enthüllungen standhalten? Ich habe Angst, daß sie unter der Last zusammenbrechen wird. Werden sich die Menschen nicht von unseren Idealen, von unseren teuersten Überzeugungen abkehren?« fragt der Autor. (*Literaturnaja Rossija,* 4. Dezember 1988)

Ich habe keinen Grund, die Aufrichtigkeit von Wykulows Kommentaren über das Übel des Stalinismus in Zweifel zu ziehen. Aber mir ist rätselhaft, wieso er, ein russischer Schriftsteller, nicht zu glauben vermag, daß ein Volk ohne Lügen und Mythen leben kann. Welchen Wert haben seine teuren Ideale, wenn er sich in Halbwahrheiten flüchten muß, um sie zu retten? Ist es nicht gefährlich, unser nationales Schicksal und die Überzeugungen der Jugend auf bewußten Lügen aufzubauen?

Man könnte den Eindruck gewinnen, daß wir für uns selbst eine Falle anlegen, deren Opfer bereits Nikita Chruschtschow wurde. Zuerst stellen wir ein verzerrtes Bild von unserem Zeitgenossen her, der angeblich unfähig ist, die historische Wahrheit zu begreifen und Einblick in das dramatische Wesen der Revolution zu erhalten und der echte Werte nicht von falschen oder einen Fehler nicht von einem Verbrechen unterscheiden kann. Dann verlagern wir unser Mißtrauen dem sowjetischen Volk gegenüber auf die sowjetische Geschichte und füllen sie mit Mythen, die letztlich der von uns selbst gelegten Zeitbombe zum Opfer fallen.

Wir sind in der Tat eine erstaunliche Nation, ohne jegliche Fähigkeit, aus unseren Fehlern zu lernen. Wir sind so oft für die Lügen und Halbwahrheiten bestraft worden, daß es viel leichter sein sollte, den Becher unserer historischen Wahrheit bis zur Neige zu leeren. Wäre es nicht leicht, über alles zu sprechen, was für unser Unglück verantwortlich war, und uns dann, nachdem wir alle Lügen ausgeräumt haben, an die Arbeit zu machen? Aber wir tun nichts dergleichen. Selbst wenn alle Voraussetzungen für einen läuternden Schock dieser Art gegeben sind, ziehen viele es vor abzuwarten. Oder sie schaffen neue Mythen und führen dem sowjetischen Volk neue Idole vor – etwa die Märtyrer Radek oder Kamenew –, um Stalin zu ersetzen.

Es ist schwer zu verstehen, weshalb wir so große Angst davor haben, den aus einem Traum, einem Impuls der Seele geborenen Sozialismus zu »untergraben«, während wir vielen gestatten, den Sozialismus der Wahrheit zu mißhandeln und zu schmälern. Warum darf eine Halbwahrheit als Ideal bezeichnet werden, während die Wahrheit dieser hohen Ehre nie teilhaftig wurde? Ich bin überzeugt, daß wir von Beginn an nicht gründlich genug nachgedacht haben. Warum sollten wir zum Beispiel die warenlose Produktion oder die Bauern, die gezwungen wurden, ihre Lebensweise aufzugeben, als Merkmale dieses Ideals betrachten, während Wahrheit, Pragmatismus, Leistungsfähigkeit und Initiative als Werte der sogenannten Mittelschicht eingestuft werden? Kann eine Gesellschaft, die es nicht gelernt hat, Wahrheit, Begabung und Initiative zu schätzen, große Erfolge haben? Kann einer Gesellschaft, in der Werte wie Barmherzigkeit, Toleranz und Mitleid längst außer Gebrauch gekommen sind, geistige Gesundheit bescheinigt werden?

All unser Unheil, auch die Greuel des Stalinismus, könnte in diesen lang etablierten Lügen verwurzelt sein. Es könnte aus unserem Unvermögen hervorgegangen sein, die Wahrheit über unsere sozialistische Geschichte und ihre Lektionen zur Kenntnis zu nehmen.

Wovor haben wir Angst? Ich werde nie vergessen, wie die Hüter unserer ideologischen Reinheit den Philosophen G. Batischew im Jahre 1970 wegen seines Artikels angriffen, in dem er den unzweifelhaften Vorrang der Wahrheit unter allen sozialen Werten betont hatte! Warum sind alle zivilisierten Nationen imstande, die ganze Wahrheit über ihre Geschichte zu akzeptieren? Warum können sie sich eine freie Diskussion über ihre Geschichte und ihre wichtigsten politischen Vertreter leisten? Und warum versuchen wir stets, das Götzentum der makellosen Führer zu bewahren, das Stalin für seinen eigenen politischen Nutzen geschaffen hat? Wir haben bereits begriffen, daß dieses Denken uns im 21. Jahrhundert nur in die Sackgasse führen kann. Woran fehlt es also? Wer behauptet denn, daß die Menschen eine größere Achtung vor einem kanonisierten Idol als vor einem normalen Politiker mit all seinen Fehlern haben? Höchstwahrscheinlich stimmt das Gegenteil. Die Menschen leiden heute unter dem allgemeinen Widerwillen, die Gründe für die entsetzlichen Ausschreitungen der Stalin-Ära zu diskutieren. Sie stellen sich den Enthüllungen über Stalins Greueltaten, fragen jedoch nicht: »Warum konnte dies geschehen?« Nur das Denken kann die Furcht beseitigen und unsere Seelen läutern. Aber wir machen in dieser Hinsicht, wie ich hier zu zeigen versucht habe, kaum Fortschritte.

Wenn es möglich ist, eine allgemeine Schlußfolgerung aus den Lektionen des Stalinismus zu ziehen, dann diese: Wir müssen aufhören, uns selbst zu täuschen. Wir sollten dem Betrug und der Förderung von Mythen ein Ende machen. Natürlich ist ein Interessenkonflikt nicht zu vermeiden, aber er wäre leichter zu lösen, wenn er sich auf der Grundlage der Wahrheit vollzöge. Wir sollten mehr Vertrauen zur Wahrheit haben. Die Nationen, die dieses Risiko auf sich genommen haben, existieren immer noch und führen ein würdiges Leben. Wir müssen die Wahrheit über alles erfahren: über das Individuum, seine Seele, unsere Geschichte, unsere Überzeugungen und Möglichkeiten, doch vor allem über unsere konkreten Ziele.

Die Philosophie der Zukunft muß Respekt vor der Wahrheit zeigen. Sonst können wir keine Rettung erhoffen. Unsere Seelen können keine weiteren neuen Mythen ertragen, die sie mit einfachen Problemlösungen verlocken wollen.

Die Menschen sind des ständigen, sinnlosen »Aufbaus« bereits überdrüssig. Sie sind der ewigen Betrachtung irrealer, nicht greifbarer Vorteile, der unablässigen Erwartungen eines Wunders müde. Die Menschen sehnen sich nach einem realitätsbezogenen und gerechten Leben, nach sinnvoller, effizienter Arbeit, einem hohen Lebensstandard, einem pragmatischen und kostenbewußten Management. Für alles gibt es seine Zeit. Der Karneval der Geschichte, in dessen Verlauf Phantasten Amok laufen, während Millionen von Menschen ihr Leben beim Schlangestehen nach dem täglichen Brot verschwenden, kann nicht ewig dauern. Nun ist der Zeitpunkt gekommen, diesen Mißbrauch zu beenden und die Achtung vor dem Menschen wiederherzustellen. Es wird höchste Zeit, daß Rußland unternehmungslustige Individuen hervorbringt, die konzentriert denken und arbeiten und die Leistungsfähigkeit der sowjetischen Landwirtschaft und Industrie verbessern können.

Die Politik hat bereits eine Hinwendung zu Vernunft und Pragmatismus vollzogen. Nun ist es geboten, diesen Wandel unumkehrbar zu machen, indem wir unsere Philosophie, unser gesellschaftliches und historisches Denken ändern.

Heute, da wir soviel tun, um die Gerechtigkeit wiederherzustellen und die Unschuldigen zu rehabilitieren, muß auch die Gegenwart für die Bevölkerung Rußlands wieder in ihr Recht gesetzt werden. Wir können die Realität nicht dauernd mißachten und sie unserem Ehrgeiz opfern, ein Märchen Wirklichkeit werden zu lassen. Wir sollten uns selbst, unsere Nachbarn und die Weltgeschichte nicht an einem künstlichen Maßstab messen: an dem Traum verantwortungsloser Visionäre.

Ich empfehle durchaus nicht, daß wir uns mit den Übeln des Lebens abfinden sollten. Ich meine nur, daß wir uns dem heute existierenden Individuum zuwenden, es gründlicher betrachten und versuchen müssen zu begreifen, was es zu dem gemacht hat, was es ist. Wir müssen lernen, es zu lieben, sein Recht auf seine Identität und sein Streben nach persönlichem Glück anzuerkennen. Gleichzeitig müssen wir ihm helfen, an seine Kraft zu glauben und seine Begabungen zu erkennen. Wir müssen sein Recht auf sein eigenes Denken respektieren.

Der wahre Humanismus zeigt sich heute vor allem in der Duldung einer pluralistischen Vorstellung vom menschlichen Glück. Die Formen der Selbstverwirklichung und Selbstbehauptung können unterschiedlich sein. Wir müssen Vertrauen zum Individuum, seiner Initiative und seiner Fähigkeit haben, das Rationale vom Absurden, das Gute vom Bösen und das Schöne vom Häßlichen zu unterscheiden.

Wir müssen einsehen, daß es neben dem Problem der Gleichheit, welches das Bewußtsein der Menschen in der Neuzeit beherrscht hat, noch andere vitale Fragen gibt: Es ist erforderlich, die Natur, die Familie, das Leben im allgemeinen zu erhalten. Wir müssen geeignete Arbeitsanreize finden und zu Leistung und Innovation ermuntern. Außerdem müssen wir die primitiven Instinkte des Menschen kontrollieren.

Natürlich ist es eine schwierige Aufgabe, die Philosophie des Lebens und des Friedens zu verbreiten, die wir nun entwickeln, indem wir den Stalinismus beseitigen und unsere Einsicht in die Perestroika vertiefen. Im Gegensatz zu der Philosophie des reinen Sozialismus und des reinen Menschen, die Stalins Abenteurertum den Weg ebnete, verspricht unser neues soziales Denken keine Wunder. Vielmehr hat es die undankbare Aufgabe übernommen, die Menschen Vernunft zu lehren, ihnen die Grenzen ihrer Kräfte und, was am wichtigsten ist, die Grenzen der Natur und des gesellschaftlichen Handelns zu zeigen. Unsere neue Philosophie läßt sich also auch als Philosophie der Grenzen des menschlichen Ehrgeizes bezeichnen.

Die ideologische und geistige Atmosphäre zu Beginn dieses Jahrhunderts bereitete der Entwicklung und Vorbereitung der Idee vom reinen Sozialismus und vom reinen Menschen einen günstigeren Nährboden, als dies heute der Fall ist. Damals wußten die Menschen wenig über sich selbst; zahlreiche Methoden der Persönlichkeitsentwicklung und der Behandlung tiefverwurzelter menschlicher Krankheiten waren noch nicht erprobt worden. Deshalb setzte man im allgemeinen große Hoffnungen auf die Zukunft und war sehr schnell bereit, verschiedenen Spekulationen über das noch Unbekannte oder Ungewisse Glauben zu schenken.

Die geistige Situation am Ende dieses Jahrhunderts sieht völlig anders aus, denn inzwischen hat die Menschheit viel mehr über die Grenzen ihrer Möglichkeiten und über die Widersprüche der gesellschaftlichen Existenz gelernt als in all den vorhergehenden Jahrtausenden.

Wie sich erweist, birgt Wissen auch Gefahren. – Tschernobyl hat das Maß natürlicher Katastrophen unzweifelhaft überschritten. Es hat uns einen neuen Einblick in die Weisheit der Vergangenheit und den Sinn der klassischen Kultur verschafft.

Der Preis, der für den technischen Fortschritt und die Bequemlichkeiten der modernen Zivilisation zu zahlen ist, kann extrem hoch sein. Der Vorrat an natürlichen Reichtümern hat sich rasch erschöpft. Die heutigen Menschen können sich ihre eigene Vernichtung infolge eines Atomkriegs ausmalen – eine Aussicht, die für die Bewohner der Erde um die Jahrhundertwende noch undenkbar war.

Wir haben große Fortschritte auf dem Weg zur Gleichheit gemacht. Die russische Revolution hat den Demokratisierungsprozeß auf der ganzen Welt beschleunigt. Aber wir müssen uns nun Dutzenden noch komplizierterer Probleme stellen, etwa der Bedrohung durch Umweltkatastrophen, dem Lebensmittelproblem und der Aufwallung des nationalen Fanatismus. Und, was das wichtigste ist, wir haben bei der Sozialisierung der jüngeren Generationen keine Erfolge erzielt; es ist uns nicht gelungen, abgerundete Persönlichkeiten mit festverankerten Abwehrmechanismen zum Beispiel gegen Alkohol- oder Drogenmißbrauch oder gegen die Verübung von Verbrechen entstehen zu lassen.

Früher glaubten wir, daß die Menschheit, wie Marx es ausdrückte, sich nur Aufgaben stellt, die sie lösen kann. Nun wissen wir jedoch, daß die Logik der historischen Entwicklung dies nicht immer bestätigt. Die Menschen stellen sich zuweilen unlösbare Aufgaben.

Die neue Philosophie lehrt uns, daß die Zerstörung jedweder Kultur nichts Neues hervorbringt, schon gar nicht etwas Großes. Die hohe Zahl der Toten ist kein Beweis für die Gründlichkeit einer Revolution. Die Geschichte kann nicht das Ziel haben, dem Fortschritt so viele Leben wie möglich zu opfern und dadurch ihre Hingabe an die »große« Sache zu beweisen. Im Gegenteil, sie strebt danach, unnötige Opfer zu vermeiden und den größten wirtschaftlichen und politischen Herausforderungen mit minimalem Aufwand zu begegnen.

Wir sollten uns nicht selbst betrügen. Wir sollten nicht stolz auf unsere Bereitschaft sein, für die richtige Sache zu leiden. Eine Nation, die Fortschritt »um jeden Preis« will, kann in der heutigen Welt nicht auf Anerkennung und Respekt hoffen. Es ist kein Zufall, daß das Christentum, die profundeste Weltreligion, den Selbstmord verurteilt. Aus demselben Grunde wird den Staaten kein internationaler Respekt entgegengebracht, wenn sie, wie Tschadajew schrieb, »ganz plötzlich, ohne die geringste Ursache« der Selbstvernichtung frönen.

Die neue Philosophie hat uns nichts Neues anzubieten. Sie erinnert uns einfach nur an das, was bereits in der fernen Vergangenheit bekannt war:

– Wir können große Herausforderungen nur durch schwere und sinnvolle Arbeit meistern.

– Intelligenz, Leistungsfähigkeit und Begabung müssen Vorrang haben.

– Wir sollten nicht auf Propheten hören, die versprechen, Steine in Brot zu verwandeln, und die alle, die schwer arbeiten, verurteilen.

– Die einzigen wirklichen Wundermittel sind Intelligenz, Kreativität, Begabung und harte Arbeit.

Die neue Philosophie lehrt uns, umsichtig zu sein, Verständnis für die Motive der Menschen, die vor uns lebten, zu zeigen und behutsam mit ihren Traditionen und ihrer Erfahrung umzugehen. Wir müssen versuchen, die erkannten Schwierigkeiten zu überwinden und die Krankheiten der menschlichen Gesellschaft zu behandeln. Und wir müssen der ideologischen Suche unserer Vorgänger und ihrem unvollständigen Wissen darüber, was wahr und gut ist, mit Toleranz begegnen.

Die neue Philosophie verneint die Zukunft nicht. Sie lehrt jedoch, daß die Stabilität der Zukunft von der Stabilität der Gegenwart abhängt. Deshalb sollten wir uns stets um die Gesundheit der menschlichen Zivilisation kümmern, die durch die harte Arbeit früherer Generationen geschaffen wurde.

Die neue Philosophie leugnet auch nicht die Existenz des Gesetzes, seinen Platz und seine Rolle in der Gesellschaft. Im Gegenteil, sie ruft zu einer überaus ernsten und respektvollen Haltung dem Gesetz gegenüber auf. Aber das Gesetz sollte nicht als übersinnliche Kraft verstanden werden, die eine Nation aus dem Abgrund der historischen Nichtexistenz herausziehen und sie in den Himmel der Weltzivilisation befördern kann. Das Gesetz sollte nicht mit dem Schicksal, mit etwas Unausweichlichem, verwechselt werden, und es kann auch keine Wunder vollbringen.

Vielmehr sollte das Gesetz als Beschützerin des Lebens, als unüberwindliche Schranke für den Ehrgeiz unterschiedlicher Weltverbesserer gesehen werden. Es markiert die Grenze der menschlichen Möglichkeiten – etwas, das jeder berücksichtigen muß und nicht überschreiten kann.

ANHANG

Anmerkungen

1. KAPITEL

1 Josef Wissarionowitsch Stalin, *Ökonomische Probleme des Stalinismus in der UdSSR* (Berlin: Dietz Verlag, 1952), S. 41.
2 Ebd., S. 101.
3 Wladimir Iljitsch Lenin, *Werke,* Bd. 33 (Berlin: Dietz Verlag, 1959), S. 466.
4 Karl Kautsky, *Der Bolschewismus in der Sackgasse* (Berlin: Dietz Verlag, 1930), S. 45.
5 Stalin, *Ökonomische Probleme,* S. 79.
6 Stalin, ›Zu Fragen der Agrarpolitik in der UdSSR‹, *Werke* (Dortmund: Verlag Roter Morgen, 1976), S. 134 f.
7 Karl Marx/Friedrich Engels, *Werke,* Bd. 19 (Berlin: Dietz Verlag, 1962), S. 243.
8 Ebd., S. 398.
9 Marx, *Kritik des Gothaer Programms* (Frankfurt am Main: Verlag Marxistische Blätter, 1969), S. 22.
10 Lenin, *Werke,* Bd. 25, S. 484.
11 Marx/Engels, *Werke,* Bd. 36, S. 429.

2. KAPITEL

1 Leo N. Kritzman, *Die heroische Periode der großen russischen Revolution* (Frankfurt: Verlag Neue Kritik, 1971), S. 130.
2 Juri Trifonow, *Der Alte* (Leipzig: Verlag Philipp Reclam jun., 1984), S. 88 f.
3 Stalin, *Werke,* Bd. 12, S. 117.
4 *Wechi* (Wegmarken), Gesammelte Artikel über die russische Intelligenzija (Moskau: 1909), S. 49.
5 *Smena Wech* (Austausch der Wegmarken) (Paris: 1921/22)

3. KAPITEL

1 Alexander Herzen, *Vom anderen Ufer* (München: Rogner & Bernhard, 1969), S. 70.

2 Ebd.
3 Lenin, *Werke,* Bd. 25, S. 224.
4 Siehe: Albert Rhys Williams, *Journey into Revolution* (Chicago: 1969); der Titel der offenbar gekürzten deutschen Ausgabe lautet: *Durch die russische Revolution* (Berlin: Dietz Verlag, 1922).
5 Paul Thiry Holbach, *System der Natur oder Von den Gesetzen der physischen und der moralischen Welt* (Berlin: Aufbau Verlag, 1960), S. 45.
6 Fjodor Dostojewski, *Aufzeichnungen aus dem Untergrund* (München: R. Piper Verlag, 1981), S. 291.
7 Stalin, *Werke,* Bd. 7, S. 293.
8 Lenin, *Werke,* Bd. 5, S. 355.
9 Albert Rhys Williams, *op. cit.*
10 Kritzman, *op. cit.,* S. 113.
11 Lenin, *Werke,* Bd. 28, S. 343.
12 Ebd., S. 305.
13 Ebd., Bd. 27, S. 469.
14 Ebd., Bd. 29, S. 517.
15 Ebd., Bd. 27, S. 284.
16 Ebd., Bd. 29, S. 177.
17 Ebd., Bd. 28, S. 166 f.
18 Ebd., Bd. 30, S. 449.
19 Stalin, *Werke,* Bd. 12, S. 134.
20 Lenin, *Werke,* Bd. 29, S. 98.
21 Ebd., S. 90.
22 Ebd., S. 64.
23 Ebd., Bd. 33, S. 485.
24 Ebd., Bd. 29, S. 348 f.
25 Leo Trotzki, *Mein Leben* (Frankfurt: Fischer Taschenbuch Verlag, 1974), S. 399.
26 Ebd., S. 398.
27 Lenin, *Werke,* Bd. 30, S. 278.
28 Ebd., Bd. 32, S. 11.
29 Trotzki, *Mein Leben,* S. 399 f.
30 Ebd., S. 398.
31 Lenin, *Ausgewählte Werke,* Bd. 2 (Moskau: Verlag für Fremdsprachige Literatur, 1947), S. 988.
32 Lenin, *Werke,* Bd. 33, S. 69.
33 Ebd., Bd. 32, S. 22 f.

34 Ebd., Bd. 27, S. 244.
35 Ebd., Bd. 33, S. 425.
36 Ebd., S. 461.
37 Ebd., S. 460.
38 Ebd., S. 163.

4. KAPITEL

1 Lenin, *Werke,* Bd. 33, S. 464 f.
2 Ebd., Bd. 29, S. 204 f.
3 Ebd., Bd. 33, S. 8.
4 Ebd., S. 475.
5 Siehe P. Maslow, *Agrarny wopros w Rossii* (Die Agrarfrage in Rußland), 3. Auflage, Bd. 1 (Sankt Petersburg: 1906).
6 Lenin, *Werke,* Bd. 13, S. 276.
7 Ebd., Bd. 32, S. 367 f.
8 Stalin, *Werke,* Bd. 12, S. 159 f.
9 Lenin, *Werke,* Bd. 36, S. 579.
10 J. A. Preobraschenski, ›Noch einmal über die sozialistische Akkumulation‹, *Bjulleten Kommunistitscheskoi Akademii,* VII (Moskau: 1926), S. 217.
11 Lenin, *Werke,* Bd. 30, S. 501.
12 Ebd., Bd. 28, S. 166 f.
13 Ebd., Bd. 25, S. 488.
14 Ebd., Bd. 33, S. 457.
15 Ebd., Bd. 27, S. 143.
16 Ebd., S. 144.
17 Stalin, *Werke,* Bd. 8, S. 192 f.
18 Lenin, *Werke,* Bd. 33, S. 466.
19 F. Dzerzhinsky [Dserschinski], *Selected Articles and Statements* (Moskau: 1947), S. 355.
20 F. Dserschinski, *Ausgewählte Artikel und Reden* (Berlin: Dietz Verlag, 1953), S. 368.
21 Ebd., S. 364.
22 J. Bineman, S. Heinman, *The Cadres of the State and Cooperative Apparatus of the USSR* (Moskau: 1930), S. 104 f.

5. KAPITEL

1 J. W. Kljutschnikow, in *Smena wech,* S. 36.

2 N. W. Ustrjalow, in *Smena wech,* S. 94.
3 Alexander Block [Blok], ›Intelligenz und Revolution‹, *Ausgewählte Werke,* Bd. 2 (München: Carl Hanser Verlag, 1978), S. 170 f.
4 Marx/Engels, *Werke,* Bd. 4, S. 3–17.
5 Trotzki, *Mein Leben,* S. 124.
6 Ebd., S. 394.
7 Nikolai Gogol, ›Ausgewählte Stellen aus dem Briefwechsel mit Freunden‹, *Gesammelte Werke,* Bd. 4 (Stuttgart: Cotta, 1981), S. 266.
8 S. Bulgakow, in *Wechi,* S. 41.
9 J. W. Kljutschnikow, *op. cit.,* S. 22.
10 Marx/Engels, *Werke,* Bd. 2, S. 556.
11 Lenin, *Werke,* Bd. 1, S. 403 f.
12 Zitiert nach Marx/Engels, *Werke*, Bd. 18, S. 127 f.
13 Leo Trotzki, *Kapitalismus oder Sozialismus?* (Berlin: Neuer Deutscher Verlag, 1925), S. 56.

6. KAPITEL

1 Lenin, *Werke,* Bd. 32, S. 229.
2 Kautsky, *op. cit.,* S. 14.
3 A. Tschajanow, *Kurs kooperazii* (Lehrgang über das Genossenschaftswesen) (Moskau: 1925), S. 5.
4 Ebd., S. 12 f.
5 Michail Bakunin, *Knuto-Germanskaja Imperija i sozialnaja revoljuzija* (Das knutendeutsche Reich und die soziale Revolution), Bd. 2 (Petrograd, Moskau: 1922), S. 50 f.
6 Ebd., S. 51.

Glossar

Bolschewiki (»Mehrheitler«): Selbstbezeichnung Lenins und seiner Anhänger, nachdem ihre Fraktion 1903 eine Abstimmungsmehrheit in der Sozialdemokratischen Arbeiterpartei Rußlands erzielte; 1918–52 Beiname der Kommunistischen Partei Rußlands bzw. der Sowjetunion.

Kombedy: Abkz. für *komitety bednoty* (»Komitees der Dorfarmut«). Im März 1918 im europäischen Rußland und in Belorußland geschaffene Organisationen, die den Boden und die Gerätschaften der Grundbesitzer verteilten, Getreide beschlagnahmten und Soldaten für die Rote Armee rekrutierten. Ende 1918 übergaben sie ihre Funktionen den Dorfsowjets.

Lyssenkoismus: Lehre des Agrarbiologen T. D. Lyssenko (1898–1976), derzufolge erworbene Eigenschaften erblich sind; war unter Stalin und Chruschtschow maßgeblich an den Fehlentwicklungen der Landwirtschaft beteiligt.

Narodniki (»Volkstümler«): Anhänger einer in der zweiten Hälfte des 19. Jahrhunderts u. a. von A. I. Herzen und P. L. Lawrow beeinflußten Form des vormarxistischen Sozialismus; sie strebten eine Erneuerung Rußlands auf der Grundlage der Dorfkommune an.

NKWD: Abkz. für *Narodny Komissariat Wnutrennychdel* (»Volkskommissariat für Innere Angelegenheiten«). 1934 gebildetes sowjetisches Unionsministerium, aus dem 1941 das KGB hervorging; 1946 umbenannt in Ministerium für Innere Angelegenheiten.

Neue Ökonomische Politik (NÖP): 1921 von Lenin eingeführtes Wirtschaftssystem mit kapitalistischen Zügen, das der nach dem Bürgerkrieg ruinierten UdSSR einen raschen Aufschwung brachte.

Menschewiki (»Minderheitler«): Bezeichnung für die gemäßigtere, 1903 bei der Abstimmung unterlegene Gruppe der Sozialdemokratischen Arbeiterpartei Rußlands.

prodraswjorstka: Abkz. für *prodowolstwennaja raswjorstka* (»Getreideablieferungspflicht«). 1919–21 im Rahmen des »Kriegskommunismus« benutztes Verfahren, nach dem die Bauern gezwungen wurden, nicht für ihren persönlichen Bedarf benötigtes Getreide und andere Lebensmittel zu Festpreisen an den Staat abzugeben.

Sozialrevolutionäre: 1901 aus den Narodniki hervorgegangene russische Partei, die einen bäuerlichen Sozialismus anstrebte; seit November 1917 Gegner der Bolschewiki, von denen sie 1923 als »Konterrevolutionäre« ausgeschaltet wurden.

Subbotnik: freiwillige kollektive Arbeit ohne Entgelt, gewöhnlich an Samstagen *(subbota)*.

Ausgewählte Kurzbiographien

Bakunin, M. (1814–76): Vorkämpfer eines kollektivistischen Anarchismus; 1872 aus der Ersten Internationale ausgeschlossen.

Below, W. (*1932): russischer »Dorfschriftsteller«.

Berija, L. (1899–1953; hingerichtet): 1938 Chef des Staatssicherheitsdienstes; 1941–53 Stellvertretender Ministerpräsident.

Blok, A. (1880–1921): russischer Dichter; führender Vertreter der symbolistischen Lyrik.

Blücher, W. (1890–1938): Marschall der Sowjetunion.

Bondarew, J. (*1924): russischer nationalistischer Schriftsteller.

Bucharin, N. (1888–1938; hingerichtet): Parteitheoretiker; Chefredakteur der *Iswestija;* galt nach 1928 als »Rechtsabweichler«.

Dserschinski, F. (1877–1926): 1917 Leiter der »Tscheka« und Organisator des »Roten Terrors«; 1921–24 Volkskommissar für das Verkehrswesen.

Fedin, K. (1892–1977): russischer, parteikonformer Schriftsteller.

Gogol, N. (1809–52): großer Schriftsteller der russischen Romantik.

Herzen, A. (1812–70): russischer Schriftsteller und Publizist; lebte seit 1847 in Westeuropa.

Jeschow, N. (1859–1939; hingerichtet): 1936 Volkskommissar für Innere Angelegenheiten; führte in Stalins Auftrag die blutigen »Säuberungen« durch.

Jewtuschenko, J. (*1933): populärer russischer Lyriker.

Kamenew, L. (1883–1936, hingerichtet): Stellvertreter Lenins im Rat der Volkskommissare; bis 1926 Politbüromitglied.

Kautsky, K. (1854–1938): österreichischer Sozialist; 1885–90 als Mitarbeiter von Engels in London; seit 1905 Abwendung vom radikalen Marxismus.

Korolenko, W. (1853–1921): russischer Schriftsteller, der den Narodniki nahestand.

Krupskaja, N. (1869–1939): Pädagogin; Lenins Ehefrau; 1927 ZK-Mitglied; 1938 Mitglied des Präsidiums des Obersten Sowjets.

Lawrow, P. (1823–1902): russischer Sozialphilosoph und Soziologe; 1871 Beteiligung an der Pariser Kommune.

Lunatscharski, A. (1875–1933): 1917–29 Volkskommissar für das Bildungswesen.

Medwedew, R. (*1925): in Moskau lebender Historiker und Publizist.

Molotow, W. (1890–1987): 1939–49 und 1953–56 Außenminister; 1957 aller Ämter enthoben.

Netschajew, S. (1847–82): Nihilist; 1873 wegen Mordes zu zwanzig Jahren Zuchthaus verurteilt.

Ordschonikidse, G. (1886–1937): 1917 Außerordentlicher Kommissar für die Ukraine und Südrußland; führte ab 1921 Stalins brutale Nationalitätenpolitik durch; 1930 Mitglied des Politbüros.

Platonow, A. (1899–1951): in der UdSSR seit 1931 nicht mehr gedruckter Schriftsteller, dessen Werke dem sowjetischen Leser erst heute wieder zugänglich werden.

Plechanow, G. (1856–1918): russischer Revolutionär; seit 1903 Menschewik und Gegner Lenins.

Preobraschenski, J. (1886–1937): bedeutender Wirtschaftstheoretiker; seit 1923 Mitglied der trotzkistischen Opposition; kam in der Haft um.

Radek, K. (1885–1939): 1917 ZK-Mitarbeiter in Petrograd; bis 1923 für Anleitung der KPD verantwortlich; 1924 als Trotzkist seiner Ämter enthoben; 1936 verhaftet.

Rykow, A. (1881–1938; hingerichtet): 1924–29 Ministerpräsident; 1929 aus dem Politbüro entlassen.

Sassulitsch, V. (1849–1919): seit 1869 Angehörige der Narodniki; Beteiligung an Attentaten; seit 1903 Menschewistin.

Schaljapin, F. (1873–1938): russischer Opernsänger; emigrierte 1920.

Sinowjew, G. (1883–1936; hingerichtet): bis 1926 Leningrader Parteichef und Vorsitzender der Komintern.

Suslow, M. (1902–1982): einflußreicher sowjetischer Ideologe; 1955 Mitglied des Präsidiums des Obersten Sowjets.

Tjutschew, F. (1803–73): russischer Dichter und Diplomat; ab 1848 Zensor.

Tomski, M. (1880–1936): 1922–29 Mitglied des Politbüros; 1928 Führer der ›rechten‹ Opposition in der Partei; Selbstmord, als er von seiner bevorstehenden Verhaftung erfuhr.

Trotzki, L. (1879–1940; ermordet): führender sowjetischer Revolutionär; 1918 Volkskommissar für Verteidigung; Rivale Stalins; 1929 Ausweisung aus der Sowjetunion.

Tschaadajew, P. (1793–1856): religions- und geschichtsphilosophischer Denker; von Nikolaus I. unter Hausarrest gestellt.

Tuchatschewski, M. (1893–1937; hingerichtet): Marschall der Sowjetunion; 1931 Stellvertretender Volkskommissar für Verteidigung.

Wawilow, N. (1887–1943): Biologe; Begründer der sowjetischen Selektionsforschung; Gegner Lyssenkos; 1940 verhaftet; starb im Lager.

Zetkin, C. (1857–1933): deutsche Sozialistin; Mitbegründerin des Spartakusbundes und der USPD; 1917–29 ZK-Mitglied der KPD.

Personenregister

Sachregister

Sachregister